# Jetzt lerne ich

# CAD

Werner Sommer

# Jetzt lerne ich CAD

## Konstruieren und Zeichnen mit AutoCAD und AutoCAD LT

Markt&Technik Buch- und Software-Verlag GmbH

Die Deutsche Bibliothek – CIP-Einheitsaufnahme

**Sommer, Werner:**
Jetzt lerne ich CAD : [Medienkombination] : Konstruieren und Zeichnen
mit AutoCAD und AutoCAD LT / Werner Sommer. –
Haar bei München : Markt und Technik, Buch- und Software-Verl.,
ISBN 3-8272-5420-5

Buch. – 1998
brosch.

CD-ROM. – 1998



10 9 8 7 6 5 4 3 2

02 01 00 99 98

ISBN 3-8272-5420-5


Umschlagkonzept: Nowak Werbeagentur, Pfaffenhofen
Lektorat: Rainer Fuchs, rfuchs@mut.de
Herstellung: Claudia Bäurle
Satz: text&form, Fürstenfeldbruck
Druck: Bosch Druck, Ergolding
Dieses Produkt wurde mit Desktop-Publishing-Programmen erstellt
und auf chlorfrei gebleichtem Papier gedruckt
Printed in Germany

# Inhaltsverzeichnis

# Vorwort

Die wenigsten technischen Zeichnungen werden heute noch auf dem Reißbrett erstellt. In den meisten Branchen werden Programme für Computer Aided Design (CAD) eingesetzt, und sie sind fast schon zu einem selbstverständlichen Werkzeug für den Zeichner und Konstrukteur geworden. Ob eine einfache Fertigungsskizze, ein Schemaplan, ein Einrichtungsplan, eine Konstruktionszeichnung oder ein Grundriß von einem Gebäude gezeichnet werden soll, mit CAD geht es präziser, Änderungen können einfacher vorgenommen werden, und mit etwas Routine geht es auch schneller als von Hand. Zudem läßt sich jede Zeichnung bei anderen, ähnlichen Aufgabenstellungen wiederverwenden. Einmal investierte Arbeit kann so mehrfach genutzt werden.

Der Marktführer bei CAD-Programmen ist AutoCAD, das sowohl in einer einfachen Version als AutoCAD LT für weniger anspruchsvolle 2D-Anwendungen erhältlich ist als auch in der Version 14, der leistungsfähigen Vollversion für 2D- und 3D-Branchenlösungen.

Die Versionen sind in ihren Grundfunktionen weitgehend identisch, so daß Sie sich mit diesem Buch anhand von überschaubaren Beispielen sehr schnell in die wichtigsten Funktionen von AutoCAD einarbeiten können. Im Buch werden die aktuellen Versionen, AutoCAD 14 und AutoCAD LT 97, behandelt. Die meisten Funktionen lassen sich aber auch leicht auf die Vorgängerversionen übertragen, so daß sich auch Anwender von AutoCAD 13 und AutoCAD LT 95 in ihr Programm einarbeiten können.

Überall dort, wo sich AutoCAD 14 und AutoCAD LT 97 unterscheiden, ist dies mit speziellen Symbolen am Rand des Buchtextes gekennzeichnet. Teilweise finden Sie auch Abschnitte, die nur für eine Version gelten. Die Übungszeichnungen, anhand deren Sie die gelernten Befehle kennenlernen, finden Sie auf der beiliegenden CD zum Buch, ebenso wie die Lösung zu jeder Aufgabe.

Das Buch ist in 24 Übungsstunden aufgeteilt, in denen Sie alle wichtigen Grundfunktionen von AutoCAD kennenlernen. Nehmen Sie die Stunden nicht allzu wörtlich, am Anfang können es 30 Minuten sein, am Schluß auch deutlich mehr als eine Stunde. Zudem gibt es am Ende jeder Übungsstunde eine Zusatzaufgabe, die Sie eigenständig zeichnen können. Sie finden zur Kontrolle die Lösung ebenfalls auf der CD zum Buch. Außerdem können Sie Ihr AutoCAD-Wissen in einer Reihe von Fragen überprüfen. Die Antworten befinden sich im Anhang.

Vorkenntnisse in CAD oder AutoCAD müssen Sie für dieses Buch nicht mitbringen, lediglich elementare PC-Grundkenntnisse. Alles weitere erfahren Sie auf den nächsten 460 Seiten. Vorausgesetzt werden für diese leicht verständliche Einführung lediglich Neugier und Experimentierfreude.

Viel Erfolg bei der Arbeit mit diesem Buch wünscht Ihnen nun

*Der Autor*

# Einführung

Exakte maßstäbliche Zeichnungen sind die Arbeitsgrundlage in allen technischen Berufen, in der Architektur, den Bauberufen und im Vermessungswesen. Programme zum computerunterstützten Zeichnen (CAD = Computer Aided Design) haben das Erstellen von Zeichnungen revolutioniert. Damit lassen sich Zeichnungen am Computer erstellen, ändern und zu Papier bringen. Einmal gezeichnete Teile können beliebig zu neuen Zeichnungen zusammengestellt werden. Mühsames Ändern und Neuzeichnen entfällt; es kann bequem am Bildschirm durchgeführt werden.

Bis Anfang der achtziger Jahre war CAD eine Domäne leistungsfähiger Großsysteme. Doch 1982 kam der Personalcomputer auf den Markt. Er verhalf der Branche zum Durchbruch, die seither enorme Wachstumsraten verzeichnen kann. Der PC etablierte sich in den folgenden Jahren in Industrie, Verwaltung, Forschung und Entwicklung, bei Banken und Versicherungen, in der Aus- und Weiterbildung sowie in der Freizeit.

In dem Jahr, als der Personalcomputer seinen Siegeszug begann, stellte auch die neu gegründete Firma Autodesk ein CAD-Programm für Personalcomputer vor: AutoCAD. Das Programm setzte sich durch. Innerhalb weniger Jahre wurde es zum meist verkauften CAD-Programm weltweit. Es ist jetzt in der Version 14 erhältlich. Es wurde Industriestandard und zur Basissoftware für die unterschiedlichsten Branchenapplikationen.

Doch nicht nur am oberen Ende der Leistungsskala entwickelt sich der Markt weiter. Überall wo Skizzen, einfache 2D-Zeichnungen, technische Illustrationen, Handbücher, Einrichtungspläne oder Schemazeichnungen erstellt werden, ist Bedarf an preiswerten CAD-Systemen. So war es nur konsequent, daß Autodesk Anfang 1994 AutoCAD LT auf den Markt brachte. Fast alle Funktionen zur Erstellung von 2D-Zeichnungen hat es vom »großen Bruder« mitbekommen. Sogar einfache 3D-Zeichnungen lassen sich damit erstellen, und 3D-Zeichnungen aus AutoCAD kann man zumindest anzeigen und in Grenzen bearbeiten.

Da in beiden Versionen mit dem gleichen Zeichnungsformat wie mit der Vollversion gearbeitet wird und die Bedienweise identisch ist, kann man im Bedarfsfall auch leicht umsteigen. Bis dahin erworbene Kenntnisse und vorhandene Zeichnungen können weiter genutzt werden.

## Jetzt lerne ich CAD!

Der Titel des Buchs steht für Ihren festen Entschluß, CAD zu lernen. Jetzt gelten keine Ausreden mehr. In 24 Übungsstunden haben Sie das nötige Grundwissen, um eigenständig Ihre ersten Zeichnungen zu erstellen. Doch CAD kann man nicht theoretisch lernen. Nur mit Übungsbeispielen am PC finden Sie den Einstieg.

Damit Sie die Beispiele auch nachvollziehen können, finden Sie auf der CD zum Buch Übungszeichnungen, an denen Sie die neuen Befehle und Funktionen erproben können. Der Verlauf der Übung ist im Buch ausführlich beschrieben. Das Ergebnis finden Sie dann zur Kontrolle ebenfalls wieder auf der CD zum Buch. Auch bei den Zusatzaufgaben, die meist am Ende jeder Übungsstunde im Buch zu finden sind, haben Sie Aufgabe und Lösung auf der CD zum Buch.

## Welches CAD-Programm wird in diesem Buch beschrieben?

Es ist leider nicht möglich, CAD wie Maschinenschreiben zu lernen. Man lernt auf einer Schreibmaschine und kann dann auf jedem Modell schreiben. Man lernt nicht CAD allgemein, sondern den Umgang mit einem CAD-Programm. In unserem Buch ist es AutoCAD, entweder in der Vollversion oder der LT-Version. Die aktuellen Programmversionen sind AutoCAD 14 und AutoCAD LT 97, und diese finden Sie hier auch beschrieben. Da es in diesem Buch aber um grundlegende Zeichenfunktionen geht, die Sie auch in früheren AutoCAD-Versionen finden, können Sie das Buch auch mit Version 13 von AutoCAD oder AutoCAD LT 95 durcharbeiten. Und sollte es, wenn Sie dieses Buch in Händen halten, schon eine neuere Version von AutoCAD geben, finden Sie auch in dieser Version die grundlegenden Zeichenfunktionen, die Sie mit Hilfe dieses Buchs erlernen können.

Trotz der vielen Gemeinsamkeiten zwischen AutoCAD 14 und AutoCAD LT 97, es gibt auch Unterschiede. Überall, wo dies der Fall ist, finden Sie Symbole am Rand des Textes. Daran erkennen Sie schnell, daß diese Funktion so nur in AutoCAD 14 oder AutoCAD LT 97 vorhanden ist.

Diese Funktion gibt es so nur in AutoCAD LT 97.

Diese Funktion gibt es so nur in AutoCAD 14.

Zudem sind die Menüs und Werkzeugkästen in den beiden Programmen teilweise unterschiedlich. Wo es Abweichungen gibt, ist dies im Buch vermerkt.

## Über dieses Buch

Eines der wichtigsten Ziele ist es, zu lernen, mit welchem Befehl welche Aufgabe ausgeführt werden kann und wo Sie den Befehl finden. Deshalb wird für jeden Befehl, der in diesem Buch eingeführt wird, beschrieben, in welchen Menüs er zu finden ist. Zur besseren Orientierung im Text werden Befehlsnamen, Namen von Systemvariablen und Bedienelementen, wie Werkzeugkästen, Abrollmenüs, Menüeinträge, Schaltflächen in Dialogfeldern usw., im Buch in Kapitälchen gesetzt, zum Beispiel: Befehl LINIE, Systemvariable GRIDUNIT, Abrollmenü ZEICHNEN, Werkzeugkasten ÄNDERN, Schaltfläche ÖFFNEN usw.

Fast alle Befehle können Sie auch per Symbol aus den Werkzeugkästen wählen. Wo dies der Fall ist, finden Sie eine Abbildung des entsprechenden Symbols am Textrand.

Befehlsdialoge sind im Text in einer speziellen Schriftart ausgedruckt. Eingaben in diesen Dialogen, die Sie im Verlauf der Übungen zu machen haben, und Erläuterungen dazu sind zudem hervorgehoben, zum Beispiel:

Befehl: **Kreis**
3P/TTR/<Mittelpunkt>: **TTR**
Eingabe der Tangentenspezifikation: **rechte Linie wählen**
Eingabe der zweiten Tangentenspezifikation: **untere Linie wählen**
Durchmesser/<Radius>: **20**

Die Eingaben im Befehlsdialog erfolgen teilweise automatisch, wenn Sie den entsprechenden Befehl in den Menüs oder den Werkzeugkästen wählen. Dann wird allerdings der englische Befehlsname übernommen. Aus Gründen der Übersichtlichkeit und Verständlichkeit wird im Buch abweichend davon immer der deutsche Befehlsname aufgeführt.

Arbeitsanleitungen sind im Text mit der Standardschrift kursiv gesetzt, zum Beispiel:

- *Wählen Sie jetzt den Befehl Linie.*
- *Wählen Sie im Dialogfeld in der linken Leiste von Schaltflächen die Setup-Methode VORLAGE VERWENDEN.*

Weitere Markierungen im Text:

**Aktion: Stutzen von Objekten**

Erklärung, was bei einem Befehl zu tun ist bzw. welche Auswahlmöglichkeiten Ihnen zur Verfügung stehen.

**Training: Starten mit einer Vorlage**

Es folgen Übungen mit ausführlicher Arbeitsanleitung.

**Tips:**

Hier gibt es spezielle Tips über einfachere oder erweiterte Möglichkeiten und schnellere Bedienung.

**Fehler:**

Unter dieser Überschrift finden Sie spezielle Hinweise, um Fehler von vornherein zu vermeiden.

**Fragen:**

Kontrollfragen, um Ihr erlerntes Wissen zu überprüfen, folgen nach dieser Überschrift. Die Lösungen zu den Fragen sind im Anhang aufgeführt.

## Die CD zum Buch

Auf der CD, die dem Buch beiliegt, finden Sie alle Zeichnungen, die Sie für die Übungen und Zusatzaufgaben benötigen. Außerdem sind dort auch alle Lösungen gespeichert. So können Sie Ihr Ergebnis mit der Musterlösung vergleichen.

Weitere Informationen zum Inhalt der CD finden Sie in der Datei *README.TXT* auf der CD zum Buch.

## Tip:

- Wenn Sie keine AutoCAD-Version haben, können Sie die Übungen dieses Buchs auch mit einer Demo-Version von AutoCAD LT 97 bearbeiten. Damit können Sie allerdings nicht speichern und drucken. Machen Sie die Übungen am Stück, und vergleichen Sie sie mit dem Buch. Informationen darüber, wie die Demo-Version installiert wird, finden Sie auf der CD zum Buch.

## Kopieren der Übungsdateien auf die Festplatte

- *Sie benötigen für die Arbeit mit diesem Buch nur die Beispiele aus einem Ordner der CD. Kopieren Sie diese auf Ihre Festplatte.*
- *Starten Sie den Windows-Explorer.*
- *Erstellen Sie auf Ihrer Festplatte einen Ordner \AUFGABEN.*
- *Legen Sie die CD ins Laufwerk ein.*
- *Im Ordner \AUFGABEN finden Sie alle Beispieldateien. Die Datei AUFGABEN.EXE enthält alle Dateien nochmals in gepackter Form. Das ist eine Programmdatei, die sich beim Start selbst entpackt.*
- *Kopieren Sie nur die Datei AUFGABEN.EXE aus dem Ordner \AUFGABEN der CD in den Ordner \AUFGABEN auf Ihrer Festplatte.*
- *Starten Sie die Programmdatei AUFGABEN.EXE auf Ihrer Festplatte durch einen Doppelklick im Explorer. Die Beispieldateien werden entpackt.*
- *Löschen Sie danach die Datei AUFGABEN.EXE wieder auf der Festplatte.*

## Voraussetzungen

Um mit AutoCAD LT 97 bzw. AutoCAD 14 sinnvoll arbeiten zu können, sollten Sie über einen PC mit folgender Ausstattung verfügen:

- Pentium-Prozessor mit einer Taktfrequenz von mindestens 90 MHz
- für AutoCAD LT 97 mindestens 16 Mbyte, besser 32 Mbyte, und für AutoCAD 14 mindestens 32 Mbyte Arbeitsspeicher
- ca. 50 Mbyte (für AutoCAD 14 80 Mbyte) frei auf der Festplatte
- Grafikkarte mit SVGA-Auflösung von 1024 x 768 Punkten, besser 1280 x 1024 Punkte
- Monitor mit 17 Zoll, besser 19, 20 oder 21 Zoll Bildschirmdiagonale
- CD-ROM-Laufwerk für die Programminstallation
- Maus oder Digitalisiertablett
- Windows 95 bzw. Windows 98 oder Windows NT 4.0
- AutoCAD LT 97 oder AutoCAD 14; mit Einschränkungen können Sie auch mit der Demo-Version von AutoCAD LT 97 arbeiten, die Sie auf der CD zum Buch finden.

## Maus oder Digitalisiertablett?

Sowohl AutoCAD LT 97 als auch AutoCAD 14 können Sie ausschließlich mit dem Windows-Systemzeigegerät bedienen. Das ist in der Regel eine Maus. Sinnvoll ist eine 3-Tasten-Maus, denn die mittlere Taste der Maus ist in AutoCAD mit speziellen Funktionen belegt. Besser geeignet für AutoCAD LT 97 ist die »IntelliMouse« von Microsoft. Mit dem Rad kann in der Zeichnung gezoomt werden, und mit der Radtaste kann der Bildausschnitt verschoben werden.

In AutoCAD können Sie aber auch mit einem Digitalisiertablett arbeiten. Das hat den Vorteil, daß Sie Befehle ohne Blättern durch Menüs, nämlich direkt von der Menüfläche per Symbol, anwählen können. In diesem Buch wird die Bedienung über Tablettmenüs nicht beschrieben.

# Der erste Rundgang durch AutoCAD

Stunde 1

In einem ersten Rundgang durch AutoCAD lernen Sie:

- welche Elemente der AutoCAD-LT-97-Bildschirm enthält
- wozu Befehle und Optionen da sind
- wie man mit den Menüs und den Werkzeugkästen arbeitet
- wie man auf den Textbildschirm umschaltet
- wie man eine Zeichnung öffnet
- wie das Übersichtsfenster benützt wird
- wie Echtzeit-Zoom und -Pan funktionieren
- welchen Vorteil die »IntelliMouse« bei AutoCAD LT 97 hat
- wie die Hilfe-Funktionen genutzt werden können und
- wie Sie AutoCAD wieder beenden.

## AutoCAD starten

AutoCAD LT 97 oder AutoCAD 14 können Sie nur dann starten, wenn Sie das Programm auf Ihrem Computer installiert haben. Falls Sie Ihr Programm noch nicht installiert haben, sollten Sie dies zunächst tun. Informieren Sie sich im Programmhandbuch, wie das zu machen ist.

### Aktion: AutoCAD aus dem Menü PROGRAMME starten

Bei der Installation wird ein Eintrag im Menü PROGRAMME von Windows 95 bzw. Windows NT 4.0 für AutoCAD LT 97 angelegt (siehe Abbildung 1.1 oder 1.2). Damit wird das Programm gestartet.

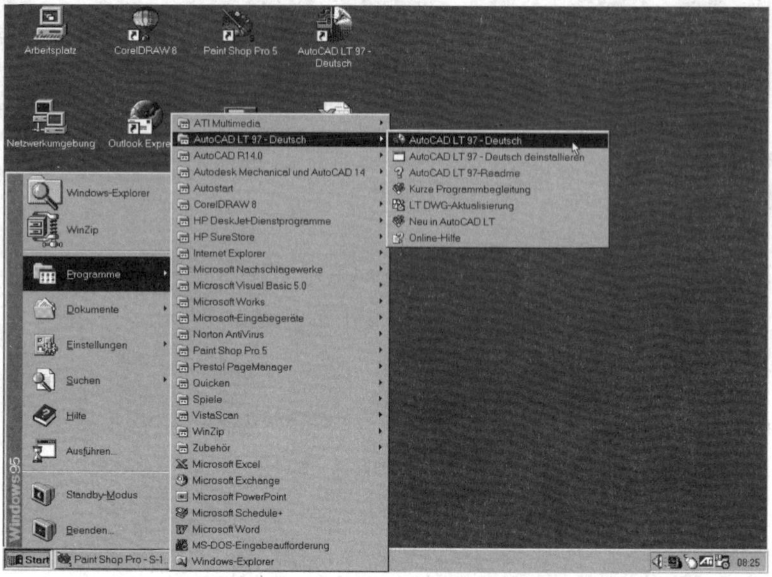


*Abbildung 1.1: Das Startmenü mit dem Eintrag für AutoCAD LT 97*

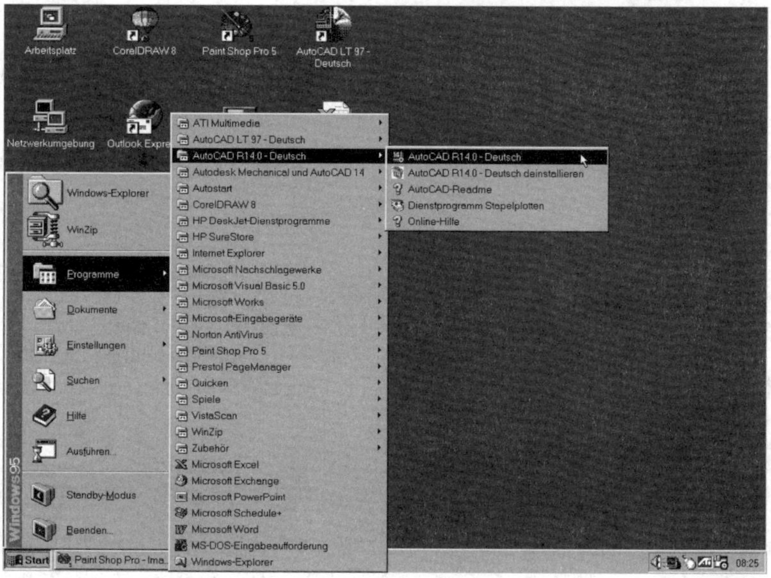


*Abbildung 1.2: Das Startmenü mit dem Eintrag für AutoCAD 14*

Bei der Installation wird außerdem eine Verknüpfung auf dem Desktop angelegt. Mit einem Doppelklick auf das Symbol (siehe Abbildung 1.3) kann AutoCAD LT 97 bzw. AutoCAD 14 ebenfalls gestartet werden.

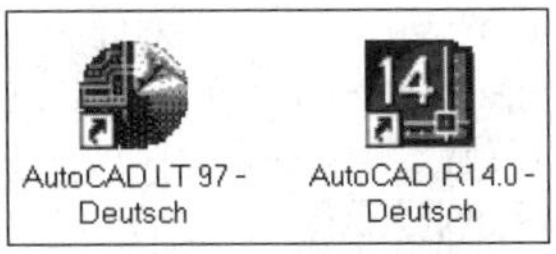


*Abbildung 1.3: Symbol auf dem Desktop zum Start von AutoCAD LT 97 bzw. AutoCAD 14*

## Training: Starten von AutoCAD

- *Aktivieren Sie das Menü START und darin das Menü PROGRAMME.*
- *Wenn Sie mit AutoCAD LT 97 arbeiten, klicken Sie die Gruppe AUTOCAD LT 97 - DEUTSCH an und darin den Eintrag AUTOCAD LT 97 - DEUTSCH. Das Programm wird gestartet.*
- *Wenn Sie mit AutoCAD 14 arbeiten, dann klicken Sie die Gruppe AUTOCAD 14 - DEUTSCH an und dort den Eintrag AUTOCAD 14 - DEUTSCH. Das Programm wird gestartet.*

# Der AutoCAD-Bildschirm

Nachdem AutoCAD LT 97 bzw. AutoCAD 14 geladen ist, erscheint der Zeichenbildschirm mit dem Dialogfeld zum Erstellen einer neuen Zeichnung oder zum Öffnen einer bereits vorhandenen Zeichnung (siehe Abbildung 1.4).

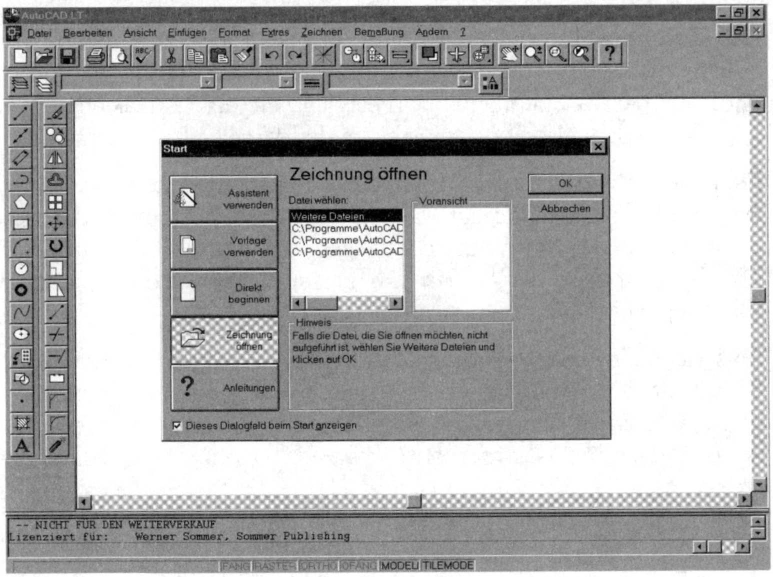


*Abbildung 1.4: Der Zeichenbildschirm nach dem Start von AutoCAD*

Da wir jetzt weder eine neue Zeichnung erstellen noch eine vorhandene öffnen, klicken Sie auf das Feld ABBRECHEN, und Sie bekommen Ihren normalen Arbeitsplatz auf den Bildschirm (siehe Abbildung 1.5).

*Abbildung 1.5: Der AutoCAD-Arbeitsplatz*

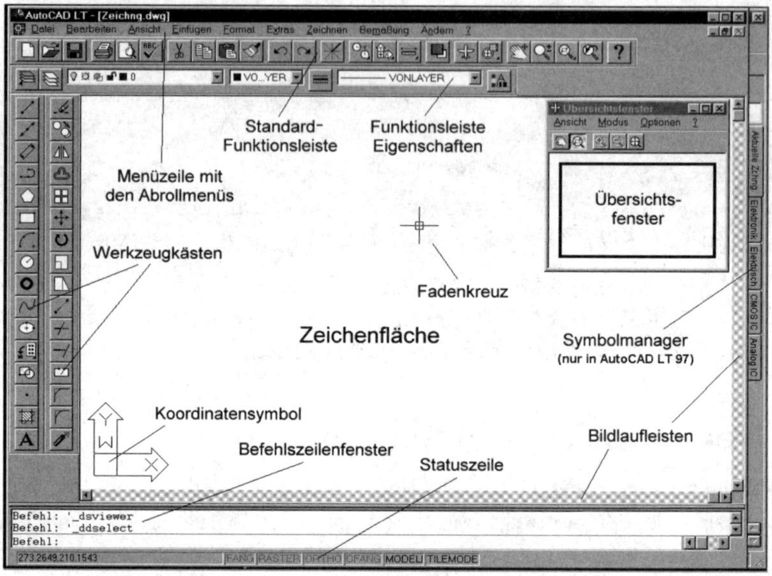


Auf dem Bildschirm finden Sie folgende Elemente:

**Die Zeichenfläche:** Den größten Teil des Bildschirms nimmt die Zeichenfläche ein. Alles, was Sie während einer Sitzung erstellen, wird auf der Zeichenfläche dargestellt. Mit den Anzeigebefehlen können Sie den Ausschnitt einstellen, der dargestellt werden soll.

**Das Fadenkreuz:** Die Eingabeposition beim Zeichnen wird Ihnen vom Fadenkreuz angezeigt. Sie steuern das Fadenkreuz mit den Bewegungen der Maus oder des Zeigegeräts des Digitalisiertabletts. Der Schnittpunkt der beiden Linien zeigt Ihnen die momentane Eingabeposition an.

**Das Koordinatensymbol:** In AutoCAD kann mit verschiedenen Koordinatensystemen gearbeitet werden, sogenannten Benutzerkoordinatensystemen. Das Koordinatensymbol zeigt die Lage der X- und Y-Achse des momentan aktiven Benutzerkoordinatensystems an.

**Das Befehlszeilenfenster:** AutoCAD wird über Befehle gesteuert. Jede Aktion, die Sie vornehmen, ob Sie eine Linie zeichnen oder den Bildausschnitt vergrößern wollen, Sie brauchen dazu einen Befehl. Den können Sie, wenn Sie seinen Namen wissen, auf der Tastatur eingeben. Normalerweise wählen Sie den gewünschten Befehl aus den Menüs. Egal, wo Sie gewählt haben, die Auswahl wird im Befehlszeilenfenster protokolliert.

**Die Menüzeile mit den Abrollmenüs:** Befehle wählen Sie in AutoCAD aus den Abrollmenüs aus. Wenn Sie mit dem Mauszeiger auf einen Eintrag zeigen und die linke Maustaste bzw. die erste Taste Ihres Digitalisiertabletts, die sogenannte »Pick-Taste« drükken, wird das Menü abgerollt, und Sie können die gewünschte Funktion wieder per Klick auswählen.

**Die Werkzeugkästen:** Alle Befehle können Sie auch in Werkzeugkästen anwählen. Werkzeugkästen lassen sich bei Bedarf ein- und ausschalten und entweder am Rand der Zeichenfläche festsetzen (andocken) oder frei plazieren.

**Die STANDARD-FUNKTIONSLEISTE:** Wichtige Befehle können Sie mit Symbolen in der STANDARD-FUNKTIONSLEISTE (unter der Menüzeile) anwählen. Die Symbole sind identisch mit denen der Microsoft-Office-Programme.

**Die Funktionsleiste EIGENSCHAFTEN:** Wichtige Zeichnungseinstellungen können Sie mit Symbolen und Auswahlmenüs in einer zweiten Funktionsleiste, der Funktionsleiste EIGENSCHAFTEN unter der STANDARD-FUNKTIONSLEISTE vornehmen.

**Die Bildlaufleisten:** An den Bildlaufleisten am unteren und rechten Rand der Zeichenfläche können Sie den Zeichnungsausschnitt auf der Zeichenfläche verschieben.

**Die Statuszeile:** Am unteren Bildschirmrand werden Ihnen verschiedene Statusinformationen der Zeichnung angezeigt, die Sie dort auch umschalten können.

**Die Dialogfelder:** Eine ganze Reihe von Befehlen bringen bei Ihrer Auswahl ein Dialogfeld auf den Bildschirm. Statt einer Eingabe im Dialogbereich haben Sie dann die Möglichkeit, die gewünschten Funktionen per Mausklick anzuwählen.

**Das Übersichtsfenster:** Egal, welchen Ausschnitt der Zeichnung Sie gerade auf der Zeichenfläche haben, im Übersichtsfenster können Sie den Überblick behalten. Dort läßt sich die komplette Zeichnung anzeigen. Sollte es auf Ihrem Bildschirm nicht sichtbar sein, gedulden Sie sich, wir schalten es später zu.

**Der Symbolmanager:** Ein weiteres Anwendungsfenster liegt hinter der Zeichenfläche von AutoCAD LT 97. Es ist am rechten Rand mit seinen Registern sichtbar: der Symbolmanager. Wenn Sie auf ein Register klicken, kommt er in den Vordergrund. Dort lassen sich in übersichtlicher Form Symbole auswählen und in die aktuelle Zeichnung übernehmen. Mehr dazu finden Sie in der Stunde 20.

## Befehle und Optionen

Alle Aktionen in AutoCAD werden mit Befehlen gestartet. Die Befehle lassen sich per Namen eintippen oder aus den Menüs wählen. Der Befehlsdialog wird im Befehlszeilenfenster protokolliert.

### Die Optionen

Viele AutoCAD-Befehle haben verschiedene Varianten, oder es lassen sich verschiedene Funktionen damit ausführen. Das wird mit der sogenannten Befehlsoption ausgewählt. Welche Optionen zur Verfügung stehen, wird im Befehlszeilenfenster aufgelistet. Beispielsweise bekommen Sie beim Befehl PLINIE (zur Funktion des Befehls kommen wir später) eine besonders umfangreiche Optionsliste angezeigt:

Befehl: **Plinie**
Von Punkt: **Startpunkt eingeben**
Aktuelle Linienbreite beträgt 0.0000
Kreisbogen/Schliessen/Halbbreite/sehnenLänge/
Zurück/Breite/<Endpunkt der Linie>:

Wenn Sie den Namen der Option eintippen, wird diese ausgeführt. Es reicht aber auch, wenn Sie den Buchstaben eintippen, der in der Liste bei der gewünschten Option groß geschrieben ist. Das ist in der Regel der erste Buchstabe. Es kann aber auch wie im obigen Beispiel ein anderer Buchstabe sein: K für KREISBOGEN oder L für SEHNENLÄNGE. Bei noch längeren Optionslisten kann das Kürzel für die Option auch aus zwei oder mehreren Buchstaben bestehen: LÖ für LÖSCHEN oder LI für LINIENTYP. Die vorgewählte Option wird in spitzen Klammern angezeigt. Sie kann ohne weitere Eingaben direkt verwendet werden.

Wird bei einem Befehl ein Zahlenwert als Vorgabe angezeigt, kann dieser mit [↵] bestätigt werden, wenn er unverändert übernommen werden soll, zum Beispiel:

Befehl: **Limiten**
Modellbereich Limiten zurücksetzen:
Ein/Aus/<linke untere Ecke> <0.0000,0.0000>: [↵]
Obere rechte Ecke <420.0000,297.0000>: [↵]

**Tips:**

- Bei der Wahl aus den Menüs werden englische Namen verwendet. Dazu wird ein Unterstrich »_« vorangestellt. Das funktioniert auch auf der Tastatur, ob Sie LINIE oder _LINE eintippen, das Ergebnis ist dasselbe.
- Aus den Abrollmenüs und den Werkzeugkästen können Sie einige Befehle schon mit der gewünschten Option wählen. Dadurch ersparen Sie sich das Tippen auf der Tastatur.
- Falsch angewählte Befehle lassen sich mit der Taste [Esc] abbrechen. AutoCAD kehrt dann zur Befehlsanfrage (auch Befehlsprompt genannt) zurück. Wählen Sie einen Befehl aus einem Menü, wird ein bereits laufender Befehl automatisch abgebrochen. Dadurch werden Fehlfunktionen ausgeschlossen und die [Esc]-Taste für den Abbruch überflüssig.
- Normalerweise können Sie einen neuen Befehl erst dann wählen, wenn der vorhergehende beendet ist und im Befehlszeilenfenster wieder der Befehlsprompt steht, andernfalls wird der laufende Befehl unter Umständen nicht richtig beendet. Aber es gibt in AutoCAD auch die sogenannten *transparenten Befehle*. Sie können während der Arbeit an einem anderen Befehl eingeschoben werden. Welche Befehle transparent sind, finden Sie in der Befehlsliste im Anhang. Wenn Sie einen transparenten Befehl aus dem Menü anwählen, wird er automatisch transparent aufgerufen und der laufende Befehl nicht abgebrochen.

## Die Abrollmenüs

AutoCAD-Befehle wählen Sie hauptsächlich aus den Abrollmenüs. Die Menüs können Sie per Mausklick aktivieren. In der Menüzeile ist in jedem Menüeintrag ein Buchstabe unterstrichen. Sie können das Menü auch aktivieren, wenn Sie die Taste [Alt] und diesen Buchstaben eingeben ([Alt]-Taste dabei festhalten). Im Menü sind wieder Buchstaben unterstrichen. Tippen Sie diesen ohne eine weitere Taste ein, wird diese Funktion aktiviert, zum Beispiel aktiviert die Tastenkombination [Alt]+[D] das Abrollmenü Datei und die Taste [F] dann den Befehl ÖFFNEN.

Die Einträge in den Abrollmenüs haben zum Teil zusätzliche Markierungen. Steht hinter einer Funktion »...«, wird damit ein Dialogfeld gestartet. Das Zeichen »>«, bedeutet, daß Sie mit dieser Funktion ein weiteres Menü öffnen können. In der Regel können Sie Befehle direkt aus dem Menü oder im Untermenü darunter anwählen. Nur in Ausnahmefällen gibt es drei Stufen, bis Sie zu Ihrem Befehl kommen. Abbildung 1.6 zeigt ein Beispiel für drei Menüs in Folge.

*Abbildung 1.6: Verzweigende Abrollmenüs*

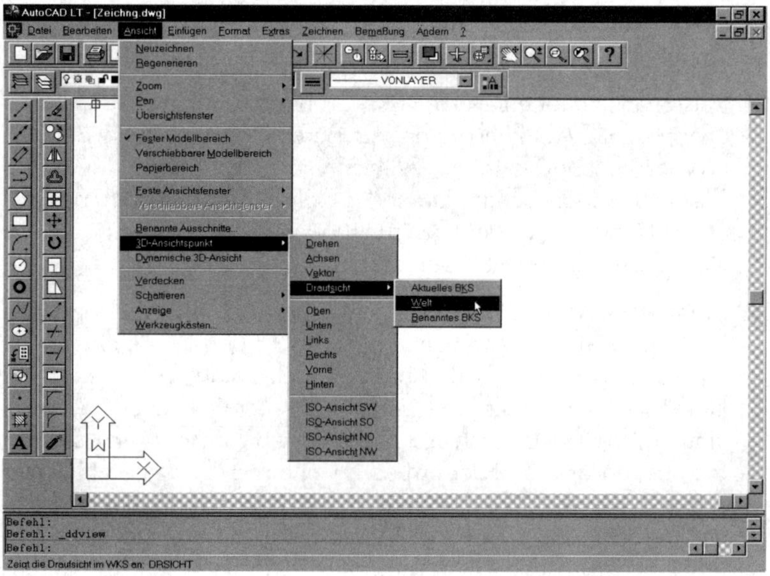

## Die Werkzeugkästen

Aus den Werkzeugkästen lassen sich Befehle mit einem Symbol oft schneller anwählen. Werkzeugkästen können Sie ein- und ausschalten und an verschiedenen Stellen auf der Zeichenfläche plazieren oder am Rand der Zeichenfläche »andocken«.

### Aktion: Befehl WERKZEUGKASTEN

Mit dem Befehl WERKZEUGKASTEN können Sie die verfügbaren Werkzeugkästen in einem Dialogfeld ein- und ausschalten. Wählen Sie den Befehl:

- Abrollmenü ANSICHT bzw. ANZEIGE (in AutoCAD 14), Funktion WERKZEUGKÄSTEN...
- Rechtsklick auf ein beliebiges Symbol in einem Werkzeugkasten

Sie bekommen ein Dialogfeld zur Auswahl der Werkzeugkästen auf den Bildschirm (siehe Abbildung 1.7).

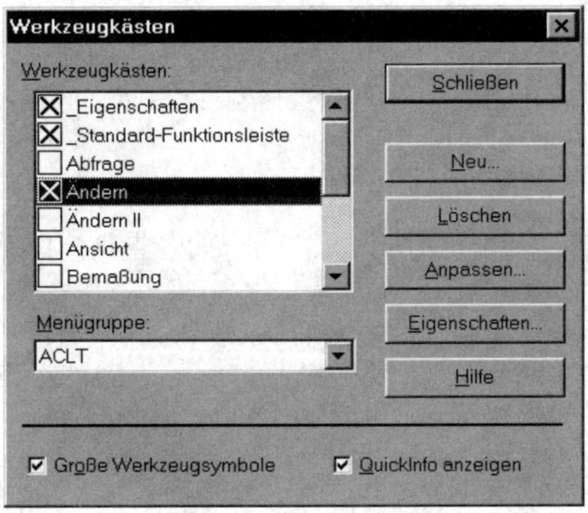


*Abbildung 1.7: Dialogfeld zur Auswahl der Werkzeugkästen*

Im Dialogfeld können Sie in einer Liste die Werkzeugkästen durch Anklicken markieren, die Sie auf dem Bildschirm haben wollen. Ein Häkchen in dem Feld vor dem Namen zeigt an, daß der Werkzeugkasten eingeschaltet ist. In der Liste finden Sie auch die STANDARD-FUNKTIONSLEISTE und die Funktionsleiste EIGENSCHAFTEN. Zwei Schalter steuern das Aussehen der Werkzeugkästen:

**GROSSE WERKZEUGSYMBOLE:** Ist der Schalter ein, werden große Symbole in den Werkzeugkästen angezeigt.

**QUICKINFO ANZEIGEN:** Ist der Schalter eingeschaltet, wird am Mauszeiger eine Information zu dem Befehl angezeigt, das sogenannte Quickinfo, wenn man mit dem Mauszeiger ca. eine Sekunde auf einem Symbol bleibt.

Die Schaltflächen auf der rechten Seite dienen dazu, Werkzeugkästen zu ändern oder neue zu erstellen.

**Tips:**

- Werkzeugkästen können Sie am Rand der Zeichenfläche »andocken« oder frei auf der Zeichenfläche verschieben (siehe Abbildung 1.8).
- Verschiebbare Werkzeugkästen können Sie verschieben, indem Sie auf die Titelleiste klicken und mit gedrückter Maustaste den Werkzeugkasten an die gewünschte Stelle ziehen.
- Kommen Sie dabei in die Nähe des Bildschirmrands, rastet der Werkzeugkasten automatisch ein. Die Zeichenfläche verkleinert sich, der Werkzeugkasten ist angedockt. Wenn Sie die Taste [Strg] beim Verschieben drücken, läßt sich das automatische Andocken verhindern.
- Ein angedockter Werkzeugkasten kann an seinem Rand auf die Zeichenfläche gezogen werden, er ist dann wieder verschiebbar.
- Ziehen Sie den linken, rechten oder unteren Rand eines frei plazierbaren Werkzeugkastens mit gedrückter Maustaste, ändert sich die Form des Werkzeugkastens. Durch einen Klick in die linke obere Ecke wird der Werkzeugkasten geschlossen.
- In der STANDARD-FUNKTIONSLEISTE finden Sie Symbole, die mit dem Symbol »>« gekennzeichnet sind, sogenannte Flyoutmenüs. Halten Sie beim Anklicken dieser Symbole die Maustaste gedrückt, wird eine Leiste mit weiteren Symbolen ausgefahren (siehe Abbildung 1.7). Fahren Sie jetzt mit gedrückter Maustaste auf das gewünschte Symbol und lassen dort los, so wird der Befehl ausgeführt. Danach liegt bei dem Flyoutmenü das Symbol oben, das Sie zuletzt gewählt haben.

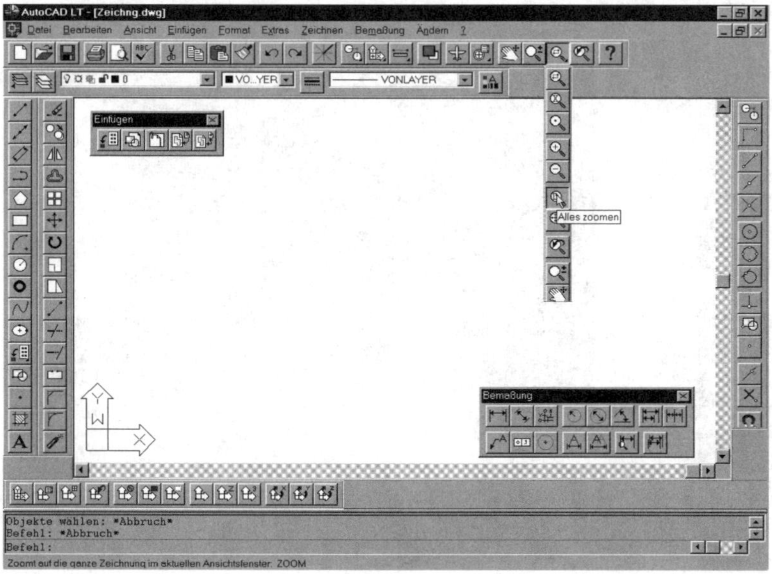


*Abbildung 1.8: Werkzeugkästen verschiebbar und angedockt, mit Flyoutmenü und Quickinfo*

## Befehlszeilenfenster und Textfenster

Am unteren Rand des Zeichenbildschirms von AutoCAD läuft in drei Zeilen der Befehlsdialog mit. Jede Eingabe wird dort protokolliert, egal ob Sie den Befehl aus den Menüs wählen oder ihn eintippen. Mit den Schiebeleisten an der rechten Seite und rechts unten können Sie das Protokoll durchblättern.

Zusätzlich können Sie mit der Funktionstaste F2 ein Textfenster einblenden. Hier sehen Sie den Befehlsdialog in einem größeren Fenster (siehe Abbildung 1.9). Es hat ebenfalls Schiebeleisten an der rechten Seite und rechts unten, um damit das Protokoll zu durchblättern. Drücken Sie die Funktionstaste F2 erneut, verschwindet das Textfenster wieder.

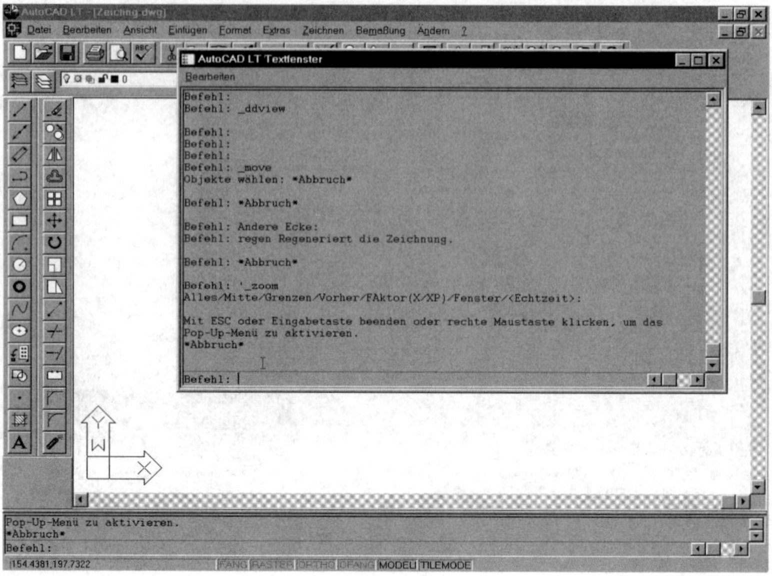


*Abbildung 1.9: Textfenster im Vordergrund*

## Zeichnung öffnen

Als nächstes öffnen Sie eine Beispielzeichnung aus Ihrem Übungsverzeichnis.

### Aktion: Befehl ÖFFNEN

Um eine bestehende Zeichnung auf den Bildschirm zu holen, verwenden Sie den Befehl ÖFFNEN. Wählen Sie den Befehl durch:

- Abrollmenü DATEI, Funktion ÖFFNEN...
- Symbol in der STANDARD-FUNKTIONSLEISTE

Die letzten vier Zeichnungen, an denen Sie gearbeitet haben, werden im unteren Teil des Abrollmenüs DATEI aufgelistet. Einfaches Anklicken des Zeichnungsnamens bringt die Zeichnung wieder auf den Bildschirm.

Haben Sie seit dem Start von AutoCAD oder seit der letzten Sicherung irgendwelche Änderungen an der Zeichnung vorgenommen, erscheint zunächst ein Dialogfeld auf dem Bildschirm (siehe Abbildung 1.10).

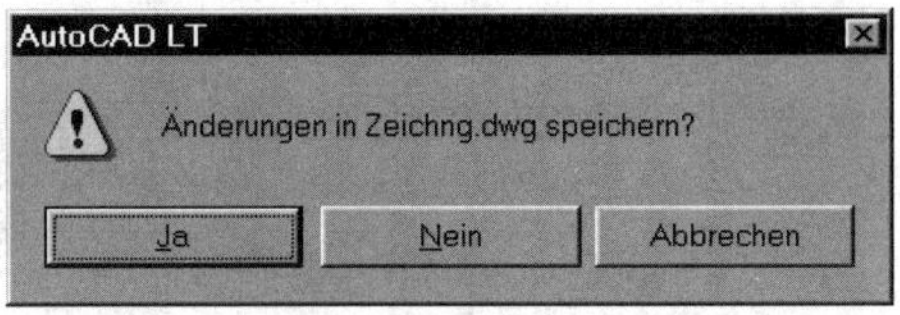


*Abbildung 1.10: Dialogfeld zur Sicherung von Änderungen*

Durch Anklicken der Schaltfläche JA oder NEIN entscheiden Sie, ob Ihre Zeichnung gesichert werden soll. Danach erscheint das eigentliche Dialogfeld des Befehls auf dem Bildschirm (siehe Abbildung 1.11). Dort wählen Sie die Datei aus, die Sie zur Bearbeitung auf den Bildschirm holen wollen.

Im großen Fenster links werden alle AutoCAD-Zeichnungen aufgelistet, die sich in dem aktuellen Ordner befinden. Die Liste beginnt mit den Symbolen der darunterliegenden Ordnern. Mit einem Doppelklick auf ein Symbol wechseln Sie in den Ordner, und die Liste zeigt dessen Inhalt an.

Rechts neben dem Abrollmenü SUCHEN IN: finden Sie ein Symbol. Durch einfaches Anklicken wechseln Sie in den darüberliegenden Ordner.

Wollen Sie das Laufwerk wechseln, um dort eine Zeichnungsdatei zu suchen, dann klicken Sie in das Abrollmenü SUCHEN IN: oder auf den Pfeil am rechten Rand. Im Auswahlmenü werden die Laufwerke Ihres PC aufgelistet (siehe Abbildung 1.11). Im aktuellen Laufwerk wird Ihnen der Pfad zu dem Ordner angezeigt, in dem Sie sich gerade befinden. Klicken Sie ein anderes Laufwerk an, können Sie dort wieder, wie oben beschrieben, den Ordner öffnen, in dem sich die Zeichnung befindet.

Wenn Sie den gewünschten Ordner geöffnet haben, klicken Sie die Zeichnung an, die Sie öffnen wollen. Der Zeichnungsname wird in das Feld DATEINAME: übernommen. Im Fenster VORANSICHT, rechts neben der Liste, wird das Voransichtsbild, das mit jeder Zeichnungsdatei gespeichert ist, angezeigt.

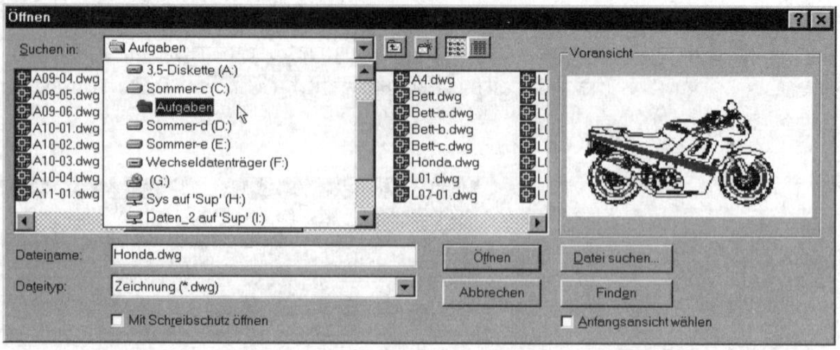


*Abbildung 1.11: Dialogfeld zum Öffnen einer Zeichnung*

Klicken Sie die Schaltfläche ÖFFNEN an, wird die markierte Zeichnung auf den Bildschirm geholt. Kennen Sie den Namen der Zeichnung, und benötigen Sie keine Voransicht, läßt sich diese auch durch einen Doppelklick auf den Namen öffnen. Mit der Schaltfläche ABBRECHEN wird der Befehl ohne Aktion beendet.

MIT SCHREIBSCHUTZ ÖFFNEN: Klicken Sie den Schalter MIT SCHREIBSCHUTZ ÖFFNEN an, können Sie die Zeichnung zwar öffnen und bearbeiten, aber die geänderte Version nicht mehr speichern.

**Training: Öffnen einer Zeichnung**

- *Wählen Sie den Befehl ÖFFNEN.*
- *Suchen Sie im Ordner C:\AUFGABEN die Zeichnung HONDA.DWG.*
- *Öffnen Sie die Datei.*

## Das Übersichtfenster

Wenn Sie an Details in der Zeichnung arbeiten, sollten Sie die Vergrößerung und den Zeichnungsausschnitt so oft wie nötig wechseln. Damit der Überblick nicht verloren geht, können Sie das Übersichtsfenster zuschalten. Dort wird die komplette Zeichnung angezeigt, egal welchen Ausschnitt Sie gewählt haben.

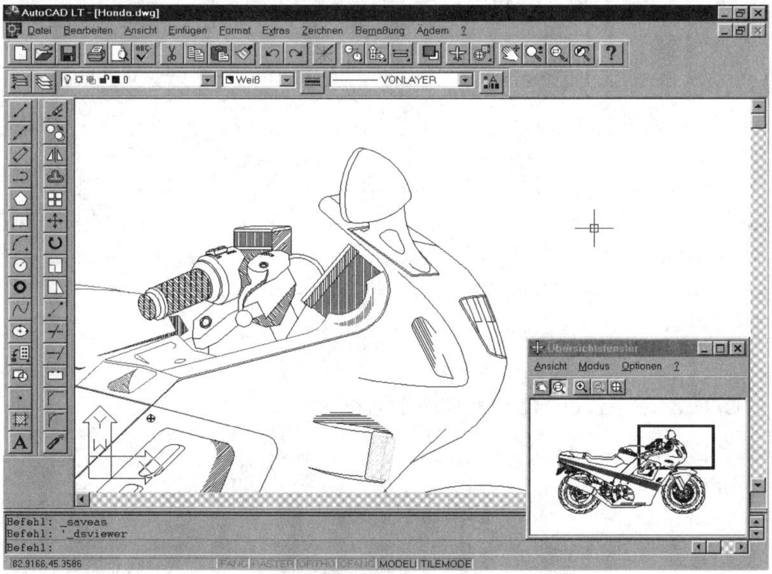


*Abbildung 1.12: Zeichnung mit Übersichtsfenster*

## Aktion: Befehl ÜFENSTER

Mit dem Befehl ÜFENSTER schalten Sie das Übersichtsfenster ein und aus. Wählen Sie den Befehl:

- Abrollmenü ANSICHT bzw. ANZEIGE, Funktion ÜBERSICHTS-FENSTER

- Symbol in der STANDARD-FUNKTIONSLEISTE

Im Übersichtsfenster kann die Vergrößerung auf der Zeichnungsfläche stufenlos geändert werden, das sogenannte Zoomen. Der Bereich, der sich gerade auf der Zeichenfläche befindet, ist mit einem Rahmen markiert.

Klicken Sie zum Zoomen auf einen Punkt im Übersichtsfenster. Ziehen Sie mit gedrückter Maustaste zu einem gegenüberliegenden Punkt, und lassen Sie die Maustaste los. Der Bereich, der sich in diesem Fenster befindet, wird formatfüllend auf der Zeichenfläche dargestellt. Während Sie das Fenster im Übersichtsfenster aufziehen, wird die Zeichnung auf der Zeichenfläche dynamisch mitgezogen.

Klicken Sie im Übersichtsfenster auf die rechte Maustaste, wird von der Zoom-Funktion zur Pan-Funktion umgeschaltet. Ein weiterer Rechtsklick schaltet wieder zur Zoom-Funktion zurück.

Im Pan-Modus können Sie den Ausschnitt verschieben, ohne die Vergrößerung zu ändern. Schieben Sie den Rahmen einfach an eine andere Stelle, und klicken Sie mit der linken Maustaste. Der Bereich, der dann im Rahmen ist, wird formatfüllend auf dem Bildschirm dargestellt. Halten Sie beim Verschieben die linke Maustaste gedrückt, wird der Ausschnitt auf der Zeichenfläche dynamisch mitgezogen.

## Echtzeit-Zoom und -Pan

Die flexibelste Methode, den Bildausschnitt zu verändern, ist die Echtzeitmethode mit kombinierter Zoom- und Pan-Funktion.

### Aktion: Echtzeit-Zoom

Mit dem Echtzeit-Zoom können Sie die Vergrößerung auf der Zeichenfläche kontinuierlich vergrößern bzw. verkleinern. Diese Funktion wählen Sie:

- Abrollmenü ANSICHT bzw. ANZEIGE, Untermenü ZOOM >, Funktion ECHTZEIT
- Symbol in der Standard-Funktionsleiste und im Werkzeugkasten ZOOM

Sie erhalten auf der Zeichenfläche statt des bisherigen Fadenkreuzes eine Lupe mit den Zeichen + und -. Bewegen Sie die Lupe mit gedrückter Maustaste nach oben, wird die Anzeige stufenlos vergrößert. Bewegen Sie die Lupe dagegen nach unten, wird stufenlos verkleinert. Haben Sie die richtige Vergrößerung auf diese Weise eingestellt, drücken Sie die Taste Esc oder ↵ auf der Tastatur, der Befehl wird beendet und die momentane Vergrößerung übernommen.

Drücken Sie dagegen die rechte Maustaste, erscheint ein Pop-Up-Menü, in dem Sie weitere Funktionen anwählen können (siehe Abbildung 1.13).

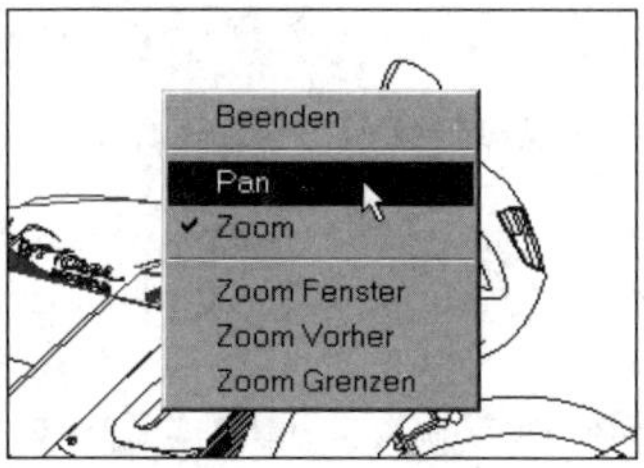


*Abbildung 1.13: Pop-Up-Menü bei Echtzeit-Zoom oder -Pan*

Wenn Sie in diesem Menü die Funktion PAN anklicken, können Sie den Ausschnitt in Echtzeit verschieben. Dazu erscheint auf der Zeichenfläche eine Hand. Jetzt können Sie die Hand samt der Zeichnung kontinuierlich mit gedrückter Maustaste in die gewünschte Richtung verschieben. Mit den Tasten [Esc] oder [↵] wird der Befehl beendet und der momentane Ausschnitt übernommen. Auch aus dieser Funktion kommen Sie mit der rechten Maustaste in das Pop-Up-Menü.

## Aktion: Funktionen im Pop-Up-Menü

**ZOOM FENSTER:** Bei dieser Funktion kann mit einem Fenstersymbol bei gedrückter Maustaste ein Fenster aufgezogen werden. Der Ausschnitt in diesem Fenster wird formatfüllend auf dem Bildschirm dargestellt.

**ZOOM VORHER:** Schaltet zum vorherigen Ausschnitt zurück.

**ZOOM GRENZEN:** Bringt die komplette Zeichnung formatfüllend auf den Bildschirm.

**BEENDEN:** Beendet den Befehl.

## Aktion: Echtzeit-Pan

Wollen Sie gleich mit der Pan-Funktion starten, müssen Sie nicht den Umweg über die Zoom-Funktion gehen. Wählen Sie direkt den Befehl PAN:

- Abrollmenü ANSICHT, Untermenü PAN >, Funktion ECHTZEIT 
- Symbol in der Standard-Funktionsleiste und im Werkzeugkasten ZOOM

Sie starten mit der Pan-Funktion (Handcursor) und können wie oben beschrieben zur Zoom-Funktion und zurück wechseln.

## Zoom und Pan mit der Microsoft »IntelliMouse«

Die Microsoft »IntelliMouse« hat zwischen den beiden Maustasten ein Rad. Das Rad kann gedreht werden, um damit beispielsweise im Explorer zu scrollen. Wird es gedrückt, wird die sogenannte Radtaste betätigt. Diese entspricht der mittleren Taste einer 3-Tasten-Maus.

In AutoCAD LT 97 werden Rad und Radtaste für weitere Zoom- und Pan-Funktionen verwendet. In AutoCAD 14 hat das Rad keine Funktion.

### Aktion: Zoom mit dem Rad

Drehen Sie das Rad auf der »IntelliMouse« zu sich her, wird die Zeichnung auf dem Bildschirm verkleinert, drehen Sie es von sich weg, wird die Zeichnung vergrößert.

### Aktion: Pan mit der Radtaste

Wenn Sie das Rad nach unten drücken, wird die Radtaste betätigt. Drücken Sie die Radtaste auf der Zeichenfläche und halten sie gedrückt, erscheint ein Cursor mit Pfeilen in vier Richtungen. Wenn Sie sich mit der Maus von diesem Cursor weg bewegen, wird der Bildausschnitt in Pfeilrichtung bewegt.

## Die Hilfe-Funktionen

Sollten Sie während der Arbeit mit AutoCAD an irgendeiner Stelle nicht weiterwissen, steht Ihnen jederzeit die Hilfe-Funktion zur Verfügung. Diese läuft in AutoCAD LT 97 im Microsoft Internet Explorer, der bei der Installation des Programms mit installiert wird. In AutoCAD 14 wird das in Windows-Programmen übliche Hilfe-Fenster verwendet.

### Aktion: Befehl HILFE

An jeder beliebigen Stelle im Befehlsdialog können Sie zur Hilfe verzweigen. Rufen Sie dazu den Befehl HILFE auf:

- Taste F1 drücken
- Abrollmenü ?, Funktion AUTOCAD LT HILFETHEMEN...
- Fragezeichensymbol in der STANDARD-FUNKTIONSLEISTE

## Hilfe in AutoCAD LT 97

In einem eigenen Fenster bekommen Sie den Hilfe-Explorer auf den Bildschirm, indem Sie die Erklärungen zu dem Befehl finden, an dem Sie gerade arbeiten. Abbildung 1.14 zeigt die Hilfe am Beispiel des Befehls KREIS.

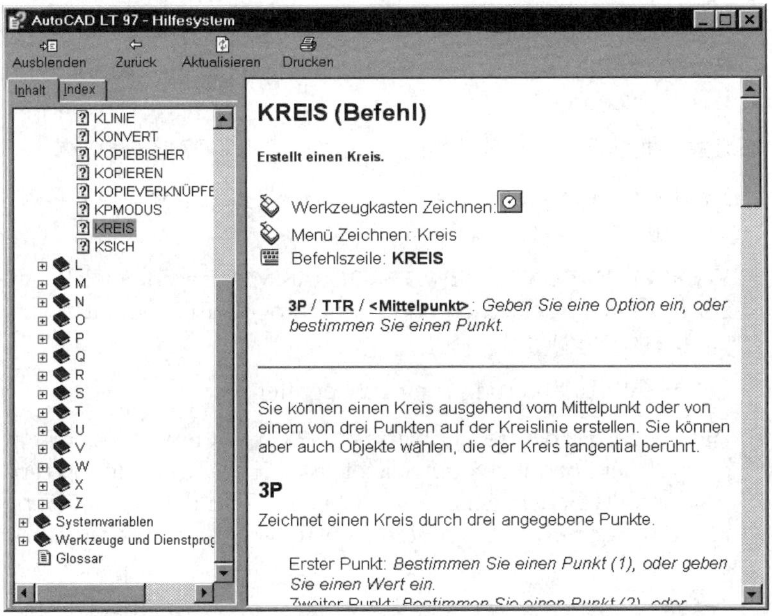


*Abbildung 1.14: Hilfe-Fenster in AutoCAD LT 97 am Beispiel des Befehls KREIS*

Ausführliche Erläuterungen zum Befehl, meist mit Zeichenbeispielen, finden Sie im rechten Fenster. Im linken Fenster des Hilfe-Explorers befindet sich das Navigationssystem, mit dem Sie sich innerhalb des Hilfesystems orientieren und zu einer beliebigen Stelle verzweigen können.

**Tips:**

- Wie im Inhaltsverzeichnis eines Buchs können Sie im Navigationssystem per Mausklick auf das [+] vor einer Kapitelüberschrift ein Kapitel aufschlagen. Sie sehen dann alle Unterkapitel vor sich.
- Mit einem Klick auf das [-] vor der Kapitelüberschrift schließen Sie das Kapitel wieder.
- Folgende Kapitel hat das Hilfesystem:

  **WILLKOMMEN IM AUTOCAD LT HILFE-SYSTEM:** Beschreibung des Hilfe-Systems

  **BENUTZERHANDBUCH:** Der komplette Inhalt des AutoCAD-LT-97-Handbuchs

  **BEFEHLE:** Beschreibung aller AutoCAD-LT-97-Befehle

  **SYSTEMVARIABLEN:** Beschreibung aller AutoCAD-LT-97-Systemvariablen (siehe Anhang)

  **WERKZEUGE UND DIENSTPROGRAMME:** Beschreibung spezieller Zeichenfunktionen und Zusatzprogramme, die mit AutoCAD LT 97 geliefert werden

  **GLOSSAR:** Erläuterung von Fachbegriffen
- Aktivieren Sie die Registerkarte INDEX, bekommen Sie, wie in einem Buch, den Index aufgelistet. Klicken Sie einen Index-Eintrag und die Schaltfläche ANZEIGEN an, wird die Beschreibung zu dem Stichwort im rechten Fenster angezeigt (siehe Abbildung 1.15).
- Sie können aber auch einen Begriff im Feld über den Index-Einträgen eintippen, und der zugehörige Eintrag im Index wird automatisch markiert (siehe Abbildung 1.15). Auch hier bringt die Schaltfläche ANZEIGEN die Beschreibung ins rechte Fenster.

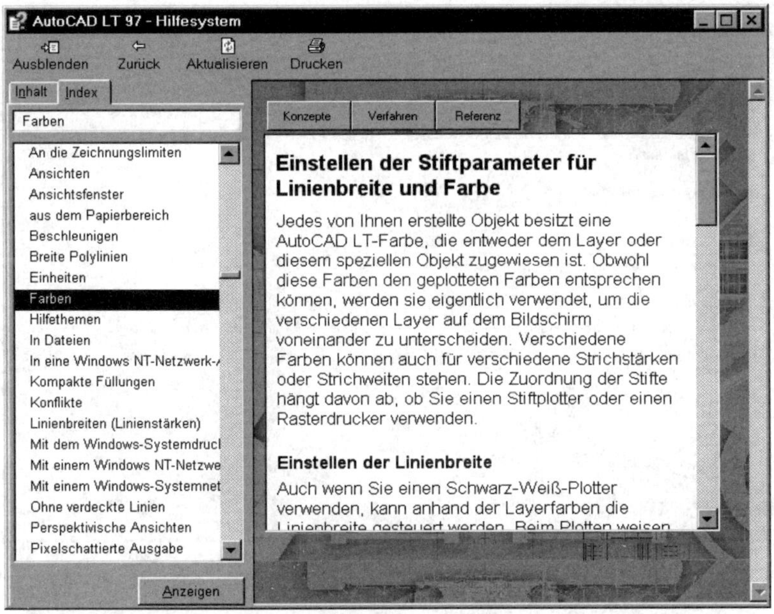


*Abbildung 1.15: Der Hilfe-Index in AutoCAD LT 97*

- Mit den Schaltflächen unter der Titelleiste lassen sich weitere Funktionen ausführen:

**AUSBLENDEN** bzw. **EINBLENDEN:** Aus- bzw. Einblenden des Suchsystems

**ZURÜCK:** Zurück zur letzten angezeigten Seite

**AKTUALISIEREN:** Zurück zum Anfang des angezeigten Hilfetextes

**DRUCKEN:** Ausdruck des angezeigten Hilfetextes

## Hilfe in AutoCAD 14

In einem Windows-Hilfe-Fenster bekommen Sie ebenfalls Erläuterungen zu dem Befehl, in dem Sie die Hilfe aktiviert haben. Auch hier sehen Sie das Beispiel am Befehl KREIS in Abbildung 1.16.

*Abbildung 1.16: Hilfe-Fenster in AutoCAD 14 am Beispiel des Befehls* KREIS

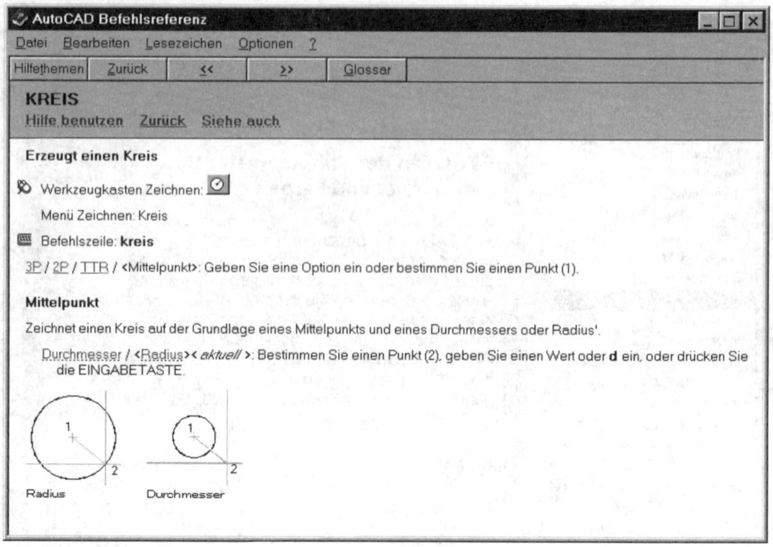


Haben Sie keinen Befehl angewählt, und Sie rufen die Hilfe auf, erhalten Sie ein Dialogfeld mit drei Registerkarten, in dem Sie die Erklärung für ein bestimmtes Thema suchen können (siehe Abbildung 1.17).

*Abbildung 1.17: Auswahl des Hilfe-Themas*

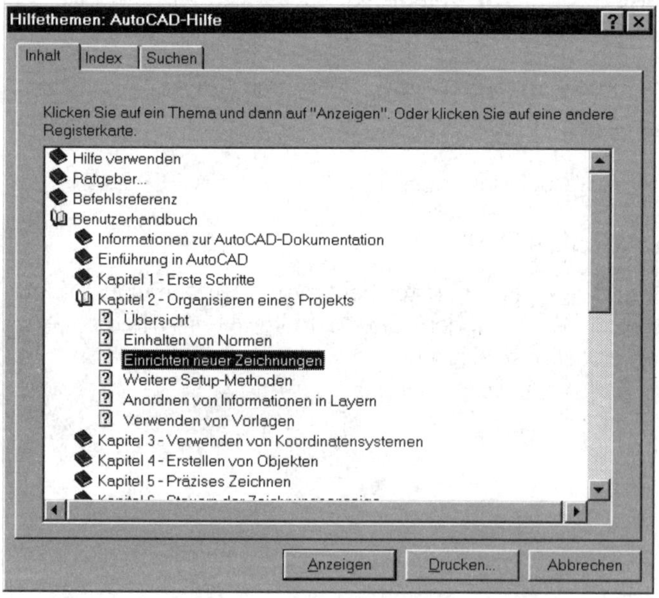

**Tips:**

- Im Register INHALT können Sie wie im Inhaltsverzeichnis eines Buchs blättern. Mit einem Doppelklick können Sie ein Kapitel und eventuelle Unterkapitel aufschlagen. Wählen Sie ein Kapitel per Doppelklick aus, und Sie bekommen dazu die Erklärung im Hilfe-Fenster.
- Folgende Kapitel hat das Hilfesystem:

  **HILFE VERWENDEN:** Beschreibung des Hilfe-Systems

  **LERNPROGRAMM:** Lernprogramm zu AutoCAD 14.

  **RATGEBER:** Arbeitstechniken in AutoCAD

  **BEFEHLSREFERENZ:** Beschreibung aller AutoCAD-14-Befehle

  **BENUTZERHANDBUCH:** Der komplette Inhalt des AutoCAD-14-Handbuchs

  **INSTALLATIONSHANDBUCH:** Der komplette Inhalt des AutoCAD-14-Installationshandbuchs und

  diverse Handbücher für Benutzeranpassungen und Programmierung.
- Mit der Registerkarte INDEX können Sie wie im Index eines Buchs blättern. Geben Sie einen oder mehrere Buchstaben ein, und Sie erhalten alle Begriffe im unteren Teil des Fensters aufgelistet, die mit diesem Buchstaben beginnen (siehe Abbildung 1.18). Wählen Sie ein Kapitel per Doppelklick aus, und Sie bekommen auch dazu wieder die Erklärung im Hilfe-Fenster.
- Hiermit können Sie den kompletten Hilfe-Text nach einem bestimmten Begriff durchsuchen.

*Abbildung 1.18: Hilfethema im Index suchen*

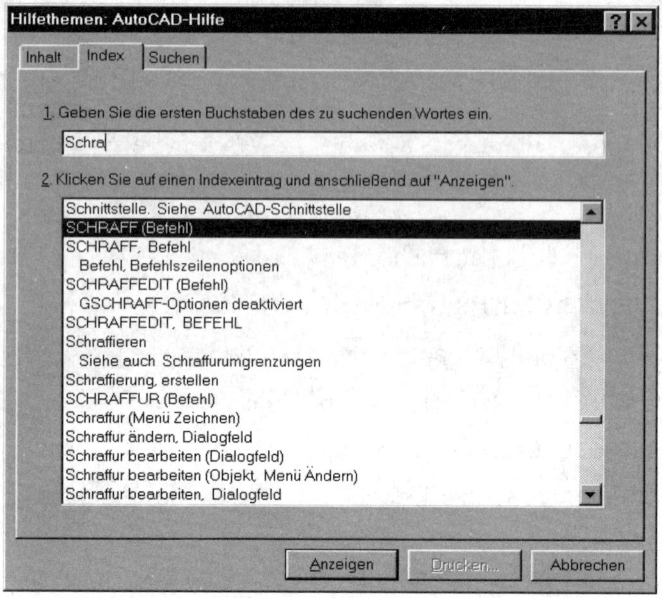


## AutoCAD beenden

Sie haben Ihren ersten Rundgang durch das Programm beendet. Zeit für eine Pause? Beenden Sie vorher das Programm.

### Aktion: Befehl ENDE

Wählen Sie den Befehl:

- Abrollmenü DATEI, Funktion BEENDEN
- Tastenkombination [Alt]+[F4]

Da Sie an der Zeichnung, die sich gerade auf dem Bildschirm befindet, bestimmt irgendwelche Änderungen vorgenommen haben, erscheint eine Warnmeldung, und Sie können wählen, ob die Zeichnung gesichert werden soll oder nicht (siehe Abbildung 1.19).

*Abbildung 1.19: Warnmeldung beim Beenden*

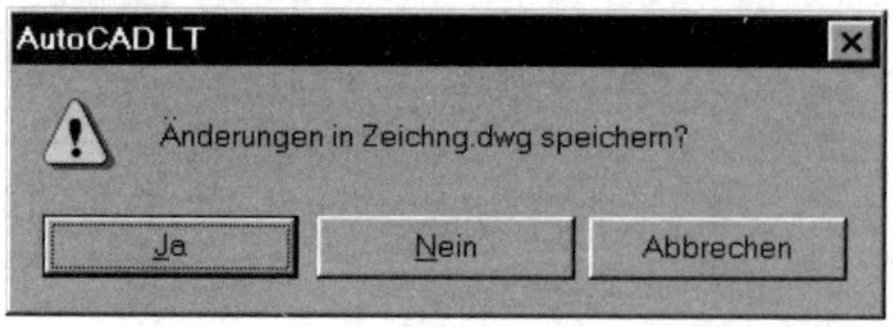

Wählen Sie NEIN, da wir bis jetzt noch nichts Speichernswertes gezeichnet haben. AutoCAD wird beendet.

## Fragen zur Stunde 1

1. Wo wird der Befehlsdialog protokolliert?
2. Wie nennt man in AutoCAD die Varianten eines Befehls?
3. Mit welcher Taste lassen sich falsch gewählte Befehle abbrechen?
4. Wie werden in AutoCAD die Befehle genannt, die während eines anderen Befehls verwendet werden können?
5. Mit welchem Befehl lassen sich die Werkzeugkästen verändern?
6. Mit welcher Funktionstaste kann das Textfenster zugeschaltet werden?
7. Welche Funktionen lassen sich im Übersichtsfenster ausführen?
8. Welche Funktionen hat in AutoCAD LT 97 das Rad bei der Microsoft »IntelliMouse«?
9. Mit welcher Funktionstaste können Sie jederzeit die Hilfe-Funktion aufrufen?
10. Mit welcher Tastenkombination beenden Sie AutoCAD?

# Neue Zeichnungen beginnen oder vorhandene suchen

Stunde 2

In dieser Stunde lernen Sie:

- wie Sie eine neue Zeichnung beginnen
- welche Möglichkeiten Sie beim Setup einer neuen Zeichnung haben
- wie Sie mit dem Assistenten arbeiten
- was eine Vorlage ist und wie Sie damit eine neue Zeichnung beginnen
- wie Sie direkt beginnen
- wie Sie Ihre Zeichnung speichern
- wie Sie eine Vorlage erstellen und
- wie Sie eine gespeicherte Zeichnung suchen können

## Eine neue Zeichnung beginnen

Sie haben schon in der ersten Stunde gesehen, daß nach dem Start von AutoCAD ein Dialogfeld erscheint, in dem Sie wählen können, ob Sie eine neue Zeichnung beginnen oder eine bereits gespeicherte öffnen wollen (siehe Abbildung 2.1).

Folgende Möglichkeiten haben Sie hier zur Auswahl:

ASSISTENT VERWENDEN: Wenn Sie auf diese Schaltfläche klikken, können Sie unter Anleitung des Assistenten eine neue Zeichnung erstellen.

VORLAGE VERWENDEN: Mit dieser Schaltfläche erstellen Sie eine neue Zeichnung mit einer gespeicherten Vorlage.

DIREKT BEGINNEN: Hiermit erstellen Sie eine neue Zeichnung mit den Grundeinstellungen des Programms.

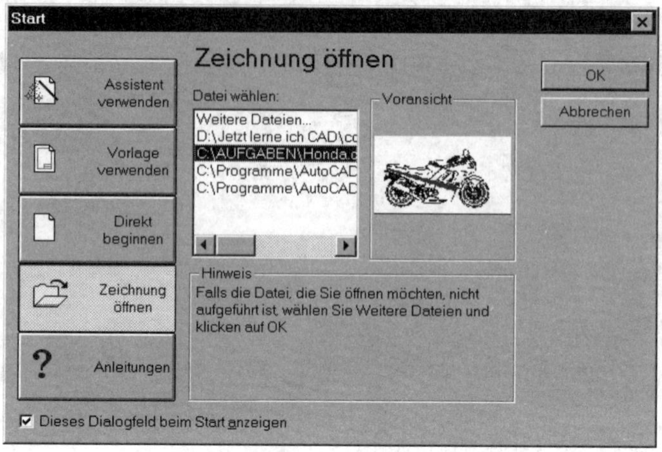


*Abbildung 2.1: Dialogfeld nach dem Start von AutoCAD*

**ZEICHNUNG ÖFFNEN:** Mit dieser Schaltfläche können Sie eine bereits gespeicherte Zeichnung wieder auf den Bildschirm holen. Die zuletzt bearbeiteten Zeichnungen finden Sie in der Liste DATEI WÄHLEN in der Mitte des Dialogfelds (siehe Abbildung 2.1). Wenn Sie eine der Zeichnungen anklicken, bekommen Sie im Fenster VORANSICHT ein Bild der Zeichnung angezeigt. Mit dem Schalter OK wird die Zeichnung geöffnet. Wählen Sie den Eintrag WEITERE DATEIEN... in der Liste und dann die Schaltfläche OK, kommen Sie zum Dateiwähler, den Sie schon in der letzten Stunde kennengelernt haben, und Sie können die gewünschte Zeichnung auswählen.

**ANLEITUNGEN:** Anleitungen zu den einzelnen Funktionen werden im Dialogfeld angezeigt.

**DIESES DIALOGFELD BEIM START ANZEIGEN:** Ist dieses Feld angekreuzt, wird das Dialogfeld beim Start angezeigt, ansonsten startet AutoCAD mit den Grundeinstellungen.

## Aktion: Befehl NEU

Wollen Sie später eine neue Zeichnung beginnen, verwenden Sie den Befehl NEU. Wählen Sie den Befehl:

- Abrollmenüs DATEI, Funktion NEU...
- Symbol in der STANDARD-FUNKTIONSLEISTE

Sie bekommen dasselbe Dialogfeld wie beim Programmstart, nur daß jetzt die Schaltfläche ZEICHNUNG ÖFFNEN fehlt (siehe Abbildung 2.2).

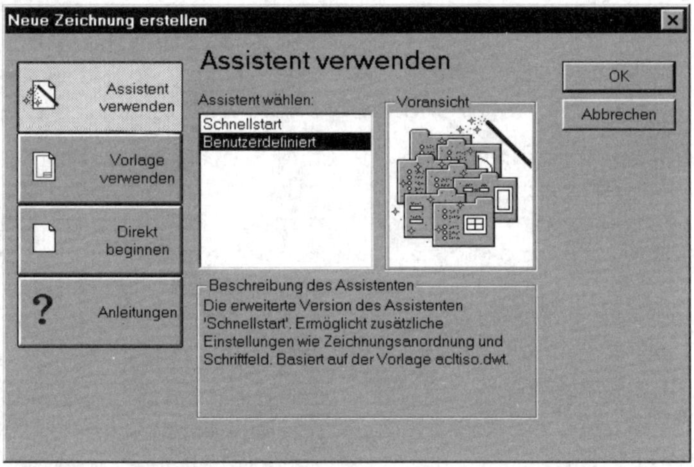


*Abbildung 2.2: Dialogfeld des Befehls NEU*

## Aktion: Zeichnung mit dem Assistenten BENUTZERDEFINIERT beginnen

Wenn Sie eine neue Zeichnung mit dem Assistenten beginnen, können Sie alle Grundeinstellungen für die neue Zeichnung in Dialogfeldern vornehmen.

- Wählen Sie den Befehl NEU...
- Klicken Sie im Dialogfeld auf die Schaltfläche ASSISTENT VERWENDEN.
- Wählen Sie in der Liste ASSISTENT WÄHLEN die Funktion BENUTZERDEFINIERT.
- Klicken Sie dann auf die Schaltfläche OK.

Sie bekommen ein Dialogfeld mit sieben Registerkarten für die sieben Setup-Schritte (siehe Abbildungen 2.3 bis 2.9). Wie bei einem Karteikasten sind ausgeschnittene Registerkarten hintereinander angeordnet. Sie können die Schritte in beliebiger Reihenfolge ausführen, wenn Sie die entsprechende Registerkarte anklicken, die Sie bearbeiten wollen. Sie kommt dann in den Vordergrund. Klicken Sie auf FERTIG, wird die Zeichnung mit den gewählten Einstellungen gestartet. Haben Sie eine Registerkarte vergessen, werden dafür die Grundeinstellungen genommen.

Besser ist es, wenn Sie die Registerkarten Schritt für Schritt durchgehen und jeweils mit der Schaltfläche WEITER >> zum nächsten

Setup-Schritt schalten. So sind Sie sicher, daß Sie nichts vergessen haben. Bei Unklarheiten bringt Sie die Schaltfläche << ZURÜCK zum vorhergehenden Schritt. Sind Sie beim Schritt 7, bleibt Ihnen nur noch FERTIG, es sei denn, Sie wollen noch einmal zurück.

**SCHRITT 1: EINHEITEN** In Schritt 1 legen Sie fest, in welchem Einheitensystem Sie arbeiten wollen (siehe Abbildung 2.3). Für Zeichnungen im metrischen System werden Sie immer DEZIMAL wählen. Die anderen Einstellungen sind für das britische System, bei dem in Fuß und Zoll gearbeitet wird. Ebenfalls dezimal ist die Einstellung WISSENSCHAFTLICH, allerdings in exponentieller Darstellung, zum Beispiel 3.57E+02 für 357.

Im Abrollmenü GENAUIGKEIT stellen Sie ein, mit wieviel Stellen Genauigkeit die Koordinaten angezeigt werden sollen und wie genau Meßwerte angezeigt werden. Stellen Sie eine Genauigkeit von zwei Kommastellen ein, und klicken Sie dann auf WEITER >>.

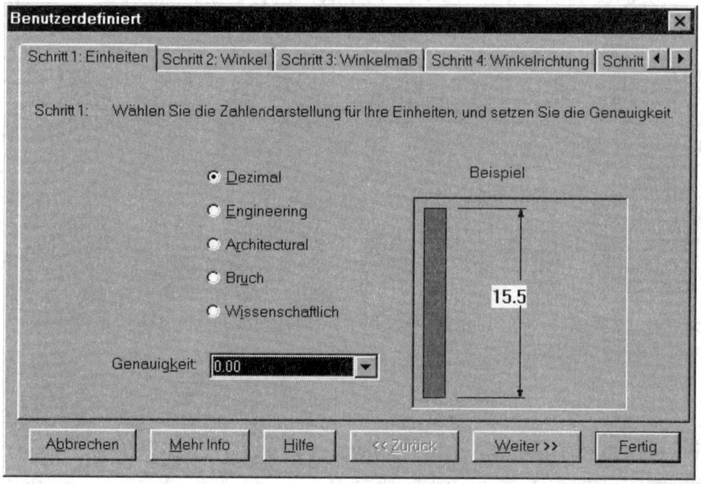


*Abbildung 2.3: Schritt 1, Festlegung der Einheiten*

**SCHRITT 2: WINKEL** Die nächste Registerkarte, Schritt 2, dient der Einstellung der Winkeleinheiten. Hier wählen Sie, ob Sie in Dezimalgrad, mit Grad/Minuten/Sekunden, in Neugrad, im Bogen- oder im Feldmaß arbeiten wollen. Auch hier kann in einem Abrollmenü die Genauigkeit für die Darstellung eingestellt werden. Belassen Sie die dezimale Einstellung, und stellen Sie die Genauigkeit auf eine Kommastelle ein (siehe Abbildung 2.4). Gehen Sie dann zum nächsten Schritt.

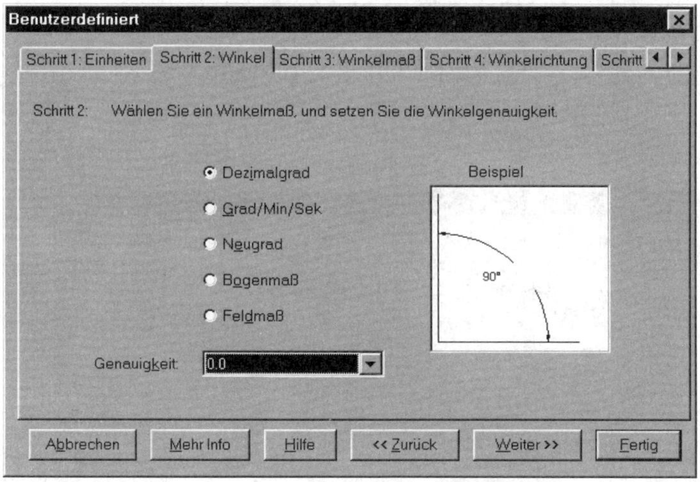


*Abbildung 2.4: Schritt 2, Festlegung der Winkeleinheiten*

**SCHRITT 3: WINKELMASS** Bei diesem Schritt stellen Sie die Null-Grad-Richtung für Winkel ein. Bei technischen Zeichnungen zeigt sie normalerweise nach Osten. Für andere Einsätze kann sie auch auf eine andere Himmelsrichtung gestellt werden. Außerdem kann auch ein beliebiger Winkel eingestellt werden, der dann die Abweichung zur normalen 0-Grad-Richtung (Osten) angibt. Schalten Sie in diesem Fall den Schalter ANDERE ein, und tragen Sie den Winkelwert dahinter ein. Lassen Sie die Einstellung auf OSTEN (siehe Abbildung 2.5), und gehen Sie ohne Veränderungen zum nächsten Schritt.

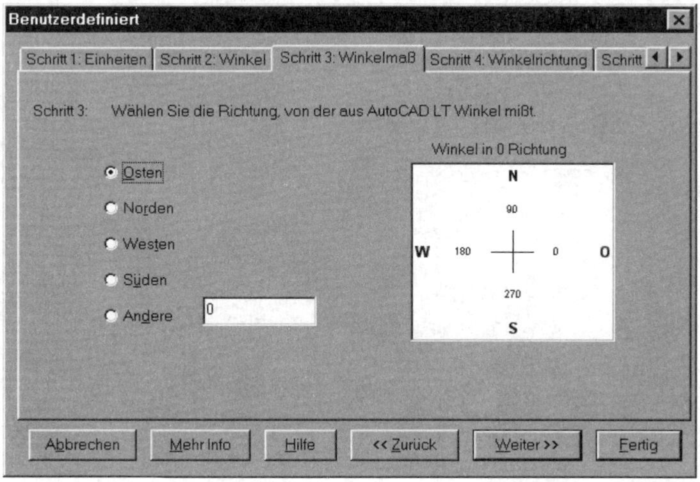


*Abbildung 2.5: Schritt 3, Festlegung der Null-Grad-Richtung für Winkel*

**SCHRITT 4: WINKELRICHTUNG** Die Winkel werden in AutoCAD normalerweise gegen den Uhrzeigersinn gemessen. Auch hier können Sie bei Bedarf umschalten. Lassen Sie es bei der Einstellung GEGEN DEN UHRZEIGERSINN (siehe Abbildung 2.6), und wählen Sie den nächsten Schritt.

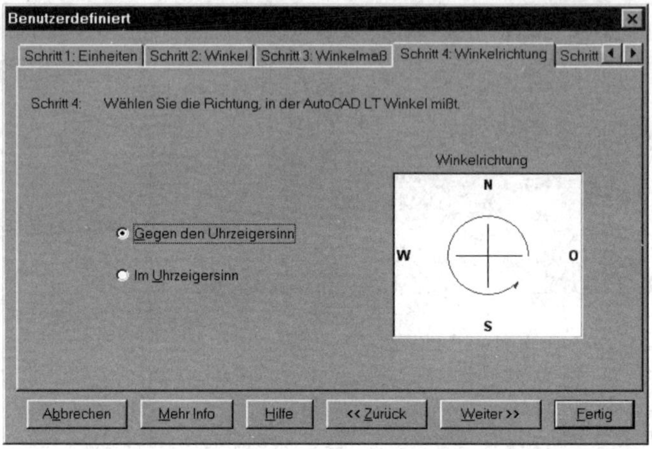


*Abbildung 2.6: Schritt 4, Festlegung Winkelrichtung*

**SCHRITT 5: BEREICH** Mit diesem Schritt können Sie wählen, wie groß Ihre Zeichnung werden soll (siehe Abbildung 2.7). Wir wollen eine Zeichnung auf einem DIN-A3-Blatt erstellen. Dazu wird im nächsten Schritt der Rahmen und das Schriftfeld eingefügt. In diesem Fall sind diese Einstellungen ohne Bedeutung. Die Größe ergibt sich aus dem eingefügten Zeichnungsrahmen. Gehen Sie also ohne Änderungen zum nächsten Schritt.

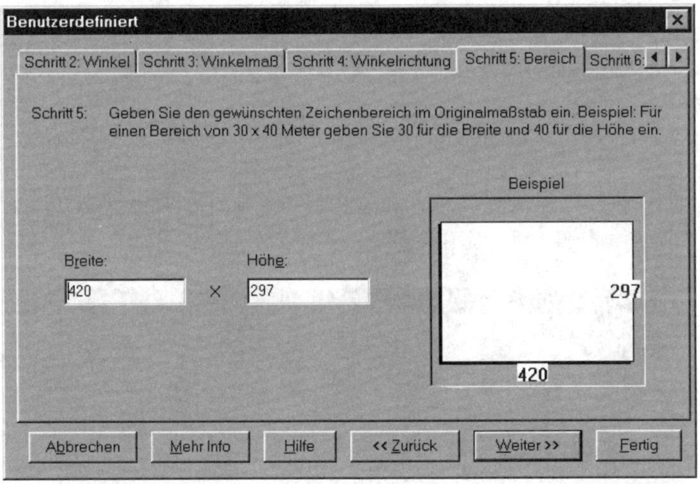


*Abbildung 2.7: Schritt 5, Festlegung des Zeichenbereichs*

**SCHRITT 6: SCHRIFTFELD** Im Abrollmenü BESCHREIBUNG können Sie jetzt ein Schriftfeld und damit auch das Format für die neue Zeichnung wählen. Suchen Sie den Eintrag DIN A3 (MM) aus. Darunter bekommen Sie den Dateinamen für das Schriftfeld angezeigt, bei dieser Auswahl *DIN_A3.DWG* (siehe Abbildung 2.8).

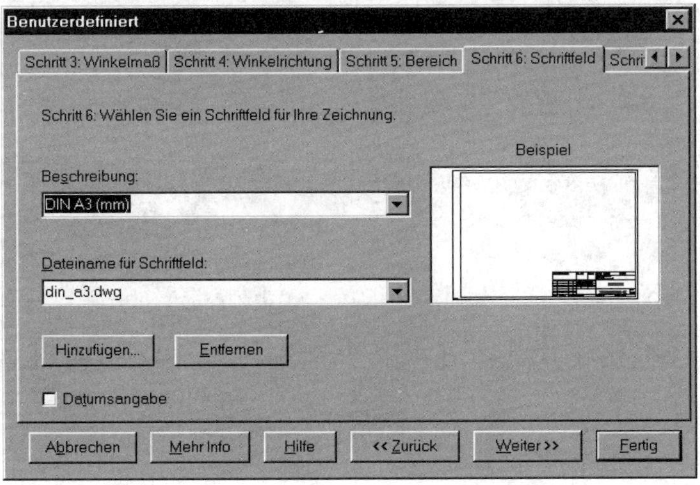


*Abbildung 2.8: Schritt 6, Wahl des Schriftfelds*

**SCHRITT 7: ZEICHNUNGSANORDNUNG** Im letzten Schritt, ZEICHNUNGSANORDNUNG, wählen Sie, ob Sie mit Papierbereich und Modellbereich arbeiten oder nur im Konstruktionsbereich bleiben wollen (siehe Abbildung 2.9). Papier- und Modellbereich sind für 2D-Zeichnungen nicht unbedingt erforderlich. Stellen wir es zurück, ganz am Schluß in der 23. Stunde werden wir uns ausführlicher damit beschäftigen. Klicken Sie den Schalter NEIN an. Alle Einstellungen sind gemacht, klicken Sie auf FERTIG.

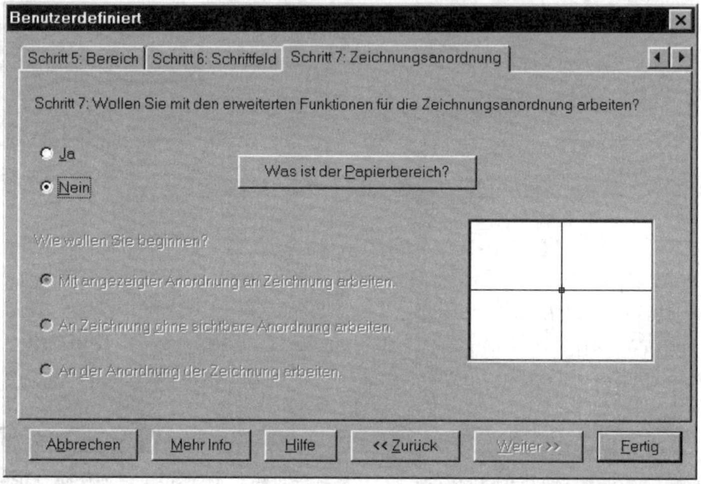


*Abbildung 2.9: Schritt 7, Zeichnungsanordnung*

Sie haben jetzt ein leeres DIN-A3-Zeichenblatt auf dem Bildschirm.

## Aktion: Zeichnung mit dem Assistenten SCHNELLSTART beginnen

Mit dem SCHNELLSTART des Assistenten können Sie in zwei Schritten nur die Einheiten und den Bereich wählen (Schritt 1 und Schritt 5 des Assistenten Benutzerdefiniert). Für die anderen Einstellungen werden Vorgaben verwendet. Schriftfelder können Sie nicht wählen, auch das Arbeiten mit Papierbereich und Modellbereich ist in dieser Methode nicht vorgesehen.

## Aktion: Start mit einer Vorlage

Wenn Sie nicht bei jeder neuen Zeichnung diese Prozedur wiederholen wollen, können Sie auch mit einer Vorlage starten (siehe Abbildung 2.10). Vorlagen sind in einem speziellen Verzeichnis gespeichert *C:\PROGRAMME\AUTOCAD LT 97\TEMPLATE* bzw. *C:\PROGRAMME\AUTOCAD 14\TEMPLATE*. In der Vorlage sind alle Grundeinstellungen für die neue Zeichnung gespeichert. Wie man eine solche erstellt, dazu später mehr.

- Wählen Sie den Befehl NEU...
- Klicken Sie im Dialogfeld auf die Schaltfläche VORLAGE VERWENDEN.

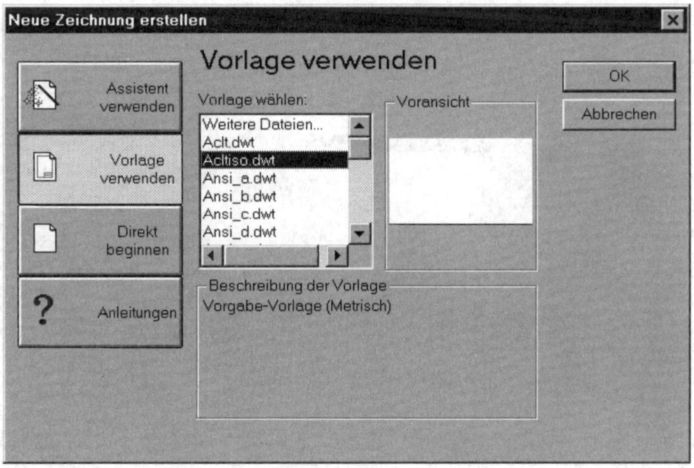


*Abbildung 2.10: Wahl einer Vorlage für den Start*

Die Vorlagen *ACLT.DWT* (in AutoCAD LT 97) bzw. *ACAD.DWT* (in AutoCAD 14) sind Vorlagen im britischen Einheitensystem und *ACLTISO.DWT* (in AutoCAD LT 97) bzw. *ACADISO.DWT* (in AutoCAD 14) im metrischen Einheitensystem ohne sonstige Voreinstellungen.

Wenn Sie Ihre Vorlagen in einem anderen Ordner haben, kommen Sie mit dem Eintrag WEITERE DATEIEN... zum Dateiwähler, mit dem Sie die Zeichnung in einem beliebigen Ordner aussuchen können.

Die weiteren Vorlagen in der Liste sind die Vorlagen aus dem Vorlagenverzeichnis. Allerdings wird bei diesen Vorlagen der Papier- und Modellbereich verwendet.

## Aktion: Direkt beginnen

Wenn Sie den Schalter DIREKT BEGINNEN (siehe Abbildung 2.11) anklicken, können Sie wählen zwischen britischen und metrischen Einstellungen. Sie kommen zum gleichen Ergebnis, wie wenn Sie mit den Vorlagen *ACLT.DWT* (in AutoCAD LT 97) bzw. *ACAD.DWT* (in AutoCAD 14) oder *ACLTISO.DWT* (in AutoCAD LT 97) bzw. *ACADISO.DWT* (in AutoCAD 14) gestartet hätten.

- Wählen Sie den Befehl NEU...
- Klicken Sie im Dialogfeld auf die Schaltfläche DIREKT BEGINNEN.

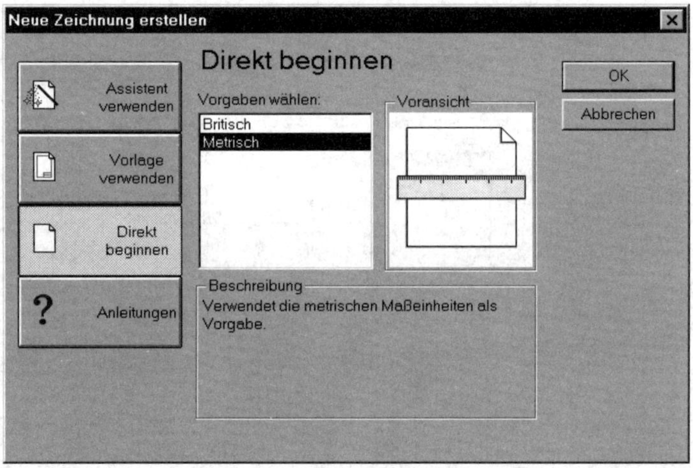


*Abbildung 2.11: Direkt beginnen*

## Training: Start mit dem Assistenten BENUTZERDEFINIERT

- *Wählen Sie den Befehl NEU.*
- *Starten Sie eine neue Zeichnung im DIN-A3-Format mit Zeichnungsrahmen wie oben beschrieben mit dem Assistenten BENUTZERDEFINIERT.*
- *Ihr Zeichenbildschirm sieht dann wie in Abbildung 2.12 aus.*

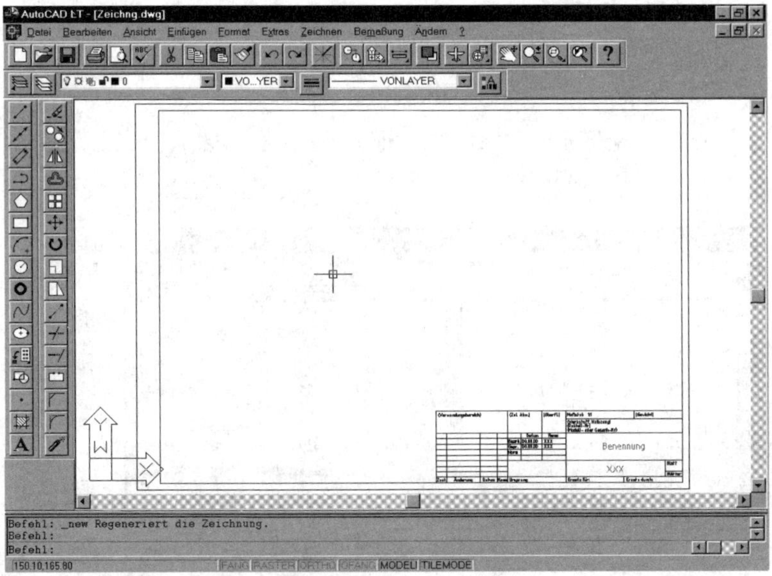


*Abbildung 2.12: Zeichnung mit DIN-A3-Rahmen*

## Die Zeichnung speichern

Haben Sie eine neue Zeichnung begonnen und diese noch nie gespeichert, hat sie immer den Namen *ZEICHNG.DWG*, der in der Titelleiste von AutoCAD angezeigt wird. Daran erkennen Sie, daß Sie Ihre Zeichnung noch nicht gespeichert haben.

### Aktion: Befehl KSICH und SICHALS

Sie haben zwei Möglichkeiten, Ihre Zeichnung zu speichern: Sie speichern die Zeichnung unter ihrem bisherigen Namen oder unter einem neuen Namen. Das machen Sie mit dem Befehl KSICH (Speichern unter dem bisherigen Namen) oder SICHALS (Speichern unter einem neuen Namen). Zunächst der Befehl KSICH.

- Abrollmenü DATEI, Funktion SPEICHERN
- Symbol in der Standard-Funktionsleiste

Hat die Zeichnung noch den Namen *ZEICHNG.DWG*, erscheint auch beim Befehl KSICH das Dialogfeld zur Dateiwahl auf dem Bildschirm (siehe Abbildung 2.13). Hat die Zeichnung schon einen Namen, wird der Befehl ohne weitere Anfrage ausgeführt.

Mit dem Befehl SICHALS wird auf jeden Fall ein neuer Zeichnungsname angefragt. Den Befehl finden Sie folgendermaßen:

- Abrollmenü DATEI, Funktion SPEICHERN UNTER...

Bei diesem Befehl erscheint in jedem Fall das Dialogfeld zur Dateiauswahl (siehe Abbildung 2.13).

*Abbildung 2.13: Dialogfeld zum Speichern*

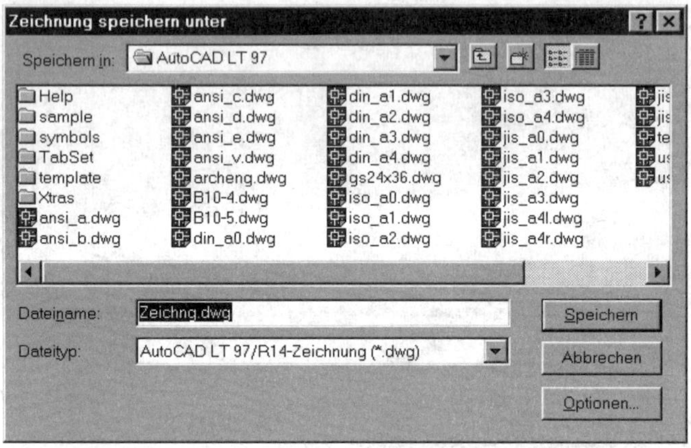


Der bisherige Name erscheint als Vorgabe und kann mit OK übernommen werden, oder Sie geben einen neuen im Feld DATEINAME ein. Sie können aber auch einen Namen in der Dateiliste anklicken. Dann überschreiben Sie allerdings diese Datei. Das wird Ihnen in einer Warnmeldung mitgeteilt. Jetzt können Sie noch abbrechen oder die Datei tatsächlich überschreiben. Der vorherige Inhalt ist dann verloren.

Selbstverständlich haben Sie auch wieder alle Funktionen wie beim Öffnen von Zeichnungen. Sie können Laufwerke und Ordner wechseln, die Anzeige verändern, Ordner anlegen usw.

Beachten Sie: Wenn Sie einen neuen Namen vorgeben, arbeiten Sie anschließend an der Zeichnung mit diesem Namen weiter. Falls Sie einen Stand sichern wollen und dann mit einem neuen Namen weiterarbeiten wollen, sollten Sie zuerst den Befehl KSICH und danach den Befehl SICHALS verwenden.

**DATEITYP:** Im Abrollmenü DATEITYP kann eingestellt werden, in welchem Format gespeichert werden soll. Sie haben die Möglichkeit, als AutoCAD-Zeichnung oder als Zeichnungsvorlage zu speichern. Möglich sind:

AutoCAD LT 97/R14-Zeichnung (*.*DWG*)
AutoCAD LT 95/R13-Zeichnung (*.*DWG*)
AutoCAD LT R2/R12-Zeichnung (*.*DWG*)
Zeichnungsvorlagendatei (*.*DWT*)
LT 95 Zeichnungsvorlagendatei (*.*DWT*), nur in AutoCAD LT 97

Haben Sie ZEICHNUNGSVORLAGE eingestellt, wird automatisch in den Ordner *\PROGRAMME\AUTOCAD LT 97\TEMPLATE* bzw. *\PROGRAMME\AUTOCAD 14\TEMPLATE* gewechselt. Sie können auch einen anderen Ordner wählen, was aber nicht ratsam ist, da diese Vorlage dann nicht automatisch in der Liste (siehe Abbildung 2.10) aufgeführt wird. Nachdem Sie auf OK geklickt haben, erscheint ein weiteres Fenster, in dem Sie die Vorlagenbeschreibung eingeben können (siehe Abbildung 2.14). In einem Abrollmenü MASSEINHEITEN sollten Sie außerdem festlegen, ob Sie metrische oder britische Einheiten in dieser Vorlage haben wollen.

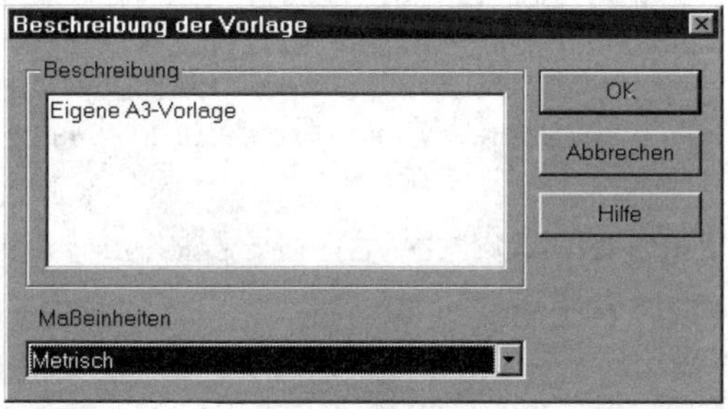


*Abbildung 2.14: Beschreibung der Vorlage*

## Training: Zeichnung speichern und Vorlage erstellen

- *Speichern Sie den momentanen Stand der Zeichnung im Ordner \AUFGABEN unter dem Namen UEB-01.DWG ab.*
- *Speichern Sie zudem den jetzigen Stand als Zeichnungsvorlage A3-NEU.DWT im Ordner \PROGRAMME\AUTOCAD LT 97\TEMPLATE bzw. \PROGRAMME\AUTOCAD 14\TEMPLATE ab. Geben Sie eine Vorlagenbeschreibung ein (siehe Abbildung 2.14).*

## Tips:

- Zeichnungsdateien haben die Dateierweiterung *DWG* (Abkürzung für Dra<u>w</u>ing).
- Vorlagendateien haben die Dateierweiterung *DWT* (Abkürzung für Dra<u>w</u>ing Template).

- Neben der Zeichnungsdatei wird in AutoCAD auch eine Sicherungsdatei gespeichert, die sogenannte Backup-Datei, Sie hat den gleichen Namen wie die Zeichnung, aber die Dateierweiterung *BAK* (Abkürzung für Backup). Darin ist der Stand der vorletzten Sicherung gespeichert. Bevor Sie die Sicherungsdatei in AutoCAD laden können, müssen Sie diese im Explorer in eine Datei mit der Erweiterung *DWG* umbenennen.
- Außerdem sichert AutoCAD automatisch in einem voreingestellten Zeitintervall. Dabei wird die Sicherungsdatei *AUTO.SV$* erstellt. Falls Sie die automatische Speicherungsdatei einmal benötigen, benennen Sie diese Datei in eine Zeichnungsdatei mit der Dateierweiterung *DWG* um.

## Eine Zeichnung suchen und öffnen

Schon in der letzten Stunde haben Sie gesehen, wie gespeicherte Zeichnungen wieder auf den Bildschirm geholt werden können. Sie können aber auch Vorlagen und DXF-Dateien mit dem Befehl ÖFFNEN laden. Wählen Sie dafür im Dialogfeld des Befehls im Abrollmenü DATEITYP:

**ZEICHNUNG (*.DWG):** Um Zeichnungsdateien zu öffnen.

**DXF (*.DXF):** Um Dateien im *DXF*-Format (Data-Exchange-Format) zu öffnen. Damit lassen sich Zeichnungen aus anderen CAD-Programmen in AutoCAD einlesen.

**ZEICHNUNGSVORLAGE (*.DWF):** Um Vorlagendateien zu öffnen.

### Aktion: Eine Zeichnung suchen

Gut, wenn Sie noch wissen, in welchem Ordner die Zeichnung gespeichert ist. Bei größeren Zeichnungsbeständen kann man jedoch leicht den Überblick verlieren. AutoCAD bietet Ihnen deshalb beim Befehl ÖFFNEN Suchfunktionen, um mit wenigen Angaben eine Zeichnung wiederzufinden.

**FINDEN:** Wenn Sie im Feld DATEINAME den Namen der Datei eingetragen haben, die Sie öffnen wollen, aber nicht wissen, in welchem Verzeichnis die Datei gespeichert ist, klicken Sie auf das Feld FINDEN. Befindet sich die Datei im aktuellen Suchpfad, wird in das Verzeichnis gewechselt, in dem die Datei gespeichert ist. Im aktuellen Suchpfad sind die Ordner angegeben, in denen AutoCAD seine Dateien sucht. Befindet sich die Datei in keinem dieser Ordner, erscheint die Meldung, daß die Datei nicht gefunden wurde.

**DATEI SUCHEN:** Benötigen Sie eine ganz bestimmte Zeichnung und wissen deren Namen nicht mehr oder nur teilweise, dann klikken Sie die Schaltfläche DATEI SUCHEN... an. Danach kommt ein weiteres Dialogfeld mit zwei Registerkarten auf den Bildschirm (siehe Abbildung 2.15 und 2.16). Das neue Dialogfeld hat zwei Registerkarten. Klicken Sie auf das entsprechende Feld am oberen Rand, kommt die zugehörige Karte nach vorne. Bei diesem Dialogfeld sind es die Karten BLÄTTERN und SUCHEN.

**Registerkarte Blättern:** Mit der Registerkarte BLÄTTERN können Sie sich durch den Zeichnungsbestand blättern. Alle Zeichnungen werden mit ihrem Voransichtsbild im linken großen Feld angezeigt (siehe Abbildung 2.15). Mit den Pfeiltasten auf der Tastatur oder mit einer waagrechten Schiebeleiste am unteren Rand des Fensters können Sie sich durch den Zeichnungsbestand blättern, falls nicht alle Bilder in dem Feld Platz finden.

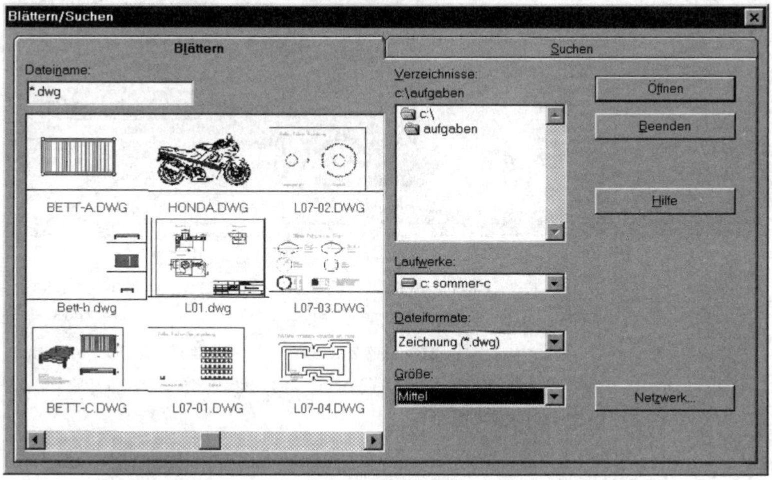


*Abbildung 2.15: Suchen einer Zeichnung, Registerkarte BLÄTTERN*

Mit einem Doppelklick auf das Bild wird die Zeichnung geladen. Im Auswahlmenü GRÖSSE rechts wählen Sie die Größe der Voransichtsbilder (groß, mittel oder klein). Im Feld VERZEICHNISSE wird angezeigt, in welchem Ordner Sie sich befinden. Dort können Sie auch den Ordner wechseln. Darunter finden Sie ein Auswahlmenü für das Laufwerk und eins für die Dateiformate.

**Registerkarte Suchen**: Die Registerkarte SUCHEN hilft Ihnen beim Auffinden einer Zeichnung (siehe Abbildung 2.16). Gehen Sie bei der Suche wie folgt vor:

- Geben Sie im Feld SUCHKRITERIUM den Namen oder bekannte Teile des Namens der gesuchten Zeichnung ein, zum Beispiel *UEB4711.DWG*, wenn Sie diese Zeichnung suchen, oder *UEB*.DWG*, wenn Sie alle Zeichnungen suchen, deren Name mit *UEB* beginnt. Im Auswahlmenü DATEIFORMATE ist das Format ZEICHNUNG (*.DWG) voreingestellt. Hier können Sie die Einstellung ändern, wenn Sie *DXF*-Dateien oder Vorlagen (*.DWT) suchen.

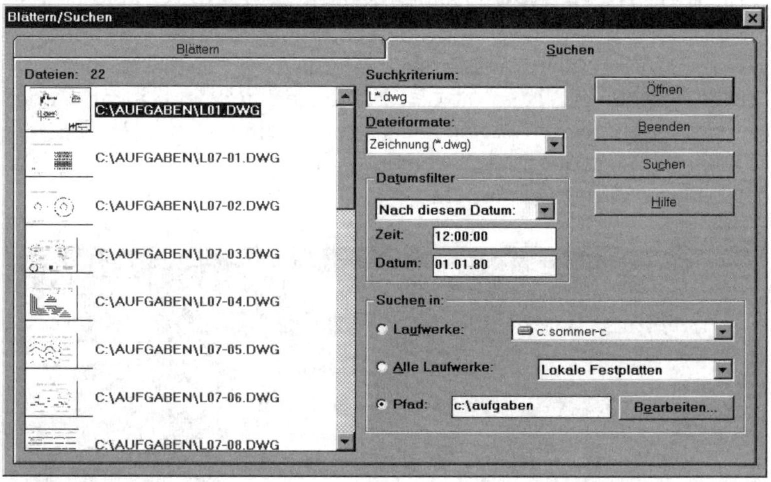


*Abbildung 2.16: Suchen einer Zeichnung, Registerkarte SUCHEN*

- Das ungefähre Erstellungsdatum der Zeichnung hilft Ihnen ebenfalls bei der Suche. Stellen Sie eine Uhrzeit oder ein Datum im Feld DATUMSFILTER ein. Im Auswahlmenü darüber wählen Sie, ob Sie nach Dateien suchen wollen, die vor oder nach diesem Datum erstellt wurden.

- Im Feld SUCHEN IN geben Sie an, wo Sie die Dateien suchen wollen. Wählen Sie ein bestimmtes Laufwerk im Abrollmenü LAUFWERKE zur Suche aus. Wenn Sie die Funktion aktivieren wollen, klicken Sie auf den Schalter LAUFWERKE oder den Punkt davor, und der Punkt wird schwarz ausgefüllt dargestellt. Die Funktion ist ausgewählt. Sie können die Suche aber auch auf alle Laufwerke ausdehnen. Klicken Sie dazu auf die Auswahl ALLE LAUFWERKE. Im Abrollmenü steht dann noch zur

Wahl, ob nur auf den lokalen Festplatten des Computers (Auswahl LOKALE FESTPLATTEN) oder auf allen Laufwerken in einem Netzwerk gesucht werden soll (Auswahl ALLE LAUFWERKE).

- Haben Sie Ihre Zeichnungen immer in einem oder mehreren Ordnern mit verschiedenen Unterordnern abgelegt, können Sie auch nur dort suchen lassen. Wählen Sie dazu die Funktion PFAD an, und klicken Sie auf das Feld BEARBEITEN... In einem weiteren Dialogfeld können Sie die Pfade auswählen, in denen gesucht werden soll.
- Ist alles eingestellt, klicken Sie auf die Schaltfläche SUCHEN. Der Suchlauf beginnt und die gefundenen Zeichnungen mit ihrem Pfad und dem kleinen Voransichtsbild werden im linken Feld angezeigt. Mit einem Doppelklick öffnen Sie die Zeichnung. Ein einfacher Klick markiert den Eintrag. Mit der Schaltfläche ÖFFNEN wird die Zeichnung ebenfalls geladen.

## Training: Öffnen einer Zeichnung

- *Wählen Sie den Befehl ÖFFNEN.*
- *Blättern Sie im Zeichnungsbestand, oder suchen Sie im Ordner C:\AUFGABEN die Zeichnung HONDA.DWG, das Motorrad aus Stunde 1.*
- *Öffnen Sie die Datei*

## Fragen zur Stunde 2

1. Mit welchen Assistenten können Sie eine neue Zeichnung beginnen?
2. Wieviele Schritte benötigt der Assistent BENUTZERDEFINIERT?
3. In welchem Ordner sind die Vorlagen für eine neue Zeichnung?
4. Mit welcher Vorlage bekommen Sie ein leeres Zeichenblatt im metrischen Einheitensystem?
5. Wie heißen die beiden Befehle zum Sichern einer Zeichnung?
6. In welchen Formaten läßt sich die Zeichnung auf dem Bildschirm speichern?

7 Welche Dateierweiterungen haben Zeichnungsdateien und Vorlagen?

8 Was sind Dateien mit der Dateierweiterung *BAK*?

9 Was ist in der Datei *AUTO.SV$* gespeichert?

10 Welche Dateiformate lassen sich mit dem Befehl ÖFFNEN auf den Bildschirm holen?

# Die erste Zeichnung mit Raster und Fang erstellen

Stunde 3

In Stunde 3 werden Sie Ihre erste Zeichnung erstellen. Dabei lernen Sie:

- wie Sie die Einheiten umstellen können
- wozu man absolute und polare Koordinaten braucht
- wie man Raster, Fang und den Ortho-Modus verwendet
- wie Sie Rechtecke und Linien zeichnen können
- wie Befehle wiederholt und zurückgenommen werden
- auf welche Arten man Kreise zeichnen kann
- wie versetzt, kopiert, geschoben und gelöscht werden kann und
- wie Text in die Zeichnung kommt.

## Die erste eigene Zeichnung

In der letzten Stunde haben Sie gelernt, wie eine neue Zeichnung begonnen wird. Wir wollen jetzt unsere erste eigene Zeichnung erstellen. Gehen Sie wie folgt vor:

- *Starten Sie mit dem Befehl NEU eine neue Zeichnung.*
- *Wählen Sie im Dialogfeld des Befehls die Methode DIREKT BEGINNEN, und wählen Sie in der Liste VORGABEN WÄHLEN die Einstellung METRISCH. Klicken Sie dann auf OK.*

### Aktion: Befehl DDUNITS

Ohne weitere Anfragen haben Sie eine leere Zeichnung auf den Bildschirm bekommen. Eine Reihe von Einstellungen, die Sie in der letzten Stunde mit dem Assistenten gemacht haben, können Sie auch mit dem Befehl DDUNIT vornehmen. Wählen Sie den Befehl:

- Abrollmenü FORMAT, Funktion EINHEITEN...

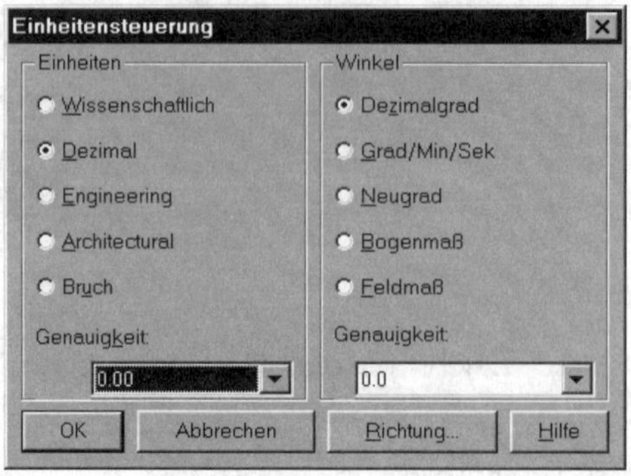


*Abbildung 3.1: Einstellung der Einheiten*

In diesem Fenster können Sie dieselben Einstellungen wie in Schritt 1 und 2 des Assistenten BENUTZERDEFINIERT beim Befehl NEU vornehmen. Wenn Sie das Feld RICHTUNG anklicken, können Sie in einem weiteren Dialogfeld die Winkelmeßrichtung und die Null-Grad-Richtung einstellen (siehe Abbildung 3.2) und damit die Einstellungen von Schritt 3 und 4 machen.

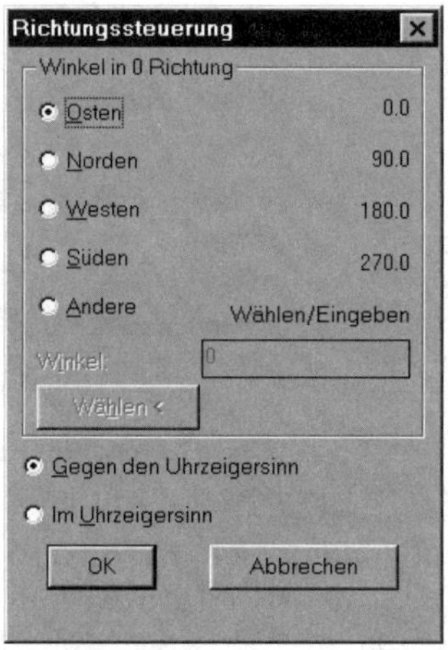


*Abbildung 3.2: Einstellung der Winkelmeßrichtung*

## Training: Genauigkeit einstellen

- *Stellen Sie die Genauigkeit der linearen Einheiten auf zwei und die Genauigkeit der Winkel auf eine Stelle hinter dem Komma ein.*
- *Lassen Sie alle anderen Einstellungen unverändert, und klicken Sie auf OK.*

## Absolute Koordinaten

Nun haben Sie das leere Blatt vor sich. Aber wo anfangen? Lineal und Bleistift können wir nicht verwenden. Damit beim Zeichnen jeder Punkt seinen eindeutigen Platz erhält, liegt der Zeichnung ein Koordinatensystem zugrunde. Jeder Punkt in der Zeichnung ist durch seinen Abstand vom Koordinatenursprung in X- und Y-Richtung bestimmt. Der Ursprung liegt links unten auf der Zeichenfläche. Später, wenn wir uns mit den 3D-Möglichkeiten befassen, kommt auch noch die Z-Richtung dazu.

Wenn Sie Ihr Fadenkreuz mit der Maus auf der Zeichenfläche bewegen, läuft in der Statuszeile eine Koordinatenanzeige mit, die Ihnen die momentane Position des Fadenkreuzes anzeigt. Dabei wird die Position des Fadenkreuzes wie oben beschrieben durch seinen Abstand in X- und Y-Richtung vom Ursprung des Koordinatensystems angegeben. Die Werte sind durch Komma getrennt, innerhalb einer Zahl wird ein Punkt als Trennzeichen verwendet. Diese sogenannten **absoluten Koordinaten** haben in AutoCAD immer dieses Format:

**Format:** X,Y
**Beispiel:** 70,120 oder 25.25,-79.40

Wählen Sie einen Zeichenbefehl an, zum Beispiel den Befehl LINIE, dann können Sie das Fadenkreuz auf der Zeichenfläche so lange bewegen, bis der gewünschte Punkt in der Koordinatenanzeige angezeigt wird, und dann klicken. Das Anfahren des Punkts ist so allerdings langwierig und das Ergebnis fällt ziemlich ungenau aus.

In AutoCAD 14 wird in der Koordinatenanzeige zusätzlich der Abstand in Z-Richtung angezeigt, also die dritte Dimension. Da wir aber zunächst nur zweidimensionale Zeichnungen erstellen, können wir diese Angabe unbeachtet lassen. Dieser Wert ist deshalb auch in der Anzeige immer 0.

**Fehler:**

- Klicken Sie beim Zeichnen nie einen Punkt auf der Zeichenfläche an, ohne daß Sie weitere Hilfsfunktionen zum Positionieren aktiviert haben. Das Ergebnis ist wie eine Freihandzeichnung, die Sie ohne Lineal erstellt haben.

## Raster und Fang

Die einfachste Möglichkeit, in AutoCAD exakt zu zeichnen, haben Sie dann, wenn Sie Raster und Fang verwenden.

### Aktion: Befehl DDRMODI

Mit dem Befehl DDRMODI lassen sich diese Zeichnungshilfen einstellen. Wählen Sie den Befehl:

- Abrollmenü EXTRAS bzw. Werkzeuge (in AutoCAD 14), Funktion ZEICHNUNGSHILFEN...

Im Dialogfeld des Befehls können Sie die Werte einstellen (siehe Abbildung 3.3).

*Abbildung 3.3: Dialogfeld für die Einstellung der Zeichnungshilfen*

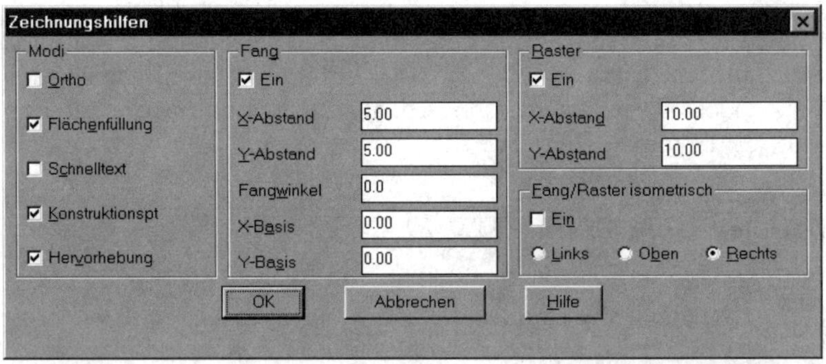


**RASTER:** Im rechten Drittel des Dialogfelds können Sie das Zeichenraster einstellen. Ist es eingeschaltet, wird der gesamten Zeichnung innerhalb der Limiten (dazu in der nächsten Stunde mehr) ein Punktraster unterlegt. Der Rasterabstand ist in X- und Y-Richtung in den Feldern X-ABSTAND und Y-ABSTAND des Dialogfelds einstellbar. Aber nur wenn der Schalter EIN eingeschaltet ist, wird das Raster auch auf dem Bildschirm sichtbar. Ist das Raster zu eng, erscheint eine Meldung im Befehlszeilenfenster:

```
Raster zu dicht, keine Anzeige
```

**FANG:** Das mittlere Drittel des Dialogfelds ist für die Einstellung des Fangs. Während das Raster nur der Orientierung dient, wird mit dem Fang das Fadenkreuz nur noch in festen Schritten über den Bildschirm geführt.

Sie können den Fang im Dialogfeld mit dem Schaltfeld EIN ein- und ausschalten und in den darunterliegenden Feldern X-ABSTAND und Y-ABSTAND den Fangwert verändern. Zusätzlich haben Sie die Möglichkeit, den Fang um einen wählbaren Punkt und um einen einstellbaren Winkel zu drehen. Diesen Punkt stellen Sie in den Feldern X-BASIS und Y-BASIS und den Winkel im Feld FANGWINKEL ein. Schalten Sie den Fang ein, und bewegen Sie das Fadenkreuz am Bildschirm, und Sie sehen, wie es um Fangwerte springt.

**ORTHO-MODUS:** Noch eine sehr wichtige Funktion zum Zeichnen finden Sie in der linken Spalte mit Schaltern, den orthogonalen Zeichenmodus. Ist dieser eingeschaltet, läßt sich nur noch waagrecht und senkrecht zeichnen, schieben, kopieren, strecken usw. Mit dem Schalter ORTHO in der linken Spalte schalten Sie den Modus bei Bedarf zu und auch wieder ab. Die weiteren Schalter interessieren uns im Moment noch nicht. In AutoCAD 14 sind es außerdem noch einige mehr.

## Aktion: Zeichnungshilfen ein- und ausschalten

Raster, Fang und Ortho-Modus lassen sich auch mit den Funktionstasten ein- und ausschalten:

F7 Schaltet das Raster ein und aus

F8 Schaltet den Ortho-Modus ein und aus

F9 Schaltet den Fang ein und aus

Zudem finden Sie in der Statusleiste (siehe auch Abbildung 3.4) verschiedene Felder, unter anderen auch FANG, RASTER und ORTHO. Die Schrift in diesen Feldern ist entweder grau, dann ist der Modus ausgeschaltet, oder schwarz, wenn der Modus eingeschaltet ist. Mit einem Doppelklick auf ein solches Feld schalten Sie den Modus um.

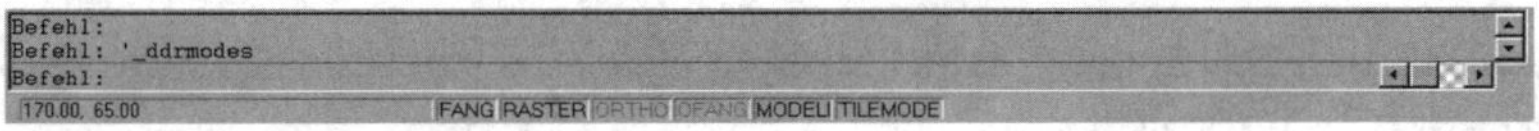


*Abbildung 3.4: Schaltfelder in der Statusleiste*

## Training: Raster und Fang einstellen

- *Stellen Sie den Fang auf 5 und das Raster auf 10.*
- *Schalten Sie den Ortho-Modus ein.*

## Zum Anfang ein Rechteck

Nachdem die Grundeinstellungen gemacht wurden, soll gezeichnet werden. Auch komplizierte technische Zeichnungen bestehen aus einfachen geometrischen Grundelementen. Beginnen wir mit einem solchen, einem Rechteck.

### Aktion: Befehl RECHTECK

Die Angabe zweier diagonaler Eckpunkte reicht bei diesem Befehl aus, um das Rechteck zu zeichnen. So finden Sie den Befehl :

- Abrollmenü ZEICHNEN, Funktion RECHTECK
- Symbol im Werkzeugkasten ZEICHNEN

Befehl: **Rechteck**
Fasen/Erhebung/Abrunden/Objekthöhe/Breite/<Erste Ecke>:
Andere Ecke:

Geben Sie den ersten Punkt ein, und das Rechteck wird dynamisch nachgezogen. Nach der Eingabe des zweiten Punkts wird es endgültig gezeichnet. Darüber hinaus stehen bei dem Befehl noch Optionen zur Verfügung:

**FASEN:** Mit dieser Option können Sie zwei Fasenabstände eingeben:

Fasen/Erhebung/Abrunden/Objekthöhe/Breite/<Erste Ecke>: **F für Fasen**
Erster Fasenabstand für Rechtecke <0.00>:
Zweiter Fasenabstand für Rechtecke <0.00>:
Fasen/Erhebung/Abrunden/Objekthöhe/Breite/<Erste Ecke>:

Danach wird die Optionsliste wieder angezeigt, und Sie können eine weitere Option wählen oder die erste Ecke eingeben. Bei dem Rechteck sind dann alle Ecken mit den eingegebenen Werten gefast.

**ERHEBUNG:** Eingabe einer Erhebung für das Rechteck, dazu mehr bei den 3D-Funktionen.

**ABRUNDEN:** Mit dieser Option kann ein Rundungsradius für die Ecken des Rechtecks eingegeben werden:

Fasen/Erhebung/Abrunden/Objekthöhe/Breite/<Erste Ecke>: **A für Abrunden**
Rundungsradius für Rechtecke <0.00>:
Fasen/Erhebung/Abrunden/Objekthöhe/Breite/<Erste Ecke>:

Bei dem Rechteck sind alle Ecken mit dem eingegebenen Wert gerundet.

**BREITE:** Eingabe einer Linienbreite für das Rechteck.

**OBJEKTHÖHE:** Eingabe einer Objekthöhe für das Rechteck, dazu mehr in Stunde 22.

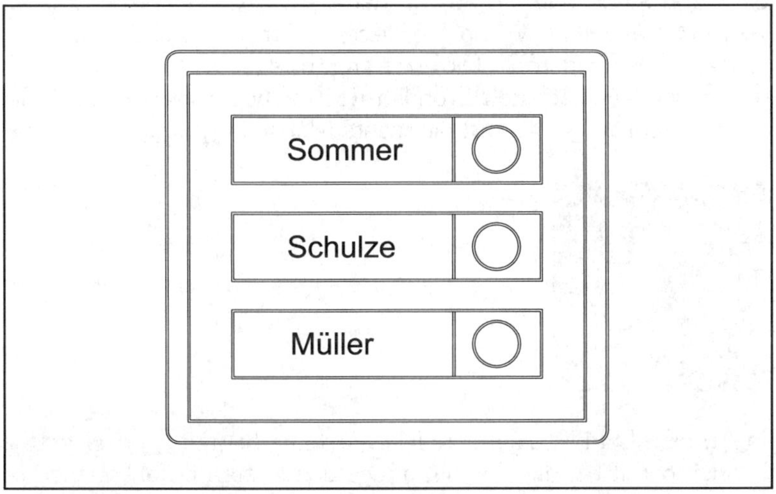


*Abbildung 3.5: Ein Feld mit drei Klingelknöpfen, die erste Zeichnung*

## Training: Zeichnen der ersten Kontur

▶ *Zeichnen Sie ein Feld mit drei Klingelknöpfen wie in den Abbildungen 3.5 und 3.7. Beginnen Sie dazu mit dem ersten Rechteck. Wählen Sie den Befehl RECHTECK.*

Befehl: **Rechteck**
Fasen/Erhebung/Abrunden/Objekthöhe/Breite/<Erste Ecke>: **Fadenkreuz bewegen, bis die Koordinatenanzeige den Wert 70.00,60.00 anzeigt (siehe Abbildung 3.7, Punkt 1) und dann die linke Maustaste drücken, der Punkt wird gesetzt.**
Andere Ecke: **Fadenkreuz auf 250.00,220.00 setzen (siehe Abbildung 3.7, Punkt 2) und anklicken, das erste Rechteck ist fertig.**

# Nochmals derselbe Befehl

Beim Zeichnen und Editieren kommt es oft vor, daß Sie den gleichen Befehl mehrfach hintereinander benötigen. Sie müssen dann den Befehl nicht immer aus dem Menü neu anwählen. Mit der

Taste ↵ können Sie den letzten Befehl wiederholen, wenn AutoCAD den nächsten Befehl anfragt.

In AutoCAD LT 97 können Sie mit der rechten Maustaste ein Pop-Up-Menü auf den Bildschirm holen. Dieses Menü ist unterschiedlich aufgebaut, je nachdem, welche Aktion Sie gerade ausführen. Wenn AutoCAD LT 97 bei der Befehlsanfrage steht, sieht es wie in Abbildung 3.6 aus. In der ersten Zeile steht der zuletzt verwendete Befehl. Wenn Sie diesen Eintrag anklicken, wird der letzte Befehl wiederholt. Die anderen Einträge werden Sie im Laufe dieser und der nächsten Stunden noch kennenlernen. Haben Sie einen Befehl aufgerufen, ist die rechte Maustaste mit ↵ belegt.

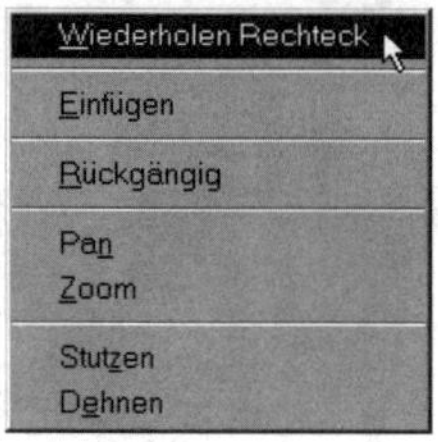


*Abbildung 3.6: Pop-Up-Menü mit Wiederholfunktion*

In AutoCAD 14 ist die rechte Maustaste immer mit ↵ belegt. Sie können damit bei der Befehlsanfrage den letzten Befehl wiederholen.

**Fehler:**

- Bei der Auswahl aus den Menüs können Sie Befehle schon mit bestimmten Optionen starten. Mit den oben beschriebenen Methoden der Befehlswiederholung wird ein Befehl jedoch immer in seiner Grundform gestartet.

**Training: Zeichnen weiterer Rechtecke**

- *Wiederholen Sie den Befehl RECHTECK zweimal.*

Fasen/Erhebung/Abrunden/Objekthöhe/Breite/<Erste Ecke>: **Klicken Sie beim Punkt 90.00,110.00 (siehe Abbildung 3.7, Punkt 3).**
Andere Ecke: **Klicken Sie beim Punkt 230.00,80.00 (siehe Abbildung 3.7, Punkt 4).**

Fasen/Erhebung/Abrunden/Objekthöhe/Breite/<Erste Ecke>: **Geben Sie A für die Option Abrunden ein.**
Rundungsradius für Rechtecke <0.00>: **Geben Sie den Rundungsradius 5 ein und bestätigen Sie mit** [↵].
Fasen/Erhebung/Abrunden/Objekthöhe/Breite/<Erste Ecke>: **Klicken Sie beim Punkt 60.00,50.00 (siehe Abbildung 3.7, Punkt 5).**
Andere Ecke: **Klicken Sie beim Punkt 260.00,230.00 (siehe Abbildung 3.7, Punkt 6).**

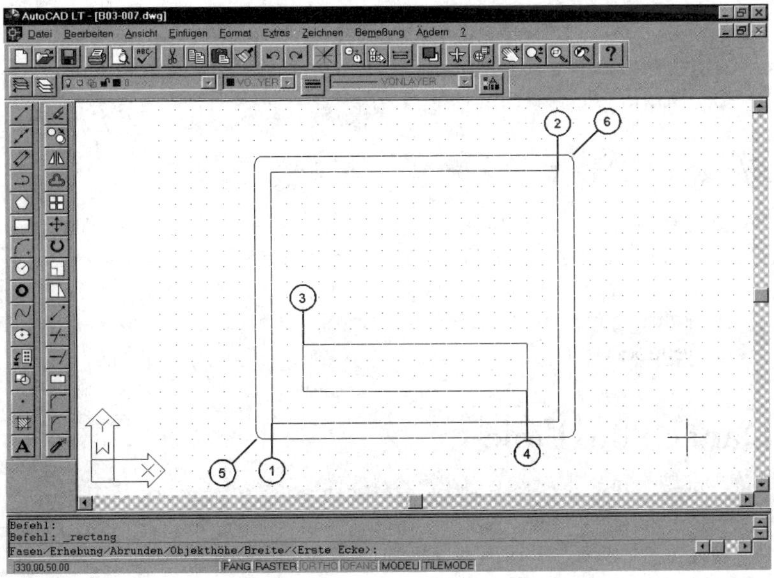


*Abbildung 3.7: Die ersten Rechtecke*

## Irrtümer korrigieren

Was können Sie machen, wenn ein Befehl daneben geht? Wie in allen Windows-Programmen läßt sich auch in AutoCAD ein Befehl zurücknehmen.

### Aktion: Befehle Z und ZLÖSCH

Der Befehl Z nimmt den letzten Befehl zurück. Der Befehl Z ist aber kein Löschbefehl. War der letzte Befehl ein Zeichenbefehl, dann löscht Z, war der letzte Befehl jedoch ein Löschbefehl, dann bringt Z die gelöschten Objekte wieder zurück.

Dazu gibt es noch den Befehl ZLÖSCH. Damit machen Sie die letzte Rücknahme rückgängig, also den letzten Befehl Z. Sie finden die Befehle:

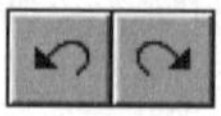

- Abrollmenü BEARBEITEN, Funktionen RÜCKGÄNGIG bzw. ZURÜCK (IN AUTOCAD 14) und WIEDERHERSTELLEN bzw. ZLÖSCH (in AutoCAD 14)
- Symbole in der Standard-Funktionsleiste (linkes Symbol Z, rechtes ZLÖSCH)

- In AutoCAD LT 97 mit der rechten Maustaste bei der Befehlsanfrage, Eintrag RÜCKGÄNGIG (für den Befehl Z) aus dem Pop-Up-Menü (siehe Abbildung 3.6).

**Fehler:**

- Der Befehl Z kann beliebig oft verwendet werden, bis alle Befehle aus der Zeichensitzung wieder rückgängig gemacht sind. Der Befehl ZLÖSCH dagegen kann nur einen Befehl Z rückgängig machen, wenn er unmittelbar nach dem Befehl Z eingegeben wird.

## Danach die Linie

Mit dem nächsten Zeichenbefehl können Sie einzelne Liniensegmente erzeugen. Der Befehl nennt sich dementsprechend auch LINIE.

**Aktion: Befehl LINIE**

Sie finden den Befehl:

- im Abrollmenü ZEICHNEN, Funktion LINIE
- als Symbol im Werkzeugkasten ZEICHNEN

Im Befehlszeilenfenster erscheint der Dialog:

```
Befehl: Linie
Von Punkt:
Nach Punkt:
Nach Punkt:
```

Sie können nun Punkte auf der Zeichenfläche anklicken. Die Punkte werden durch Linienzüge verbunden. Ist ein Punkt gesetzt, wird zum Fadenkreuz eine Linie gezogen, die sich mit der Stellung des Fadenkreuzes wie ein Gummiband verändert. In AutoCAD wird das auch als Gummibandlinie bezeichnet. Wenn Sie die erste Befehlsanfrage:

Von Punkt:

mit ↵ bestätigen, wird der neue Linienzug am zuletzt gezeichneten Punkt angesetzt. Jetzt geschieht bei uns nichts, da wir noch nichts in dieser Sitzung gemacht haben. Wenn Sie eine Befehlsanfrage:

Nach Punkt:

mit ↵ bestätigen, wird der Linienzug beendet. Der Befehl LINIE hat außerdem noch zwei Optionen.

**ZURÜCK:** Wenn Sie auf eine Punktanfrage Z oder ZURÜCK eingeben, wird der letzte Punkt entfernt und mit ihm auch das letzte Liniensegment. Die Option kann mehrmals hintereinander eingegeben werden, sogar so lange, bis alle Punkte der Eingabe entfernt sind. Diese Option können Sie auch mit einem Symbol aus der Standard-Funktionsleiste wählen. Es ist dasselbe wie das des Befehls Z (siehe oben). Nur daß es innerhalb des Befehls LINIE nur einen Punkt zurücknimmt und nicht den ganzen Befehl.

**SCHLIESSEN:** Wenn Sie auf eine Punktanfrage S oder SCHLIESSEN eingeben, wird der zuletzt eingegebene Punkt mit dem Anfangspunkt des Linienzugs verbunden und der Befehl beendet. Das ist jedoch nur möglich, wenn schon mindestens drei Punkte eingegeben wurden.

## Training: Zeichnen einer Linie

▶ *Wählen Sie den Befehl LINIE, und zeichnen Sie die senkrechte Linie (siehe Abbildung 3.8).*

Befehl: **Linie**
Von Punkt: **Klicken Sie beim Punkt 190.00,80.00 (siehe Abbildung 3.8, Punkt 1).**
Nach Punkt: **Klicken Sie, wenn in der Koordinatenanzeige der Wert 30.00<90.0 bzw. 190,110 (siehe Abbildung 3.8, Punkt 2).**
Nach Punkt: ↵ **zum Beenden des Befehls.**

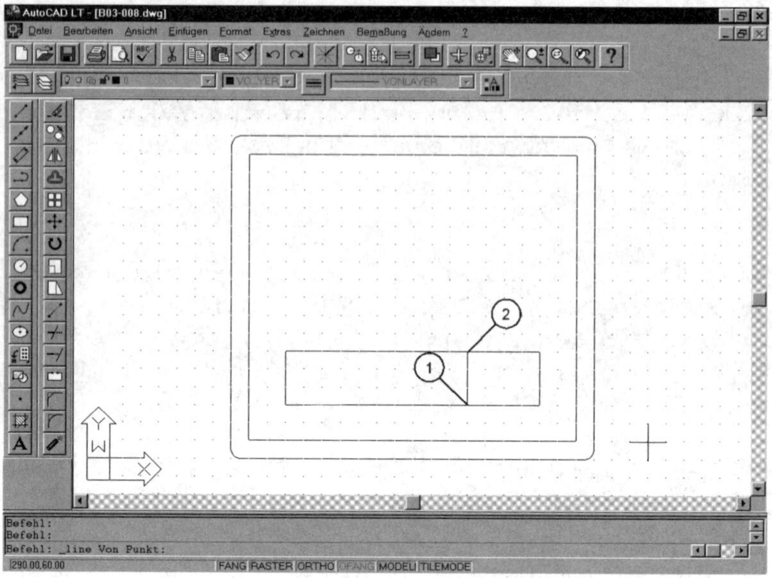


*Abbildung 3.8: Zeichnen einer Linie*

## Polare Koordinaten

Bis jetzt hat die Koordinatenanzeige in der Statuszeile immer die aktuelle Position in X- und Y-Koordinaten angezeigt. Nach Eingabe des ersten Punkts der Linie hat sich die Anzeige verändert. Es wurde auf die polare Anzeige umgeschaltet. Der zweite Punkt wird durch seinen Abstand und seinen Winkel vom ersten Punkt angegeben:

**Format:** A<W
**Beispiel:** 30.00<90 oder 125.67<225

In der nächsten Stunde werden Sie mehr über Koordinaten in AutoCAD kennenlernen.

Mit einem Doppelklick auf die Koordinatenanzeige in der Statuszeile oder mit der Funktionstaste F6 können Sie die Anzeige aus-, ein- und umschalten. Ist sie aus, zeigt sie trotzdem bei jeder Punkteingabe die eingegebene Position an. Innerhalb von Zeichen- oder Editierbefehlen läßt sich die die Koordinatenanzeige zwischen drei Anzeigemodi umschalten:

- Koordinatenanzeige ein mit polarer Anzeige,
- Koordinatenanzeige ein mit absoluter Anzeige und
- Koordinatenanzeige aus

Standardeinstellung ist die polare Anzeige, deshalb auch die Anzeige beim zweiten Punkt der Linie.

Wie bei der Anzeige der absoluten Koordinaten wird in AutoCAD 14 auch hier der Z-Wert mit angezeigt. Da wir aber bis jetzt nur zweidimensional arbeiten, ist dieser Wert 0.

## Kreise auf verschiedene Arten

Den nächsten Zeichenbefehl, den wir brauchen, ist der Befehl KREIS. Wie der Name schon sagt, wird er zum Zeichnen von Kreisen verwendet.

**Aktion: Befehl KREIS**

Sie finden den Befehl:

- Abrollmenü ZEICHNEN, Untermenü KREIS >, Funktionen für die einzelnen Optionen des Befehls
- Symbol im Werkzeugkasten ZEICHNEN

Der Befehl stellt die folgende Anfragen in AutoCAD LT 97:

Befehl: **Kreis**
3P/TTR/>Mittelpunkt>:
Durchmesser/<Radius> <10.00>:

bzw. in AutoCAD 14:

Befehl: **Kreis**
3P/2P/TTR/>Mittelpunkt>:
Durchmesser/<Radius> <10.00>: bzw.

Geben Sie den Mittelpunkt ein. Danach wird der Radius abgefragt. Der kann als Zahlenwert oder als Koordinate eingegeben werden (siehe Abbildung 3.9, a). Im letzten Fall wird der Kreis so gezeichnet, daß er durch diesen Punkt läuft. Bis zur Festlegung des Radius wird der Kreis dem Fadenkreuz nachgezogen. Haben Sie den Befehl schon einmal benutzt, erscheint der letzte Radius als Vorgabe, den Sie mit ↵ übernehmen können. Verwenden Sie bei der

Radiusanfrage die Option D für DURCHMESSER, oder wählen Sie den Befehl schon mit dieser Option aus dem Abrollmenü, dann wird auf die Durchmesseranfrage umgeschaltet (siehe Abbildung 3.9, b). Neben dieser Grundform sind weitere Optionen möglich:

**3P:** Zeichnen eines Kreises mit 3 Punkten auf der Kreislinie (siehe Abbildung 3.9, c).

**2P:** Zeichnen eines Kreises mit 2 Durchmesserendpunkten (siehe Abbildung 3.9, d).

**TTR bzw. TAN, TAN, RADIUS:** Zeichnen eines Kreises tangential an zwei Objekte (Linien, Bögen, Kreise usw.) mit einem wählbaren Radius (siehe Abbildung 3.9, e).

**TAN, TAN, TAN:** Zeichnen eines Kreises tangential an drei Objekte (siehe Abbildung 3.9, f).

*Abbildung 3.9: Kreise auf verschiedene Arten gezeichnet*

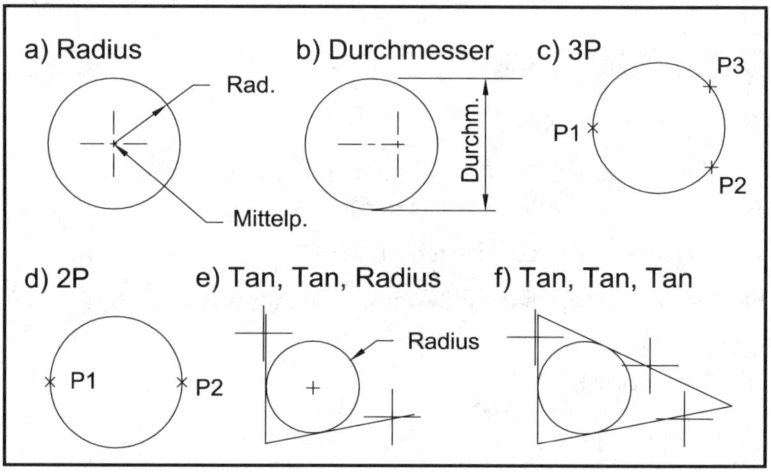


## Training: Ein Kreis für den Klingelknopf

► *Zeichnen Sie den Klingelknopf wie in Abbildung 3.10.*

Befehl: **Kreis**
3P/TTR/<Mittelpunkt>: **Klicken Sie beim Punkt 210.00,95.00 (siehe Abbildung 3.10, Punkt 1).**
Durchmesser/<Radius>: **Klicken Sie zum Beispiel beim Punkt 10.00<180.00 (siehe Abbildung 3.10, Punkt 2) oder geben Sie 10 ein und bestätigen mit ↵.**

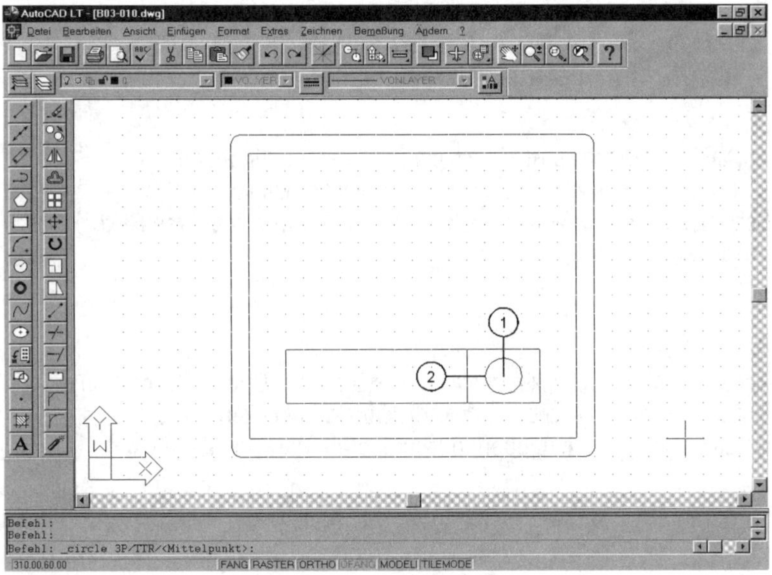


*Abbildung 3.10: Der Kreis für den Klingelknopf*

## Versetzen spart Arbeit

Wenn schon Objekte in der Zeichnung sind, ist es einfach, diese in einem bestimmten einstellbaren Abstand zu versetzen.

### Aktion: Befehl VERSETZ

Mit dem Befehl VERSETZ lassen sich Parallelen in einem vorgegebenen Abstand oder durch einen Punkt erzeugen. Sie finden den Befehl im:

- Abrollmenü ÄNDERN, Funktion VERSETZEN
- Symbol im Werkzeugkasten ÄNDERN

Es erscheint die Anfrage im Befehlszeilenfenster:

Befehl: **Versetz**
Abstand oder Durch punkt <Durch punkt>:

Zwei Möglichkeiten gibt es, den Versatz zu bestimmen. Entweder Sie geben einen Abstand für die Parallele ein, oder Sie geben einen Punkt vor, durch den die Parallele laufen soll.

Befehl: **Versetz**
Abstand oder Durch punkt <Durch punkt>: **Abstand eingeben**
Objekt wählen, das versetzt werden soll: **Objekt anklicken**
Seite, auf die versetzt werden soll? **Punkt auf der gewünschten Seite anklicken**

oder:

Befehl: **Versetz**
Abstand oder Durch punkt <Durch punkt>: **D für die Option Durch Punkt**
Objekt wählen, das versetzt werden soll: **Objekt anklicken**
Durch Punkt: **Punkt eingeben, durch den die Parallele laufen soll.**

Für die Objektwahl erhalten Sie die sogenannte Pickbox, ein kleines Quadrat, mit dem Sie die Objekte anklicken können. Der Befehl bleibt im Wiederholmodus, bis Sie auf die Anfrage nach einem weiteren Objekt [↵] eingeben.

## Training: Parallelen erzeugen

▶ *Zeichnen Sie Parallelen wie in Abbildung 3.11.*

Befehl: **Versetz**
Abstand oder Durch punkt <Durch punkt>: **1** [↵]
Objekt wählen, das versetzt werden soll: **Äußeres Rechteck anklicken (siehe Abbildung 3.11, 1)**
Seite, auf die versetzt werden soll? **Punkt außerhalb klicken**

▶ *Versetzen Sie das innere Rechteck, das untere kleine Rechteck und den Kreis ebenfalls nach außen (siehe Abbildung 3.11, 2, 3 und 4) sowie die senkrechte Linie um 1 nach rechts (siehe Abbildung 3.11, 5).*

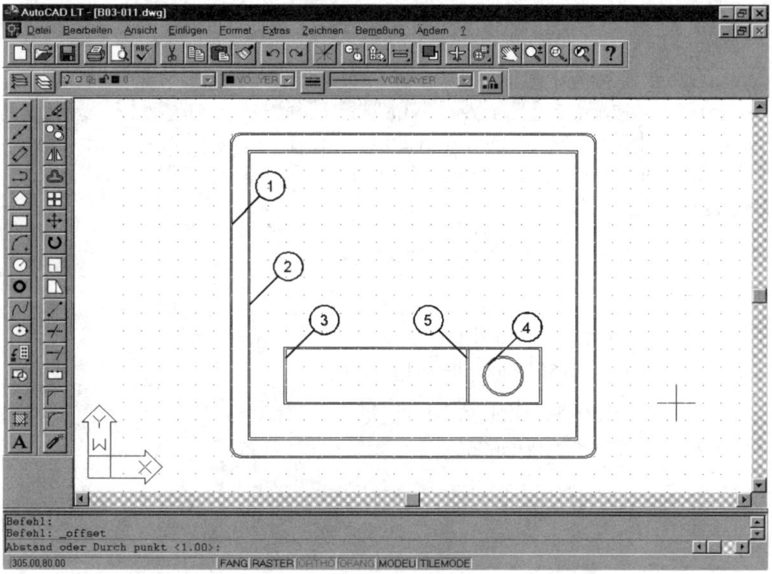


*Abbildung 3.11: Konturen versetzen*

# Im Notfall wieder löschen

Wie Sie schon gesehen haben, lassen sich Fehler mit dem Befehl Z beheben. Aber was tun, wenn Ihnen ein falsch gezeichnetes Objekt erst später auffällt? Dann müssen Sie löschen können.

## Aktion: Befehl LÖSCHEN

Mit dem Befehl LÖSCHEN können Sie Objekte wieder aus der Zeichnung entfernen.

- Abrollmenü ÄNDERN, Funktion LÖSCHEN
- Abrollmenü BEARBEITEN, Funktion LÖSCHEN
- Symbol im Werkzeugkasten ÄNDERN

Zuerst wählen Sie die Objekte, die Sie los werden wollen:

Objekte wählen:

Diese Anfrage bliebt im Wiederholmodus. Haben Sie ausgewählt, wird die Anfrage wieder gestellt, bis die Auswahl mit ↵ abgeschlossen wird.

## Aktion: Auswahl mit der Pickbox

Bei der Objektwahl erscheint zunächst die Pickbox auf dem Bildschirm, ein kleines Quadrat. Mit der Pickbox können Sie Objekte einzeln wählen. Bei jeder Auswahl wird angegeben, ob und wieviel Objekte Sie gefunden haben. Bei der Wahl mit der Pickbox kann es immer nur ein Objekt sein.

Objekte wählen: **Mit der Pickbox anklicken**
1 gefunden

Hatten Sie das Objekt innerhalb dieses Auswahlvorgangs schon einmal gewählt, erscheint die Meldung:

Objekte wählen: **Mit der Pickbox anklicken**
1 gefunden (1 doppelt vorhanden)

Halten Sie beim Anklicken mit der Pickbox die Taste ⇧ gedrückt, wird dieses Objekt wieder aus der Auswahl entfernt. Sie erhalten folgende Meldung:

Objekte wählen: **Mit der Pickbox und gedrückter Taste ⇧ anklicken**
1 gefunden, 1 entfernt

Ausgewählte Objekte werden zur Kontrolle gestrichelt oder gepunktet dargestellt (je nach Bildschirmtreiber und -auflösung).

## Aktion: Auswahl mit verschiedenen Fenstern

Klicken Sie dagegen mit der Pickbox ins Leere, wird dieser Punkt automatisch als Eckpunkt eines Fensters genommen, und Sie können die zweite, diagonal gegenüberliegende Ecke des Fensters anklicken.

Objekte wählen: **Eckpunkt anklicken**
Andere Ecke: **anderen Eckpunkt anklicken**

Nun kommt es darauf an, in welche Richtung Sie das Fenster aufziehen. Wenn Sie **von links nach rechts ziehen**, werden nur die Objekte ausgewählt, die sich **vollständig im Fenster** befinden. Diese Methode wird als Option FENSTER bezeichnet.

Ziehen Sie es umgekehrt auf, also **von rechts nach links**, werden die Objekte ausgewählt, die sich **vollständig oder auch nur teilweise im Fenster** befinden. Diese Methode wird als Option KREUZEN bezeichnet.

Auch hier gilt dasselbe wie bei der Auswahl mit der Pickbox. Wenn Sie beim Aufziehen des Fensters die Taste [⇧] drücken und festhalten, werden die dabei gewählten Objekte aus der Auswahl entfernt.

Die Objekte werden erst dann gelöscht, wenn Sie die Objektwahl mit [↵] abgeschlossen haben.

## Aktion: Löschen per Taste

Sie können markierte Objekte auch mit der Taste [Entf] löschen. AutoCAD muß dazu in der Befehlsanfrage stehen. Klicken Sie ein Objekt an, oder klicken Sie ins Leere, und ziehen Sie ein Fenster über die Objekte. Die Objekte werden markiert. Drücken Sie die Taste [Entf] und sie werden ohne Rückfrage aus der Zeichnung gelöscht.

## Aktion: Löschen aus dem Pop-Up-Menü

In AutoCAD LT 97 haben Sie fürs Löschen auch eine Funktion im Pop-Up-Menü. Wenn kein Befehl aktiv ist, können Sie das Fadenkreuz über dem Objekt plazieren, das Sie löschen wollen. Drücken Sie dann die rechte Maustaste, das Objekt unter dem Fadenkreuz wird angewählt, und Sie erhalten ein Pop-Up-Menü mit den wichtigsten Editierbefehlen (siehe Abbildung 3.12). Wählen Sie den Eintrag LÖSCHEN, und das markierte Objekt wird ohne Rückfrage gelöscht.

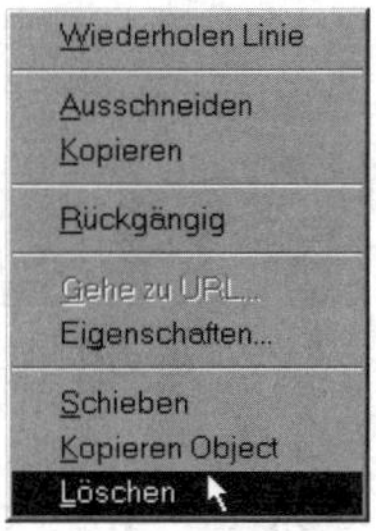


*Abbildung 3.12: Pop-Up-Menü mit Editierbefehlen*

### Aktion: Befehl HOPPLA

Sollten Sie einmal etwas versehentlich gelöscht haben und stellen es erst später fest, können Sie den Befehl Z nicht verwenden. Hier hilft nur der Befehl HOPPLA. Er macht die letzte Löschung rückgängig, egal wann diese erfolgte und was Sie dazwischen gemacht haben.

## Kopieren leicht gemacht

Um aus einer Klingel drei zu machen, benötigen wir einen Befehl zum Kopieren.

### Aktion: Befehl KOPIEREN

Mit dem Befehl KOPIEREN lassen sich eine oder mehrere Kopien von Objekten erzeugen. So finden Sie den Befehl:

- Abrollmenü ÄNDERN, Funktion KOPIEREN
- Symbol im Werkzeugkasten ÄNDERN

Befehl: **Kopieren**
Objekte wählen:
Mehrfach/<Basispunkt oder Verschiebung>:
Zweiter Punkt der Verschiebung:

Wählen Sie die Objekte, und geben Sie dann einen Basispunkt und danach einen zweiten Punkt ein. Die Kopie der gewählten Objekte wird um die Differenz der beiden Punkte verschoben. Weder Basispunkt noch Zielpunkt müssen auf dem zu kopierenden Objekt liegen, sie können an beliebiger Stelle aus der Zeichnung abgegriffen werden. Wird der zweite Punkt nicht eingegeben, sondern dafür nur [↵], wird die Eingabe beim ersten Punkt als Verschiebung (in X- und Y-Richtung) interpretiert.

Mit der Option MEHRFACH ist es möglich, von einem Satz von Objekten mehrere Kopien zu erzeugen. Sie geben einmal den Basispunkt vor, danach wird mit jedem zweiten Punkt eine neue Kopie der gewählten Objekte erzeugt. Der Vorgang wird so lange wiederholt, bis auf einen zweiten Punkt [↵] eingegeben wird.

Befehl: **Kopieren**
Objekte wählen: **auswählen**
..
Objekte wählen: ↵
<Basispunkt oder Verschiebung>/Mehrfach: **M**
Basispunkt oder Verschiebung: **Basispunkt wählen**
Zweiter Punkt der Verschiebung: **Ziel für erste Kopie**
Zweiter Punkt der Verschiebung: **Ziel für zweite Kopie**
..
Zweiter Punkt der Verschiebung: ↵

## Aktion: Kopieren aus dem Pop-Up-Menü

Wie beim Löschen kann auch der Kopierbefehl in AutoCAD LT 97 aus dem Pop-up-Menü gewählt werden. Gehen Sie dazu genauso vor. Wenn kein Befehl aktiv ist, plazieren Sie das Fadenkreuz über dem Objekt. Drücken Sie dann die rechte Maustaste, und das Objekt unter dem Fadenkreuz wird angewählt. Wählen Sie aus dem Pop-Up-Menü (siehe Abbildung 3.12) den Eintrag Kopieren Objekt, und der Kopierbefehl wird ausgeführt.

## Training: Kopien erzeugen

▶ *Kopieren Sie die Klingel zweimal nach oben (siehe Abbildung 3.13).*

Befehl: **Kopieren**
Objekte wählen: **Abbildung 3.13, Punkt 1 anklicken**
Andere Ecke: **Abbildung 3.13, Punkt 2 anklicken**
Mehrfach/<Basispunkt oder Verschiebung: **M für Mehrfach**
Basispunkt: **Bei 90.00,80.00 klicken (siehe Abbildung 3.13, Punkt 3)**
Zweiter Punkt der Verschiebung: **Bei 45.00<90.0 klicken (siehe Abbildung 3.13, Punkt 4)**
Zweiter Punkt der Verschiebung: **Bei 90.00<90.0 klicken (siehe Abbildung 3.13, Punkt 5)**
Zweiter Punkt der Verschiebung: ↵ **zum Beenden**

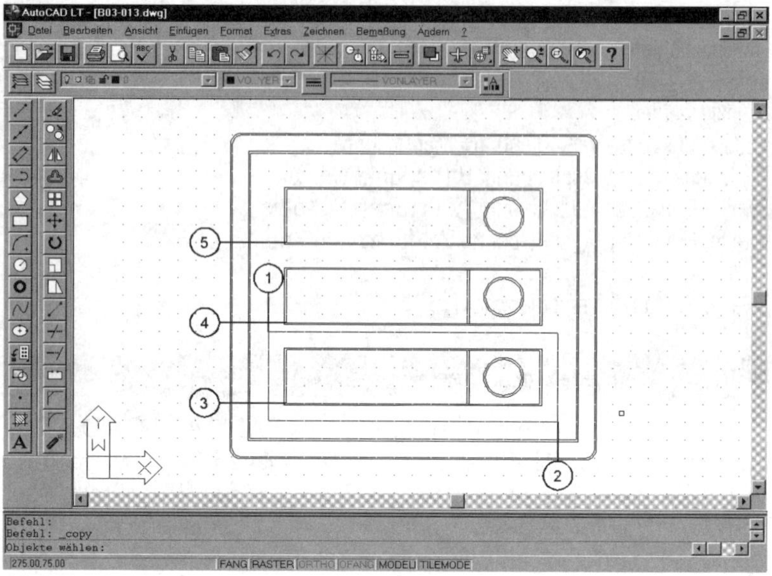


*Abbildung 3.13: Kopieren der Klingeln*

## Schieben genauso einfach

Genauso wie der Kopierbefehl wird der Befehl zum Verschieben von Objekten verwendet.

### Aktion: Befehl SCHIEBEN

Wählen Sie den Befehl:

- Abrollmenü ÄNDERN, Funktion SCHIEBEN
- Symbol im Werkzeugkasten ÄNDERN

Befehl: **Schieben**
Objekte wählen:
Basispunkt oder Verschiebung:
Zweiter Punkt der Verschiebung:

Wie beim Befehl KOPIEREN können Sie eine Verschiebung oder zwei Punkte eingeben, um die neue Position der Objekte zu bestimmen.

**Aktion: Schieben aus dem Pop-Up-Menü**

Auch den Befehl SCHIEBEN finden Sie in AutoCAD LT 97 im Pop-Up-Menü. Ohne einen Befehl zu wählen, plazieren Sie das Fadenkreuz über dem Objekt, das Sie verschieben wollen. Drücken Sie die rechte Maustaste, das Objekt wird angewählt, und Sie können aus dem Pop-Up-Menü (siehe Abbildung 3.12) den Eintrag SCHIEBEN wählen.

## Neuzeichnen und Regenerieren

Alle Aktionen, die Sie bis jetzt ausgeführt haben, hinterließen ihre Spuren auf dem Bildschirm: kleine Konstruktionskreuze, die beim Zeichnen und Editieren an jeder Punkteingabe gesetzt werden. Sie verschwinden, wenn Sie zoomen.

**Aktion: Befehl NEUZEICH**

Mit dem Befehl NEUZEICH wird die Zeichenfläche neu gezeichnet, und die Konstruktionskreuze verschwinden, ohne daß Sie zoomen müssen. Sie finden den Befehl:

- Abrollmenü ANSICHT bzw. ANZEIGE (in AutoCAD 14), Funktion NEUZEICHNEN

**Aktion: Befehl REGEN**

Die Änderung verschiedener Einstellungen wird erst sichtbar, wenn die Zeichnung mit dem Befehl REGEN neu aufgebaut wird. Verwenden Sie den Befehl aber nur dann, wenn es unbedingt nötig ist, nicht, um Konstruktionspunkte zu entfernen. Er kann bei großen Zeichnungen viel Zeit in Anspruch nehmen. Sie finden den Befehl im:

- Abrollmenü ANSICHT, Funktion REGENERIEREN

## Erste Beschriftungen

Zum Schluß wollen wir die Klingelschilder beschriften. Dazu gibt es zwei Befehle. Ausführlich lernen Sie diese in Stunde 13. Hier nur die Grundfunktion des Befehls MTEXT ohne seine zusätzlichen Optionen.

## Aktion: Befehl MTEXT

Mit dem Befehl MTEXT kann ein Textabsatz in die Zeichnung eingefügt werden, den Sie in einem Texteditor erstellen und formatieren können. Wählen Sie den Befehl:

A

- Abrollmenü ZEICHNEN, Funktionen ABSATZTEXT... bzw. Untermenü TEXT >, Funktion ABSATZTEXT... (in AutoCAD 14)
- Symbol im Werkzeugkasten ZEICHNEN

Befehl: **Mtext**
Aktueller Textstil: STANDARD. Texthöhe: 5
Erste Ecke:
Gegenüberliegende Ecke oder [Höhe/Ausrichten/Drehen/Stil/Breite]:

Um den Text in der Zeichnung plazieren zu können, wählen Sie zwei gegenüberliegende Eckpunkte für die Position. Danach kommt der Texteditor auf den Bildschirm (siehe Abbildung 3.15), in dem Sie den Text eingeben und die Schriftart und die Schriftgröße wählen können. Erst wenn Sie diesen beenden, wird der Text in die Zeichnung übernommen.

## Training: Klingelschilder beschriften

- *Wählen Sie den Befehl MTEXT.*

Befehl: **Mtext**
Aktueller Textstil: STANDARD. Texthöhe: 5
Erste Ecke: **Punkt 115.00,190.00 anklicken (siehe Abbildung 3.14, 1)**
Gegenüberliegende Ecke oder [Höhe/Ausrichten/Drehen/Stil/Breite]: **Punkt 180.00,180.00 anklicken (siehe Abbildung 3.14, 2)**

- *Jetzt kommt der Texteditor auf den Bildschirm (siehe Abbildung 3.15). Bevor Sie den Text eingeben, wählen Sie im Abrollmenü links oben die Schriftart, zum Beispiel die Windows-Schriftart Arial.*
- *Im Feld rechts daneben tragen Sie die Höhe 10 ein.*

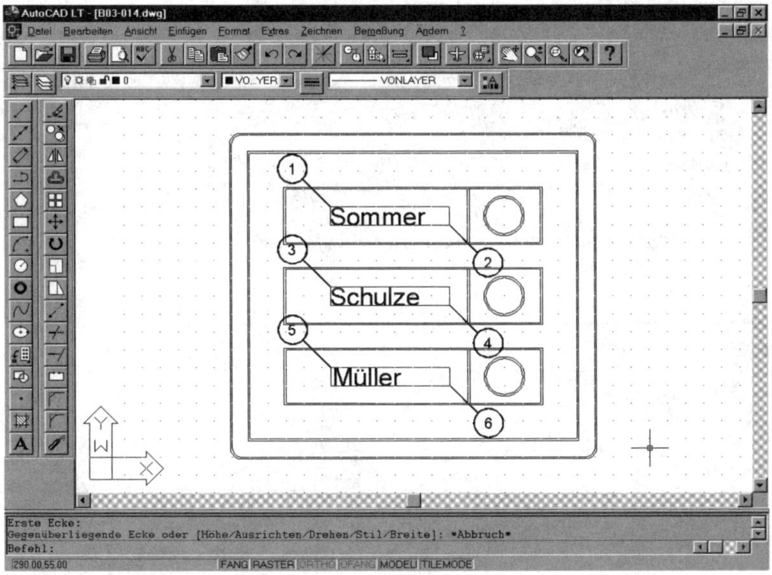


*Abbildung 3.14: Positionen der Texte für die Klingelschilder*

- *Tragen Sie dann den Text ein (siehe Abbildung 3.15), und klicken Sie auf OK. Der Texteditor verschwindet, und der Text wird in die Zeichnung übernommen.*
- *Wählen Sie den Befehl MTEXT wieder, und ziehen Sie jetzt das Fenster von 115.00,145.00 nach 180.00,135.00 auf. Stellen Sie Schriftart und Höhe ein, schreiben Sie den Text, und klicken Sie auf OK.*
- *Das unterste Fenster für den MTEXT ziehen Sie von 115.00,100.00 nach 180.00,90.00 auf. Geben Sie auch diesen Text ein.*

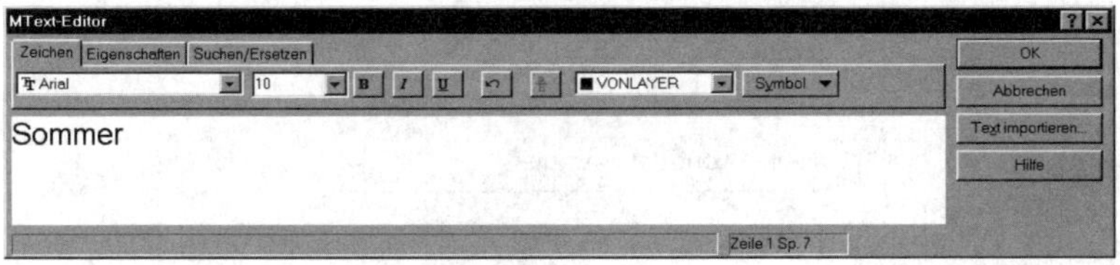


*Abbildung 3.15: Texteditor des Befehls MTEXT*

- *Die erste Zeichnung ist fertig. Speichern Sie sie im Ordner \AUFGABEN ab. Falls Sie Ihre Lösung vergleichen wollen, Sie finden dort die Zeichnung L-03-01.DWG, die fertige Zeichnung als Musterlösung.*

## Zusatztraining: Fernbedienung zeichnen

- *Starten Sie eine neue Zeichnung, machen Sie dieselben Grundeinstellungen.*
- *Zeichnen Sie eine Fernbedienung wie in Abbildung 3.16. Nur die Außenmaße sind vorgegeben, wählen Sie den Rest selbst.*
- *Die Lösung finden Sie im Ordner \Aufgaben in der Zeichnungsdatei L-03-02.DWG.*

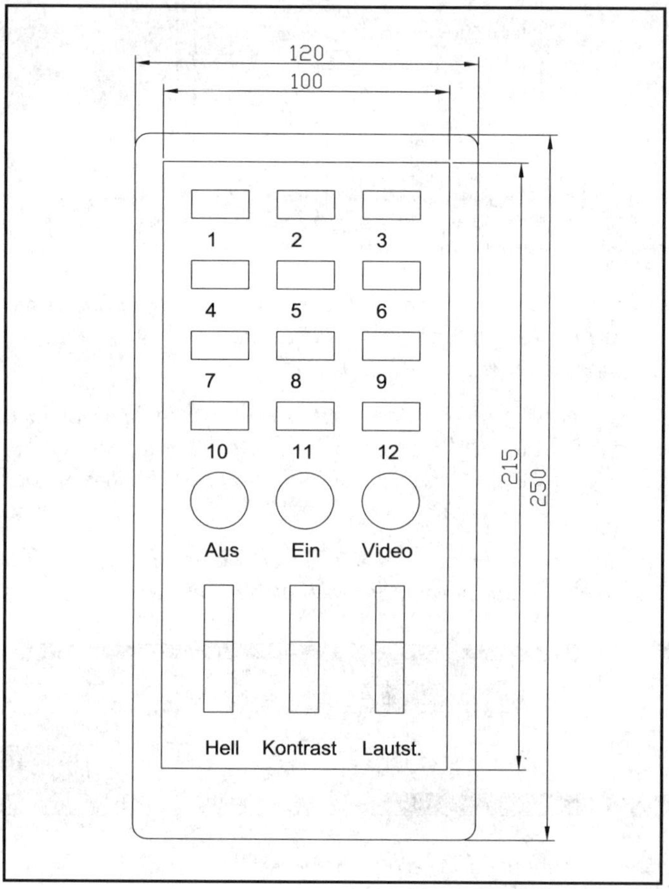


*Abbildung 3.16: Zusatzaufgabe Fernbedienung*

## Fragen zur Stunde 3

1. In welchem Format werden die absoluten Koordinaten in der Statuszeile angezeigt?
2. Was bewirkt die Funktionstaste [F7]?
3. Was bewirkt die Funktionstaste [F6]?
4. Was bewirkt die Funktionstaste [F9]?
5. Welcher Befehl macht den letzten Befehl rückgängig?
6. In welchem Format werden die polaren Koordinaten in der Statuszeile angezeigt?
7. Mit welcher Funktionstaste kann die Koordinatenanzeige verändert werden?
8. Was bewirkt die Option 3P beim Befehl KREIS?
9. Wie können Sie beim Befehl LÖSCHEN erreichen, daß alle Objekte gelöscht werden, die vom Fenster geschnitten werden?
10. Mit welchem Befehl lassen sich die Konstruktionskreuze vom Bildschirm entfernen?

# Zeichnen mit Koordinaten

Stunde 4

Nachdem wir in der letzten Stunde mit dem Fang gezeichnet haben, werden wir jetzt mit Koordinaten arbeiten. Sie lernen:

- wie Sie mit kartesischen und polaren Koordinaten absolut und relativ zeichnen
- wie es mit Längenangaben schneller geht
- welche Vorteile in AutoCAD LT 97 der Polarfang bringt
- was Limiten sind und
- wie Sie diese ermitteln können.

## Das Koordinatensystem der Zeichnung

Nicht immer können Sie so arbeiten wie in der letzten Stunde. Alle Punkte der Zeichnung lagen auf den Punkten des eingestellten Fangs. Wenn Sie beliebige Punkte eingeben wollen, müssen Sie sich mit dem Koordinatensystem der Zeichnung und der Eingabe von Koordinaten vertraut machen.

Wenn Sie das leere Zeichenblatt vor sich haben, brauchen Sie eine Orientierung. Damit beim Zeichnen jeder Punkt seinen eindeutigen Platz erhält, liegt der Zeichnung ein Koordinatensystem zugrunde. Jeder Punkt in der Zeichnung ist durch seinen Abstand vom Koordinatenursprung in X- und Y-Richtung bestimmt. Wenn wir später dreidimensionale Modelle erstellen, kommt der Abstand in Z-Richtung dazu. Zunächst kümmern wir uns aber um diesen Wert nicht.

### Aktion: Koordinatenformate

Zum exakten maßstäblichen Zeichnen lassen sich Koordinaten auf der Tastatur eingeben. Wollen Sie eine Linie zeichnen, geben Sie bei den Anfragen die Koordinaten des Anfangs- und Endpunkts ein. Folgende Formate sind bei zweidimensionalen Zeichnungen möglich:

## Absolute kartesische Koordinaten

Ein Punkt wird durch seinen Abstand in X- und Y-Richtung vom Ursprung des Koordinatensystems angegeben. Die Werte werden durch Komma getrennt, innerhalb einer Zahl wird ein Punkt als Trennzeichen verwendet.

**Format:** X,Y
**Beispiel:** 70,120 oder 25.25,-79.40

## Relative kartesische Koordinaten

Ein Punkt wird durch seinen Abstand in X- und Y-Richtung vom zuletzt eingegebenen Punkt angegeben. Dem Zahlenpaar wird das Zeichen @ vorangestellt.

**Format:** @dx,dy
**Beispiele:** @20,15 oder @-24.32,52.55

## Absolute polare Koordinaten

Ein Punkt wird durch seinen Abstand und Winkel vom Ursprung des Koordinatensystems angegeben. Die Werte werden durch das Zeichen < getrennt.

**Format:** A<W
**Beispiele:** 50<45 oder 12.72<-22.2

## Relative polare Koordinaten

Ein Punkt wird durch seinen Abstand und Winkel vom zuletzt eingegebenen Punkt angegeben. Den Werten wird das Zeichen @ vorangestellt, und sie werden durch das Zeichen < getrennt.

**Format:** @A<W
**Beispiele:** @35<15 oder @127.25<-18.75

Die Winkel werden positiv entgegen dem Uhrzeigersinn angegeben. Die 0°-Richtung zeigt nach Osten. Diese Grundeinstellungen können mit dem Befehl DDUNITS geändert werden (siehe Stunde 3).

Wie Sie schon in der letzten Stunde gesehen haben, werden diese Koordinaten auch in der Statuszeile angezeigt. Sie zeigen die aktuelle Position des Fadenkreuzes an, entweder in kartesischen oder in polaren Koordinaten.

## Tip:

- In das feste Koordinatensystem der Zeichnung, das sogenannte **Weltkoordinatensystem**, abgekürzt **WKS,** lassen sich weitere Koordinatensysteme plazieren, sogenannte **Benutzerkoordinatensysteme**, abgekürzt **BKS**. Dazu in einer weiteren Stunde mehr.

## Training: Zeichnen mit absoluten kartesischen Koordinaten

- *Öffnen Sie die Zeichnung A-04-01.DWG aus dem Ordner \AUFGABEN.*

- *Zeichnen Sie den Linienzug mit absoluten kartesischen Koordinaten nach (siehe Abbildung 4.1).*

  Befehl:**_Linie**
  Von Punkt: **20,15 eintippen**
  Nach Punkt: **60,15 eintippen**
  Nach Punkt: **60,25 eintippen**
  ..
  ..
  Nach Punkt: **20,45 eintippen**
  Nach Punkt: **S für die Option Schliessen**

- *Zeichnen Sie die Kreise. Geben Sie die Mittelpunkte mit absoluten kartesischen Koordinaten an (siehe Abbildung 4.1).*

  Befehl: **Kreis**
  3P/2P/TTR/>Mittelpunkt>: **30,45 eintippen**
  Durchmesser/<Radius> <10.00>: **5 eintippen**

  Befehl: **Kreis**
  3P/2P/TTR/>Mittelpunkt>: **73.35,44.8 eintippen**
  Durchmesser/<Radius> <10.00>: **5 eintippen**

- *Das Ergebnis sollte wie in Abbildung 4.1 aussehen. Die Lösung finden Sie auch im Ordner \AUFGABEN, die Zeichnung L-04-01.DWG.*

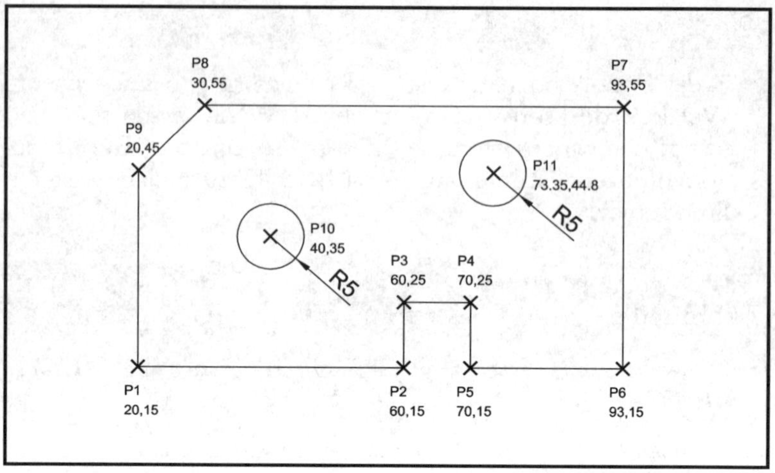


*Abbildung 4.1: Zeichnen mit absoluten kartesischen Koordinaten*

## Training: Zeichnen mit relativen kartesischen Koordinaten

- *Öffnen Sie die Zeichnung A-04-02.DWG aus dem Ordner \AUFGABEN.*
- *Zeichnen Sie den Linienzug mit relativen kartesischen Koordinaten nach (siehe Abbildung 4.2).*

  Befehl:_Linie
  Von Punkt: **20,15 eintippen, der erste Punkt mit absoluter Angabe**
  Nach Punkt: **danach relativ @40,0 eintippen**
  Nach Punkt: **@0,10 eintippen**
  ..
  ..
  Nach Punkt: **@-10,-10 eintippen**
  Nach Punkt: **S für die Option Schliessen**

- *Das Ergebnis sollte wie in Abbildung 4.2 aussehen. Die Lösung finden Sie auch im Ordner \AUFGABEN, die Zeichnung L-04-02.DWG.*

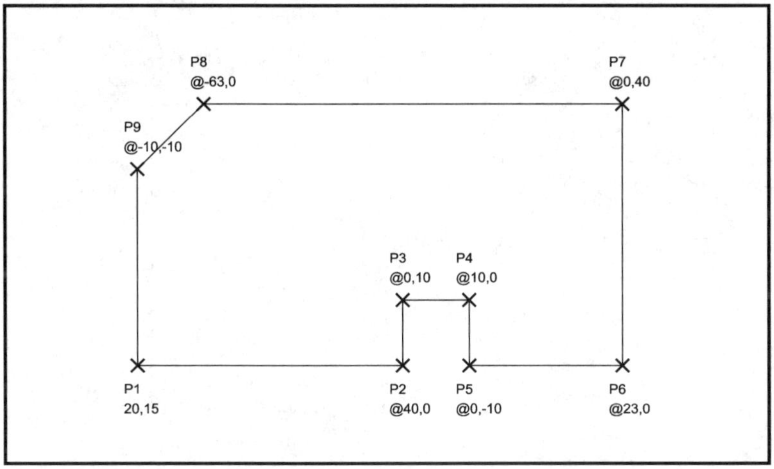


*Abbildung 4.2: Zeichnen mit relativen kartesischen Koordinaten*

## Training: Zeichnen mit relativen polaren Koordinaten

- *Öffnen Sie die Zeichnung A-04-03.DWG aus dem Ordner \AUFGABEN.*
- *Zeichnen Sie den Linienzug mit relativen polaren Koordinaten nach (siehe Abbildung 4.3).*

Befehl:_Linie
Von Punkt: 20,15 eintippen, der erste Punkt mit absoluter Angabe
Nach Punkt: danach relativ polar @40<0 eintippen
Nach Punkt: @010<90 eintippen
..
..
Nach Punkt: @14.1421<225 eintippen
Nach Punkt: S für die Option Schliessen

- *Das Ergebnis sollte wie in Abbildung 4.3 aussehen. Die Lösung finden Sie auch im Ordner \AUFGABEN, die Zeichnung L-04-03.DWG.*

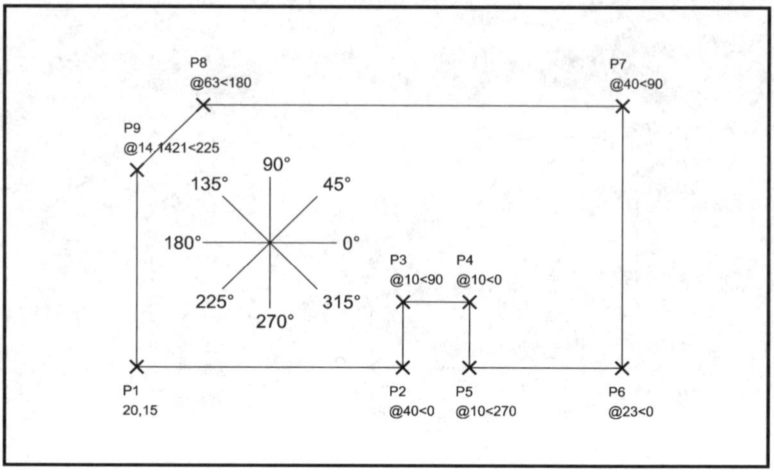


*Abbildung 4.3: Zeichnen mit relativen polaren Koordinaten*

## Orthogonales Zeichnen nur mit Längen

In vielen technischen Zeichnungen wird ein Großteil nur vertikal und horizontal gezeichnet, beispielsweise bei einem Grundriß. Sie haben schon gesehen, daß Sie dazu den Ortho-Modus mit der Taste [F8] oder mit einem Doppelklick in das Feld ORTHO in der Statuszeile einschalten können. Sie können dann nur noch horizontal oder vertikal zeichnen, schieben, kopieren usw.

### Aktion: Zeichnen mit Längenangaben

Um schneller Konturen zeichnen zu können, ist es in AutoCAD möglich, bei polaren Koordinaten nur die Länge anzugeben. Selbst das @-Zeichen können Sie sich in diesem Fall sparen. Es wird in der Richtung gezeichnet, in der das Fadenkreuz gerade steht. Das führt natürlich nur zu sinnvollen Ergebnissen, wenn der Ortho-Modus eingeschaltet ist.

### Training: Zeichnen mit Längenangaben

- *Öffnen Sie die Zeichnung A-04-04.DWG aus dem Ordner \AUFGABEN.*
- *Schalten Sie den Ortho-Modus ein.*
- *Zeichnen Sie den Linienzug mit Längenangaben nach (siehe Abbildung 4.4).*

Befehl:_Linie
Von Punkt: 20,15 eintippen, der erste Punkt mit absoluter Angabe
Nach Punkt: Fadenkreuz nach rechts und 40 eintippen
Nach Punkt: Fadenkreuz nach oben und 10 eintippen
Nach Punkt: Fadenkreuz nach rechts und 10 eintippen
..
..
Nach Punkt: Fadenkreuz nach links und 73 eintippen
Nach Punkt: S für die Option Schliessen

- *Das Ergebnis sollte wie in Abbildung 4.4 aussehen. Die Lösung finden Sie auch im Ordner \AUFGABEN, die Zeichnung L-04-04.DWG.*

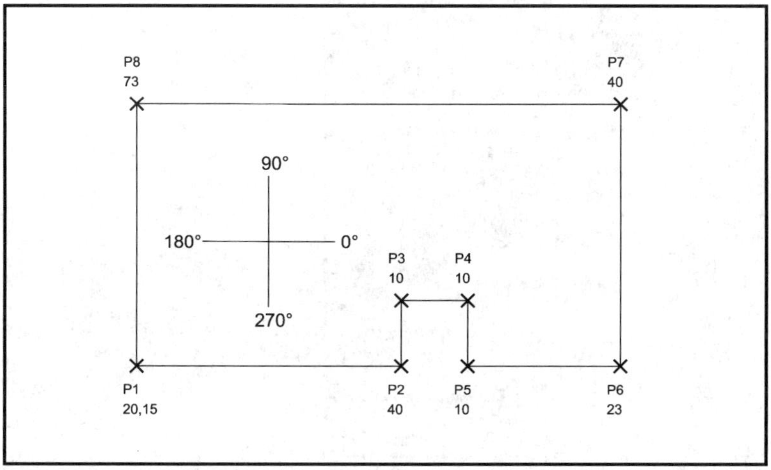


*Abbildung 4.4: Zeichnen mit Längenangaben*

**Fehler:**

- Ist der Ortho-Modus nicht eingeschaltet, ist das Ergebnis zufällig. Die Linie verläuft in der Richtung der momentanen Position des Fadenkreuzes.

## Der Polarfang

Noch einfacher haben Sie es in AutoCAD LT 97 mit dem Polarfang. Das ist ein Fangraster, das nur bei Zeichen- und Editierbefehlen aktiv ist und bei dem Sie Längen und Winkel definieren können.

## Aktion: Befehl POLAR

Mit dem Befehl Polar stellen Sie den Polarfang ein. Sie finden den Befehl:

- Abrollmenü EXTRAS, Funktionen POLARER FANG...
- Symbol in der Standard-Funktionsleiste

Die Einstellungen für den Polarfang können Sie in einem Dialogfeld vornehmen (siehe Abbildung 4.5).

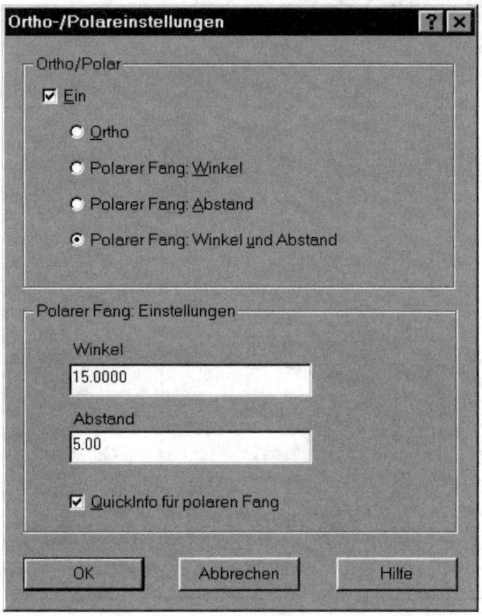


*Abbildung 4.5: Dialogfeld für den Polarfang*

Mit dem oberen Schalter EIN schalten Sie den Polarfang ein bzw. aus. Den Polarfang können Sie in verschiedenen Einstellungen verwenden:

**ORTHO:** Schaltet den schon bekannten Ortho-Modus ohne weitere Fangfunktion ein und aus.

**POLARER FANG: WINKEL:** Wie beim Ortho-Modus rastet das Fadenkreuz innerhalb von Zeichen- und Editierbefehlen bei bestimmten Winkeln ein. Im Unterschied zum Ortho-Modus rastet es aber bei definierten Winkeln zum letzten Punkt ein. Diese können Sie im Feld WINKEL bei POLARER FANG: EINSTELLUNGEN eintragen. Damit sind nicht nur 90°-Schritte wie beim normalen

Ortho-Modus möglich, sondern 0°, 15°, 30°, 45° usw., wenn Sie zum Beispiel 15° eingestellt haben.

**POLARER FANG: ABSTAND:** Bei dieser Einstellung rastet das Fadenkreuz in festen Abständen zum letzten Punkt ein. Ein Winkel wird hierbei nicht berücksichtigt. Den gewünschten Abstand können Sie im Feld ABSTAND bei POLARER FANG: EINSTELLUNGEN eintragen.

**POLARER FANG: WINKEL UND ABSTAND:** Eine Kombination aller Möglichkeiten und die flexibelste Art zu zeichnen haben Sie bei dieser Einstellung. Das Fadenkreuz rastet damit innerhalb von Zeichen- und Editierbefehlen bei bestimmten Winkeln und in bestimmten Abständen in bezug zum letzten Punkt ein.

**POLARER FANG: EINSTELLUNGEN:** Wie schon erwähnt, können Sie hier die Werte für Winkel und Abstand einstellen.

**QUICKINFO FÜR POLAREN FANG:** Ist dieser Schalter eingeschaltet, wird der aktuelle Abstands- und Winkelwert am Fadenkreuz in einem kleinen gelben Rechteck angezeigt, wenn beim Zeichnen das Fadenkreuz ca. 1 Sekunde nicht bewegt wird (siehe Abbildung 4.6).

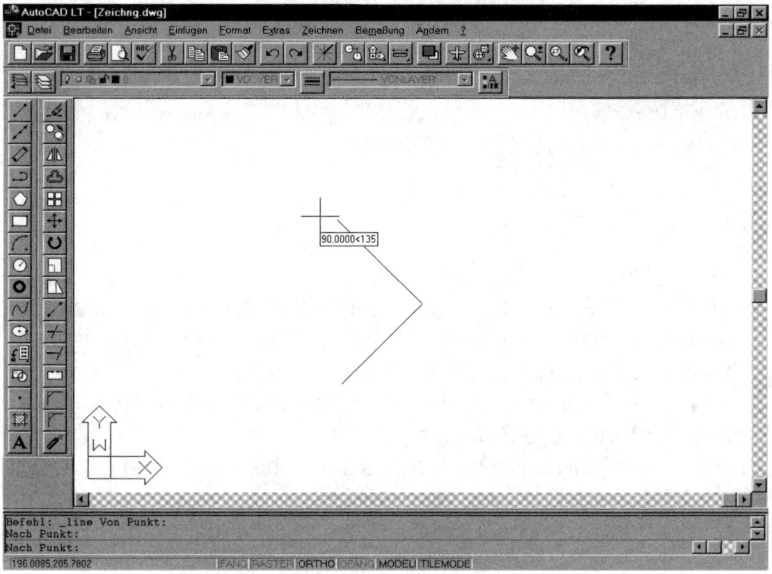


*Abbildung 4.6: Quickinfo beim Zeichnen mit dem Polarfang*

## Tips:

- Mit der Funktionstaste F8 wird der Ortho-Modus und der Polarfang ein- und ausgeschaltet.
- Wenn Sie im Quickinfo den richtigen Wert angezeigt bekommen, drücken Sie die Pick-Taste, und der Wert wird übernommen, unabhängig von der Position des Fadenkreuzes.
- Benötigen Sie einen anderen Wert für den Abstand, geben Sie ihn auf der Tastatur ein und bestätigen mit ↵. Der eingegebene Abstand wird übernommern. Beim Winkel wird immer der übernommen, der im Quickinfo angezeigt wurde.
- Benötigen Sie einen anderen Winkel, haben Sie nur die Möglichkeit, mit dem Befehl POLAR das Winkelraster umzustellen. Benötigen Sie nur eine Koordinate in einem anderen Winkelraster, können Sie selbstverständlich diese auch als Polarkoordinate auf der Tastatur eintippen.

## Training: Zeichnen mit dem Polarfang

- *Öffnen Sie die Zeichnung A-04-05.DWG aus dem Ordner \AUFGABEN.*
- *Schalten Sie den Polarfang ein. Wählen Sie die Einstellung POLARER FANG: WINKEL UND ABSTAND. Tragen Sie im WINKEL 15° und im Feld ABSTAND 5 ein.*
- *Zeichnen Sie den Linienzug mit dem polaren Fang nach (siehe Abbildung 4.7).*

Befehl: **_Linie**
Von Punkt: **20,15 eintippen, der erste Punkt mit absoluter Angabe**
Nach Punkt: **Fadenkreuz nach rechts, bis im Quickinfo 35<0 angezeigt wird, und Pick-Taste drücken**
Nach Punkt: **Fadenkreuz nach rechts oben, bis im Quickinfo 10<60 angezeigt wird, und Pick-Taste drücken**
Nach Punkt: **Fadenkreuz nach rechts unten, bis im Quickinfo 10<300 angezeigt wird, und Pick-Taste drücken**
..
..
Nach Punkt: **Fadenkreuz nach links, bis im Quickinfo 40<180 angezeigt wird, und Pick-Taste drücken**
Nach Punkt: **S für die Option Schliessen**

- *Das Ergebnis sollte wie in Abbildung 4.7 aussehen. Die Lösung finden Sie auch im Ordner \AUFGABEN, die Zeichnung L-04-05.DWG.*

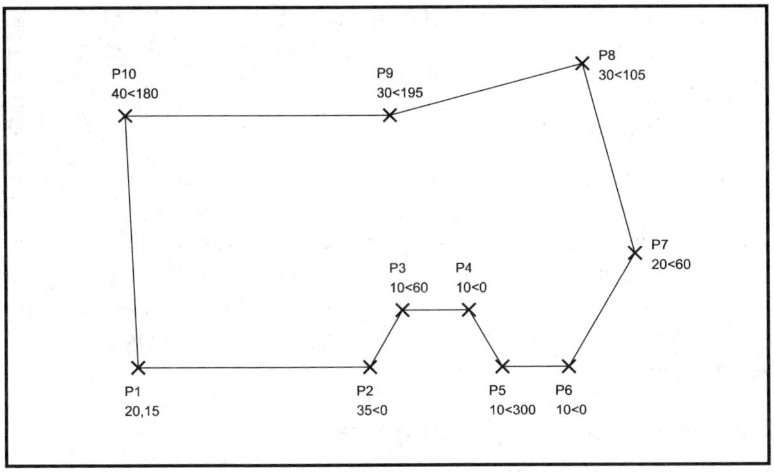


*Abbildung 4.7: Zeichnen mit dem Polarfang*

## Was, bitte, sind Limiten?

Nun haben wir bisher immer Gegenstände gezeichnet, die auf einem Blatt Papier Platz hatten. Aber was tun, wenn ein Grundriß von einem Haus gezeichnet werden soll oder ein Stadtplan, eine Landkarte usw.?

Wenn Sie mit Bleistift und Papier zeichnen, multiplizieren Sie die Größen, die Sie zeichnen wollen, mit dem Maßstab und stellen sie kleiner oder größer als in Wirklichkeit dar. Der Nachteil dabei ist, daß Sie jedes Maß mit dem Maßstab multiplizieren müssen.

Wenn Sie mit einem CAD-Programm zeichnen, sollten Sie das Rechnen dem Computer überlassen. Es gilt eine wichtige Regel:

**Zeichnen Sie mit AutoCAD immer 1:1!**

Ihnen steht im Computer ein beliebig großes oder beliebig kleines Zeichenblatt zur Verfügung. Erst bei der Ausgabe der Zeichnung auf dem Drucker oder Plotter vergrößern oder verkleinern Sie diese so, daß sie auf das gewünschte Papierformat paßt. Das Zeichenblatt hat immer die Originalgröße. Sie müssen keine Maße mehr umrechnen.

Eine weitere wichtige Regel:

**Innerhalb von AutoCAD gibt es nur Zeichnungseinheiten, das können mm, cm, m oder km sein!**

Mit diesen beiden Regeln als Grundlage können wir weitere Überlegungen anstellen. Drei Größen sind jetzt wichtig, um das Layout für eine neue Zeichnung zu planen:

**Die Zeichnungslimiten**

Durch die Abmessungen des zu zeichnenden Objekts können zwei Punkte ermittelt werden, ein linker unterer und ein rechter oberer. Innerhalb des Rechtecks, das sich aus diesen Punkten bildet, befindet sich die Zeichnung. Diese Punkte werden in AutoCAD Limiten genannt. Meist liegt die linke untere Limite bei 0,0, dem Koordinatenursprung. Sie könnte aber auch an jedem beliebigen Punkt der Zeichnung liegen.

## Papierformat und Plotmaßstab

Eine dieser Größen ist meist gegeben, und die andere resultiert daraus: Entweder wird ein Papierformat vorgegeben (oft durch Plotter oder Drucker begrenzt), und daraus resultiert ein Plotmaßstab, oder eine Zeichnung soll in einem bestimmten Maßstab erstellt werden, und daraus ergibt sich das notwendige Papierformat.

Der Maßstab wird in AutoCAD erst beim Plotten der Zeichnung erforderlich. Er wird angegeben mit:

**Geplottete mm = Zeichnungseinheiten**

Wenn also eine Zeichnung 1:50 auf das Papier kommen soll, ist ein geplotteter Millimeter = 50 Zeichnungseinheiten.

### Aktion: Berechnung der Limiten

Der Koordinatenwert für die rechte obere Limite errechnet sich wie folgt, wenn davon ausgegangen wird, daß die linke untere Limite beim Punkt 0,0 liegt:

**Rechte obere Limite = Papiermaß / Plotmaßstab**

Beim A3-Blatt im Maßstab 1:50 (=0.02) ergibt sich:

**X: 420 / 0.02 = 21000**
**Y: 297 / 0.02 = 14850**

Aber bringen wir das Ganze etwas leichter handhabbar in tabellarische Form. Die Werte in der Tabelle entsprechen der rechten oberen Limite, wenn die linke untere bei 0,0 liegt.

| Maßst. | A4 | A3 | A2 | A1 | A0 |
|---|---|---|---|---|---|
| 10:1 | 29.7,21 | 42,29.7 | 59.4,42 | 84,59.4 | 118.8,84.0 |
| 5:1 | 59.4,42 | 84,59.4 | 118.8,84 | 168,118.8 | 237.6,168 |
| 1:1 | 297,210 | 420,297 | 594,420 | 840,594 | 1188,840 |
| 1:5 | 1485,1050 | 2100,1485 | 2970,2100 | 4200,2970 | 5945,4200 |
| 1:10 | 2970,2100 | 4200,2970 | 5940,4200 | 8400,5940 | 11880,8400 |
| 1:50 | 14850,1050 | 21000,14850 | 29700,21000 | 42000,29700 | 59450,42000 |
| 1:100 | 29700,21000 | 42000,29700 | 59400,42000 | 84000,59400 | 118800,84000 |

*Tabelle 4.1: Limiten in Abhängigkeit von Maßstab und Papierformat*

Da kein Drucker bis zum Rand drucken kann, muß der freie, nicht bedruckbare Rand abgezogen werden. Der ist aber bei jedem Drukker oder Plotter anders, deshalb finden Sie in der Tabelle die vollen Papiermaße. Bei Plottern wird oft Papier im Überformat verwendet, so daß man bis zur Normgröße des Papiers plotten kann.

## Wenn die Zeichnungseinheiten nicht mm entsprechen

Etwas komplizierter wird es, wenn nicht in mm gezeichnet wird, sondern in cm, m oder km. Dann verändern sich die Limiten, und der Plotmaßstab ist nicht mehr identisch mit dem Maßstab der Zeichnung. Der Zeichenbereich verringert sich bei cm um den Faktor 10 und bei m um den Faktor 1000.

Soll beispielsweise in cm gezeichnet und auf einem A4-Blatt im Maßstab 1:1 ausgegeben werden, liegt die rechte obere Limite bei 29.7,21 Zeichnungseinheiten (= cm). Der Plotmaßstab muß ebenfalls korrigiert werden, ein geplotteter Millimeter entspricht dann 0.1 Zeichnungseinheiten (= cm).

Noch ein Beispiel: Auf einem A3-Blatt wird in m gezeichnet, der Maßstab der geplotteten Zeichnung soll 1:50 sein. Die rechte obere Limite ist dann 21,14.85 (=m). Ein geplotteter Millimeter entspricht in diesem Fall 0.05 Zeichnungseinheiten (= m).

## Tip:

- Da die Zeichnung erst beim Plotten oder Drucken vergrößert oder verkleinert wird, ist es erforderlich, alle papierbezogenen Größen mit dem Plotmaßstab zu multiplizieren. Soll beispielsweise in einer Zeichnung beim Plotten ein geplotteter Millimeter 100 Zeichnungseinheiten entsprechen, sollte auch ein Text in der Zeichnung mit der Texthöhe 350 geschrieben werden, wenn er auf dem Papier 3.5 mm hoch sein soll.

## Training: Berechnung der Limiten

- *Sie wollen einen Grundriß eines Einfamilienhauses zeichnen. Der Grundriß hat die Maximalabmessung von 15 m auf 10 m. Es soll noch genügend Platz für Bemaßung und Beschriftung sein. Sie wollen eine Zeichnung im Maßstab 1:50 erstellen. Wie werden die Limiten eingestellt, wenn in m gezeichnet werden soll? Welches Papierformat ist erforderlich? Wie ist der Plotmaßstab? Wie groß muß der Text in der Zeichnung sein, damit er auf dem Papier 5 mm hoch ist?*
- *Die Limiten bei einem A3-Blatt beim Plotmaßstab 1:50 entnehmen Sie aus Tabelle 4.1: 21000,14850. Da in m gezeichnet werden soll, werden diese Werte durch 1000 dividiert (da bekanntlich 1 m 1000 mm entspricht). Somit ergeben sich als Limiten: 0,0 und 21,14.85. Das Papierformat ist A3. Beim Plotten entspricht ein geplotteter Millimeter 0.05 Zeichnungseinheiten. Der Text muß 5 x 0.05 = 0.25 Zeichnungeinheiten hoch sein.*
- *Sie wollen ein mechanisches Teil zeichnen. Es hat die maximalen Abmessungen von 90 mm mal 50 mm. Es soll auf einem A2-Blatt gezeichnet werden, da es viele Details enthält. In welchem Maßstab kann es darauf dargestellt werden? Wie werden die Limiten eingestellt, wenn in mm gezeichnet werden soll? Wie ist der Plotmaßstab? Wie groß muß der Text in der Zeichnung sein, damit er auf dem Papier 3.5 mm hoch ist?*
- *Maßstab bei einem A2-Blatt 5:1 aus Tabelle 4.1 und Limiten 118.8,84. Beim Plotten entsprechen fünf geplottete Millimeter einer Zeichnungseinheit. Der Text muß 3.5 / 5 = 0.7 Zeichnungseinheiten hoch sein.*

## Aktion: Befehl LIMITEN

Doch wie werden die Limiten eingestellt? Sie haben dafür den Befehl Limiten. Sie finden ihn folgendermaßen:

- Abrollmenü FORMAT, Funktion LIMITEN

Folgende Anfragen stellt der Befehl:

Befehl: **Limiten**
Modellbereich Limiten zurücksetzen:
Ein/Aus/<linke untere Ecke><0.000,0.000>: **linken unteren Eckpunkt eingeben, normalerweise 0,0**
Obere rechte Ecke <420.00,297.00>: **rechten oberen Eckpunkt eingeben, siehe Berechnung oben**

Folgende Optionen stehen Ihnen außerdem zur Verfügung:

**EIN bzw. AUS:** Mit den Optionen kann die Limitenkontrolle aus- und eingeschaltet werden. Sie bewirkt beim Zeichnen, daß jede Eingabe überprüft wird und nicht angenommen wird, wenn sie außerhalb der Limiten liegt.

### Aktion: Start einer neuen Zeichnung mit beliebigen Limiten

- Wählen Sie den Befehl NEU. Im Dialogfeld des Befehls wählen Sie die Funktion DIREKT BEGINNEN. Wählen Sie die Vorgabe METRISCH.
- Rufen Sie dann den Befehl LIMITEN auf, und stellen Sie diese so ein, wie Sie sie berechnet haben.
- Wählen Sie dann den Befehl ZOOM, Option GRENZEN (siehe sechste Stunde), und die Zeichnung erscheint bildschirmfüllend.

### Fragen zu Stunde 4

1. Welches Format haben relative kartesische Koordinaten in AutoCAD?
2. Welches Format haben relative polare Koordinaten in AutoCAD?
3. Geben Sie die relative kartesische Koordinate vom Punkt 100,60 zum Punkt 225,-80 an!
4. Geben Sie die relative polare Koordinate vom Punkt 10,10 zum Punkt -10,-10 an!
5. Welcher Modus sollte beim Zeichnen mit Längenangaben eingeschaltet sein?
6. In welchem Maßstab wird in AutoCAD gezeichnet?

7 Welche Größen legen den Zeichenbereich in AutoCAD fest?

8 Wann wird der Maßstab in AutoCAD wichtig?

9 Welche Größe in der Zeichnung muß mit dem Plotmaßstab umgerechnet werden?

10 Wie können Sie bewirken, daß in einer Zeichnung nur innerhalb der Limiten gezeichnet werden kann?

# Zeichnen mit Objektfang und Spur

Stunde 5

Trotz aller Hilfen beim Zeichnen mit Koordinaten, sollten Sie dies auf das Notwendigste beschränken. Immer dann, wenn schon Objekte in der Zeichnung sind, können Sie sich mit dem Objektfang darauf beziehen. Sie lernen in dieser Stunde:

- wie Sie mit dem Objektfang vorhandene Punkte in der Zeichnung einfangen können
- welche Fangfunktionen es beim Objektfang gibt
- wie der Objektfang fest eingestellt werden kann und
- was der AutoSnap ist.

## Wie wird ein Objekt gefangen?

Je mehr Objekte in der Zeichnung sind, desto häufiger kommt es vor, daß Sie beim Zeichnen oder Editieren den Endpunkt einer Linie, das Zentrum eines Kreises, den Schnittpunkt zweier Linien usw. benötigen. Die Koordinaten sind Ihnen nicht bekannt, und der Punkt liegt auch auf keinem Fangpunkt. Was können Sie tun? Hier hilft nur der Objektfang.

### Aktion: Punkte an Objekten fangen

Sehen wir uns den Vorgang an einem Beispiel an. Sie wollen eine neue Linie im Zentrum eines bereits gezeichneten Kreises beginnen. Gehen Sie wie folgt vor:

- Wählen Sie den Befehl Linie.

  Befehl: **Linie**
  Von Punkt:

- Geben Sie bei der Anfrage nach dem Startpunkt den Objektfang ZENTRUM ein.

  Von Punkt: **ZEN oder Zentrum**

- Fahren Sie mit dem Fadenkreuz über den Kreis, bis das Zentrumsymbol im Kreis angezeigt wird, und drücken Sie dann die Pick-Taste. Die Linie wird nicht an der Position des Fadenkreuzes angesetzt, sondern am angezeigten Symbol, also im Zentrum des Kreises.
- Hätten Sie vor dem Drücken der Pick-Taste ca. eine Sekunde gewartet, wäre in einem gelben Fenster ein Tip angezeigt worden, um was für einen Punkt es sich handelt (siehe Abbildung 5.1). Mit der ⇆-Taste hätten Sie sich dann weitere Fangpunkte in der Nähe anzeigen lassen können, sofern sich dort weitere Zentrumspunkte befunden hätten.
- Wenn Sie die Pick-Taste drücken, wird immer der Punkt gewählt, an dem das Symbol gerade angezeigt wird, egal wo sich das Fadenkreuz befindet.

*Abbildung 5.1: Anzeige von Fangsymbol und Tip*

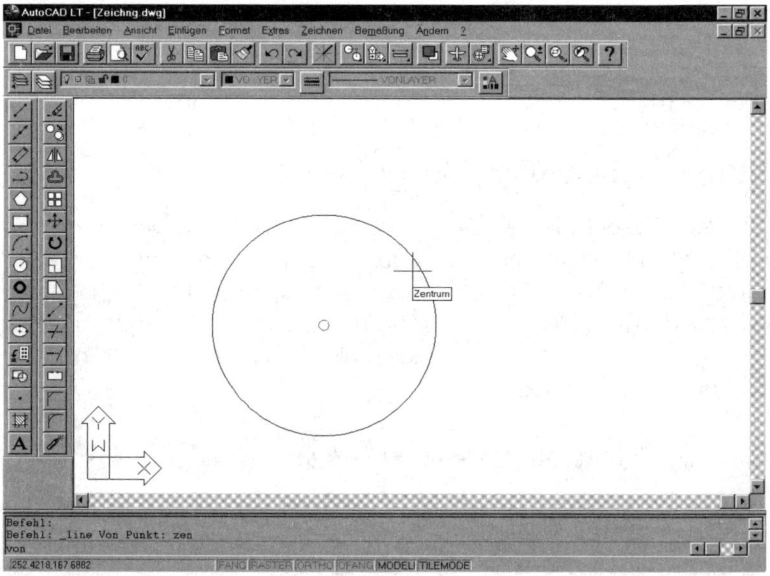


## Wechselnde Objektfang-Funktionen

Wenn Sie beim Zeichnen und Konstruieren immer wieder verschiedene Fangfunktionen benötigen, können Sie die jeweils erforderliche Funktion bei der Punktanfrage wählen.

## Aktion: Objektfang-Funktion wählen

Folgende Möglichkeiten haben Sie:

- Sie tippen die Fangfunktion bzw. das Kürzel dafür (die ersten drei Buchstaben der Funktion) bei der Punktanfrage ein. Das ist die schlechteste Möglichkeit, da Sie beim Zeichnen immer von der Maus zur Tastatur wechseln müssen.
- Sie schalten den Werkzeugkasten OBJEKTFANG zu (siehe erste Stunde) und wählen das Symbol für den gewünschten Objektfang aus dem Werkzeugkasten. Sinnvoll ist es, wenn Sie ihn am Rand der Zeichenfläche andocken, sonst stört er beim Zeichnen (siehe Abbildung 5.2).
- Sie wählen das Symbol für den gewünschten Objektfang aus dem Flyoutmenü in der Standard-Funktionsleiste (siehe Abbildung 5.2).

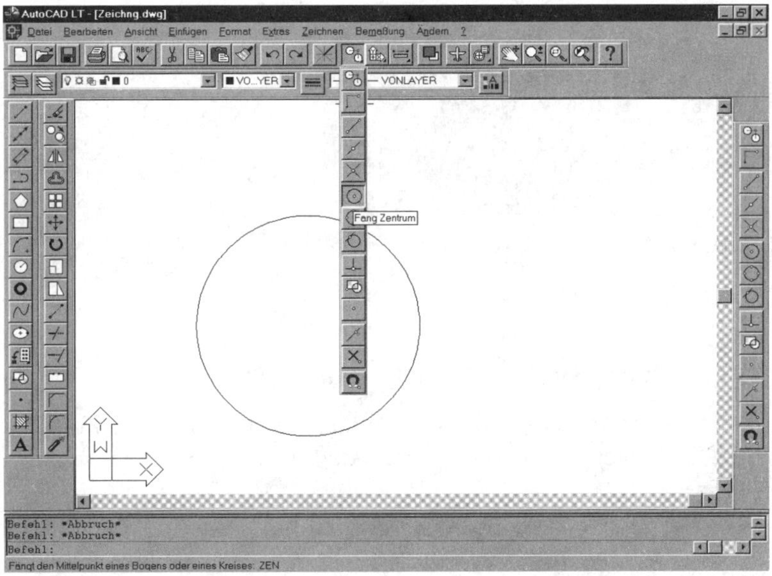


*Abbildung 5.2: Flyoutmenü und Werkzeugkasten für den Objektfang*

- Wenn Sie in AutoCAD 14 mit einer Drei-Tasten-Maus arbeiten, können Sie mit der mittleren Taste ein Pop-Up-Menü aktivieren, das die Objektfang-Funktionen enthält (siehe Abbildung 5.3). Das Pop-Up-Menü hat den Vorteil, daß es direkt neben dem Fadenkreuz eingeblendet wird und es damit nur ein kurzer Weg zur Funktion ist.

- Bei einer 2-Tasten-Maus bekommen Sie das Pop-Up-Menü, wenn Sie die Taste [⇧] oder [Strg] gemeinsam mit der zweiten Maustaste drücken.
- Bei einer 3-Tasten-Maus in AutoCAD LT 97 ist die mittlere Taste mit der Pan-Funktion belegt. Sie können damit nicht das Pop-Up-Menü für den Objektfang holen.
- Hier müssen Sie wie bei einer 2-Tasten-Maus mit der Taste [⇧] oder [Strg] und der zweiten Maustaste das Pop-Up-Menü holen.

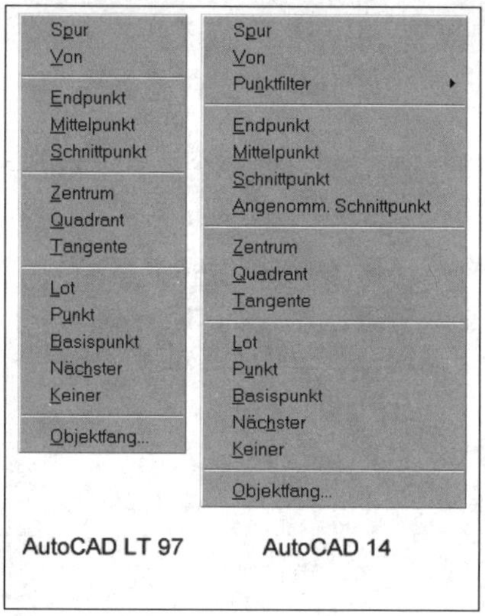


*Abbildung 5.3: Pop-Up-Menü für den Objektfang in AutoCAD LT 97 und AutoCAD 14*

## Wo lassen sich Objekte fangen?

Doch welche Punkte lassen sich an den Objekten fangen? In AutoCAD stehen eine ganze Reihe von Fangfunktionen zur Verfügung.

### Aktion: Die verschiedenen Fangfunktionen

**ENDPUNKT:** Fängt den Endpunkt einer Linie, eines Bogens oder eines Polyliniensegments.

**MITTELPUNKT:** Fängt den Mittelpunkt einer Linie, eines Bogens oder eines Polyliniensegments.

**SCHNITTPUNKT:** Fängt den Schnittpunkt zweier Objekte.

**Tip:**

- Bei dieser Fangfunktion gibt es eine besondere Variante: Haben Sie den Objektfang Schnittpunkt aktiviert und kommen in die Nähe eines Objekts (nicht in die Nähe eines Schnittpunkts), erscheint das Schnittpunktsymbol mit drei Punkten und dem Tip ERWEITERTER SCHNITTPUNKT (siehe Abbildung 5.4).
- Wenn Sie diesen Punkt anklicken, wird noch nichts gefangen. Kommen Sie jedoch in die Nähe eines anderen Objekts, wird der virtuelle Schnittpunkt der beiden Objekte markiert (siehe Abbildung 5.4). Das ist der Punkt, bei dem sich die Verlängerungen der beiden Objekte treffen. Das geht natürlich nur bei Linien oder Bögen, und auch dann gibt es nicht immer einen Schnittpunkt.

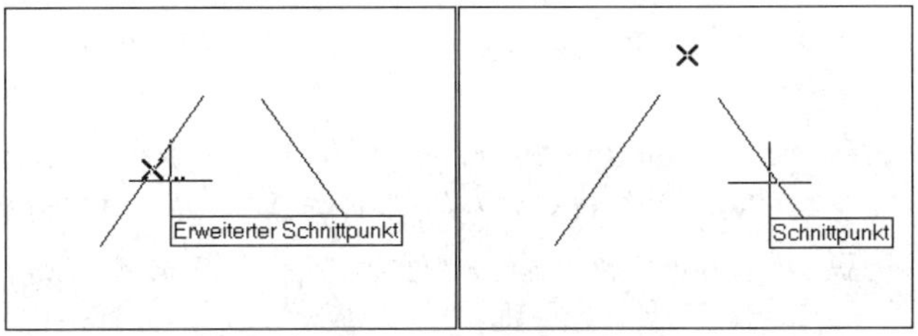


*Abbildung 5.4: Der erweiterte Schnittpunkt*

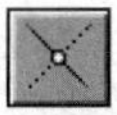

**ANGENOMMENER SCHNITTPUNKT:** Diese Funktion ist nur in AutoCAD 14 verfügbar und hat auch nur beim dreidimensionalen Arbeiten einen Sinn. Damit können Sie den in der momentanen Ansicht sichtbaren Schnittpunkt zweier Objekte fangen, die beliebig im Raum übereinanderliegen. Dazu müssen beide Objekte angewählt werden. Der ermittelte Punkt liegt auf dem zuerst gewählten Objekt. Wenn Sie die Funktion in zweidimensionalen Zeichnungen anwenden, unterscheidet sie sich nicht vom Objektfang SCHNITTPUNKT.

**ZENTRUM:** Fängt den Mittelpunkt eines Kreises, eines Bogens oder eines Polylinienbogens. Beachten Sie, daß Sie Kreis- oder Bogenlinie anfahren müssen, um das Symbol zu bekommen.

**QUADRANT:** Fängt den Quadrantenpunkt (0, 90, 180 oder 270 Grad) eines Kreises, Bogens oder eines Polylinienbogens.

**TANGENTE:** Fängt den Punkt an einem Kreis, einem Bogen oder einem Polylinienbogen, zu dem ein anderer Punkt die Tangente bildet.

**LOT:** Fängt den Punkt auf einem Objekt, der von einem anderen Punkt aus einen rechten Winkel zu dem Objekt bildet.

**PUNKT:** Fängt einen Punkt.

**BASISPUNKT:** Fängt den Basispunkt eines Blocks oder den Einfügepunkt eines Textes.

**NÄCHSTER:** Fängt den Punkt auf einem Objekt, der dem Fadenkreuz am nächsten liegt. Dieser Fangmodus ist nützlich, wenn Sie beispielsweise eine Linie bis zu einem anderen Objekt ziehen wollen, ohne daß sich dort ein Geometriepunkt befindet.

**KEINER:** Schaltet einen fest eingestellten Objektfang (siehe weiter unten) für eine Eingabe ab.

## Training: Objekte fangen

- *Öffnen Sie die Zeichnung A-05-01.DWG aus dem Ordner \AUFGABEN.*
- *Fangen Sie die Punkte wie in Abbildung 5.5 mit den verschiedenen Objektfangfunktionen, und zeichnen Sie Liniensegmente.*
- *Das Ergebnis sollte wie in Abbildung 5.5 aussehen. Die Lösung finden Sie auch im Ordner \AUFGABEN, die Zeichnung L-05-01.DWG.*

*Abbildung 5.5: Zeichnen mit dem Objektfang*

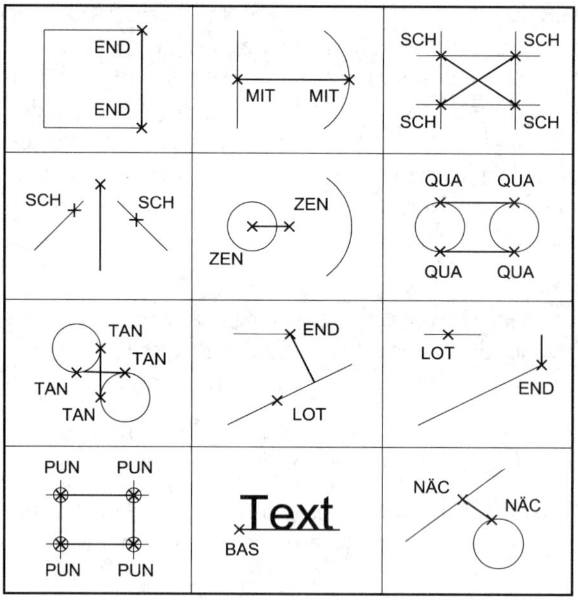

## Mit fest eingestelltem Objektfang zeichnen

Wenn Sie immer wieder die gleichen Fangfunktionen brauchen, ist es umständlich, diese bei jeder Punkteingabe zu wählen.

### Aktion: Befehl OFANG

Mit dem Befehl OFANG können Sie in einem Dialogfeld (siehe Abbildung 5.6 und 5.7) eine oder mehrere Fangfunktionen fest einstellen. Sie finden den Befehl:

- Abrollmenü EXTRAS bzw. WERKZEUGE, Funktion OBJEKTFANG...
- Symbol im Werkzeugkasten OBJEKTFANG
- Symbol in einem Flyoutmenü in der Standard-Funktionsleiste
- Pop-Up-Menü für den Objektfang, Funktion OBJEKTFANG...
- Doppelklick auf das Feld OFANG in der Statuszeile oder Funktionstaste [F3] drücken.

### Tip:

- Das Dialogfeld erscheint bei der letzten Methode nur dann, wenn Sie noch keinen Objektfang eingestellt haben.

Das Dialogfeld hat zwei Registerkarten:

### Aktion: Registerkarte OBJEKTFANG

Im oberen Teil des Dialogfelds (siehe Abbildung 5.6) können Sie die Fangmodi mit den Schaltern aus- und einschalten. Der Schalter ALLE LÖSCHEN schaltet alle Modi ab.

**GRÖSSE DER PICKBOX:** Mit dem Schieberegler stellen Sie zum einen die Größe des Fangfensters ein (siehe nächste Registerkarte), zum anderen stellen Sie damit gleichzeitig ein, wie nahe Sie an ein Objekt heranfahren müssen, um die Symbole für die Fangpunkte angezeigt zu bekommen.

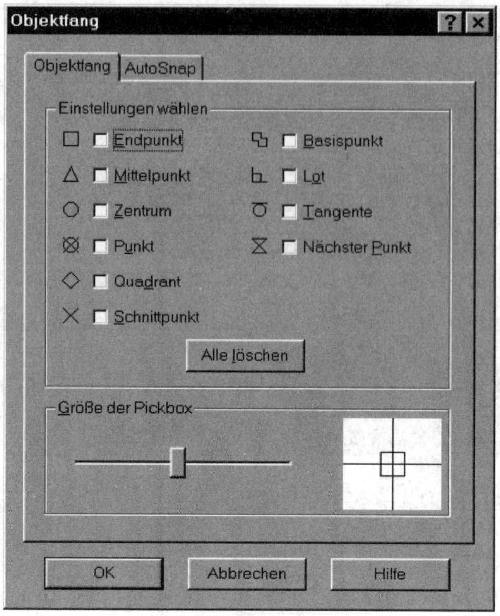


*Abbildung 5.6: Dialogfenster für den Objektfang*

## Tips:

- Oft benötigen Sie mehrere Objektfangfunktionen beim Zeichnen. Stellen Sie die ein, die Sie am häufigsten benötigen, beispielsweise ENDPUNKT, SCHNITTPUNKT und ZENTRUM. Sie bekommen dann auch diese Punkte mit dem Symbolen angezeigt, wenn Sie über die Objekte fahren.
- Haben Sie Fangfunktionen eingestellt und brauchen für eine Eingabe eine andere Fangfunktion, wählen Sie diese zusätzlich für den einen Punkt aus dem Pop-Up-Menü. Für diese eine Eingabe gilt dann diese Fangfunktion, und für alle weiteren gelten wieder die fest eingestellten.
- Haben Sie Fangfunktionen eingestellt und wollen Sie einen Punkt ohne Objektfang eingeben, wählen Sie aus dem Pop-Up-Menü die Fangfunktion KEINE. Bei dieser einen Eingabe ist der eingestellte Objektfang nicht aktiv, erst wieder bei der nächsten.

- Sie können den fest eingestellten Objektfang per Doppelklick auf das Feld OFANG in der Statuszeile und mit der Taste F3 aus- und einschalten.
- Im Dialogfeld finden Sie bei den einzelnen Fangfunktionen auch die Symbole, die bei den entsprechenden Punkten angezeigt werden.
- In AutoCAD 14 finden Sie im Dialogfeld (siehe Abbildung 5.6) zusätzlich die Funktion ANGENOMMENER SCHNITTPUNKT (siehe oben) und die Funktion QUICK, die bei sehr großen Zeichnungen den Fang beschleunigt.

## Aktion: Registerkarte AUTOSNAP

In der zweiten Registerkarte AUTOSNAP (siehe Abbildung 5.7) können Sie die Funktion des Objektfangs beeinflussen.

**MARKIERUNG:** Ist der Schalter ein, werden die Symbole an den Geometriepunkten angezeigt, und Sie können sie mit der Tab-Taste durchblättern. Nur so ist der AUTOSNAP sinnvoll.

**PICKBOX ANZEIGEN:** Ist dieser Schalter ein, wird zusätzlich am Fadenkreuz ein Fangfenster eingeblendet, wenn der Objektfang aktiv ist.

**MAGNET:** Dieser Schalter bewirkt, daß die Symbole auch dann angezeigt werden, wenn sich das Fadenkreuz nur in der Nähe befindet.

**TIPS:** Nur wenn dieser Schalter ein ist, werden die Tips an den Fangpunkten angezeigt.

**MARKIERUNGSGRÖSSE:** Mit dem Schieberegler können Sie die Größe der Symbole an den Fangpunkten verändern.

**MARKIERUNGSFARBE:** In diesem Abrollmenü können Sie eine andere Farbe für die Symbole wählen.

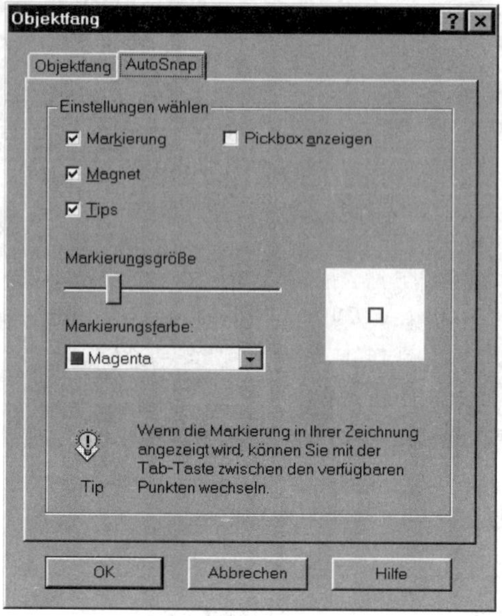


*Abbildung 5.7: Einstellung des AUTOSNAP*

## Relativpunkte und Objektfang

Eine weitere Funktion finden Sie in den Menüs des Objektfangs, die Funktion VONP. Sie benötigen sie immer dann, wenn Sie nicht direkt einen Fangpunkt haben wollen, sondern einen Punkt in einem bestimmten Abstand von einem Fangpunkt.

### Aktion: Funktion VONP

Wählen Sie diese Funktion nur bei einer Punktanfrage. Sie finden sie folgendermaßen:

- Eintippen des Kürzels VONP bei der Punktanfrage
- Symbol im Werkzeugkasten OBJEKTFANG
- Symbol in einem Flyoutmenü in der Standard-Funktionsleiste
- Pop-Up-Menü des Objektfangs, Funktion VON

## Tips:

Gehen Sie dabei wie folgt vor:

- Wählen Sie einen Befehl, zum Beispiel KREIS.
- Wählen Sie bei der Punktanfrage die Funktion VONP.

Befehl: **Kreis**
3P/TTR/<Mittelpunkt>: **Vonp wählen**
Basispunkt: **Objektfang-Funktion wählen**
von **Punkt mit dem Objektfang einfangen**
<Abstand>: **Abstand von diesem Punkt als relative Koordinate eingeben oder Ortho-Modus einschalten, mit Fadenkreuz in die gewünschte Richtung fahren und Abstand eintippen**
..
..

## Training: Zeichnen mit Relativpunkten

- *Öffnen Sie die Zeichnung A-05-02.DWG aus dem Ordner \AUFGABEN.*
- *Konstruieren Sie den Kreis und die senkrechte Linie in den vorgegebenen Abständen (siehe Abbildung 5.8).*

Befehl: **Kreis**
3P/TTR/<Mittelpunkt>: **Vonp wählen**
Basispunkt: **Objektfang Endpunkt wählen**
von **Linken unteren Endpunkt mit dem Objektfang einfangen**
<Abstand>: **@20,25**
Durchmesser/<Radius>: **10**

Befehl: **Linie**
Von Punkt: **Vonp wählen**
Basispunkt: **Objektfang Endpunkt wählen**
von **Rechten unteren Endpunkt mit dem Objektfang einfangen**
<Abstand>: **Ortho-Modus einschalten, mit Fadenkreuz nach links fahren und 15 eintippen**
Nach Punkt: **Objektfang Lot wählen und obere Linie anklicken**
Nach Punkt: ↵

- *Das Ergebnis sollte wie in Abbildung 5.8 aussehen. Die Lösung finden Sie auch im Ordner \AUFGABEN, die Zeichnung L-05-02.DWG.*

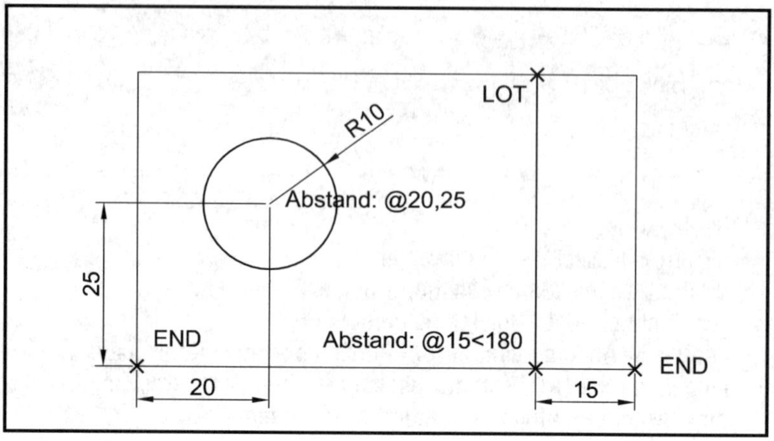


*Abbildung 5.8: Zeichnen mit Relativpunkten*

## Mit der Spur zeichnen

Sie wollen einen Punkt eingeben, den Sie nicht mit dem Objektfang fangen können. Sie haben aber einen Punkt in der Zeichnung, der dieselbe X-Koordinate wie der gesuchte Punkt hat, und einen, der dieselbe Y-Koordinate hat. Das ist ein Fall für die Spur-Funktion.

### Aktion: Spur-Funktion

Sie finden diese Funktion:

- Symbol in einem Flyoutmenü der Standard-Funktionsleiste
- Symbol im Werkzeugkasten OBJEKTFANG
- Pop-Up-Menü des Objektfangs, Funktion SPUR

### Tips:

- Sie können die Funktion nur dann aktivieren, wenn ein Punkt angefragt wird. Wählen Sie den Bezugspunkt für X und den für Y mit einer Fangfunktion, und beenden Sie die Auswahl mit [↵]. Der resultierende Punkt ergibt sich aus dem Schnittpunkt der Hilfslinien, die durch diese beiden Punkte gehen. Der Ortho-Modus wird bei der Spur-Funktion automatisch eingeschaltet.
- Es gibt aber immer zwei mögliche Punkte, je nachdem, durch welchen Punkt eine vertikale und durch welchen eine horizontale Hilfslinie verläuft. In der Richtung, in der Sie vom ersten

Punkt wegfahren, wird eine Gummibandlinie gezeichnet, und in der Richtung wird der Punkt gesetzt.

- Die zweite Anfrage wird wiederholt, und es kann ein weiterer Punkt eingegeben werden. Der Punkt ergibt sich dann aus dem zweiten und dritten Punkt. Das geht so lange, bis Sie die Auswahl mit ↵ beenden.

## Training: Zeichnen mit der Spur

- *Öffnen Sie die Zeichnung A-05-03.DWG aus dem Ordner \AUFGABEN.*
- *Konstruieren Sie den Linienzug (siehe Abbildung 5.9).*
- *Schalten Sie dazu die Objektfang-Funktion ENDPUNKT FEST ein.*

Befehl: **Linie**
Von Punkt: **Spur-Funktion aktivieren**
Erster Punkt für Spur: **P1 wählen und nach rechts wegfahren**
Nächster Punkt (EINGABETASTE drücken, um Spur zu beenden): **P2 wählen**
Nächster Punkt (EINGABETASTE drücken, um Spur zu beenden): ↵
Nach Punkt: **Spur-Funktion wieder aktivieren**
Erster Punkt für Spur: **P3 wählen und nach rechts wegfahren**
Nächster Punkt (EINGABETASTE drücken, um Spur zu beenden): **P2 wählen**
Nächster Punkt (EINGABETASTE drücken, um Spur zu beenden): ↵
Nach Punkt: **@20<0**
Nach Punkt: **@10<270**
Nach Punkt: **Spur-Funktion wieder aktivieren**
Erster Punkt für Spur: **@0,0 oder einfacher nur @ für den zuletzt eingegeben Punkt eintippen und nach rechts wegfahren**
Nächster Punkt (EINGABETASTE drücken, um Spur zu beenden): **P4 wählen**
Nächster Punkt (EINGABETASTE drücken, um Spur zu beenden): ↵
Nach Punkt: **Spur-Funktion wieder aktivieren**
Erster Punkt für Spur: **P4 wählen und nach oben wegfahren**
Nächster Punkt (EINGABETASTE drücken, um Spur zu beenden): **P1 wählen**
Nächster Punkt (EINGABETASTE drücken, um Spur zu beenden): ↵
Nach Punkt: **S für Schließen**

- *Das Ergebnis sollte wie in Abbildung 5.9 aussehen. Die Lösung finden Sie auch im Ordner \AUFGABEN, die Zeichnung L-05-03.DWG.*

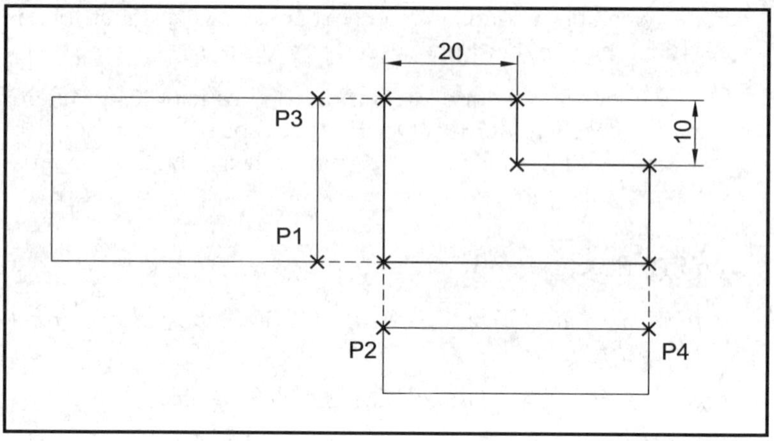


*Abbildung 5.9: Zeichnen mit der Spur-Funktion*

## Fragen zu Stunde 5

1. Wann kann eine Objektfang-Funktion gewählt werden?
2. Welche Objektfang-Funktion fängt den Mittelpunkt eines Kreises?
3. Mit welcher Objektfang-Funktion können Sie den 90°-Punkt eines Kreises fangen?
4. Was passiert, wenn Sie die Objektfang-Funktion SCHNITTPUNKT angewählt haben und eine Linie anklicken?
5. Wie können Sie einen beliebigen Punkt an einem Kreis fangen?
6. Mit welcher Taste können Sie alle möglichen Fangpunkte auf einem Objekt durchblättern?
7. Sie haben einen festen Objektfang eingestellt, wollen diesen aber bei einer Eingabe nicht. Was können Sie tun?
8. Mit welcher Funktion können Sie Punkte relativ zu Fangpunkten setzen?
9. Was bewirkt die Spur-Funktion?
10. Woraus ergibt sich die Richtung des neuen Punkts bei der Spur-Funktion?

# Zoom, Pan und Ansichtsfenster

Stunde 6

In der ersten Stunde haben Sie schon die Funktionen für Echtzeit-Zoom und -Pan kennengelernt und welche Funktionen im Übersichtsfenster ausgeführt werden können. Es gibt aber noch eine Reihe weiterer Funktionen, um den angezeigten Ausschnitt in der Zeichnung zu verändern. Sie lernen:

- welche weiteren Zoom-Funktionen es noch gibt
- mit welchen weiteren Pan-Funktionen der Bildausschnitt verschoben werden kann
- was die Bildlaufleisten bewirken und
- wie Sie den Bildschirm in verschiedene Fenster aufteilen können.

## Die Zoom-Funktionen

Neben der Funktion für Echtzeit-Zoom, die Sie in der ersten Stunde kennengelernt haben, gibt es weitere Möglichkeiten, die Vergrößerung der Zeichnung auf dem Bildschirm zu ändern. Alle diese Funktionen sind Optionen des Befehls ZOOM, und Sie können sie folgendermaßen wählen:

- Abrollmenü ANSICHT bzw. ANZEIGE, Untermenü ZOOM >, Funktionen für die einzelnen Optionen des Befehls
- Symbole in einem Flyoutmenü der STANDARD-FUNKTIONSLEISTE (siehe Abbildung 6.1)
- Werkzeugkasten ZOOM (siehe Abbildung 6.1)

**Tip:**

- Sie können den Werkzeugkasten ZOOM zuschalten und an einer Bildschirmseite andocken (siehe Abbildung 6.1). So haben Sie die Zoom-Funktionen am schnellsten im Zugriff.

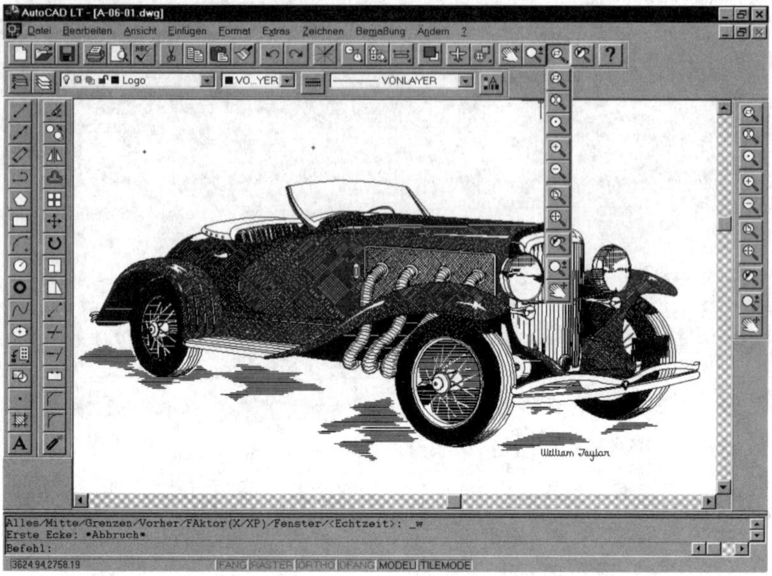


*Abbildung 6.1: Flyoutmenü und Werkzeugkasten für den Befehl* ZOOM

## Aktion: Zoom FENSTER

Neben der Echtzeit-Methode ist dies die am häufigsten benötigte Zoom-Funktion. Zwei diagonale Eckpunkte eines Fensters werden abgefragt. Der Bereich in diesem Fenster wird formatfüllend auf der Zeichenfläche angezeigt.

## Aktion: Zoom VORHER

Genauso wichtig ist diese Funktion. Damit kommen Sie zum vorherigen Ausschnitt zurück. Die letzten zehn Ausschnitte sind gespeichert und können so der Reihe nach zurückgeholt werden. Diese Funktion ist zudem mit einem eigenen Symbol in der Standard-Funktionsleiste vertreten und kann so schneller gewählt werden.

## Aktion: Zoom FAKTOR

Mit dieser Option können Sie einen Vergrößerungsfaktor für den Bildausschnitt wählen. Werte > 1 bewirken eine Vergrößerung, Werte < 1 eine Verkleinerung. Der Faktor bezieht sich:

- auf die Gesamtzeichnung, wie sie mit den Limiten festgelegt ist,

- auf den momentanen Ausschnitt, wenn dem Wert **X** angehängt wird,
- auf die Vergrößerung des Modells im Papierbereich (siehe Papier- und Modellbereich), wenn dem Zahlenwert XP angehängt wird.

## Aktion: Zoom MITTE

Die Option MITTE arbeitet wie die Option FAKTOR, nur daß Sie den Mittelpunkt des neuen Bildausschnitts und einen Vergrößerungsfaktor (Zahlenwert gefolgt von X oder XP) oder die Höhe des neuen Ausschnitts (in Zeichnungseinheiten) bestimmen können.

## Aktion: Zoom 0.5X bzw. 2X

Die Optionen verkleinern bzw. vergrößern um den Faktor 0.5x bzw. 2x.

## Aktion: Zoom ALLES

Mit der Option ALLES bekommen Sie den Bereich innerhalb der Limiten auf den Bildschirm. Wenn außerhalb der Limiten gezeichnet wurde, werden alle Objekte der Zeichnung, auch die außerhalb der Limiten, auf dem Bildschirm dargestellt.

## Aktion: Zoom GRENZEN

Die Option GRENZEN bringt alles formatfüllend auf den Bildschirm, was Sie bis dahin gezeichnet haben, sei es nur ein Kreis, eine Linie oder die komplette Zeichnung.

## Aktion: Zoom DYNAMISCH

Diese Option ist nur in AutoCAD verfügbar. Dabei erhalten Sie einen speziellen Auswahlbildschirm, auf dem Sie folgendes sehen und einstellen können (siehe Abbildung 6.2):

- Die komplette Zeichnung
- Ein gepunktetes Fenster in der Größe der Limiten (äußeres Fenster)
- Ein gepunktetes Fenster, das die Größe des letzten Ausschnitts anzeigt (inneres Fenster)

- Das Einstellfenster mit einem X markiert. Seine Lage kann mit der Maus verschoben werden. Klicken Sie die linke Maustaste, schaltet das Fenster um. Es wird mit einem -> am Rand markiert, und jetzt kann mit der Maus die Größe verändert werden. Klicken Sie wieder mit der linken Maustaste, schaltet das Fenster erneut um. Mit der rechten Maustaste und der [Esc]- oder [↵]-Taste wird der Ausschnitt im Fenster auf den Bildschirm formatfüllend übernommen.

*Abbildung 6.2: Option DYNAMISCH des Befehls ZOOM*

### Training: Zoom-Funktionen

- *Öffnen Sie die Zeichnung A-06-01.DWG aus dem Ordner \AUFGABEN.*
- *Experimentieren Sie mit den verschiedenen Zoom-Funktionen.*

## Die Pan-Funktionen

In der ersten Stunde haben Sie auch die Echtzeit-Variante des Befehls PAN kennengelernt. Wie bei den Zoom-Funktionen gibt es auch hiervon weitere Möglichkeiten. Sie finden diese folgendermaßen:

- Abrollmenü ANSICHT bzw. ANZEIGE, Untermenü PAN >, Funktionen für die einzelnen Optionen des Befehls

### Aktion: Funktionen LINKS, RECHTS, NACH OBEN und NACH UNTEN

Der Zeichnungsausschnitt wird in der gewählten Richtung um 10% verschoben.

### Aktion: Funktion PUNKT

Mit dieser Variante des Befehls können Sie eine Verschiebung auf der Zeichenfläche wählen:

Befehl: **-Pan**
Verschiebung:
Zweiter Punkt:

Klicken Sie zwei Punkte auf der Zeichenfläche an, wird die Zeichnung um die Distanz der beiden Punkte verschoben, und Sie erhalten den neuen Ausschnitt auf dem Bildschirm. Sie können den Ausschnitt auch um eine feste Strecke verschieben. Gehen Sie dazu so vor:

Befehl: **-Pan**
Verschiebung: **100,200**
Zweiter Punkt: **200,200**

Der Punkt 100,200 in der Zeichnung verschiebt sich dorthin, wo der Punkt 200,200 gelegen hat. Der Ausschnitt wird also um 100 Einheiten in X-Richtung verschoben. Dieselbe Wirkung hätten Sie auch erzielt mit:

Befehl: **-Pan**
Verschiebung: **100,0**
Zweiter Punkt: [↵]

Die Zeichnung wird um 100 Einheiten in X-Richtung verschoben, wenn der zweite Punkt nur mit [↵] bestätigt wird. Der erste Wert wird als Verschiebungswert interpretiert.

### Fehler:

- Die Objekte auf dem Zeichenblatt werden nicht verschoben, nur der Zeichnungsausschnitt auf dem Bildschirm.

## Die Bildlaufleisten

Am rechten und unteren Rand der Zeichenfläche (ebenso im Übersichtsfenster) finden Sie die sogenannten Bildlaufleisten, mit denen Sie das Bild horizontal oder vertikal, stufenlos oder in festen Schritten verschieben können.

### Aktion: Pan mit den Bildlaufleisten

Folgende Möglichkeiten stehen Ihnen zur Verfügung:

- Klick auf eine Pfeiltaste: Verschiebung des Ausschnitts um 10 % der Bildschirmseite
- Klick in die Bildlaufleiste: Verschiebung des Ausschnitts um eine Bildschirmbreite
- Klick auf die Markierung in der Bildlaufleiste: Verschiebung des Ausschnitts um einen beliebigen Wert, wenn die Markierung innerhalb der Bildlaufleiste bei gedrückter Maustaste verschoben wird.

### Training: Pan-Funktionen

- *Öffnen Sie die Zeichnung A-06-01.DWG aus dem Ordner \AUFGABEN, wenn Sie sie nicht schon auf dem Bildschirm haben.*
- *Experimentieren Sie mit den verschiedenen Pan-Funktionen und den Bildlaufleisten.*

## Mehrere Fenster auf dem Bildschirm

Bei komplexen Zeichnungen kann es vorkommen, daß Sie immer wieder zwischen denselben Ausschnitten wechseln müssen. Damit Sie nicht ständig umschalten müssen, können Sie den Bildschirm in verschiedene Fenster aufteilen und darin unterschiedliche Ausschnitte darstellen. Diese Methode ist bei der Erstellung von 3D-Modellen hilfreich. Dabei lassen sich auch verschiedene Ansichten in den Fenstern darstellen. Mit dem Befehl AFENSTER können Sie dies bewerkstelligen.

## Aktion: Ansichtsfenster in einem Bildmenü wählen

Die schnellste Variante dieses Befehls arbeitet mit einem Bildmenü. Sie finden diese Variante folgendermaßen:

- Abrollmenü ANSICHT bzw. ANZEIGE, Untermenü FESTE ANSICHTSFENSTER >, Funktion LAYOUT...

In einem Bildmenü können Sie das gewünschte Layout (siehe Abbildung 6.3) wählen. Der Bildschirm wird entsprechend der Darstellung in den Fenstern geteilt.

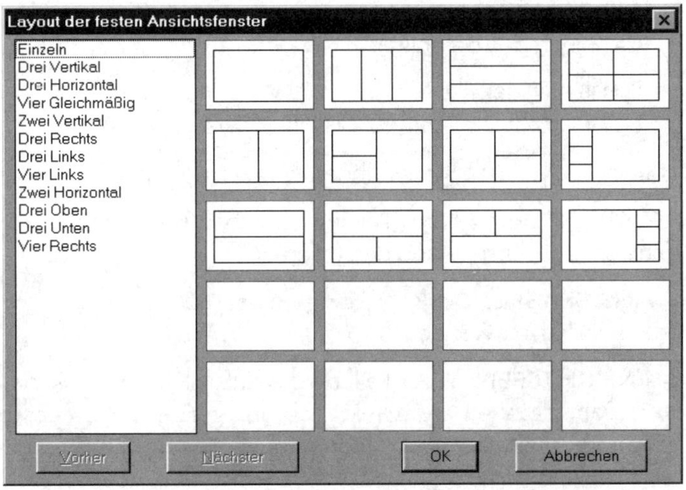


*Abbildung 6.3: Layout der Ansichtsfenster*

## Tips:

- Es gibt ein aktuelles Ansichtsfenster, in dem gezeichnet wird.
- Mit einem Mausklick wird in ein anderes Fenster gewechselt.
- Das aktuelle Fenster ist durch einen verstärkten Rand gekennzeichnet.
- Das Fenster kann innerhalb eines Befehls gewechselt werden. So ist es möglich, beispielsweise eine Linie in einem Fenster zu beginnen und im anderen Fenster fortzusetzen.
- In jedem Fenster kann ein anderer Ausschnitt mit den Befehlen ZOOM und PAN eingestellt werden bzw. eine andere Ansicht eines 3D-Modells.

- Raster und Fang lassen sich in den einzelnen Fenstern unterschiedlich einstellen.
- Die Aufteilung ist nur eine Hilfe am Bildschirm. Die Anordnung kann so nicht gedruckt oder geplottet werden. Es wird immer das aktuelle Fenster geplottet.

## Aktion: Befehl AFENSTER

Mit dem Befehl AFENSTER haben Sie weitere Möglichkeiten. Sie finden den Befehl:

- Abrollmenü ANSICHT, Untermenü >, Funktionen für die Optionen des Befehls

```
Befehl: Afenster
Sichern/Holen/Löschen/Verbinden/Einzeln/?/2/<3>/4:
```

Folgende Optionen stehen Ihnen zur Verfügung:

**1 ANSICHTSFENSTER:** Teilung aufheben und das zuletzt aktuelle Fenster bildschirmfüllend darstellen.

**2 ANSICHTSFENSTER:** Teilung des aktuellen Fensters horizontal oder vertikal in zwei Fenster.

**3 ANSICHTSFENSTER:** Teilung des aktuellen Fensters in drei Fenster. Dabei können Sie wählen, ob drei gleich große Fenster durch horizontale oder vertikale Teilung oder ob zwei kleine und ein großes Fenster entstehen sollen.

**4 ANSICHTSFENSTER:** Teilung des aktuellen Fensters in vier gleiche Fenster.

**SICHERN / HOLEN / LÖSCHEN / AUFLISTEN:** Die gewünschte Aufteilung auf dem Bildschirm zu erzeugen und in den Fenstern den gewünschten Ausschnitt einzustellen, kann schon einige Zeit in Anspruch nehmen. Trotzdem kann es sinnvoll sein, zwischendurch wieder auf den ganzen Bildschirm zu schalten. Damit die Arbeit nicht umsonst war, kann die Aufteilung und mit ihr die Ausschnitte in den Fenstern unter einem Namen gesichert (Option SICHERN) und später wieder zurückgeholt werden (Option HOLEN). Sie können auch mehrere Aufteilungen sichern. Mit der Option LÖSCHEN läßt sich eine gesicherte Aufteilung löschen, und mit der Option

AUFLISTEN kann eine Liste aller gesicherten Aufteilungen angezeigt werden.

**VERBINDEN:** Verbindet zwei gleich große, nebeneinanderliegende Fenster zu einem gemeinsamen Fenster.

## Training: Bildschirm in Ansichtsfenster unterteilen

- *Öffnen Sie die Zeichnung A-06-01.DWG aus dem Ordner \AUFGABEN, wenn Sie sie nicht schon auf dem Bildschirm haben.*
- *Teilen Sie den Bildschirm wie in Abbildung 6.4 auf.*
- *Wählen Sie in den verschiedenen Fenstern unterschiedliche Ausschnitte, orientieren Sie sich dazu ebenfalls an Abbildung 6.4. Sichern Sie die Konfiguration unter dem Namen F-01.*
- *Wechseln Sie zwischen dem Einzelbildschirm und der gesicherten Aufteilung.*
- *Das Ergebnis sollte wie in Abbildung 6.4 aussehen. Die Zeichnung mit der gesicherten Aufteilung finden Sie ebenfalls im Ordner \AUFGABEN, L-06-01.DWG.*

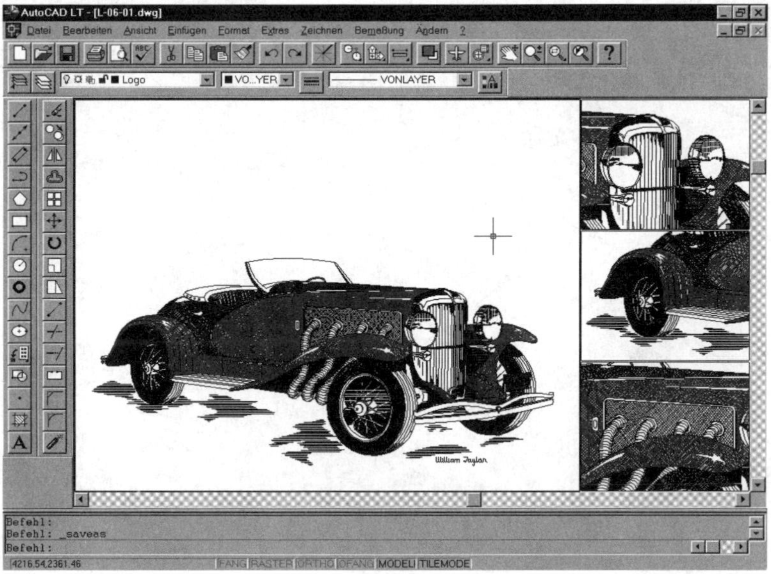


*Abbildung 6.4: Bildschirm in Ansichtsfenster aufgeteilt*

## Fragen zu Stunde 6

1. Mit welcher Zoom-Funktion kann der Ausschnitt mit zwei diagonalen Eckpunkten vorgegeben werden?
2. Wie kann man auf die letzte Vergrößerung zurückschalten?
3. Was bewirkt der Zoom-Faktor 0.5?
4. Was bewirkt der Zoom-Faktor 2X?
5. Worin liegt der Unterschied zwischen den Zoom-Funktionen ALLES und GRENZEN?
6. Welche AutoCAD-Version hat die Zoom-Option DYNAMISCH?
7. Mit welchem Befehl kann man den Ausschnitt verschieben, ohne die Vergrößerung zu ändern?
8. Was bewirken die Bildlaufleisten?
9. Mit welchem Befehl läßt sich der Bildschirm in Ansichtsfenster unterteilen?
10. Wie kann man eine einmal eingestellte Bildschirmaufteilung später wieder verwenden?

# Layer, Farben und Linientypen

Stunde 7

Sie haben bisher immer in der gleichen Farbe, mit ausgezogenen Linien und, ohne daß Sie davon etwas wußten, auf dem gleichen Layer gezeichnet. Mit Layern können Sie aber Ihre Zeichnung strukturieren, Farbe ins Spiel bringen und die verschiedensten Stricharten verwenden, in AutoCAD Linientypen genannt. Sie lernen in dieser Stunde:

- was Layer sind
- wie Sie die Layer verwalten
- wie Sie neue Layer anlegen und ihnen Farbe und Linientyp zuordnen
- wie Linientypen in die Zeichnung kommen
- was der Linientypenfaktor bewirkt und
- was der aktuelle Layer, die aktuelle Farbe und der aktuelle Linientyp ist.

## Auf Layern zeichnen

Stellen Sie sich vor, Sie zeichnen einen Grundriß nicht auf einem Blatt Papier, sondern auf verschiedenen transparenten Folien. Sie nehmen eine Folie für die Wände, eine für die Inneneinrichtung, eine für die Bemaßung, eine für die technische Ausstattung, unter Umständen nach Gewerken getrennt, für die Elektroinstallation, für die Heizung, für die Lüftung usw. Dann könnten Sie zum Beispiel dem Bauherrn die Folien mit den Wänden und der Inneneinrichtung geben und dem Elektroinstallateur die Folien mit den Wänden und der Installation. Sie selber behalten alle Folien. Bei Änderungen legen Sie alle Folien aufeinander und können sofort kontrollieren, auf welcher Folie Korrekturen erforderlich sind. Viel zu kompliziert, sagen Sie? Nicht so in AutoCAD.

Dort haben Sie sogar noch mehr Möglichkeiten. Wenn Sie auf einer Folie zeichnen, haben Sie automatisch die richtige Farbe und damit die richtige Strichstärke sowie den richtigen Linientyp. Zudem können Sie Folien vor versehentlichen Änderungen schützen. In AutoCAD spricht man nicht von Folien, sondern von Layern, der Vergleich stimmt aber trotzdem.

Hilfslinien, Konstruktionshinweise, Zusatzinformationen können Sie ebenfalls in der Zeichnung ablegen. Erstellen Sie diese auf eigenen Layern, die Sie zum Drucken bzw. Plotten der Zeichnung ausschalten.

Erstellen Sie Gebäudegrundrisse mit mehreren Etagen, so können Sie selbst diese in mehreren Layergruppen in einer Zeichnung darstellen. Bei Änderungen haben Sie die Kontrolle über alle Etagen hinweg. Beim Drucken bzw. Plotten können Sie nacheinander die einzelnen Etagen ausgeben.

## Aktion: Layer in Zeichnungen

- In einer Zeichnung können Sie beliebig viele Layer anlegen.
- Jedem Layer können Sie einen Namen geben, der bis zu 32 Zeichen lang sein darf (Buchstaben, Ziffern und die Sonderzeichen - _ $ |)
- Vergeben Sie Layernamen, die einen Bezug zu dem haben, was Sie darauf zeichnen, zum Beispiel *WAND*, *TÜREN*, *MÖBEL*, nicht *1*, *2*, *3*.
- Zeichnen Sie zusammengehörige Objekte auf einem Layer, zum Beispiel alle Konturen, alle Mittellinien, alle Objekte einer Baugruppe usw.
- Der Layer *0* ist in jeder Zeichnung vorhanden, aber nur der, es sei denn, in der Vorlage sind schon Layer vorhanden.
- Layer können Sie ein- und ausschalten und so am Bildschirm sichtbar oder nicht sichtbar machen.
- Layer können Sie frieren und tauen. Gefrorene Layer sind ebenfalls nicht sichtbar und werden beim Bildaufbau nicht berücksichtigt. Der Bildaufbau beschleunigt sich, wenn Sie Layer, die Sie längere Zeit nicht brauchen, einfrieren.

- Objekte, die auf Layern sind, die Sie ausgeschaltet oder gefroren haben, werden nicht gedruckt bzw. geplottet.
- Sie können Layer sperren und entsperren. Objekte auf gesperrten Layern werden zwar am Bildschirm angezeigt, sie können Sie aber nicht ändern.
- Einen Layer müssen Sie zum aktuellen Layer machen. Objekte, die Sie neu zeichnen, kommen auf den aktuellen Layer.
- Jedem Layer können Sie Farbe und einen Linientyp zuordnen.
- Die Objekte, die Sie zeichnen, erhalten die Farbe und den Linientyp vom aktuellen Layer.
- Erzeugen Sie Objekte durch Kopieren vorhandener Objekte, kommt die Kopie immer auf den gleichen Layer wie das Original, egal welcher Layer aktuell ist.
- Farben weisen Sie beim Drucken bzw. Plotten den Plotterstiften und damit den Strichstärken zu. Rote Objekte werden dann beispielsweise immer mit der Strichstärke 0.5 mm ausgegeben.
- Layer können Sie auch wieder löschen, aber nur dann, wenn sich keine Objekte mehr darauf befinden und der Layer nicht der aktuelle Layer ist.

## Die Layersteuerung

Mit dem Befehl LAYER lassen sich alle Funktionen zur Steuerung der Layer in der Zeichnung in einem übersichtlichen Dialogfeld einstellen.

### Training: Layersteuerung

- *Damit Sie die Layerfunktionen gleich nachvollziehen können, öffnen Sie die Zeichnung A-07-01.DWG aus dem Ordner \AUFGABEN; der Grundriß einer Wohnung (siehe Abbildung 7.1).*

*Abbildung 7.1: Übungszeichnung für die Layerfunktionen*

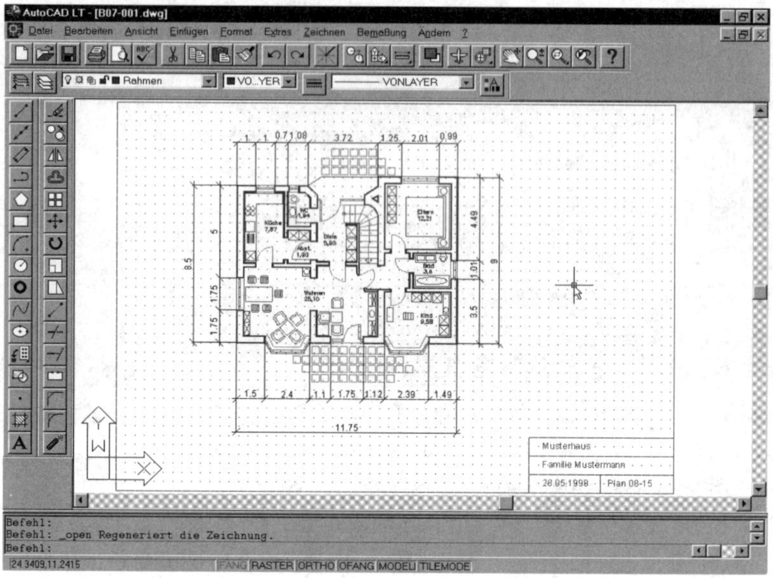


## Aktion: Befehl LAYER

Das Dialogfeld für die Layersteuerung wird mit dem Befehl LAYER aktiviert. Wählen Sie den Befehl folgendermaßen:

- Abrollmenü FORMAT, Funktion LAYER...
- Symbol in der Funktionsleiste EIGENSCHAFTEN

Sie bekommen das Dialogfeld für die Layersteuerung (siehe Abbildung 7.2). Es hat zwei Registerkarten, eine für die Verwaltung der Layer und eine für die Linientypen. Sie können mit der Registerkarte LINIENTYP direkt zum Befehl LINIENTP umschalten (siehe unten).

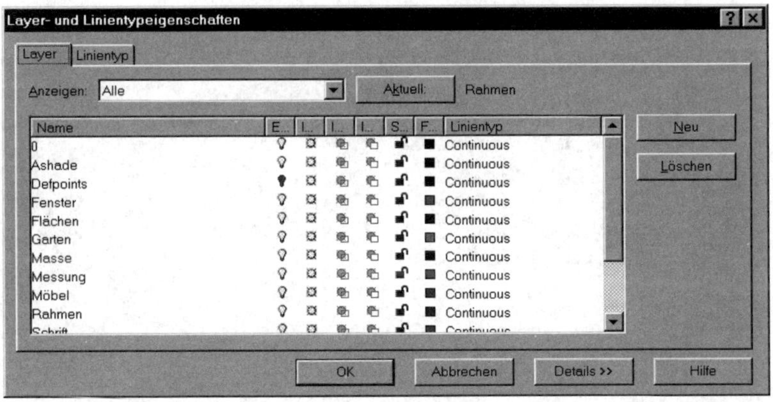


*Abbildung 7.2: Dialogfeld zur Layersteuerung*

## Aktion: Anzeige und Markierung in der Layerliste

Im Dialogfeld haben Sie die Liste aller Layer in dieser Zeichnung. Sie können die Sortierung in der Liste ändern, indem Sie auf das Titelfeld klicken. Die Liste wird nach diesem Feld sortiert. Ein weiterer Klick in das Titelfeld sortiert die Liste absteigend, ein Klick auf ein anderes Titelfeld sortiert nach diesem Feld. Die Feldbreite können Sie ändern, wenn Sie den Trennstrich in der Titelzeile bei gedrückter Maustaste verschieben. Ein Doppelklick auf den Trennstrich stellt die Breite so ein, daß der breiteste Eintrag noch ganz dargestellt werden kann.

In der ersten Spalte der Liste wird der Layername angezeigt. Die Layer, die markiert sind, können bearbeitet werden. Klicken Sie einen Layer an, wird er markiert. Klicken Sie einen anderen an, wird dieser markiert, die erste Markierung verschwindet.

Es lassen sich auch mehrere Layer markieren und bearbeiten. Wenn Sie einen markiert haben und mit gedrückter ⇧-Taste einen weiteren Layer anklicken, werden beide Layer und alle dazwischen markiert. Klicken Sie mit gedrückter Strg-Taste einen weiteren Layer an, wird nur dieser zusätzlich markiert, nicht die dazwischen.

Wollen Sie alle Layer markieren, drücken Sie die rechte Maustaste. Ein Pop-Up-Menü erscheint am Cursor. Wählen Sie den Eintrag ALLES WÄHLEN, und alle Layer werden markiert. Mit dem Eintrag ALLES LÖSCHEN werden die Markierungen wieder entfernt (siehe Abbildung 7.3).

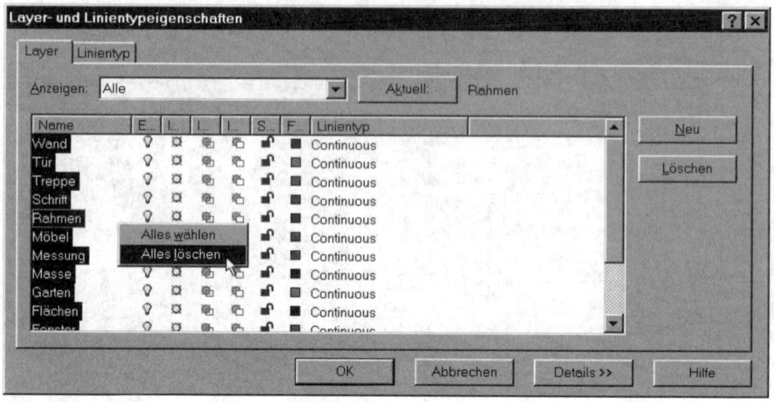


*Abbildung 7.3: Pop-Up-Menü in der Layerliste*

## Training: Layer sortieren und markieren

- *Sortieren Sie die Layerliste abwechselnd nach dem Namen und der Farbe, aufsteigend und absteigend. Verändern Sie die Breite der Namensspalte.*
- *Markieren Sie Layer, und löschen Sie die Markierung wieder.*

## Aktion: Layer zum aktuellen Layer machen

Die wichtigste Aktion beim Zeichnen ist es, den aktuellen Layer zu wechseln. Wie schon beschrieben, werden alle neuen Objekte auf dem aktuellen Layer abgelegt. Dazu gehen Sie wie folgt vor:

- Markieren Sie den Layer, und klicken Sie auf die Schaltfläche AKTUELL. Der aktuelle Layer wird im Feld neben der Schaltfläche angezeigt.

## Training: Aktuellen Layer wechseln

- *Machen Sie nacheinander unterschiedliche Layer zum aktuellen Layer.*

## Aktion: Layerstatus ändern

Sie können in dem Dialogfeld auch den Layerstatus ändern. Markieren Sie die Layer, die Sie ändern wollen, und klicken Sie auf das Symbol, oder klicken Sie gleich auf das Symbol, das Sie ändern wollen. Auch hier können Sie, wie oben beschrieben, die [⇧]- oder

[Strg]-Taste zu Hilfe nehmen. Klicken Sie nochmals auf das Symbol, wird erneut umgeschaltet. Die Symbole haben folgende Funktionen:

| | |
|---|---|
| *Glühlampe ein* | Layer ein |
| *Glühlampe aus* | Layer aus |
| *Sonne* | Layer getaut |
| *Eiskristall* | Layer gefroren |
| *Sonne mit Fenster* | Layer im aktuellen Ansichtsfenster getaut |
| *Eiskristall mit Fenster* | Layer im aktuellen Ansichtsfenster gefroren (siehe Papier- und Modellbereich) |
| *Sonne mit leerem Fenster* | Layer in einem neuen Ansichtsfenster getaut |
| *Eiskristall mit leerem Fenster* | Layer in einem neuem Ansichtsfenster gefroren (siehe Papier- und Modellbereich) |
| *Vorhängeschloß offen* | Layer entsperrt |
| *Vorhängeschloß geschlossen* | Layer gesperrt |

Der aktuelle Layer kann zwar ausgeschaltet werden, es ist aber in der Praxis nicht sinnvoll, da sonst das, was Sie zeichnen, nicht angezeigt wird. Falls Sie es versuchen, erhalten Sie eine Warnung, die Funktion wird aber ausgeführt. Den aktuellen Layer sollten Sie auch nicht sperren, da Zeichenfehler dann nicht mehr korrigiert werden können. Frieren können Sie dagegen den aktuellen Layer auf keinen Fall.

### Training: Layerstatus ändern

- *Machen Sie den Layer SCHRIFT zum aktuellen Layer. Schalten Sie alle Layer bis auf SCHRIFT, WAND, FENSTER, TREPPE und TÜR aus. Ihre Zeichnung sieht wie in Abbildung 7.4 aus.*
- *Sperren Sie den Layer WAND, und versuchen Sie dann, Teile der Wand zu löschen.*
- *Schalten Sie alle Layer wieder ein, und entsperren Sie sie.*

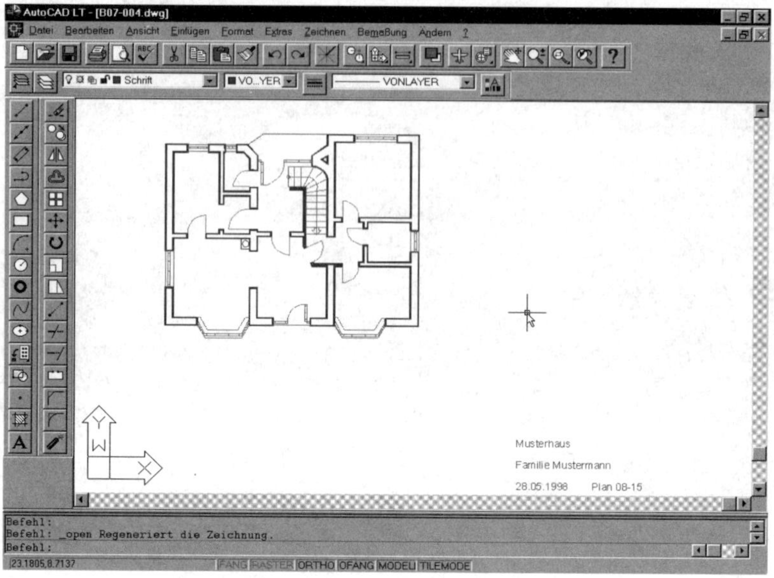


*Abbildung 7.4: Layerstatus in der Zeichnung geändert*

## Aktion: Neuen Layer anlegen

Bist jetzt haben Sie nur gesehen, wie Sie bestehende Layer manipulieren können. Wie aber kommen Sie zu neuen Layern? Klicken Sie auf die Schaltfläche NEU, und ein neuer Layer mit dem Namen *Layer1* wird an die Liste angehängt. Der neue Layername ist markiert. Tippen Sie einen neuen Namen ein, wird der vorgegebene Name überschrieben. Klicken Sie noch einmal auf die Schaltfläche NEU, wird ein weiterer Layer mit dem Namen *Layer2* angelegt usw.

Neue Layer haben zunächst die Farbe *Weiß* und den Linientyp *CONTINUOUS*. Das läßt sich ändern, dazu weiter unten mehr.

## Aktion: Layer umbenennen

In der ersten Spalte der Liste wird der Layername angezeigt. Wenn Sie den Namen anklicken, wird er markiert. Wenn Sie einen Namen nochmals anklicken (kein Doppelklick, Pause dazwischen), können Sie den Namen überschreiben. Mit einem weiteren Klick können Sie den Cursor im Namen setzen und ihn ändern.

## Aktion: Layer löschen

Einen Layer können Sie nur dann löschen, wenn keine Objekte darauf gezeichnet wurden. Markieren Sie den Layer, und klicken Sie auf die Schaltfläche LÖSCHEN. Der Layer verschwindet aus der Liste. Befinden sich Objekte auf dem Layer, erscheint eine Fehlermeldung, der Layer wird nicht gelöscht. Sie müssen in diesem Fall erst alle Objekte auf dem Layer löschen und dann den Layer selber. Die Layer *0* und *DEFPOINTS* sowie den aktuellen Layer und Layer, die von externen Referenzen kommen, können Sie nicht löschen.

## Training: Layer anlegen, umbenennen und löschen

- *Legen Sie verschiedene Layer an, geben Sie ihnen Namen, und löschen Sie sie dann wieder. Versuchen Sie, einen der vorhandenen Layer zu löschen, Sie haben keinen Erfolg.*
- *Legen Sie einen Layer GRUNDSTÜCK an. Löschen Sie ihn nicht wieder.*

## Aktion: Farbe zuweisen

Einem Layer können Sie eine Farbe zuweisen, und die Objekte auf diesem Layer bekommen diese Farbe. Klicken Sie auf das Farbfeld, und ein weiteres Dialogfeld zur Farbauswahl kommt auf den Bildschirm (siehe Abbildung 7.5).

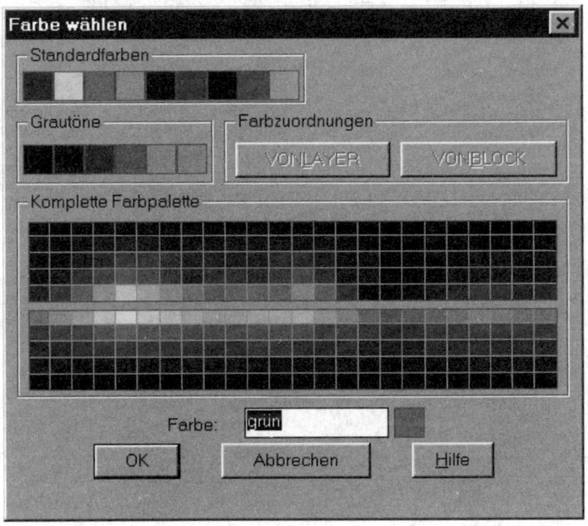


*Abbildung 7.5: Dialogfeld zur Farbauswahl*

Sie können mit den Farben 1 bis 255 zeichnen. Die Farben 1 bis 7 sind sogenannte Standardfarben, die einen Farbnamen haben: Rot, Gelb, Grün, Cyan, Blau, Magenta und Weiß.

Klicken Sie ein Farbfeld aus der Palette an, und die Farbnummer bzw. der Farbname wird übernommen. Klicken Sie dann auf OK, und Sie kommen zum ersten Dialogfeld zurück, die neue Farbe ist dem Layer zugeordnet.

## Training: Layer Farbe zuordnen

- *Klicken Sie auf das Farbfeld des Layer GRUNDSTÜCK, und wählen Sie die Farbe Grün für diesen Layer.*
- *Ändern Sie die Farbe eines bestehenden Layer. Alle Objekte auf diesem Layer werden in der neuen Farbe dargestellt. Machen Sie die Änderungen rückgängig.*

## Aktion: Layern Linientypen zuweisen

So wie Sie einem Layer eine Farbe zugewiesen haben, können Sie ihm auch einen Linientyp zuweisen. Die Objekte auf diesem Layer werden mit diesem Linientyp dargestellt. Klicken Sie auf den Linientypnamen, und ein weiteres Dialogfeld zur Auswahl des Linientyps kommt auf den Bildschirm (siehe Abbildung 7.6).

*Abbildung 7.6: Dialogfeld zur Auswahl des Linientyps*

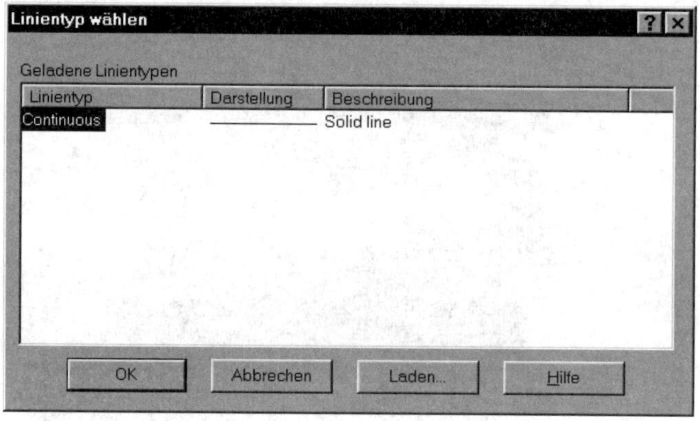

Die Auswahl ist nicht groß, es gibt nur den Linientyp *CONTINUOUS*, die Bezeichnung für ausgezogene Linien. Linientypen sind in Linientypdateien gespeichert, und sie müssen zuerst in die Zeichnung geladen werden. Dazu weiter unten mehr beim Befehl LINIENTP.

## Aktion: Detailanzeige

Alles, was Sie bis jetzt in der Liste eingestellt haben, können Sie auch mit separaten Schaltern einstellen. Klicken Sie dazu auf die Schaltfläche DETAILS >>. Das Dialogfeld wird vergrößert, und Sie bekommen zusätzliche Bedienelemente (siehe Abbildung 7.7).

Markieren Sie einen Layer, bekommen Sie im unteren Teil des Dialogfelds den Namen angezeigt. Dort können Sie Änderungen vornehmen und den Layer umbenennen. In Abrollmenüs können Sie eine neue Farbe und einen neuen Linientyp für den markierten Layer auswählen. Finden Sie die gewünschte Farbe nicht, klicken Sie auf den Eintrag ANDERE..., und Sie bekommen das Dialogfeld mit der Farbpalette. In der Spalte rechts können Sie den Status der Layer ändern. Es sind dieselben Funktionen, die Sie mit den Symbolen in der Liste ausführen können.

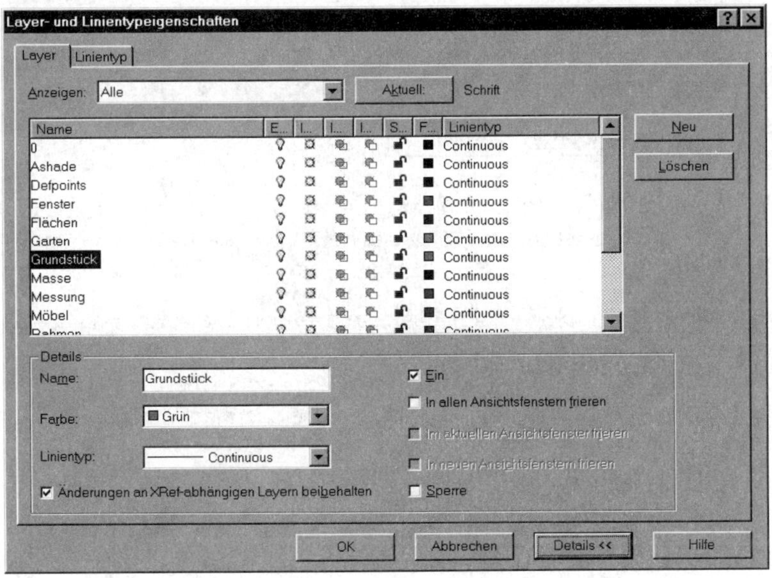


*Abbildung 7.7: Dialogfeld mit erweiterten Funktionen*

Klicken Sie wieder auf die Schaltfläche DETAILS <<, erhalten Sie wieder das verkleinerte Fenster auf dem Bildschirm.

## Layer in der Funktionsleiste

Wenn Sie nur einen Layer ein- oder ausschalten oder den aktuellen Layer wechseln wollen, müssen Sie sich nicht das Dialogfeld auf den Bildschirm holen, es geht einfacher und schneller.

**Aktion: Layerstatus in der Funktionsleiste EIGENSCHAFTEN**

In der Funktionsleiste EIGENSCHAFTEN haben Sie auf der linken Seite ein Abrollmenü. Dort werden der Name und der Status des aktuellen Layers angezeigt. Wenn Sie in das Feld oder auf den Pfeil klicken, wird das Abrollmenü ausgeklappt (siehe Abbildung 7.8).

*Abbildung 7.8: Abrollmenü zur Layersteuerung*

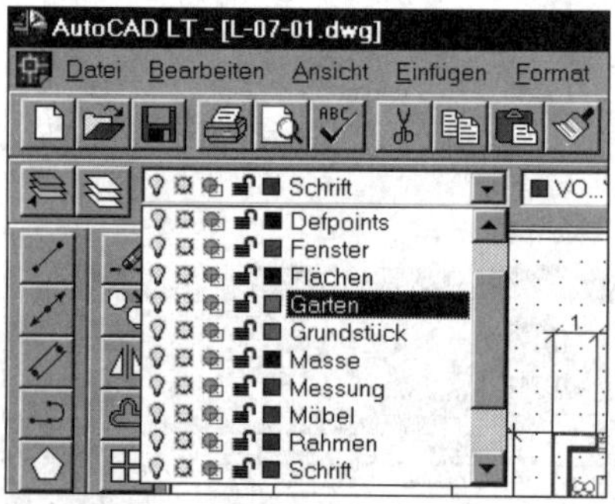


Klicken Sie auf einen Layer, wird dieser zum aktuellen Layer, das Abrollmenü verschwindet, und der neue aktuelle Layer wird angezeigt.

Dieselben Symbole wie im Dialogfeld haben Sie auch im Abrollmenü. Klicken Sie auf ein Symbol vor dem Layer, und sein Status wird umgeschaltet. Sie können nacheinander mehrere Symbole anklicken. Wenn Sie danach in die Zeichenfläche klicken, verschwindet das Abrollmenü wieder, und die Layer werden entsprechend geschaltet.

### Aktion: Objektlayer setzen

Noch einfacher ist es, einen Layer zum aktuellen Layer zu machen, den Sie in der Zeichnung schon verwendet haben. Dazu verwenden Sie die Funktion OBJEKTLAYER SETZEN. Sie finden diese folgendermaßen:

- Symbol in der Funktionsleiste EIGENSCHAFTEN

Klicken Sie ein Objekt an, und der Layer wird aktuell, auf dem das angeklickte Objekt liegt.

Objekt wählen, dessen Layer der aktuelle Layer wird: **Ein Objekt in der Zeichnung anklicken**
MASSE ist jetzt der aktuelle Layer.

### Training: Funktionsleiste EIGENSCHAFTEN

- *Wählen Sie den aktuellen Layer im Abrollmenü, schalten Sie dort auch Layer ein und aus. Stellen Sie den Originalzustand wieder her.*
- *Machen Sie den Layer MÖBEL zum aktuellen Layer mit der Funktion OBJEKTLAYER SETZEN. Klicken Sie dazu einfach ein Möbelstück an.*

## Linientypen

Wie Sie gesehen haben, hat das Dialogfeld des Befehls LAYER eine zweite Registerkarte, die Registerkarte LINIENTYP. Dort haben Sie alle Einstellungen des Befehls LINIENTP.

### Aktion: Befehl LINIENTP

Das Dialogfeld mit dieser Registerkarte erhalten Sie sofort, wenn Sie den Befehl LINIENTP anwählen. Sie finden den Befehl folgendermaßen:

- Abrollmenü FORMAT, Funktion LINIENTYP...
- Symbol in der Funktionsleiste EIGENSCHAFTEN

In einem Dialogfeld können Sie den Linientyp wählen, mit dem gezeichnet werden soll, den sogenannten aktuellen Linientyp (siehe Abbildung 7.9).

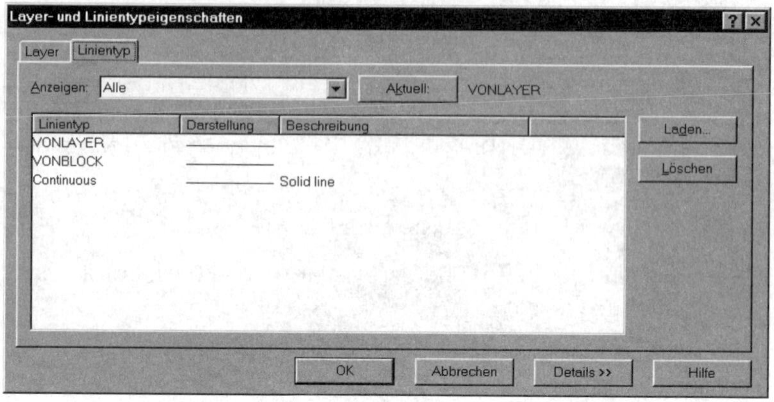


*Abbildung 7.9: Dialogfeld zur Wahl des Linientyps*

Wie bei den Layern können Sie hier den aktuellen Linientyp ändern. Markieren Sie einen Linientyp in der Liste, und klicken Sie auf die Schaltfläche AKTUELL, der Linientyp wird zum aktuellen Linientyp. Alle Objekte, die von jetzt an gezeichnet werden, werden mit diesem Linientyp gezeichnet.

## Fehler:

- Normalerweise sollten Sie für den aktuellen Linientyp **immer** die Einstellung *VONLAYER* belassen. Die Objekte werden mit dem Linientyp gezeichnet, der dem aktuellen Layer zugeordnet ist. Nur so erhält die Zeichnung eine eindeutige Struktur. Wenn Sie dann den Layer wechseln, wird auch automatisch der Linientyp aktiv, der dem Layer zugeordnet ist.

## Aktion: Linientypen laden

Wie Sie auch vorher schon in der Layersteuerung gesehen haben, sind noch keine Linientypen in der Zeichnung geladen. Laden Sie also die Linientypen, die Sie benötigen, damit Sie in der Zeichnung zur Verfügung stehen. Klicken Sie auf die Schaltfläche LADEN im Dialogfeld (siehe Abbildung 7.9). Die Schaltfläche haben Sie auch in der Layersteuerung (siehe Abbildung 7.6). Ein weiteres Dialogfeld kommt auf den Bildschirm (siehe Abbildung 7.10).

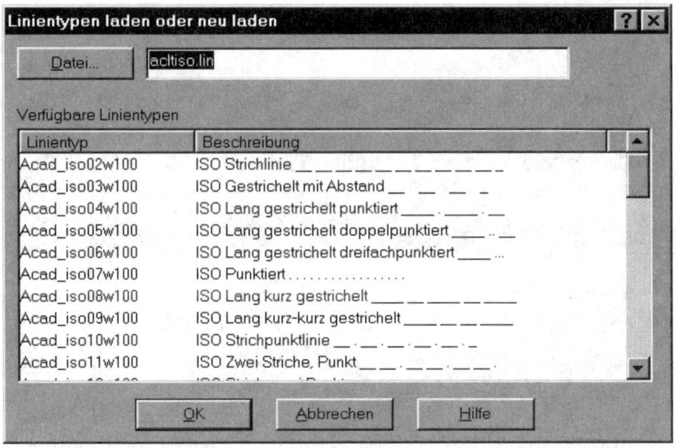


*Abbildung 7.10: Dialogfeld zum Laden von Linientypen*

Wenn Sie in metrischen Einheiten zeichnen, sollten Sie Linientypen aus der Datei *ACLTISO.LIN* bzw. *ACADISO.LIN* (in AutoCAD 14) verwenden. Diese erscheint auch als Vorgabe im Feld DATEI des Dialogfelds. Klicken Sie auf das Feld DATEI, bekommen Sie den Dateiwähler auf den Bildschirm, und Sie können sich eine andere Linientypendatei aussuchen. Sie muß die Dateierweiterung **.LIN* haben. Die Datei *ACLT.LIN* bzw. *ACAD.LIN* (in AutoCAD 14) ist für das Zeichnen in britischen Einheiten vorgesehen.

In der Liste darunter bekommen Sie alle Linientypen, die in der Linientypendatei gespeichert sind. Markieren Sie die Linientypen, die Sie in Ihrer Zeichnung benötigen. Denken Sie an Ihre rechte Maustaste. Damit bekommen Sie auch in dieser Liste ein Cursormenü mit den Einträgen ALLES WÄHLEN und ALLES LÖSCHEN. Mit OK werden die markierten Linientypen in die Zeichnung übernommen. Danach sind die Linientypen geladen und können in der Zeichnung verwendet werden.

## Tips:

- Beachten Sie, daß alle Linientypen dreifach vorkommen, zum Beispiel *MITTE*, *MITTE2* mit Segmenten, die nur halb so lang sind, und *MITTEX2* mit doppelt so langen Segmenten.
- Noch einmal der Hinweis, machen Sie keinen Linientyp zum aktuellen Linientyp. Verwenden Sie immer die Einstellung *VONLAYER*. Wäre beispielsweise der Linientyp *STRICHLINIE* der aktuelle, würde immer mit gestrichelten Linien gezeichnet,

auch wenn ein Layer mit dem Linientyp *CONTINUOUS* aktuell ist.

- Weisen Sie einem Layer den Linientyp *STRICHLINIE* zu. Wenn Sie mit gestrichelten Linien zeichnen wollen, machen Sie diesen Layer zum aktuellen Layer.

## Training: Linientypen laden und Layern zuweisen

- *Wählen Sie den Befehl LINIENTP, und klicken Sie auf die Schaltfläche LADEN. Sie bekommen das Dialogfeld wie in Abbildung 7.10. Die Linientypendatei ACLTISO.LIN bzw. ACADISO.LIN (in AutoCAD 14) erscheint als Vorgabe.*
- *Fahren Sie mit der Maus in die Liste der Linientypen, klicken Sie auf die rechte Maustaste, und wählen Sie aus dem Pop-Up-Menü die Funktion ALLES WÄHLEN. Alle Einträge in der Liste werden markiert. Klicken Sie dann auf OK, und alle Linientypen der Datei ACLTISO.LIN bzw. ACADISO.LIN (in AutoCAD 14) werden geladen und erscheinen in der Liste der Registerkarte LINIENTYP.*
- *Belassen Sie hier die Einstellung auf VONLAYER, und klicken Sie auf die Registerkarte LAYER, Sie wechseln damit zum Befehl LAYER.*
- *Markieren Sie den Layer GRUNDSTÜCK, und klicken Sie auf den Eintrag für den Linientyp. Das Dialogfeld zur Zuordnung von Linientypen erscheint (siehe Abbildung 7.11).*
- *Wählen Sie den Linientyp STRICHLINIE aus, und er wird diesem Layer zugewiesen.*

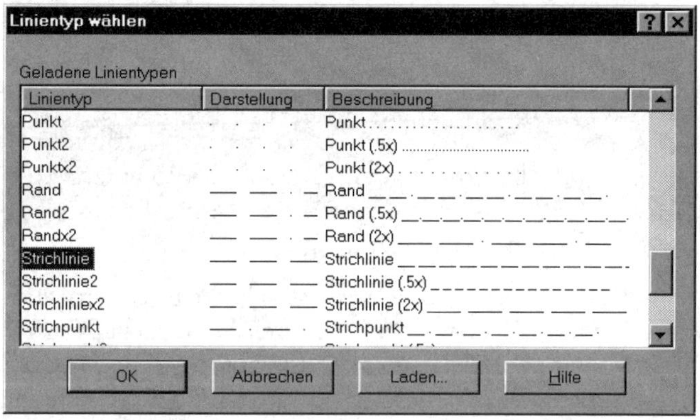


*Abbildung 7.11: Dialogfeld zur Zuordnung eines Linientyps zu einem Layer*

- *Danach kommen Sie wieder zum Dialogfeld des Befehls LAYER. Machen Sie den Layer GRUNDSTÜCK zum aktuellen Layer.*

### Aktion: Linientypen aus der Zeichnung löschen

Linientypen können Sie auch wieder aus der Zeichnung löschen. Markieren Sie einen oder mehrere Linientypen in der Liste des Befehls LINIENTP, und klicken Sie auf LÖSCHEN. Nicht gelöscht werden können die Einträge *VONLAYER*, *VONBLOCK*, *CONTINUOUS*, der aktuelle Linientyp, Linientypen von externen Referenzen und Linientypen, auf denen sich Objekte befinden oder die Layern zugeordnet sind.

## Skalierfaktoren für Linientypen

Wenn Sie jetzt zeichnen, werden Sie enttäuscht sein. Obwohl der Layer mit dem Linientyp STRICHLINIE aktiv ist, werden die Linien ausgezogen dargestellt. Nur die Farbe ist richtig. Woher kommt das? Sie müssen noch den Skalierfaktor für die Linientypen dem Zeichnungmaßstab anpassen.

### Aktion: Skalierfaktor einstellen

Linientypen sind in der Linientypendatei in einem bestimmten Maßstab definiert. Werden Sie in eine Zeichnung geladen, kann es sein, daß der Maßstab nicht zu dieser Zeichnung paßt. Ist er zu klein, sind die Segmente so eng aneinander, daß sie wie ausgezogene Linien erscheinen. Ist er zu groß, kann ein Segment schon die ganze Linie darstellen, gestrichelte Linien werden dann ebenfalls durchgezogen am Bildschirm dargestellt.

Den Faktor können Sie in der Zeichnung global einstellen, das heißt, er gilt für alle unterbrochenen Linien in dieser Zeichnung. Den globalen Skalierfaktor können Sie im Dialogfeld des Befehls LINIENTP ändern, wenn Sie auf die Schaltfläche DETAILS >> klicken. Wie im Dialogfeld des Befehls LAYER wird das Feld größer, und Sie erhalten zusätzliche Einstellmöglichkeiten (siehe Abbildung 7.12).

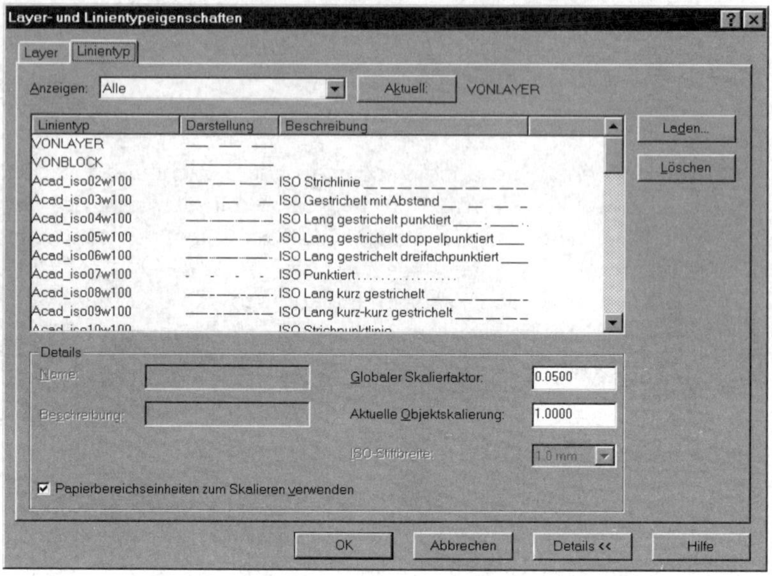


*Abbildung 7.12: Dialogfeld mit erweiterten Funktionen*

Im Feld GLOBALER SKALIERFAKTOR stellen Sie den Faktor ein, der für die ganze Zeichnung gilt. Wollen Sie Ihre Zeichnung später in einem anderen Maßstab als 1:1 plotten, tragen Sie hier einen entsprechenden Wert ein, zum Beispiel 10, wenn Sie 1:10 plotten oder 0.1 bei 10:1. Eventuell können Sie noch korrigieren, wenn die Strichlängen nicht passen.

Im Feld AKTUELLE OBJEKTSKALIERUNG können Sie zusätzlich einen Korrekturfaktor einstellen, mit dem Sie den globalen Skalierfaktor multiplizieren. Alle Objekte, die danach gezeichnet werden, werden um diesen Faktor korrigiert. Dieser Faktor wird mit den Objekten gespeichert und kann nachträglich mit den Änderungsfunktionen geändert werden.

Mit der Schaltfläche DETAILS << wird das Dialogfeld wieder verkleinert und nur die Liste angezeigt.

**Tip:**

- Passen Sie immer zunächst den GLOBALEN SKALIERFAKTOR dem Maßstab an. Linien mittlerer Länge mit unterbrochenen Linientypen sollen richtig dargestellt werden. Belassen Sie die AKTUELLE OBJEKTSKALIERUNG auf 1. Sollten kurze Linien nicht richtig gestrichelt dargestellt werden, ändern Sie in Einzelfällen diese mit den Änderungsfunktionen.

### Training: Skalierfaktor für die Linientypen einstellen

- *Wählen Sie den Befehl LINIENTP, und klicken Sie auf die Schaltfläche DETAILS >>. Stellen Sie beim GLOBALEN SKALIERFAKTOR den Wert 0.05 ein.*
- *Zeichnen Sie die Grundstücksgrenze auf dem Layer GRUNDSTÜCK, und Sie bekommen eine korrekt gestrichelte Linie (siehe Abbildung 7.13).*

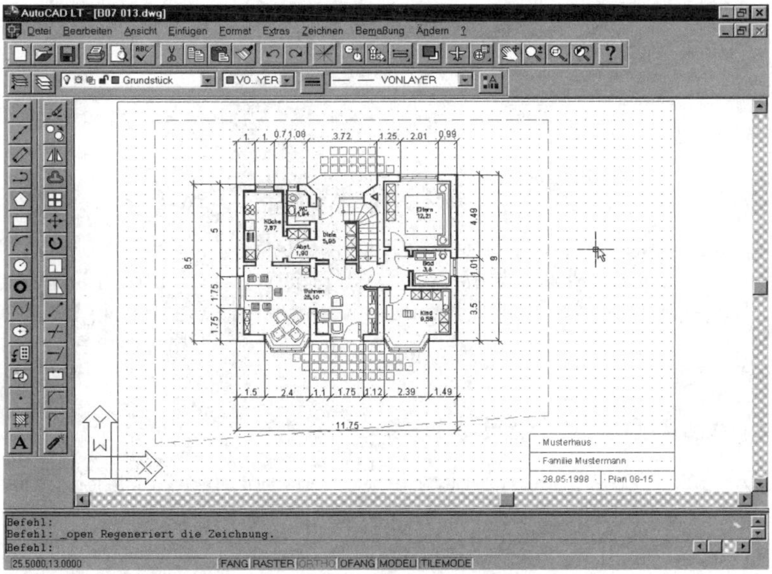


*Abbildung 7.13: Grundstücksgrenze mit dem Linientyp gestrichelt*

- *Eine Lösung mit allen Änderungen an den Layern und Linientypen finden Sie im Ordner \AUFGABEN, die Zeichnung L-07-01.DWG.*

## Das Abrollmenü für die Linientypen

Wie bei den Layern, haben Sie auch für die Linientypen ein Abrollmenü.

## Aktion: Linientyp in der Funktionsleiste EIGENSCHAFTEN

In der Funktionsleiste EIGENSCHAFTEN haben Sie ein weiteres Abrollmenü. Darin können Sie den aktuellen Linientyp wählen (siehe Abbildung 7.14).

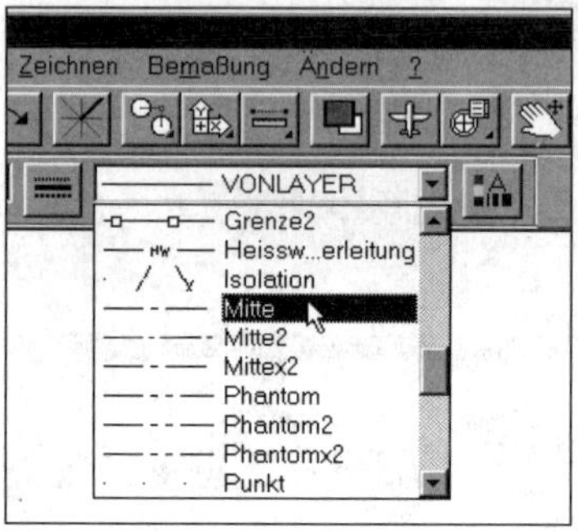


*Abbildung 7.14: Abrollmenü zur Wahl des aktuellen Linientyps*

## Fehler:

- Auch hier gilt: Belassen Sie die Einstellung auf *VONLAYER*. Der Layer soll den Linientyp bestimmen. Nur in Einzelfällen ist eine Ausnahme zulässig, beispielsweise wenn Sie nur ein Objekt mit einem anderen Linientyp benötigen.

# Die aktuelle Farbe

Wie Sie einen aktuellen Linientyp wählen können, ist es auch möglich, eine aktuelle Farbe zu wählen. Alle neuen Objekte werden dann in dieser Farbe gezeichnet.

## Aktion: Befehl DDCOLOR

Mit dem Befehl DDCOLOR ändern Sie die aktuelle Zeichenfarbe. Sie finden den Befehl:

- Abrollmenü FORMAT, Funktion FARBE...

In einem Dialogfeld können Sie die aktuelle Farbe wählen. Das ist die Farbe, mit der alle neuen Objekte gezeichnet werden sollen (siehe Abbildung 7.15).

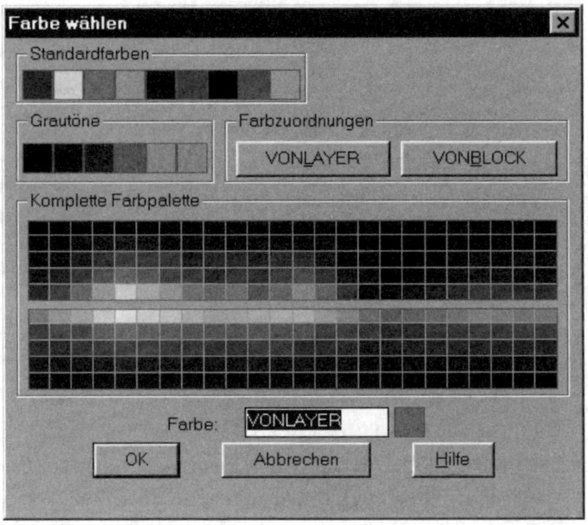


*Abbildung 7.15: Dialogfeld zur Wahl der Farbe*

Klicken Sie ein Farbfeld an oder besser noch, belassen Sie es bei *VONLAYER*, und wählen Sie den Layer mit der gewünschten Farbe.

## Aktion: Farbe in der Funktionsleiste EIGENSCHAFTEN

In der Funktionsleiste EIGENSCHAFTEN können Sie auch die aktuelle Farbe in einem Abrollmenü wählen (siehe Abbildung 7.16).

*Abbildung 7.16: Abrollmenü zur Wahl der aktuellen Farbe*

Hier finden Sie die *VONLAYER* und die Standardfarben sowie den Eintrag ANDERE... mit dem Sie wieder zum Dialogfeld zur Farbwahl kommen (siehe Abbildung 7.15).

**Fehler:**

- Auch hier gilt: Lassen Sie die Farbe auf *VONLAYER*, dann wird mit der Farbe des aktuellen Layer gezeichnet. Ändern Sie die aktuelle Farbe, wird mit dieser Farbe gezeichnet, egal welcher Layer aktuell ist.

## Layer in Vorlagen

- Überlegen Sie sich, welche Layer Sie normalerweise für Ihre Zeichnungen benötigen. Legen Sie diese in einer neuen Zeichnung an, weisen Sie den Layern Farben zu. Laden Sie die benötigten Linientypen, und weisen Sie auch diese den Layern zu. Stellen Sie den Linientypenfaktor ein. Speichern Sie diese Einstellungen dann in einer Vorlage, und Sie haben die Layer in jeder neuen Zeichnung sofort parat.
- Benötigen Sie verschiedene Layer für verschiedene Arten von Zeichnungen, machen Sie sich verschiedene Vorlagen.

**Fragen zu Stunde 7**

1. Wie viele Layer können in einer Zeichnung angelegt werden?
2. Welcher Layername kann nicht verwendet werden: *TEXT-05, ABC.001, XY$01, GESTRICHELTE_LINIEN*?
3. Welcher Layer ist immer in der Zeichnung und kann nicht gelöscht werden?
4. Was machen Sie mit Layern, die Sie lange Zeit nicht benötigen, um den Bildaufbau zu beschleunigen?
5. Auf welchem Layer wird gezeichnet?
6. Mit welchem Linientyp wird gezeichnet, wenn der aktuelle Linientyp auf *VONLAYER* eingestellt ist?
7. Was ist der Unterschied zwischen den Linientypen *MITTE, MITTE2* und *MITTEX2*?
8. Welcher Skalierfaktor für Linientypen wirkt sich auf die ganze Zeichnung aus?
9. Welche aktuelle Farbe sollte eingestellt sein, wenn die Farbe des Layer gelten soll?
10. Was müssen Sie tun, damit die normalerweise verwendeten Layer in jeder neuen Zeichnung gleich vorhanden sind?

Stunde 8

# Zeichenfunktionen

Nachdem Sie in Stunde 3 schon die elementaren Befehle zum Zeichnen von Rechtecken, Linien und Kreisen kennengelernt haben, werden in dieser Stunde weitere Zeichenbefehle behandelt. Sie lernen:

- was Konstruktionslinien und Strahlen sind
- wie Punkte gezeichnet und angezeigt werden
- wie Bögen gezeichnet werden
- wie Ringe gezeichnet werden
- welche Möglichkeiten Sie bei Polygonen haben und
- auf welche Arten Ellipsen konstruiert werden können.

## Konstruktionslinien

Beim Konstruieren in AutoCAD gibt es eine weitere praktische Methode, das Setzen von Konstruktionslinien. Dabei handelt es sich um Linien, die unendlich lang sind, also über den ganzen Zeichenbereich gehen, und die Sie als Hilfsliniennetz erzeugen. Danach können Sie die Linien nachzeichnen oder zur gewünschten Kontur zurechtstutzen.

### Aktion: Befehl KLINIE

Mit dem Befehl KLINIE werden Konstruktionslinien erzeugt. Wählen Sie den Befehl:

- Abrollmenü ZEICHNEN, Funktion KONSTRUKTIONSLINIE
- Symbol im Werkzeugkasten ZEICHNEN

Befehl: **Klinie**
HOr/Ver/Win/HAlb/Abstand/<von Punkt>:

**PUNKTEINGABE:** Geben Sie einen Punkt ein, danach wird ein zweiter angefragt und durch beide eine Konstruktionslinie gezeichnet. Der Befehl bleibt bei allen Optionen im Wiederholmodus. Mit jeder neuen Punkteingabe wird eine neue Konstruktionslinie durch diesen Punkt gezeichnet. Alle Konstruktionslinien laufen durch den ersten Punkt.

**HORIZONTAL:** Damit zeichnen Sie horizontale Konstruktionslinien. Für jede Konstruktionslinie ist nur eine Punkteingabe erforderlich.

**VERTIKAL:** Wollen Sie vertikale Konstruktionslinien zeichnen, verwenden Sie diese Option und geben für jede Linie einen Punkt ein.

**WINKEL:** Bei den Konstruktionslinien mit Winkelangabe können Sie einen Winkel vorgeben und Punkte, durch die die Linien laufen sollen.

HOr/Ver/Win/HAlb/Abstand/<von Punkt>: **W für Winkel**
Bezug/<Winkel eingeben (0)>: **Winkel eingeben**
Durch Punkt: **Punkt eingeben**

Mit der Unteroption BEZUG kann der Winkel von einem bestehenden Linienobjekt abgenommen werden. Die Konstruktionslinien verlaufen im gleichen Winkel wie das gewählte Objekt und gehen durch die danach eingegebenen Punkte.

**HALB:** Mit der Option HALB werden Winkelhalbierende gezeichnet.

HOr/Ver/Win/HAlb/Abstand/<von Punkt>: **HA für Halb**
Winkel-Scheitelpunkt: Scheitelpunkt des Winkels
Winkel-Startpunkt: **Erster Punkt des Winkels**
Winkel-Endpunkt: **Zweiter Punkt des Winkels**

Geben Sie einen Scheitelpunkt und einen Winkel-Startpunkt ein. Danach werden im Wiederholmodus Winkel-Endpunkte abgefragt. Jede Eingabe eines Punkts zeichnet die Winkelhalbierende zwischen dem Winkel-Startpunkt und dem Winkel-Endpunkt durch den Winkel-Scheitelpunkt.

**ABSTAND:** Wie mit dem Befehl VERSETZ können Sie mit der Option ABSTAND parallele Konstruktionslinien zeichen. Der Vorteil der Konstruktionslinienmethode ist, daß durchgehende Linien erzeugt werden und nicht nur Parallelen so lang wie die Originalobjekte.

### Training: Konstruktionslinien als Hilfsliniennetz

- *Öffnen Sie die Zeichnung A-08-01.DWG aus dem Ordner \AUFGABEN.*
- *Zeichnen Sie durch die Punkte P1, P2 und P3 horizontale Konstruktionslinien und durch die Punkte P4, P5 und P6 vertikale (siehe Abbildung 8.1).*
- *Stellen Sie den Objektfang SCHNITTPUNKT fest ein, und zeichnen Sie in der rechten Ansicht mit dem Befehl LINIE nach. Löschen Sie danach die Konstruktionslinien. Hier wäre der Befehl STUTZEN einfacher gewesen, aber den werden wir uns in einer der nächsten Stunden erst ansehen.*
- *Das Ergebnis sollte wie in Abbildung 8.1 aussehen, allerdings ohne die Konstruktionslinien. Die Lösung finden Sie auch im Ordner \AUFGABEN, die Zeichnung L-08-01.DWG.*

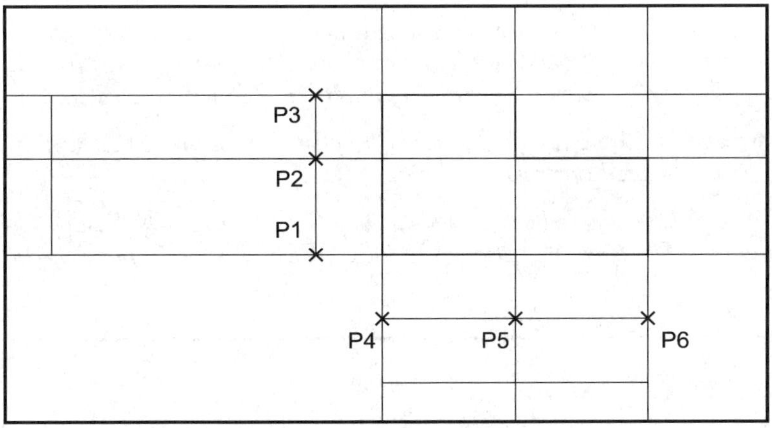


*Abbildung 8.1: Konstruktionslinien als Hilfsliniennetz*

## Strahlen

Strahlen sind den Konstruktionslinien ähnlich. Sie laufen aber von einem Punkt in eine wählbare Richtung.

### Aktion: Befehl STRAHL

Strahlen können Sie mit dem Befehl STRAHL zeichnen. Wählen Sie den Befehl folgendermaßen:

- Abrollmenü ZEICHNEN, Funktion STRAHL

Befehl: **Strahl**
Von Punkt:
Durch Punkt:
Durch Punkt:
..
Durch Punkt: ↵

Der Befehl bleibt im Wiederholmodus. Mit dem ersten Punkt legen Sie den gemeinsamen Ursprung der Strahlen fest. Mit jeder zweiten Punkteingabe erzeugen Sie einen Strahl in dieser Richtung.

## Training: Konstruieren mit Strahlen

- *Öffnen Sie die Zeichnung A-08-02.DWG aus dem Ordner \AUFGABEN.*
- *Stellen Sie den Objektfang SCHNITTPUNKT, ZENTRUM und QUADRANT fest ein, und zeichnen Sie drei Strahlen von P1 nach P2, P3 und P4. Hierzu ein Tip: Wenn Sie mit dem Fadenkreuz auf den Kreisumfang fahren, erhalten Sie bei dieser Objektfangeinstellung immer zuerst den Quadrantenpunkt angezeigt. Nur mit der ⇆-Taste können Sie auf den Objektfang ZENTRUM schalten.*
- *Verbinden Sie die Punkte P2, P3 und P4. Lassen Sie die Strahlen für weitere Konstruktionen in der Zeichnung.*
- *Das Ergebnis sollte wie in Abbildung 8.2 aussehen. Die Lösung finden Sie auch im Ordner \AUFGABEN, die Zeichnung L-08-02.DWG.*

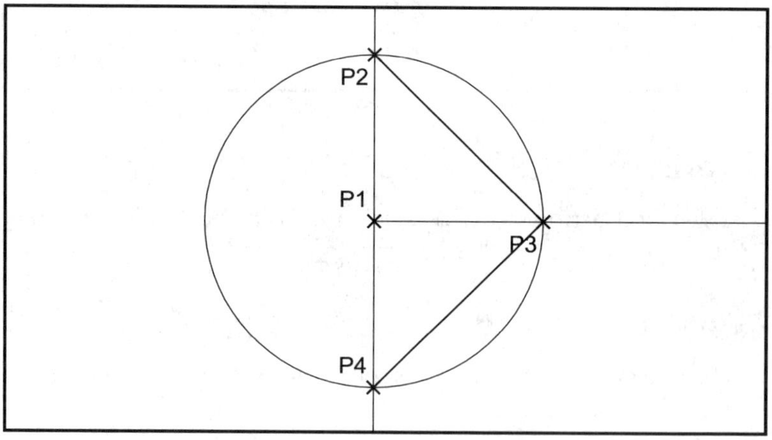


*Abbildung 8.2: Strahlen als Hilfskonstruktion*

## Punkte in der Zeichnung

Sie können als Konstruktionshilfe auch Punkte in der Zeichnung setzen, die Sie später mit dem Objektfang PUNKT wieder einfangen und verbinden können. Bei technischen Zeichnungen werden Sie Punkte kaum benötigen, da Ihnen genügend Konstruktionshilfen zur Verfügung stehen. In der Vermessungstechnik wird jedoch sehr viel mit Punkten gearbeitet.

### Aktion: Befehl PUNKT

Punkte setzen Sie mit dem Befehl PUNKT. Sie finden den Befehl folgendermaßen:

- Abrollmenü ZEICHNEN, Untermenü PUNKT >, Funktionen EINZELNER PUNKT oder MEHRERE PUNKTE
- Symbol im Werkzeugkasten ZEICHNEN

Befehl: **Punkt**
Punkt: **Punkt eingeben**

Geben Sie eine Koordinate an, oder klicken Sie einen Punkt in der Zeichnung an. In der normalen Einstellung erscheint er allerdings nur ein Pixel groß und ist so kaum sichtbar.

### Aktion: Punktstil einstellen, Befehl DDPTYPE

Damit Punkte in der Zeichnung besser sichtbar werden, können Sie einen anderen Punktstil einstellen. Wählen Sie dazu den Befehl DDPTYPE:

- Abrollmenü FORMAT, Funktion PUNKTSTIL...

Im Dialogfeld können Sie sich ein Symbol aussuchen, mit dem der Punkt in der Zeichnung dargestellt werden soll. Darunter stellen Sie die Punktgröße ein. Die Größenangabe kann absolut in Zeichnungseinheiten (Einstellung: GRÖSSE IN ABSOLUTEN WERTEN oder proportional zum Bildschirm als Prozentwert (Einstellung: GRÖSSE PROPORTIONAL ZUM BILDSCHIRM) eingestellt werden. Wählen Sie nach der Änderung des Punktstils den Befehl REGEN, erst dann werden auch die bereits vorhandenen Punkte der neuen Einstellung angepaßt.

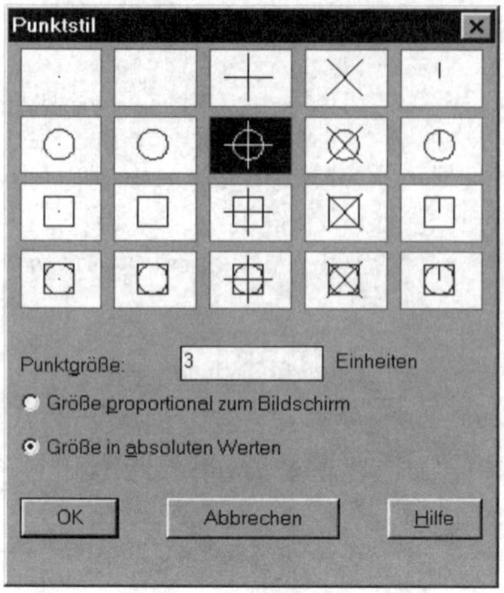


*Abbildung 8.3: Einstellung des Punktstils*

## Bögen zeichnen

Bögen werden beim Zeichnen häufig benötigt. Trotzdem ist es oft einfacher, einen Kreis zu zeichnen und diesen auf den gewünschten Bogen zurechtzustutzen. Den Befehl zum Stutzen lernen Sie später kennen. Trotzdem lassen sich Bögen in AutoCAD auch direkt konstruieren und das auf die verschiedensten Arten.

### Aktion: Befehl BOGEN

Zum Konstruieren von Bögen verwenden Sie den Befehl BOGEN. Sie finden ihn folgendermaßen:

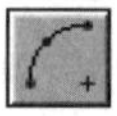

- Abrollmenü ZEICHNEN, Untermenü BOGEN >, Funktionen für die Konstruktionsmethoden des Befehls
- Symbol im Werkzeugkasten ZEICHNEN

Im Abrollmenü steht Ihnen für jede Konstruktionsmethode des Befehls BOGEN ein eigener Menüpunkt zur Verfügung. Wenn Sie den Befehl aber eintippen oder aus dem Werkzeugkasten wählen, läuft er mit der Standardmethode ab, dem 3-Punkte-Bogen:

Befehl: **Bogen**
Mittelpunkt/<Startpunkt>:
Mittelpunkt/Endpunkt/<Zweiter Punkt>:
Endpunkt:

Aber auch bei der Standardmethode lassen sich alle anderen Konstruktionsmethoden über die Eingabe der entsprechenden Option anwählen, zum Beispiel:

Befehl: **Bogen**
Mittelpunkt/<Startpunkt>: **M für Mittelpunkt**
Mittelpunkt: **Mittelpunkt eingeben**
Startpunkt: **Startpunkt eingeben**
Winkel/Sehnenlänge/<Endpunkt>: **W für Winkel**
Eingeschlossener Winkel: **Winkel eingeben**

Im Abrollmenü stehen zur Verfügung:

**3 PUNKTE:** Standardmethode (siehe oben und Abbildung 8.4, a) mit Anfangspunkt, einem zweiten Punkt und dem Endpunkt.

**STARTP, MITTELP, ENDP:** Konstruktion aus Startpunkt, Mittelpunkt und Endpunkt. Der Bogen wird immer entgegen dem Uhrzeigersinn gezeichnet (siehe Abbildung 8.4, b).

**STARTP, MITTELP, WINKEL:** Konstruktion aus Startpunkt, Mittelpunkt und dem eingeschlossenen Winkel. Positive Winkel erzeugen einen Bogen entgegen dem Uhrzeigersinn, negative Winkel einen Bogen im Uhrzeigersinn (siehe Abbildung 8.4, c).

**STARTP, MITTELP, SEHNENLÄNGE:** Konstruktion aus Startpunkt, Mittelpunkt und der Länge der Sehne des Bogens. Der Bogen wird immer entgegen dem Uhrzeigersinn gezeichnet. Dabei können zwei Bögen entstehen. Wird die Sehnenlänge positiv eingegeben, erhält man den kleinen Bogen, bei Eingabe eines negativen Werts wird der große Bogen gezeichnet (siehe Abbildung 8.4, d). Diese Methode steht nur in AutoCAD 14 zur Verfügung.

**STARTP, ENDP, WINKEL:** Konstruktion aus Startpunkt, Endpunkt und dem eingeschlossenen Winkel. Auch hier gilt wieder: Positive Winkel erzeugen einen Bogen entgegen dem Uhrzeigersinn, negative Winkel einen Bogen im Uhrzeigersinn (siehe Abbildung 8.4, e).

**STARTP, ENDP, RICHTUNG:** Konstruktion aus Startpunkt, Endpunkt und der Vorgabe einer Startrichtung. Das ist der Winkel, unter dem die Tangente am Startpunkt verläuft (siehe Abbildung 8.4, f). Diese Methode steht nur in AutoCAD 14 zur Verfügung.

**STARTP, ENDP, RADIUS:** Konstruktion aus Startpunkt, Endpunkt und dem Radius des Bogens. Auch hier gibt es eine Besonderheit. Eine positiver Wert für den Radius erzeugt den kleinen Bogen, ein negativer Wert den großen. Der Bogen wird immer entgegen dem

Uhrzeigersinn gezeichnet (siehe Abbildung 4.8, g). Diese Methode steht nur in AutoCAD 14 zur Verfügung.

**MITTELP, STARTP, ENDPUNKT / MITTELP, STARTP, WINKEL / MITTELP, STARTP, SEHNENLÄNGE:** Oft ist es bei der Bogenkonstruktion sinnvoller, mit dem Mittelpunkt zu beginnen, weil Sie diesen mit dem Objektfang leichter ermitteln können. Deshalb sind die ersten drei Methoden nochmals vorhanden, aber in anderer Eingabereihenfolge der Punkte. Die letzte der oben aufgeführten Methoden steht nur in AutoCAD 14 zur Verfügung.

**Weiter:** Diese Methode setzt einen Bogen an die zuletzt gezeichnete Linie oder den zuletzt gezeichneten Bogen tangential an. Sie müssen nur noch den Endpunkt für den Bogen eingeben.

*Abbildung 8.4: Konstruktion von Bögen*

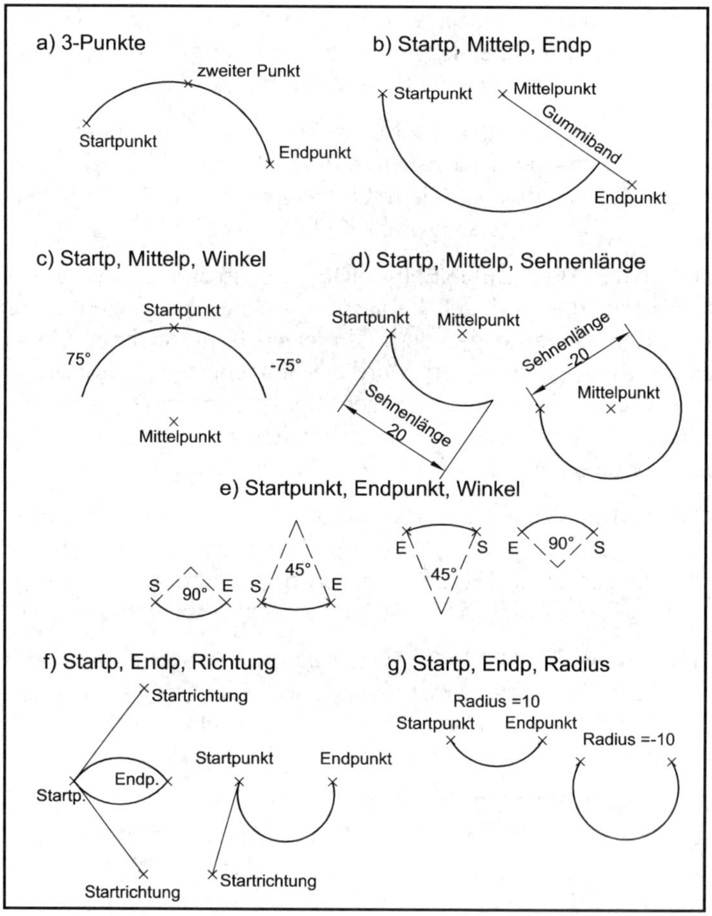

**Training: Zeichnen von Bögen**

- *Öffnen Sie die Zeichnung A-08-03.DWG aus dem Ordner \AUFGABEN.*
- *Stellen Sie den Objektfang SCHNITTPUNKT ein, und zeichnen Sie Bögen mit den verschiedenen Konstruktionsmethoden wie in Abbildung 8.4.*
- *Das Ergebnis sollte wie in Abbildung 8.4 aussehen. Die Lösung finden Sie auch im Ordner \AUFGABEN, die Zeichnung L-08-03.DWG.*

## Ringe

Zum Zeichnen von Ringen steht Ihnen ebenfalls ein spezieller Befehl zur Verfügung. Damit können Sie im Wiederholmodus ganze Serien von gleichartigen Ringen zeichnen.

**Aktion: Befehl RING**

Der Befehl heißt wie das Objekt, das damit erstellt wird: RING. Sie finden den Befehl folgendermaßen:

- Abrollmenü ZEICHNEN, Funktionen RING
- Symbol im Werkzeugkasten ZEICHNEN

Folgende Angaben werden benötigt:

Befehl: **Ring**
Innendurchmesser:
Außendurchmesser:
Ringmittelpunkt:
..
Ringmittelpunkt: ↵

Mit jeder Mittelpunkteingabe wird ein neuer Ring gezeichnet, bis Sie auf die Anfrage ↵ eingeben.

**Training: Zeichnen von Ringen**

- *Öffnen Sie die Zeichnung A-08-04.DWG aus dem Ordner \AUFGABEN.*
- *Stellen Sie das Raster und den Fang auf 2.54.*

- *Zeichnen Sie die Lötaugen mit dem Befehl RING in den angegebenen Maßen an die Enden der Leiterbahnen (nur mit dem eingestellten Fang).*
- *Das Ergebnis sollte wie in Abbildung 8.5 aussehen. Die Lösung finden Sie im Ordner \AUFGABEN: L-08-04.DWG.*

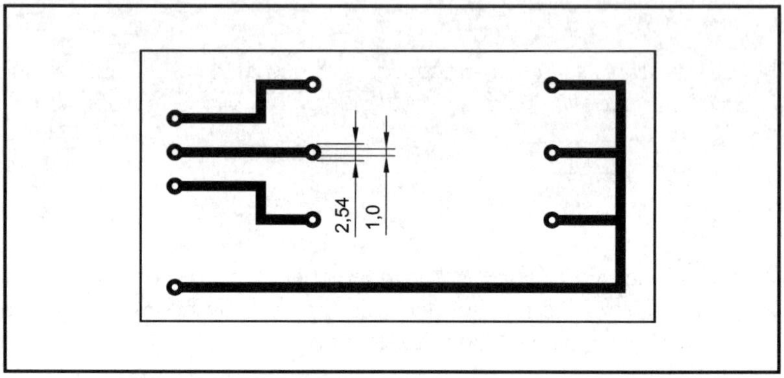


*Abbildung 8.5: Lötaugen mit dem Befehl RING*

## Konstruktion von Polygonen

Haben Sie regelmäßige Vielecke zu zeichnen, steht Ihnen ein weiterer Spezialbefehl zur Verfügung.

### Aktion: Befehl POLYGON

Mit dem Befehl POLYGON können Sie regelmäßige Vielecke zeichnen, vom Dreieck bis zum Tausendvierundzwanzigeck. Sie finden den Befehl folgendermaßen:

- Abrollmenü ZEICHNEN, Funktionen POLYGON
- Symbol im Werkzeugkasten ZEICHNEN

```
Befehl: Polygon
Anzahl Seiten <4>:
Seite/<Polygonmittelpunkt>:
```

Geben Sie zuerst die Anzahl der Seiten ein. Werte von 3 bis 1024 sind möglich. Danach wählen Sie die Konstruktionsmethode.

**SEITE:** Wählen Sie die Option SEITE, wird das Polygon über eine Seite definiert. Geben Sie die Punkte einer Seite ein, und das Polygon wird entgegen dem Uhrzeigersinn aufgebaut.

**POLYGONMITTELPUNKT:** Sie können das Polygon aber auch um einen Mittelpunkt aufbauen. Geben Sie einen Punkt ein, wird dieser als Polygonmittelpunkt genommen.

Umkreis/Inkreis (U/I) <U>:
Kreisradius:

Geben Sie dann an, ob Sie das Maß für den Inkreis oder den Umkreis des Polygons angeben wollen, und bestimmen Sie den Wert für den Kreisradius.

### Training: Zeichnen von Polygonen

- *Öffnen Sie die Zeichnung A-08-05.DWG aus dem Ordner \AUFGABEN.*
- *Zeichnen Sie für den Schraubenkopf ein Sechseck um P1 mit dem Maß 5 für den Inkreis.*
- *Zeichnen Sie ein Fünfeck um P2 mit dem Maß 5 für den Umkreis.*
- *Zeichnen Sie an das Achteck zwei weitere Achtecke mit der Option SEITE. Beachten Sie, daß die Polygone entgegen dem Uhrzeigersinn aufgebaut werden.*
- *Das Ergebnis sollte wie in Abbildung 8.6 aussehen. Die Lösung finden Sie im Ordner \AUFGABEN: L-08-05.DWG.*

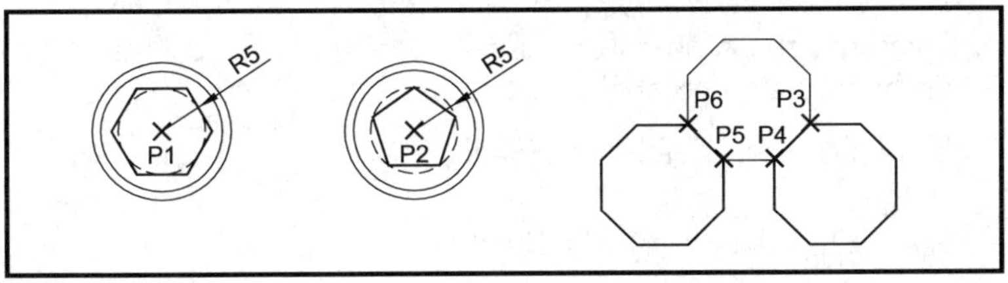


*Abbildung 8.6: Zeichnen von Polygonen*

## Ellipsen und Ellipsenbögen

Ellipsen und Ellipsenbögen können Sie mit einem Befehl zeichnen.

### Aktion: Befehl ELLIPSE

Dafür steht Ihnen der Befehl ELLIPSE zur Verfügung. Wählen Sie ihn folgendermaßen:

- Abrollmenü ZEICHNEN, Untermenü ELLIPSE >, Funktionen für die verschiedenen Konstruktionsmethoden
- Symbol im Werkzeugkasten ZEICHNEN

**Tips:**

- Wählen Sie den Befehl im Abrollmenü, finden Sie schon Funktionen für die verschiedenen Konstruktionsmethoden vor. Aus dem Werkzeugkasten startet der Befehl in seiner Grundform.
- Ellipsen können mathematisch genau gezeichnet oder durch Polylinien angenähert werden (siehe nächste Stunde). Geben Sie dazu vor dem Zeichnen einer Ellipse folgendes ein:

  Befehl: **Pellipse**
  Neuer Wert für PELLIPSE <0>:

- Bei der Einstellung 0 wird eine mathematische Ellipse gezeichnet, bei der Einstellung 1 eine Ellipse, die durch eine Polylinie angenähert ist. PELLIPSE ist eine sogenannte Systemvariable in AutoCAD. Dort werden Einstellungen der Zeichnung und des Systems gespeichert. Viele Funktionen von Befehlen können auch ausgeführt werden, indem man eine Systemvariable ändert. Andere Funktionen lassen sich nur durch Änderung der Systemvariablen ausführen. Tippen Sie einfach den Namen der Systemvariablen bei der Befehlsanfrage ein.
- Ellipsenbögen können Sie nur zeichnen, wenn Sie die mathematische Ellipse eingeschaltet haben.

  Haben Sie den Befehl angewählt, haben Sie folgende Möglichkeiten:

  Befehl: **Ellipse**
  Bogen/Mittelpunkt/<Achsenendpunkt 1>:

**BOGEN:** Konstruktion eines Ellipsenbogens. Zunächst wird wie bei den anderen Funktionen die Ellipse konstruiert und zum Schluß davon nur ein Bogen gezeichnet. Dazu geben Sie Start- und Endwinkel oder den eingeschlossenen Winkel vor. Die Winkel werden vom ersten Konstruktionspunkt der Ellipse aus gerechnet, und der Bogen wird immer entgegen dem Uhrzeigersinn gezeichnet.

**MITTELPUNKT:** Konstruktion der Ellipse durch Angabe des Mittelpunkts und der beiden Achsenendpunkte.

**ACHSENENDPUNKT:** Konstruktion der Ellipse durch Angabe der Hauptachse und des anderen Achsenendpunkts.

### Tip:

- Statt der zweiten Hauptachse können Sie bei allen Konstruktionsmethoden auch die Option DREHUNG verwenden. Die Ellipse, die dabei gezeichnet wird, entspricht einem Kreis, um einen Winkel (zwischen 0.1° und 89.9°) um die Hauptachse gedreht und in die Zeichenebene projiziert. Mit der Drehung geben Sie diesen Winkel an.

### Training: Zeichnen von Ellipsen

- *Öffnen Sie die Zeichnung A-08-06.DWG aus dem Ordner \AUFGABEN.*
- *Lassen Sie den Wert für PELLIPSE auf 0. Stellen Sie den Objektfang ENDPUNKT ein. Zeichnen Sie eine Ellipse mit der Hauptachse (siehe Abbildung 8.7, a).*

Befehl: **Ellipse**
Bogen/Mittelpunkt/<Achsenendpunkt 1>: **P1 klicken**
Achsenendpunkt 2: **P2 klicken**
Drehung/<Abstand der anderen Achse>: **P3 klicken**

- *Zeichnen Sie eine Ellipse mit Mittelpunkt und Achsenendpunkt (siehe Abbildung 8.7, b).*

Befehl: **Ellipse**
Bogen/Mittelpunkt/<Achsenendpunkt 1>: **Option M für Mittelpunkt oder direkt aus dem Abrollmenü wählen**
Mittelpunkt der Ellipse: **P1 klicken**
Achsenendpunkt: **P2 klicken**
Drehung/<Abstand der anderen Achse>: **P3 klicken**

- *Zeichnen Sie eine Ellipse mit der Hauptachse und einer Drehung von 55° (siehe Abbildung 8.7, c).*

Befehl: **Ellipse**
Bogen/Mittelpunkt/<Achsenendpunkt 1>: **P1 klicken**
Achsenendpunkt 2: **P2 klicken**
Drehung/<Abstand der anderen Achse>: **D für Drehung**
Drehung um Hauptachse: **55**

▶ *Zeichnen Sie einen Ellipsenbogen mit der Hauptachse und dem Startwinkel 45°, Endwinkel 270° (siehe Abbildung 8.7, d).*

Befehl: **Ellipse**
Bogen/Mittelpunkt/<Achsenendpunkt 1>: **B für Bogen oder direkt aus dem Abrollmenü wählen**
Mittelpunkt/<Achsenendpunkt 1>: **P1 klicken**
Achsenendpunkt 2: **P2 klicken**
Drehung/<Abstand der anderen Achse>: **P3 klicken**
Parameter/<Start Winkel>: **45**
Parameter/Eingeschlossen/<Ende Winkel>: **270**

▶ *Das Ergebnis sollte wie in Abbildung 8.7 aussehen. Die Lösung finden Sie im Ordner \AUFGABEN: L-08-06.DWG.*

*Abbildung 8.7: Zeichnen von Ellipsen*

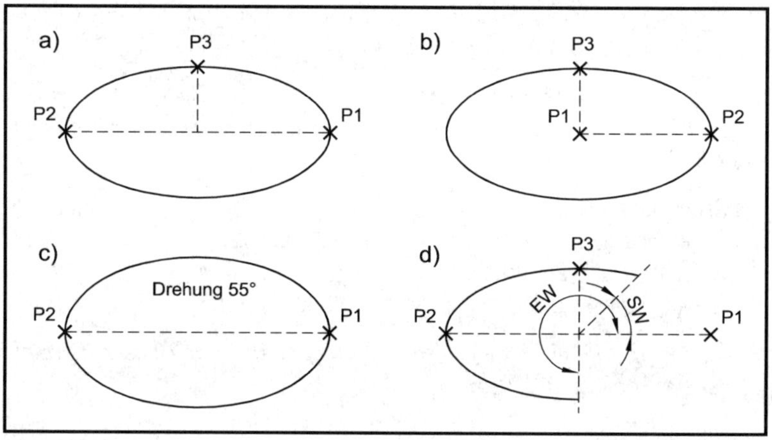


## Fragen zu Stunde 8

1. Wie lang sind Konstruktionslinien?
2. Wie kann eine Winkelhalbierende gezeichnet werden?
3. Mit welchen Angaben kann ein Strahl gezeichnet werden?
4. Was müssen Sie ändern, damit ein Punkt in der Zeichnung besser sichtbar ist?
5. Was ist die Standardmethode beim Befehl BOGEN?
6. Was bewirkt die Option WEITER beim Befehl BOGEN?
7. Wie viele Ecken kann ein Polygon haben?

8 Sie wollen einen Schraubenkopf mit der Schlüsselweite 13 zeichnen. Welche Option beim Befehl POLYGON verwenden Sie?

9 Sie haben für eine Ellipse den Mittelpunkt. Welche Angaben brauchen Sie noch?

10 Was muß gewährleistet sein, wenn Sie Ellipsenbögen zeichnen wollen?

# Poly-, Doppel- und Multilinien

Stunde 9

Neben den geometrischen Grundelementen aus der letzten Stunde bietet AutoCAD auch spezielle Objekte, die beim Zeichnen sehr hilfreich sind. Sie lernen in dieser Stunde:

- wie Polylinien gezeichnet werden
- wie Sie Polylinien ändern und auflösen können
- was mit Doppellinien in AutoCAD LT 97 gemacht werden kann und
- was Multilinien in AutoCAD 14 sind.

## Zeichnen von Polylinien

Ein geometrisches Objekt, das es nur in CAD-Programmen gibt, ist die Polylinie. Sie besteht aus Linien- und Bogensegmenten und ist ein zusammenhängendes Objekt, das im Gesamten bearbeitet werden kann. Und noch eine herausragende Eigenschaft haben Polylinien in AutoCAD: Während alle anderen Objekte ohne Breite gezeichnet werden (die Linienbreite kommt erst mit der Strichstärke beim Plotten hinzu), können Polylinien mit einer Breite gezeichnet werden.

### Aktion: Befehl PLINIE

Mit dem Befehl PLINIE werden Polylinien gezeichnet. Wählen Sie den Befehl folgendermaßen:

- Abrollmenü ZEICHNEN, Funktion POLYLINIE
- Symbol im Werkzeugkasten ZEICHNEN

Befehl: **Plinie**
Von Punkt:
Aktuelle Linienbreite beträgt 0.00
Kreisbogen/Schliessen/Halbbreite/sehnenLänge/
Zurück/Breite/<Endpunkt der Linie>:

Eine Polylinie beginnen Sie mit dem Startpunkt. Erst dann erscheint die Liste mit den zusätzlichen Optionen:

**ENDPUNKT DER LINIE:** Wenn Sie ohne eine Option zu wählen einen Punkt eingeben, wird dieser zum nächsten Stützpunkt der Polylinie.

**SCHLIESSEN:** Schließen der Polylinie. Im Linienmodus wird mit einem Liniensegment geschlossen. Sind Sie im Kreisbogenmodus (siehe unten), wird mit einem Kreisbogen geschlossen.

**HALBBREITE oder BREITE:** Eingabe der Anfangs- und Endbreite bzw. der Halbbreiten für die nächsten Segmente. Einmal eingestellte Breiten blieben so lange gespeichert, bis sie umgestellt werden.

**SEHNENLÄNGE:** Bei der Sehnenlänge geben Sie nur die Länge des nächsten Segments vor. Es wird als Verlängerung bzw. tangential an das letzte Segment angehängt.

**ZURÜCK:** Nimmt das zuletzt gezeichnete Segment zurück.

**KREISBOGEN:** Umschaltung in den Modus zum Zeichnen von Kreisbogensegmenten.

Kreisbogen/Schliessen/Halbbreite/sehnenLänge/
Zurück/Breite/<Endpunkt der Linie>: **K für Kreisbogen**
Winkel/Mittelpunkt/Schliessen/RIchtung/Halbbreite/LInie/RAdius/zweiter Pkt/Zurück/Breite/<Endpunkt des Bogens>:

Wie beim Befehl BOGEN können Sie auf verschiedene Arten Bögen an die Polylinie anhängen. Mit den Optionen WINKEL, MITTELPUNKT, RADIUS, RICHTUNG und ZWEITER PKT bestimmen Sie, welchen Wert Sie als nächsten zur Konstruktion eingeben möchten. Geben Sie ohne die Wahl einer weiteren Option sofort den Endpunkt an, so wird der Bogen tangential an das letzte Segment angehängt. Mit der Option SCHLIESSEN wird die Polylinie mit einem Bogensegment geschlossen.

**LINIE:** Mit dieser Option schalten Sie wieder in den Linienmodus.

## Tip:

- Polylinien mit einer Breite werden nur dann ausgefüllt gezeichnet, wenn der Füllmodus eingeschaltet ist (Standardeinstellung). Im Dialogfeld für die Zeichnungshilfen können Sie den Füllmodus ein- und ausschalten (siehe Abbildung 9.1). Erinnern Sie sich an die dritte Stunde? Das Dialogfeld holen Sie auf den Bildschirm:
- Abrollmenü EXTRAS bzw. WERKZEUGE, Funktion ZEICHNUNGSHILFEN

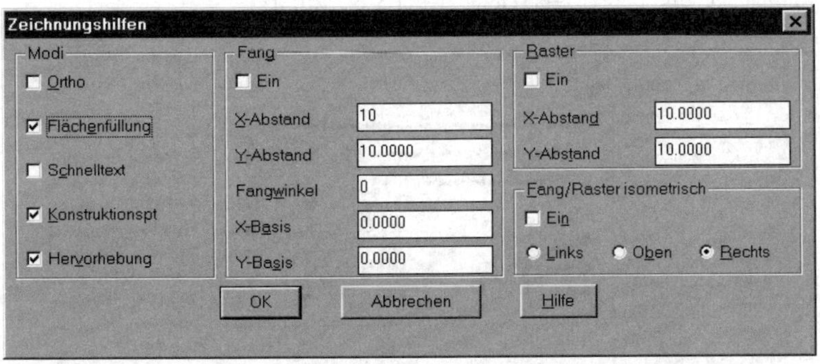


*Abbildung 9.1: Dialogfeld für die Zeichnungshilfen*

Ist der Schalter FLÄCHENFÜLLUNG ein, werden Polylinien ausgefüllt gezeichnet, ansonsten nur die Randlinien. Bereits gezeichnete Polylinien werden erst nach dem Befehl REGEN aktualisiert.

## Training: Zeichnen mit Polylinien

- *Öffnen Sie die Zeichnung A-09-01.DWG aus dem Ordner \AUFGABEN.*
- *Zeichnen Sie eine Leiterplatte wie in Abbildung 9.4. Auf der Zeichnung befinden sich bis jetzt nur die Lötaugen. Der Zeichnung sind ein Raster und ein Fang mit 2.54 unterlegt.*
- *Schalten Sie den Objektfang QUADRANT ein, und zeichnen Sie die Leiterbahnen jeweils von den Quadrantenpunkten der Ringe mit Polylinien in der Breite 1 (siehe Abbildung 9.2).*

Befehl: **Plinie**
Von Punkt: **Startpunkt anklicken, eventuell mit der Taste [Tab] die Quadrantenpunkte durchblättern**
Aktuelle Linienbreite beträgt 0.00
Kreisbogen/Schliessen/Halbbreite/sehnenLänge/
Zurück/Breite/<Endpunkt der Linie>: **B für Breite**
Startbreite <0.00>: **1**
Endbreite <1.00>: **1**
Kreisbogen/Schliessen/Halbbreite/sehnenLänge/
Zurück/Breite/<Endpunkt der Linie>: **Nächster Punkt**
Kreisbogen/Schliessen/Halbbreite/sehnenLänge/
Zurück/Breite/<Endpunkt der Linie>: **Nächster Punkt**

*Abbildung 9.2: Zeichnen der Leiterbahnen mit der Breite 1*

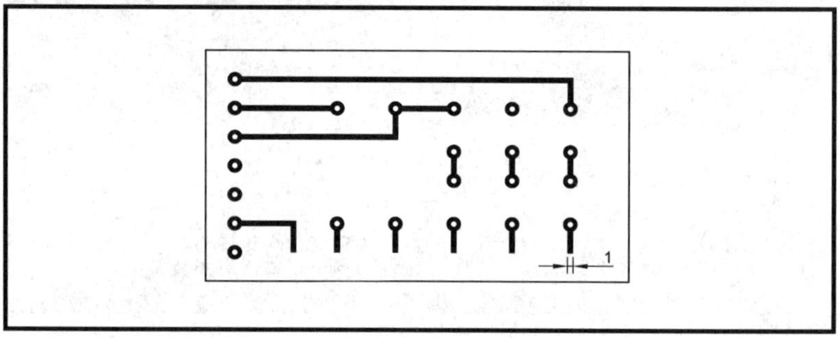


▶ *Zeichnen Sie jetzt die untere Polylinie, das erste Segment mit Breite 1. Dann folgt ein konisches Segment mit Startbreite 1 und Endbreite 2. Wenn Sie danach keine neue Breite eingeben, wird mit der Endbreite weitergezeichnet (siehe Abbildung 9.3).*

*Abbildung 9.3: Polylinie mit konischem Segment*

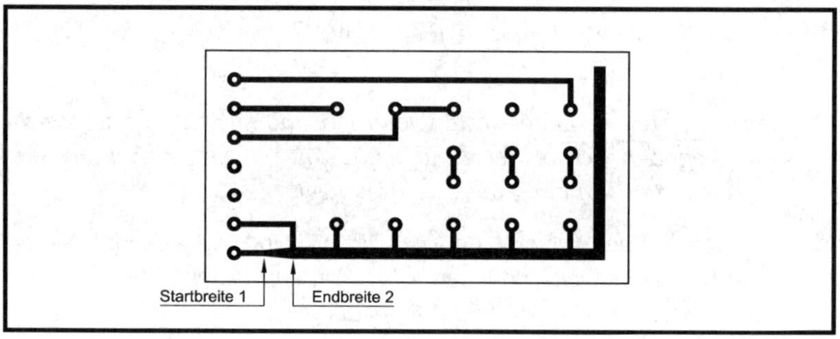


▶ *Zeichnen Sie jetzt die Polylinien, die Bogensegmente enthalten (siehe Abbildung 9.4).*

Befehl: **Plinie**
Von Punkt: **P1 wählen**
Aktuelle Linienbreite beträgt 2.00
Kreisbogen/Schliessen/Halbbreite/sehnenLänge/
Zurück/Breite/<Endpunkt der Linie>: **B für Breite**
Startbreite <0.00>: **1**
Endbreite <1.00>: **1**
Kreisbogen/Schliessen/Halbbreite/sehnenLänge/
Zurück/Breite/<Endpunkt der Linie>: **P2 anklicken**
Kreisbogen/Schliessen/Halbbreite/sehnenLänge/
Zurück/Breite/<Endpunkt der Linie>: **K für Kreisbogen**
Winkel/Mittelpunkt/Schliessen/RIchtung/Halbbreite/
LInie/RAdius/zweiter Pkt/Zurück/Breite/<Endpunkt des Bogens>: **P3 anklicken**
Winkel/Mittelpunkt/Schliessen/RIchtung/Halbbreite/
LInie/RAdius/zweiter Pkt/Zurück/Breite/<Endpunkt des Bogens>: **P4 anklicken**
Winkel/Mittelpunkt/Schliessen/RIchtung/Halbbreite/
LInie/RAdius/zweiter Pkt/Zurück/Breite/<Endpunkt des Bogens>: **LI für Linie**
Kreisbogen/Schliessen/Halbbreite/sehnenLänge/
Zurück/Breite/<Endpunkt der Linie>: **P5 anklicken**
Kreisbogen/Schliessen/Halbbreite/sehnenLänge/
Zurück/Breite/<Endpunkt der Linie>: **↵ zum Beenden**

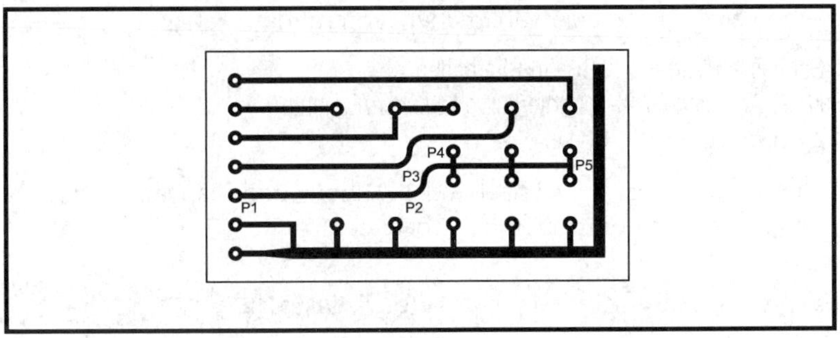


*Abbildung 9.4: Polylinien mit Bogensegmenten*

▶ *Das Ergebnis sollte wie in Abbildung 9.4 aussehen. Die Lösung finden Sie auch im Ordner \AUFGABEN, die Datei L-09-01.DWG.*

## Bearbeiten von Polylinien

Änderungsbefehle (siehe Stunde 11) können auch auf Polylinien angewendet werden. Manche Änderungsbefehle haben spezielle Optionen für Polylinien. Der Befehl VERSETZ (siehe Stunde 3) versetzt die komplette Polylinie. Neben diesen Änderungsmöglichkeiten haben Sie aber auch einen Befehl, der nur für das Bearbeiten von Polylinien da ist.

## Aktion: Befehl PEDIT

Mit dem Befehl PEDIT werden Polylinien bearbeitet. Wählen Sie den Befehl:

- Abrollmenü ÄNDERN, Untermenü OBJEKT >, Funktion POLYLINIE
- Symbol im Werkzeugkasten ÄNDERN II

Befehl: **Pedit**
Polylinie wählen:

Wählen Sie eine Polylinie (eine breite Polylinie am Rand wählen), eine Linie oder einen Bogen. Haben Sie keine Polylinie, kommt die Anfrage:

Das gewählte Objekt ist keine Polylinie
Soll es in eine Polylinie verwandelt werden? <J>

Geben Sie Ja ein, wird das Objekt in eine 2D-Polylinie mit einem einzelnen Segment umgewandelt. Danach oder wenn Sie anfangs schon eine Polylinie gewählt haben, kommt der Dialog:

Schliessen/Verbinden/BReite/BEarbeiten/
kurve Angleichen/Kurvenlinie/kurve LÖschen/LInientp/
Zurück/eXit <X>:

Diese Optionsliste wird nach jeder Aktion wieder angezeigt, bis Sie den Befehl mit der Option EXIT beenden.

## Aktion: Polylinie insgesamt bearbeiten

Sie können jetzt die gesamte Polylinie oder Scheitelpunkte davon bearbeiten. Optionen, die die gesamte Polylinie betreffen, sind:

**SCHLIESSEN bzw. ÖFFNEN:** Schließen einer offenen Polylinie. Ist die Polylinie geschlossen, wird die Option ÖFFNEN statt dessen angezeigt, und die Polylinie kann damit geöffnet werden.

**VERBINDEN:** Mit der Option VERBINDEN lassen sich Linien- und Bogensegmente an eine bestehende Polylinie anhängen. Voraussetzung ist, daß sich die Segmente an den Eckpunkten treffen, aber nicht überschneiden.

**BREITE:** Wahl einer neuen Breite für die ganze Polylinie.

**KURVE ANGLEICHEN:** Die Option ersetzt die Polylinie durch einen Kurvenzug aus Bogensegmenten. Alle Scheitelpunkte der Polylinie werden angefahren, und die Bögen laufen tangential ineinander über.

**KURVENLINIE:** Diese Option erzeugt dagegen eine Kurve, die den Linienzug interpoliert. Die Kurve läuft durch den ersten und letzten Punkt, alle anderen werden gemittelt.

**KURVE LÖSCHEN:** Damit wird die Kurve entfernt und die ursprüngliche Polylinie wieder angezeigt.

### Tip:

- Wenn Sie auf der Tastatur SPLFRAME (AutoCAD-Systemvariable) eintippen und den Wert auf 1 setzen, wird bei der Kurvenlinie die ursprüngliche Polylinie mit angezeigt. Geben Sie den Befehl REGEN ein, wenn Sie das Ergebnis sehen wollen.

### Aktion: Scheitelpunkte editieren

Wenn Sie die Option BEARBEITEN anwählen, können Sie einzelne Punkte der Polylinie editieren.

Schliessen/Verbinden/Breite/BEarbeiten/
kurve Angleichen/Kurvenlinie/kurve LÖschen/LInientp/
Zurück/eXit <X>: **BE für Bearbeiten**
Nächster/Vorher/BRUch/Einfügen/Schieben/Regen/Linie/
Tangente/BREite/eXit <N>:

Am Startpunkt der Polylinie wird jetzt ein Markierungskreuz angezeigt, das mit den Optionen VORHER und NÄCHSTER über die Polylinie bewegt werden kann. Weitere Optionen sind:

**EINFÜGEN:** Die Option bewirkt, daß nach der Markierung ein neuer Scheitelpunkt eingefügt werden kann und die Polylinie durch diesen gezeichnet wird.

**SCHIEBEN:** Verschieben des Scheitelpunkts, an dem die Markierung gerade steht.

**REGEN:** Zeichnet die geänderte Polylinie neu, ohne den Befehl zu beenden.

**LINIE:** Mit der Option LINIE lassen sich mehrere Punkte entfernen und durch eine gerade Linie verbinden.

**BRUCH:** Die Option arbeitet wie die vorherige, nur daß die Segmente entfernt werden. Gehen Sie dazu wie folgt vor: Plazieren Sie das Markierungskreuz an der ersten Stelle, geben Sie dann die Option ein (LINIE oder BRUCH). Plazieren Sie das Kreuz an der anderen Stelle, und wählen Sie dann die Funktion LOS. Die Funktion wird ausgeführt.

**TANGENTE:** Setzt die Tangentenrichtung am markierten Punkt. Kurven, die mit der Option KURVE ANGLEICHEN erzeugt werden, laufen in dieser Richtung durch den Scheitelpunkt.

**BREITE:** Start- und Endbreite für das nächste Segment setzen.

**EXIT:** Beendet die Bearbeitung von Scheitelpunkten.

## Training: Bearbeiten von Polylinien

- *Bearbeiten Sie Ihre Zeichnung (siehe Abbildung 9.4) mit der Leiterplatte weiter, oder öffnen Sie die Zeichnung A-09-02.DWG aus dem Ordner \AUFGABEN.*
- *Ändern Sie die Breite der unteren waagrechten Polylinie auf konstant 2 (siehe Abbildung 9.5, a).*
- *Ersetzen Sie das rechtwinklige Polyliniensegment (siehe Abbildung 9.5, b) durch eine Kurvenlinie.*
- *Verbinden Sie die Punkte P1 und P2 durch ein Liniensegment (siehe Abbildung 9.5, c).*

Befehl: **Pedit**
Polylinie wählen: **Polylinie anklicken**
Schliessen/Verbinden/BReite/BEarbeiten/
kurve Angleichen/Kurvenlinie/kurve LÖschen/LInientp/
Zurück/eXit <X>: **BE für Bearbeiten**
Nächster/Vorher/BRUch/Einfügen/Schieben/Regen/Linie/
Tangente/BREite/eXit <N>: **Mit den Optionen Nächster bzw. Vorher das Markierungskreuz an Punkt P1 schieben und dann die Option L für Linie eingeben**
Nächster/Vorher/Los/eXit <N>: **Mit den Optionen Nächster bzw. Vorher das Markierungskreuz an Punkt P2 schieben und dann die Option L für Los eingeben, die Funktion wird ausgeführt**

- *Brechen Sie das letzte Segment der breiteren Polylinie am Punkt P3 heraus (siehe Abbildung 9.5, d).*

  Befehl: **Pedit**
  Polylinie wählen: **Polylinie anklicken**
  Schliessen/Verbinden/BReite/BEarbeiten/
  kurve Angleichen/Kurvenlinie/kurve LÖschen/LInientp/
  Zurück/eXit <X>: **BE für Bearbeiten**
  Nächster/Vorher/BRUch/Einfügen/Schieben/Regen/Linie/
  Tangente/BREite/eXit <N>: **Mit den Optionen Nächster bzw. Vorher das Markierungskreuz an Punkt P3 schieben und dann die Option BRU für Bruch eingeben**
  Nächster/Vorher/Los/eXit <N>: **Mit den Optionen Nächster bzw. Vorher das Markierungskreuz ans Ende der Polylinie schieben und dann die Option L für Los eingeben, das Segment wird herausgetrennt**

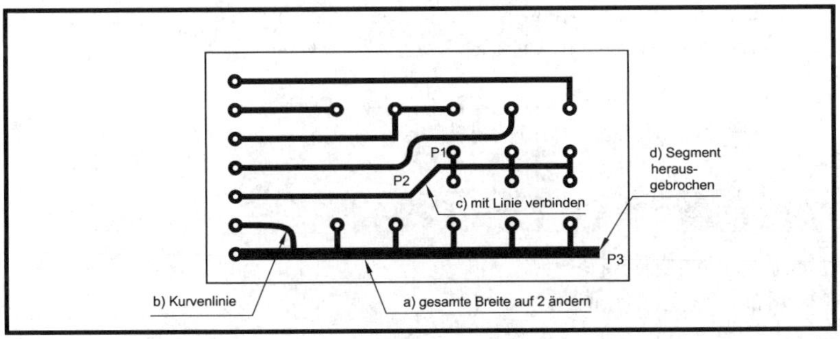


*Abbildung 9.5: Polylinie bearbeitet*

- *Das Ergebnis sollte wie in Abbildung 9.5 aussehen. Die Lösung finden Sie auch im Ordner \AUFGABEN, die Datei L-09-02.DWG.*

## Auflösen von Polylinien

So praktisch Polylinien sind, manchmal wäre es besser, Sie hätten wieder Linien oder Bögen. In diesem Fall zerlegen Sie die Polylinien wieder.

### Aktion: Befehl URSPRUNG

Dafür verwenden Sie den Befehl URSPRUNG. Sie finden ihn folgendermaßen:

- Abrollmenü ÄNDERN, Funktion URSPRUNG
- Symbol im Werkzeugkasten ÄNDERN

Wählen Sie eine oder mehrere Polylinien, und sie werden ohne weitere Rückfrage zerlegt.

**Tips:**

- Breiten gehen beim Zerlegen verloren.
- Den Befehl URSPRUNG können Sie auch zum Zerlegen von Schraffuren, Bemaßungen und Blöcken verwenden.

## Doppellinien zeichnen

Parallele Linien können Sie in AutoCAD LT 97 auch als Doppellinien zeichnen. Der Unterschied zur Polylinie:

- Sie bestehen aus einzelnen Linien- und Bogensegmenten, die getrennt bearbeitet werden können. Zum Beispiel lassen sich so Wandanschlüsse in Grundrissen zeichnen.
- Sie können zwar nicht gefüllt gezeichnet werden, lassen sich aber schraffieren (siehe nächste Stunde).

**Aktion: Befehl DLINIE**

Doppellinien zeichnen Sie mit dem Befehl DLINIE. Wählen Sie den Befehl folgendermaßen:

- Abrollmenü ZEICHNEN, Funktion DOPPELLINIE
- Symbol im Werkzeugkasten ZEICHNEN

Befehl: **Dlinie**
BRUch/ABschluss/AChslinie/Versetz/Fang/Zurück/BREite/
<Startpunkt>:

Bevor Sie zeichnen, sollten Sie die Parameter einstellen. Außer bei der Option BREITE und eventuell noch bei der Option ACHSLINIE können Sie normalerweise immer die Standardwerte eingestellt lassen.

**BREITE:** Damit stellen Sie die Breite der Doppellinie ein.

**ACHSLINIE:** Zusätzlich können Sie wählen, welche Punkte Sie eingeben wollen, um den Doppellinienzug zu erstellen. Normalerweise werden die Mittelpunkte eingegeben und symmetrisch darum gezeichnet. Sie können aber auch die linke oder rechte Seite vorgeben. Links und rechts bezieht sich dabei immer auf die Zeichenrichtung. Außerdem können Sie auch den Versatz von der Mittellinie eingeben (negativ = Versatz nach links, positiv = Versatz nach rechts).

**BRUch:** Mit der Option wählen Sie, ob die Doppellinie an eine andere Linie oder Doppellinie anschließen und diese aufbrechen soll.

**FANG:** Zusätzlich können Sie einstellen, ob Linien oder Doppellinien zum Aufbrechen gefangen werden sollen oder ob die Linien exakt getroffen werden müssen. Der Fangwert kann in Pixeln eingegeben werden.

**ABschluss:** Doppellinien werden normalerweise an Start und Ende geschlossen, wenn sie nicht an anderen Objekten anschließen (Einstellung Auto). Sie können aber auch einstellen, daß immer geschlossen oder immer offen gezeichnet wird.

**Punkte eingeben:** Zeichnen Sie Doppellinien wie Linien durch Eingabe der Stützpunkte. Mit der Eingabe von ↵ beenden Sie den Befehl, und die Doppellinie wird gezeichnet.

**VERSETZ:** Statt den Startpunkt direkt anzugeben, haben Sie auch die Möglichkeit, einen Bezugspunkt zu wählen und den Versatz von diesem zu bestimmen.

Wenn Sie den ersten Punkt gesetzt haben, steht eine weitere Option zur Verfügung:

**BOgen:** Wenn Sie den ersten Punkt gesetzt haben, erweitert sich die Liste um die Option BOGEN, zur Umschaltung in den Bogenmodus.

BOgen/BRUch/ABschluss/AChslinie/Fang/Zurück/BREite/
<Startpunkt>: **BO für Bogen**
BRUch/ABschluss/Mittelpunkt/Schliessen/AChslinie/
Endpunkt/Linie/Fang/Zurück/Breite/<zweiter Punkt>:

Geben Sie den zweiten Punkt und danach den Endpunkt ein, oder wählen Sie die Option MITTELPUNKT oder ENDPUNKT. Bestimmen Sie diesen, und machen Sie danach eine dritte Angabe, um den Bogen zu zeichnen.

**LINIE:** Mit dieser Option LINIE schalten Sie wieder in den Linienmodus.

## Training: Zeichnen mit Doppellinien

- *Öffnen Sie die Zeichnung A-09-03.DWG aus dem Ordner \AUFGABEN.*

- *Zeichnen Sie mit dem eingestellten Fang die obere Doppellinie mit der Breite 2 wie in Abbildung 9.6.*

  Befehl: **Dlinie**
  BRUch/ABschluss/AChslinie/Versetz/Fang/Zurück/BREite/
  <Startpunkt>: **BRE für Breite eingeben**
  Neue Doppellinienbreite <1>: **2 eingeben**
  BRUch/ABschluss/AChslinie/Versetz/Fang/Zurück/BREite/<Startpunkt>:**P1 anklicken**
  BOgen/BRUch/ABschluss/AChslinie/Fang/Zurück/BREite/
  <Startpunkt>: **P2 anklicken**
  ... usw.

- *Zeichnen Sie auf dieselbe Art die Doppellinie von P5 über P6 nach P7.*

- *Zeichnen Sie die Doppellinie mit dem Bogen links unten.*

  Befehl: **Dlinie**
  BRUch/ABschluss/AChslinie/Versetz/Fang/Zurück/BREite/
  <Startpunkt>: **P8 anklicken**
  BOgen/BRUch/ABschluss/AChslinie/Fang/Zurück/BREite/
  <Startpunkt>: **P9 anklicken**
  BOgen/BRUch/ABschluss/AChslinie/Fang/Zurück/BREite/
  <Startpunkt>: **BO für Bogen**
  BRUch/ABschluss/Mittelpunkt/Schliessen/AChslinie/
  Endpunkt/Linie/Fang/Zurück/BREite/<zweiter Punkt>: **M für Mittelpunkt**
  Mittelpunkt: **P10 anklicken**
  Winkel/<Endpunkt>: **W für Winkel**
  Eingeschlossener Winkel: **90 eingeben**
  BRUch/ABschluss/Mittelpunkt/Schliessen/AChslinie/
  Endpunkt/Linie/Fang/Zurück/BREite/<zweiter Punkt>: **L für Linie**
  BOgen/BRUch/ABschluss/Schliessen/AChslinie/Fang/Zurück/BREite/
  <nächster Punkt>: **P11 anklicken**
  BOgen/BRUch/ABschluss/Schliessen/AChslinie/Fang/Zurück/BREite/
  <nächster Punkt>: ↵

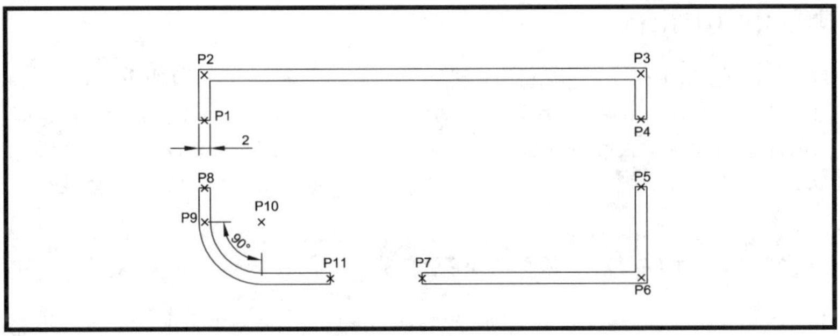


*Abbildung 9.6: Zeichnen von Doppellinien*

- *Zeichnen Sie die obere senkrechte Doppellinie mit einem Versatz von P1 (siehe Abbildung 9.7).*

Befehl: **Dlinie**
BRUch/ABschluss/AChslinie/Versetz/Fang/Zurück/BREite/
<Startpunkt>: **V für Versetz**
Versatz von: **P1 anklicken**
Versatz nach: **0 für 0°-Richtung eingeben**
Geben Sie den Abstand ein <10>: **45**
BOgen/BRUch/ABschluss/Schliessen/AChslinie/Fang/Zurück/BREite/
<nächster Punkt>: **P2 anklicken**
BOgen/BRUch/ABschluss/Schliessen/AChslinie/Fang/Zurück/BREite/
<nächster Punkt>: ↵

- *Zeichnen Sie die untere senkrechte Doppellinie mit einem Versatz 10 bezogen auf P2 nach P3 (siehe Abbildung 9.7).*

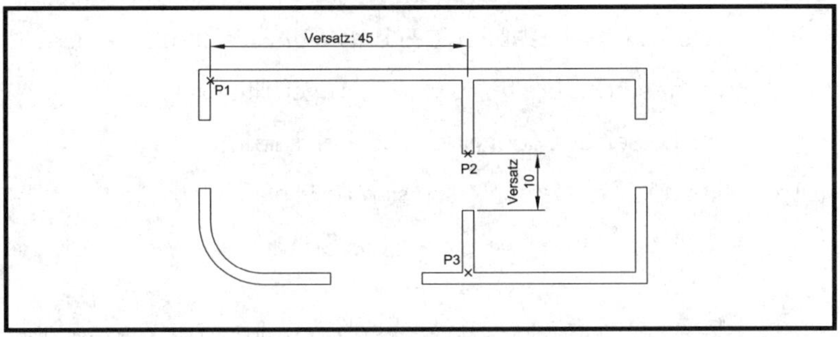


*Abbildung 9.7: Doppellinien mit Versatz gezeichnet*

- *Ihr Ergebnis sollte wie in Abbildung 9.7 aussehen. Eine Beispiellösung finden Sie auch im Ordner \AUFGABEN, die Zeichnung L-09-03.DWG.*

## Multilinien

In AutoCAD 14 ist die Doppellinie ersetzt durch die Multilinie. Mit der Multilinie haben Sie zwar wesentlich mehr Möglichkeiten; zum Zeichnen von Doppellinien, wie sie häufig in Grundrissen benötigt werden, ist die Multilinie meist aber umständlicher zu handhaben.

### Aktion: Zeichnen mit Multilinien

- Mit dem Befehl MLSTIL lassen sich Multilinienstile erzeugen, Multilinienstile aus einer Datei laden und Multilinienstile aus der Zeichnung in einer Datei speichern. Er definiert das Aussehen der Multilinie, aus wie vielen parallelen Linien sie sich zusammensetzt und welchen Abstand, Farbe und Linientyp die einzelnen Linien haben. Zudem kann der Abschluß der Multilinie bestimmt werden (kein Abschluß, Abschluß mit Linien, Bogen oder beides) und ob sie gefüllt dargestellt werden sollen.
- Multilinien werden mit dem Befehl MLINIE gezeichnet. Leider ist es mit diesem Befehl nicht möglich, Bogensegmente zu zeichnen.
- Multilinien lassen sich mit dem Befehl MLEDIT bearbeiten. Andere Editierbefehle können nicht verwendet werden.
- Multilinien lassen sich mit dem Befehl URSPRUNG zerlegen.

### Fragen zu Stunde 9

1. Welches Objekt kann mit einer Breite gezeichnet werden?
2. Wann werden breite Polylinien ausgefüllt gezeichnet?
3. Welche beiden Modi gibt es bei Polylinien?
4. Mit welchem Befehl lassen sich Polylinien bearbeiten?
5. Welche Funktion verbindet die Stützpunkte einer Polylinie mit Bogensegmenten?
6. Mit welcher Funktion lassen sich einzelne Stützpunkte einer Polylinie bearbeiten?

7 Mit welchem Befehl lassen sich Polylinien in Linien und Bögen zerlegen?

8 Welche Information geht beim Zerlegen einer Polylinie verloren?

9 Sind Doppellinien zusammenhängende Objekte?

10 Welches Objekt ersetzt die Doppellinie in AutoCAD 14?

# Schraffuren erstellen und ändern

Stunde 10

In technischen Zeichnungen kommt es häufig vor, daß Flächen schraffiert werden müssen. In AutoCAD wird die Umgrenzung automatisch ermittelt. Dadurch lassen sich Schraffuren sehr einfach und schnell ausführen. Sie lernen in dieser Stunde:

- wie Sie Schraffuren zeichnen können
- wie Sie Schraffuren nachträglich ändern
- wie Sie mit dem Schraffurbefehl gefüllte Flächen erstellen können und
- was die Anzeigereihenfolge ist und wie Sie diese ändern können.

## Flächen schraffieren

Bei der Schraffur wird die Umgrenzung automatisch ermittelt, Bedingung ist aber, daß die Kontur um die zu schraffierende Fläche geschlossen ist. Schraffuren werden in AutoCAD normalerweise assoziativ erstellt, das heißt: Wird die Kontur mit einem Editierbefehl geändert, ändert sich die Schraffur mit.

### Aktion: Befehl GSCHRAFF verwenden

Schraffuren erzeugen Sie mit dem Befehl GSCHRAFF. Sie finden den Befehl folgendermaßen:

- Abrollmenü ZEICHNEN, Funktion SCHRAFFUR
- Symbol im Werkzeugkasten ZEICHNEN

Nach Anwahl des Befehls kommt ein Dialogfeld auf den Bildschirm, aus dem alle Funktionen gewählt werden können (siehe Abbildung 10.1).

*Abbildung 10.1: Dialogfeld für die Schraffur*

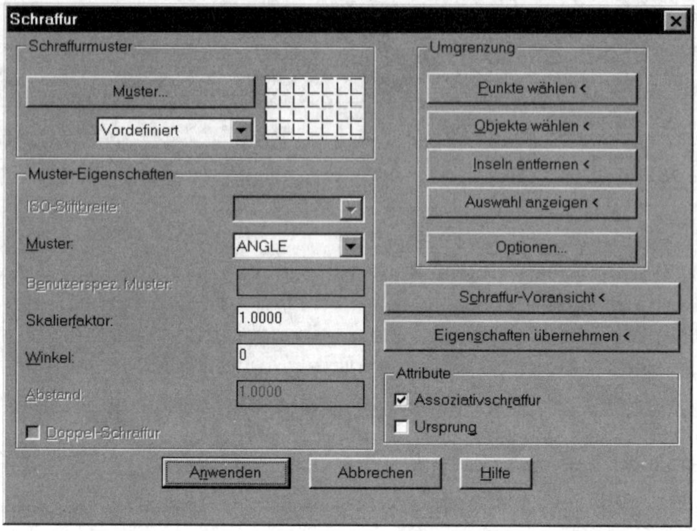


Gehen Sie in dieser Reihenfolge vor:

## Aktion: Schraffurmuster wählen

- Klicken Sie auf die Schaltfläche MUSTER, und Sie bekommen ein Bildmenü mit allen Mustern der Schraffurmusterbibliothek, aus dem Sie sich das Muster aussuchen können (siehe Abbildung 10.2). Blättern Sie sich mit der Schiebeleiste oder den Schaltflächen VORHER oder NÄCHSTER durch die Auswahl.

*Abbildung 10.2: Bildmenü zur Auswahl des Schraffurmusters*

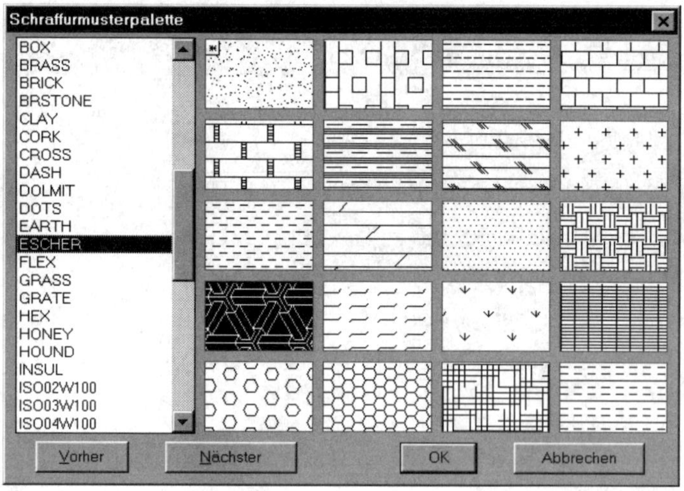

- Im Abrollmenü darunter können Sie wählen, ob Sie ein Muster aus der Bibliothek verwenden, Einstellung VORDEFINIERT, oder ein einfaches bzw. gekreuztes Linienmuster selbst definieren wollen, Einstellung BENUTZERDEF.

## Aktion: Muster-Eigenschaften festlegen

- Haben Sie ein Muster aus der Bibliothek gewählt, stellen Sie hier den Skalierfaktor und den Winkel ein. Beachten Sie, daß beim Winkel 0° die Schraffur so erstellt wird, wie sie im Fenster angezeigt wird.
- Schraffieren Sie mit dem benutzerdefinierten Muster, stellen Sie bei den Muster-Eigenschaften den Winkel und den Linienabstand der Schraffurlinien ein. Haben Sie den Schalter DOPPELSCHRAFFUR aktiviert, wird mit 90° gekreuzten Linien schraffiert.
- Haben Sie schon einmal schraffiert und wollen die gleichen Einstellungen wiederverwenden, klicken Sie auf die Schaltfläche EIGENSCHAFTEN ÜBERNEHMEN <. Das Dialogfeld verschwindet, und Sie wählen die Schraffur in der Zeichnung an. Danach kommt das Dialogfeld wieder, und die Muster-Eigenschaften dieser Schraffur werden übernommen.

## Aktion: Umgrenzung bestimmen

- Wenn Sie die Schaltfläche PUNKTE WÄHLEN < anklicken, wird die Konturerkennung aktiviert, das Dialogfeld verschwindet, und Sie können in die Flächen (eine oder mehrere) klicken, die schraffiert werden sollen. Die Umgrenzung wird gestrichelt nachgezeichnet. Inseln und Texte werden automatisch erkannt und ausgespart. Mit [↵] kommen Sie wieder zum Dialogfeld (Abbildung 10.1) zurück.
- Mit der Schaltfläche INSELN ENTFERNEN < kommen Sie ebenfalls in die Zeichnung. Klicken Sie dort auf ausgesparte Inseln, werden diese überschraffiert.

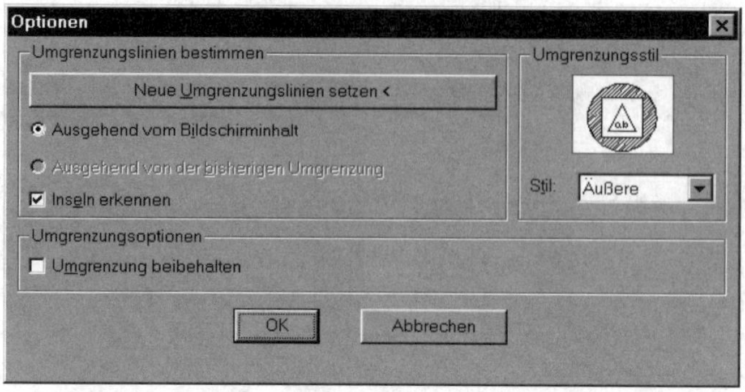


*Abbildung 10.3: Einstellung des Umgrenzungsstils*

- Mit der Schaltfläche OPTIONEN... kommen Sie zu einem weiteren Dialogfeld. Dort kann der Umgrenzungsstil in einem Abrollmenü eingestellt werden (siehe Abbildung 10.3). Drei Einstellungen sind möglich:

  **NORMAL:** Die gewählte Fläche wird schraffiert, enthaltene Inseln ausgenommen, Inseln in den Inseln wieder schraffiert usw. (siehe Abbildung 10.4, a).

  **ÄUßERE:** Nur die gewählte Fläche wird schraffiert, alle enthaltenen Inseln werden ausgenommen (siehe Abbildung 10.4, b).

  **IGNORIEREN:** Inseln werden ignoriert. Die gewählte Fläche und alle enthaltenen Inseln werden überschraffiert (siehe Abbildung 10.4, c).

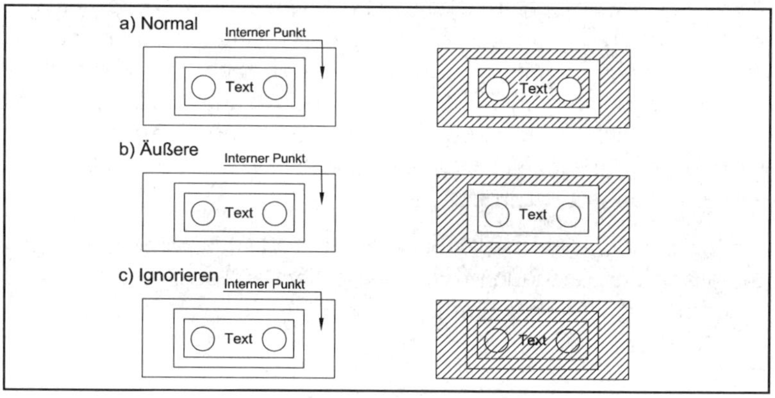


*Abbildung 10.4: Auswirkung des Umgrenzungsstils*

- Zur Kontrolle klicken Sie die Schaltfläche AUSWAHL ANZEIGEN < an. Sie sehen dann in der Zeichnung die Umgrenzung gestrichelt.

## Aktion: Attribute der Schraffur

- Zwei Schalter sollten Sie bei den Voreinstellungen belassen. ASSOZIATIVSCHRAFFUR (ein) bewirkt, daß die Schraffur assoziativ ausgeführt wird. Änderungen an der Kontur verändern die Schraffur mit. URSPRUNG (aus) bewirkt, daß die Schraffur als zusammenhängendes Objekt erzeugt wird. Ist der Schalter ein, werden lauter einzelne Linien erzeugt.

## Aktion: Schraffur Voransicht

- Zuletzt machen Sie die Kontrolle. Klicken Sie auf den Schalter SCHRAFFUR-VORANSICHT, die Schraffur wird probeweise ausgeführt. Wenn Sie auf die Schaltfläche FORTSETZEN klicken, kommen Sie zum Dialogfeld zurück. Jetzt können Sie noch Änderungen anbringen. Klicken Sie auf Anwenden, und die Schraffur ist fertig.

## Training: Schraffieren mit verschiedenen Stilen

- *Öffnen Sie die Zeichnung A-10-01.DWG aus dem Ordner \AUFGABEN.*
- *Schraffieren Sie mit dem benutzerspezifischen Muster (Abstand 1, Winkel 45°). Verwenden Sie die verschiedenen Stile, wie in Abbildung 10.4.*
- *Das Ergebnis sollte wie in Abbildung 10.4, rechte Spalte aussehen. Die Lösung haben Sie im Ordner \AUFGABEN, die Zeichnung L-10-01.DWG.*

## Training: Schraffieren mit verschiedenen Mustern

- *Öffnen Sie die Zeichnung A-10-02.DWG aus dem Ordner \AUFGABEN, Ihre Klingelknöpfe aus der dritten Stunde.*
- *Schraffieren Sie die Flächen mit verschiedenen Mustern und Stilen:*
  *Fläche 1: Muster HOUND, Stil: Äußere*
  *Fläche 2: Muster ANSI38, Stil: Äußere*
  *Fläche 3: Muster DOTS, Stil: Ignorieren*
  *Fläche 4: Muster ANSI37, Stil: Ignorieren*
  *Fläche 5: Muster SOLID, Stil: beliebig*

*Abbildung 10.5: Schraffur mit verschiedenen Mustern und Stilen*

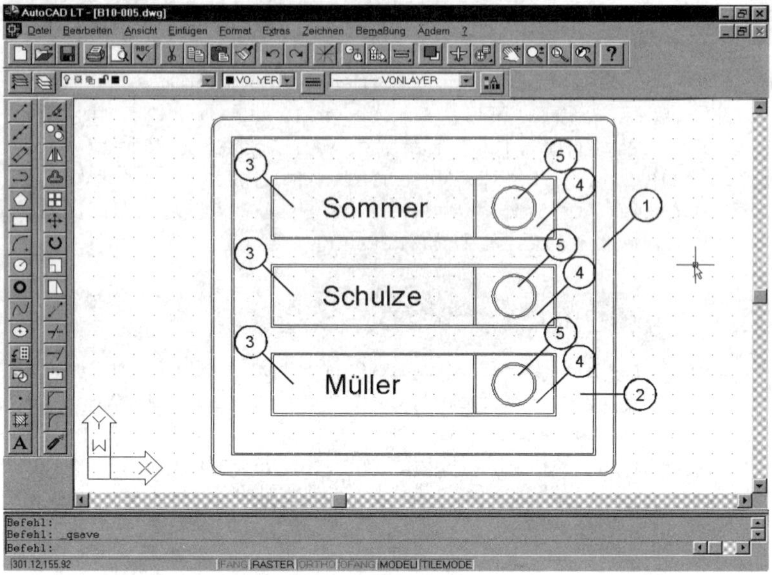


▶ *Das Ergebnis sollte wie in Abbildung 10.6 aussehen. Die Lösung finden Sie auch im Ordner \AUFGABEN, die Zeichnung L-10-02.DWG.*

*Abbildung 10.6: Die fertigen Schraffuren*

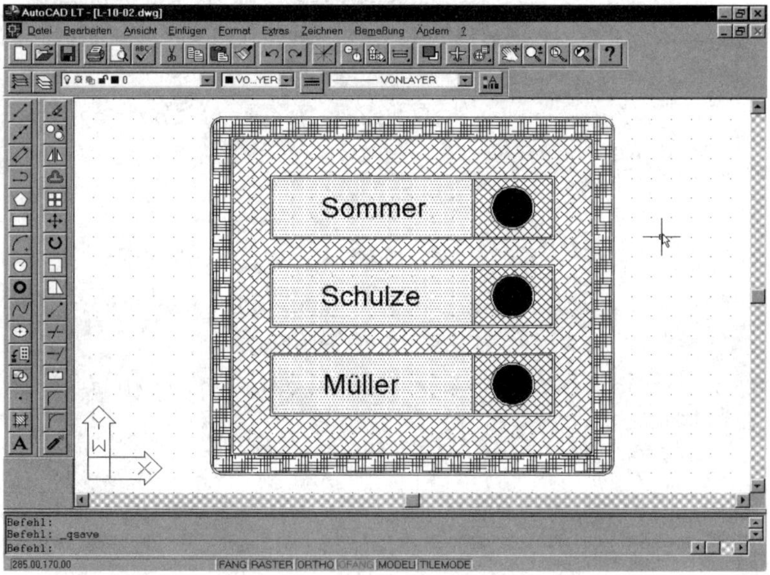

## Auflösen von Schraffuren

Wie Polylinien lassen sich auch Schraffuren mit dem Befehl URSPRUNG ändern.

**Tips:**

- Meist ist es besser, Schraffuren zu löschen und neu zu schraffieren, als sie zu zerlegen. Sie haben sonst nämlich lauter einzelne Linien, die Sie nur sehr schwer wieder aus der Zeichnung herausbekommen.
- Außerdem haben Sie einen Befehl, mit dem Sie Schraffuren bearbeiten können (siehe unten).

## Schraffuren bearbeiten

Schraffuren lassen sich mit dem gleichen Dialogfeld bearbeiten, mit dem sie erstellt wurden.

**Aktion: Befehl Schraffedit**

Ist die Schraffur trotz Schraffur-Voransicht mißlungen oder soll sie nachträglich geändert werden, steht Ihnen der Befehl SCHRAFFEDIT zur Verfügung. Wählen Sie den Befehl folgendermaßen:

- Abrollmenü ÄNDERN, Untermenü OBJEKT >, Funktion SCHRAFFUR...

- Symbol im Werkzeugkasten ÄNDERN II

Eine Änderung der Schraffurflächen ist allerdings nicht möglich. Die entsprechenden Schaltflächen sind im Dialogfeld nicht aktiv.

**Training: Ändern der Schraffur**

- *Ändern Sie die Schraffuren in Ihrer Zeichnung. Verwenden Sie andere Muster, andere Skalierfaktoren und andere Umgrenzungsstile:*
  *Fläche 2: Skalierfaktor von 1 in 2 geändert*
  *Fläche 3: Stil von Ignorieren in Äußere geändert*
  *Fläche 4: Muster von ANSI37 in ANGLE geändert*
- *Das Ergebnis sollte wie in Abbildung 10.7 aussehen. Auch dazu finden Sie eine Lösung im Ordner \AUFGABEN, die Zeichnung L-10-03.DWG.*

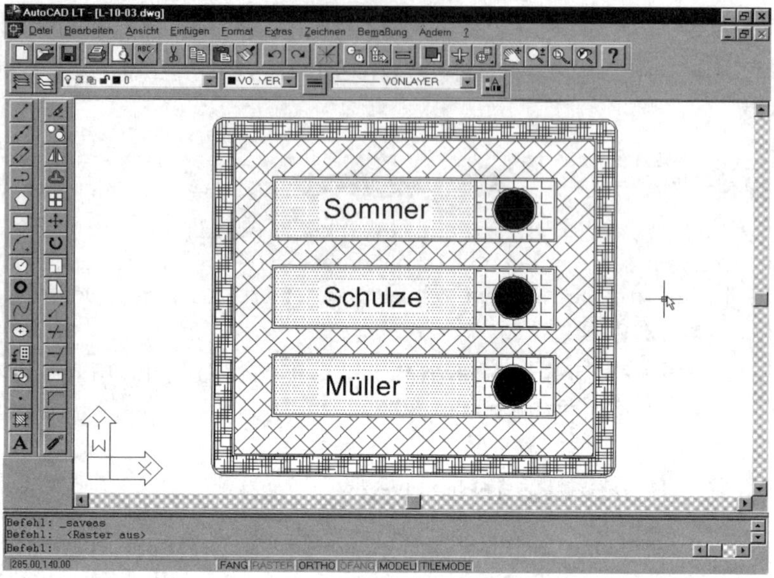


*Abbildung 10.7: Die geänderten Schraffuren*

## Gefüllte Flächen und Anzeigereihenfolge

Wie Sie schon in der Übung gesehen haben, gibt es ein spezielles Schraffurmuster, das gefüllte Flächen erzeugt, das Muster *SOLID*.

- Wählen Sie im Dialogfeld für die Schraffur beim Schraffurmuster VORDEFINIERT, und suchen Sie im Bildmenü den Eintrag *SOLID* aus.
- Alles andere ist identisch mit dem Schraffieren. Das Ergebnis sind gefüllte Flächen in der Farbe des aktuellen Layer.

Wenn Sie in der Zeichnung gefüllte Flächen haben, kommt es vor, daß die Flächen andere Objekte verdecken. Deshalb können Sie die Anzeigereihenfolge der Objekte auf dem Bildschirm und natürlich damit auch auf dem Ausdruck ändern.

### Aktion: Befehl ZEICHREIHENF

Mit dem Befehl ZEICHREIHENF legen Sie die Lage der Objekte zueinander fest und können damit Objekte nach vorne oder hinten stellen. Sie finden den Befehl folgendermaßen:

- Abrollmenü EXTRAS bzw. WERKZEUGE, Untermenü ANZEIGEREIHENFOLGE >, Einträge für die einzelnen Optionen des Befehls

Mit den Funktionen GANZ OBEN bzw. GANZ UNTEN wird das Objekt über alle anderen bzw. unter alle anderen geholt. Die Optionen NACH OBEN bzw. NACH UNTEN ordnen das gewählte Objekt über bzw. unter einem Referenzobjekt an. Bei einer weiteren Anfrage wählen Sie das Referenzobjekt.

### Fehler:

- Wenn Sie eine Zeichnung laden, bei der die Zeichenreihenfolge verändert wurde, sollten Sie auf jeden Fall den Befehl REGEN verwenden. Beim Laden werden die Objekte in der Reihenfolge aufgebaut, in der sie in der Zeichnungsdatenbank gespeichert sind. Diese muß nicht identisch sein mit der festgelegten Zeichenreihenfolge.

### Fragen zu Stunde 10

1. Mit welcher Einstellung bekommen Sie ein Muster aus der Schraffurmusterbibliothek?
2. Welche Muster-Eigenschaften müssen Sie für ein Muster aus der Bibliothek einstellen?
3. Welche Muster-Eigenschaften müssen Sie für ein benutzerdefiniertes Muster einstellen?
4. Welcher Stil schraffiert über eingeschlossene Inseln hinweg?
5. Sie schraffieren eine Fläche und erhalten lauter einzelne Linien. Welche Einstellung war falsch?
6. Mit welcher Schaltfläche können Sie die Muster-Eigenschaften von einer bestehenden Schraffur übernehmen?
7. Was können Sie mit dem Befehl SCHRAFFEDIT nicht ändern?
8. Mit welchem Befehl kann eine Schraffurfläche in einzelne Linien zerlegt werden?
9. Welches Schraffurmuster erzeugt eine gefüllte Fläche?
10. Mit welchem Befehl können Sie einen Text über eine gefüllte Fläche legen?

# Änderungsbefehle 1

Stunde 11

Nachdem Sie in Stunde 3 schon die wichtigsten Änderungsbefehle wie VERSETZEN, LÖSCHEN, KOPIEREN und SCHIEBEN kennengelernt haben, geht es in dieser Stunde weiter. Sie lernen:

- welche Möglichkeiten der Objektwahl Sie noch haben
- wie Objekte gedreht werden
- wie Spiegelbilder erzeugt werden
- wie Verkleinerungen und Vergrößerungen entstehen
- welche regelmäßige Anordnungen erzeugt werden können und
- wie Objekte in AutoCAD 14 ausgerichtet werden.

## Zuerst wählen

Die meisten Änderungsbefehle fragen zuerst nach den Objekten, die bearbeitet werden sollen:

Objekte wählen

Sie können Objekte einzeln mit der Pickbox auswählen oder mit der Pickbox ins Leere klicken. Ziehen Sie das Fenster von links nach rechts auf, werden die Objekte gewählt, die ganz im Fenster sind. Wenn Sie es dagegen von rechts nach links aufziehen, werden alle Objekte gewählt, die ganz oder auch nur teilweise im Fenster sind. Aber das ist Ihnen ja schon aus der dritten Stunde bekannt.

## Aktion: Optionen bei der Objektwahl

Außer diesen Basisfunktionen stehen weitere Optionen zur Auswahl, die Sie mit ihrem Kürzel anwählen können, obwohl keine Optionsliste angezeigt wird, wie das bei den sonstigen Befehlen der Fall ist:

**FENSTER:** Objekte, die sich ganz im Fenster befinden, werden gewählt, egal in welcher Richtung das Fenster aufgezogen wird.

**KREUZEN:** Objekte, die sich ganz oder auch nur teilweise im Fenster befinden, werden gewählt. Auch hierbei ist es egal, in welcher Richtung das Fenster aufgezogen wird.

**LETZTES:** Wählt das zuletzt gezeichnete Objekt.

**VORHER:** Wählt den gleichen Satz von Objekten wie beim letzen Änderungsbefehl an. Die Option ist dann sinnvoll, wenn mehrere Befehle auf einen Satz von Objekten angewendet werden sollen.

**ALLE:** Wählt alle Objekte in der Zeichnung, auch die auf ausgeschalteten Layern. Nicht gewählt werden die Objekte auf gefrorenen Layern. Da diese Option nur mit Vorsicht zu verwenden ist, muß sie komplett eingetippt werden, ein Kürzel genügt nicht.

**ZAUN:** Wählt alle Objekte, die von einem Linienzug, dem sogenannten Zaun geschnitten werden (siehe Abbildung 11.1). Der Zaun wird wie mit dem Befehl LINIE gezeichnet. Die Eingabe des Linienzugs kann mit ↵ beendet werden. Mit der Option ZURÜCK werden Segmente entfernt.

Objekte wählen: **Z für Zaun**
Erster Zaunpunkt: **Zaunpunkt eingeben**
Zurück/<Endpunkt der Linie>: **weiterer Zaunpunkt oder Z**
Zurück/<Endpunkt der Linie>: **weiterer Zaunpunkt oder Z**
..
Zurück/<Endpunkt der Linie>: ↵
Objekte wählen:

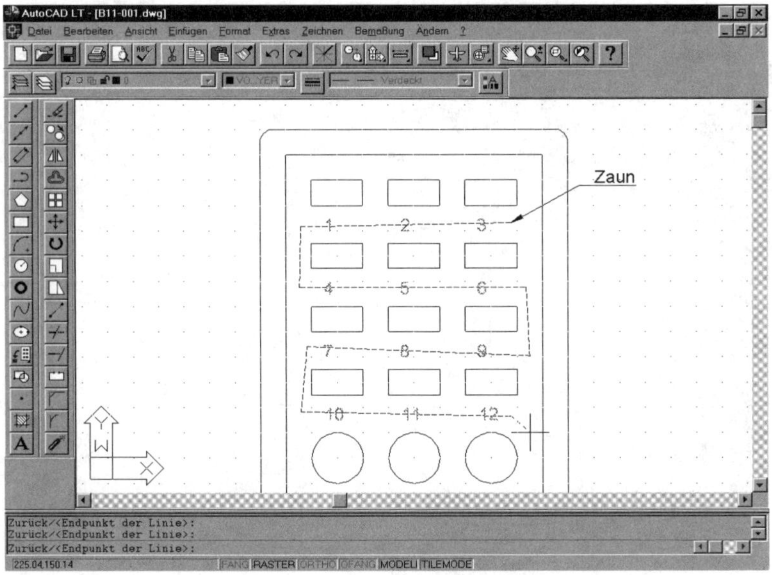


*Abbildung 11.1: Objektwahl mit dem Zaun*

**FPOLYGON** bzw. **KPOLYGON:** Wählt alle Objekte, die in einem Polygon liegen (Option FPOLYGON), bzw. alle, die von einem Polygon geschnitten werden (Option KPOLYGON), siehe Abbildung 11.2.

Objekte wählen: **FP für FPolygon oder KP für KPolygon**
Erster Punkt des Polygons: **Ersten Eckpunkt wählen**
Zurück/<Endpunkt der Linie>: **weiteren Eckpunkt oder Z**
Zurück/<Endpunkt der Linie>: **weiteren Eckpunkt oder Z**
..
..
Zurück/<Endpunkt der Linie>: ↵
Objekte wählen:

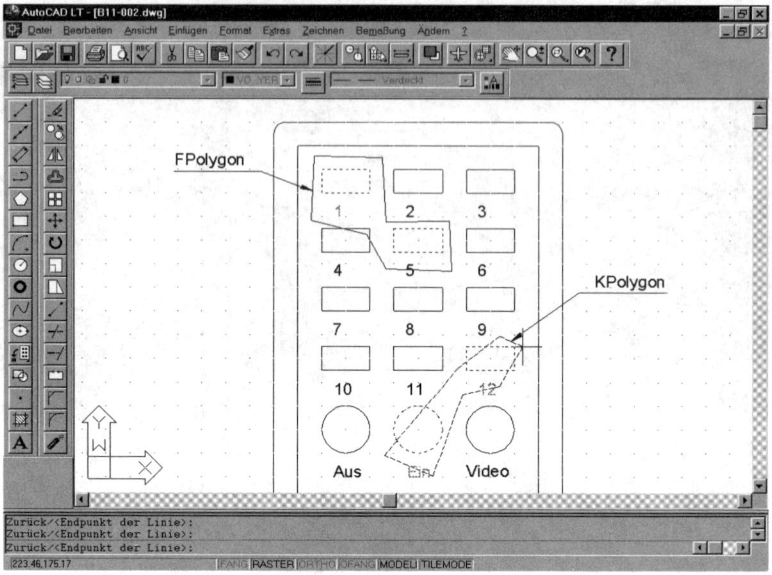


*Abbildung 11.2: Objektwahl mit Polygonen*

**ENTFERNEN:** Sollen Objekte wieder aus der Auswahl entfernt werden, haben Sie zwar die Möglichkeit, diese bei gehaltener [⇧]-Taste anzuklicken. Sind aber viele zu entfernen, ist es sinnvoller, mit der Option ENTFERNEN in den Modus zum Entfernen von Objekten aus der Auswahl umzuschalten.

Objekte wählen: **E für Entfernen**
Objekte entfernen:

In diesem Modus stehen Ihnen alle oben beschriebenen Auswahlmethoden ebenfalls zur Verfügung.

**HINZU:** Schaltet wieder in den Modus zur Auswahl von Objekten zurück.

Objekte entfernen: **H für Hinzu**
Objekte wählen:

Zum endgültigen Abschluß der Objektwahl geben Sie [↵] auf eine Anfrage ein. Je nach gewähltem Befehl werden weitere Anfragen gestellt.

## Training: Objektwahl

- *Öffnen Sie die Zeichnung A-11-01.DWG aus dem Ordner \AUFGABEN.*
- *Experimentieren Sie mit den verschiedenen Auswahlmethoden. Machen Sie Änderungen mit dem Befehl Z wieder rückgängig.*

# Drehen mit Winkel oder Bezug

Selbstverständlich haben Sie auch einen Befehl zum Drehen von Objekten. Sie können dabei Drehpunkt und Winkel wählen.

## Aktion: Befehl DREHEN

Der Befehl heißt DREHEN, und Sie finden ihn folgendermaßen:

- Abrollmenü ÄNDERN, Funktion DREHEN
- Symbol im Werkzeugkasten ÄNDERN

```
Befehl: Drehen
Objekte wählen:
Basispunkt:
Bezug/<Drehwinkel>:
```

Wählen Sie die Objekte, bestimmen Sie den Basispunkt, damit ist der Drehpunkt gemeint, und geben Sie einen Winkel ein. Den Winkel können Sie als Zahlenwert eingeben oder dynamisch festlegen, indem Sie einen Punkt in der Zeichnung anklicken.

**BEZUG:** Mit dieser Option werden zwei Winkel abgefragt: Geben Sie für den Bezugswinkel einen Zahlenwert ein, oder fangen Sie zwei Punkte in der Zeichnung mit dem Objektfang, danach den neuen Winkel als Zahlenwert. Der Bezugswinkel wird auf den neuen Winkelwert gebracht (siehe Abbildung 11.3).

## Training: Drehen mit Winkelangabe und Bezug

- *Öffnen Sie die Zeichnung A-11-01.DWG aus dem Ordner \AUFGABEN, die Fernbedienung aus Stunde 3.*
- *Drehen Sie die obere Fernbedienung um 15° (siehe Abbildung 11.3, a).*

- *Drehen Sie die untere Fernbedienung mit der Option BEZUG auf eine Ausrichtung von 0° (siehe Abbildung 11.3, b).*

  Bezug/<Drehwinkel>: **B für Bezug**
  Bezugswinkel <0>: **P1 anklicken**
  Zweiter Punkt: **P2 anklicken**
  Neuer Winkel: **0**

- *Ihre Ergebnisse sollten wie in Abbildung 11.3, rechte Spalte aussehen. Falls nicht, haben Sie eine Musterlösung im Ordner \AUFGABEN, die Datei L-11-01.DWG.*

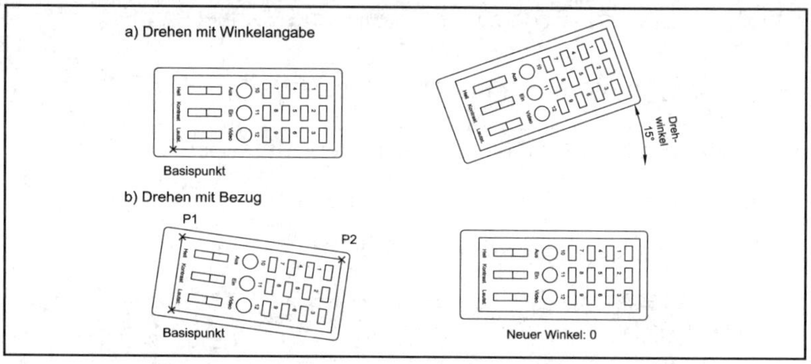


*Abbildung 11.3: Drehen mit Winkelangabe oder Bezug*

## Spiegelbilder erzeugen

Mit einem weiteren Befehl können Sie Objekte der Zeichnung um eine Achse spiegeln. Die Spiegelachse muß nicht als Objekt in der Zeichnung vorhanden sein., Zwei Punkte, frei plaziert oder mit dem Objektfang ermittelt, reichen aus.

### Aktion: Befehl SPIEGELN

Spiegelbilder erstellen Sie mit dem Befehl SPIEGELN. Sie finden ihn folgendermaßen:

- Abrollmenü ÄNDERN, Funktion SPIEGELN
- Symbol im Werkzeugkasten ÄNDERN

  Befehl: **Spiegeln**
  Objekte wählen:
  Erster Punkt der Spiegelachse:
  Zweiter Punkt der Spiegelachse:
  Alte Objekte löschen? <N>:

Wählen Sie die Spiegelachse mit zwei Punkten, und bestimmen Sie, ob Sie Original und Spiegelbild haben oder das Original löschen wollen.

### Tip:

- Die Systemvariable MIRRTEXT legt fest, ob Texte gespiegelt werden sollen oder nicht. Ist sie 1, werden Texte gespiegelt (Standardeinstellung), bei 0 werden sie nicht gespiegelt. Tippen Sie die Variable bei der Befehlsanfrage ein, um ihre Einstellung zu prüfen.

### Training: Spiegeln an verschiedenen Achsen

- *Öffnen Sie die Zeichnung A-11-02.DWG aus dem Ordner \AUFGABEN.*
- *Setzen Sie die Variable MIRRTEXT auf 0.*
- *Spiegeln Sie die Fernbedienung oben links mehrmals und zwar an den Achsen P1-P2, P3-P4 und P5-P6 (siehe Abbildung 11.4). Löschen Sie die alten Objekte nicht.*
- *Die Spiegelbilder sollten wie in Abbildung 11.4 aussehen. Sie haben die Musterlösung im Ordner \AUFGABEN, die Datei L-11-02.DWG.*

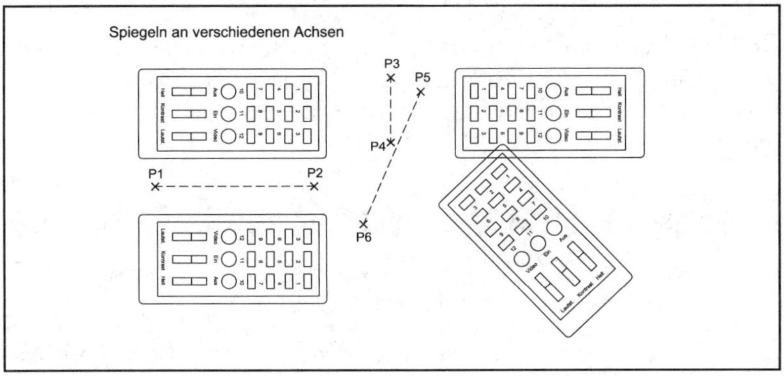


*Abbildung 11.4: Spiegeln an verschiedenen Achsen*

## Vergrößern und Verkleinern

Wollen Sie Objekte in der Zeichnung vergrößern oder verkleinern? Auch dafür hat AutoCAD einen Befehl.

### Aktion: Befehl VARIA

Mit dem Befehl VARIA können Sie vergrößern bzw. verkleinern, also skalieren. Wählen Sie ihn folgendermaßen:

- Abrollmenü ÄNDERN, Funktion VARIA
- Symbol im Werkzeugkasten ÄNDERN

```
Befehl: Varia
Objekte wählen:
Basispunkt:
<Skalierfaktor>/Bezug:
```

Wählen Sie die Objekte und den Basispunkt, das ist der Bezugspunkt, um den vergrößert wird. Danach können Sie einen Skalierfaktor eingeben. Faktoren größer 1 vergrößern, Faktoren kleiner 1 verkleinern. Bei der Abfrage des Skalierfaktors wird das Ergebnis dynamisch angezeigt. Dabei wird die Distanz vom Basispunkt zum Fadenkreuz als Skalierfaktor genommen. Bewegen Sie das Fadenkreuz nur ein kleines Stück, wird die Vergrößerung gleich riesig. Klicken Sie dann einen Punkt in der Zeichenfläche an, vergrößern Sie die Objekte um den momentanen Faktor.

**BEZUG:** Mit der Option sparen Sie sich Rechenarbeit. Aus einer Bezugslänge und der neuen Länge wird der Skalierfaktor ermittelt. Die Bezugslänge können Sie an zwei Punkten in der Zeichnung abgreifen.

### Training: Verkleinern und Vergrößern

- *Öffnen Sie die Zeichnung A-11-03.DWG aus dem Ordner \AUFGABEN, noch einmal Fernbedienung.*
- *Verkleinern Sie die obere Fernbedienung um den Faktor 0.8 (siehe Abbildung 11.5, a).*
- *Vergrößern Sie die untere Fernbedienung mit der Option BEZUG so, daß die Bezuglänge 38 wird (siehe Abbildung 11.5, b).*

<Skalierfaktor>/Bezug: **B für Bezug**
Bezugslänge <1>: **P1 anklicken**
Zweiter Punkt: **P2 anklicken**
Neue Länge: **38**

- *Ihre Ergebnisse sollten wie in Abbildung 11.5, rechte Spalte aussehen. Die Musterlösung ist im Ordner \AUFGABEN, die Datei L-11-03.DWG.*

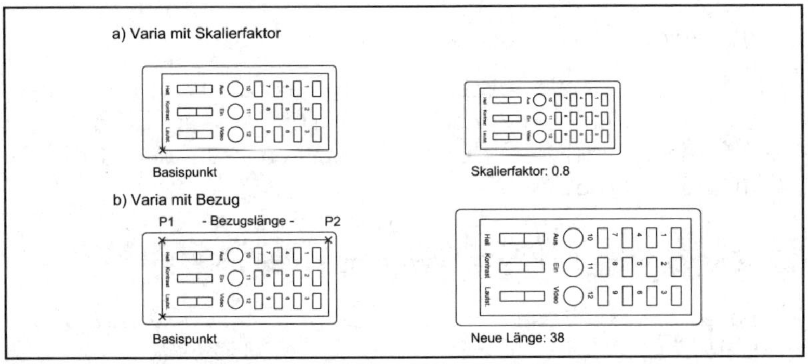


*Abbildung 11.5: Vergrößern und Verkleinern*

## Rechtwinklige Anordnungen

Regelmäßige Anordnungen in rechteckiger oder polarer Form können Sie mit dem Befehl REIHE erzeugen.

### Aktion: Befehl REIHE

Sie finden den Befehl folgendermaßen:

- Abrollmenü ÄNDERN, Funktion REIHE
- Symbol im Werkzeugkasten ÄNDERN

Befehl: **Reihe**
Objekte wählen:
Rechteckige oder polare Anordung (<R>/P):

Nachdem Sie die Objekte gewählt haben, können Sie zwischen zwei Varianten des Befehls wählen. Schauen wir uns zunächst die rechtwinklige Anordnung an, die polare finden Sie weiter unten.

## Aktion: Rechtwinklige Anordnung

Mit dieser Variante erzeugen Sie matrixförmige Anordnungen der gewählten Objekte.

- Geben Sie die Zahl der gewünschten Zeilen (in Richtung der Y-Achse) und Spalten (in Richtung der X-Achse) ein.
- Geben Sie den Abstand zwischen den Zeilen und Spalten ein. Negative Abstände bauen die Anordnung entgegen den Richtungen der Koordinatenachsen auf.
- Wenn Sie statt der Abstände zwei diagonale Eckpunkte eingeben, entspricht diese Zelle dem Platz, den ein Element der Anordnung einnimmt. Zeilen- und Spaltenabstand werden automatisch übernommen.

## Training: Rechteckige Anordnung erzeugen

- *Laden Sie die Zeichnung A-11-04.DWG aus dem Ordner \AUFGABEN.*
- *Erzeugen Sie die Anordnung wie in Abbildung 11.6. Eine Musterlösung finden Sie ebenfalls im Ordner \AUFGABEN: L-11-04.DWG.*

Befehl: **Reihe**
Objekte wählen: **Kreis wählen**
Rechteckige oder polare Anordung (>R>/P): **R**
Anzahl Zeilen (--) <1>: **5**
Anzahl Spalten (III) <1>: **6**
Zelle oder Abstand zwischen den Zeilen (--): **5**
Abstand zwischen den Spalten (III): **5**

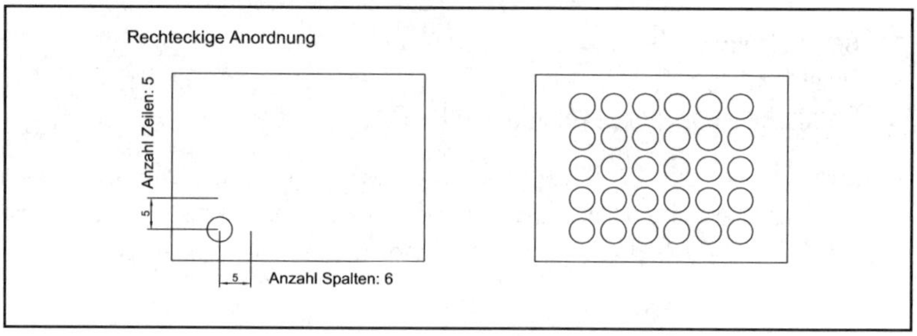


*Abbildung 11.6: Rechteckige Anordnung erzeugen*

## Polare Anordnungen

Wollen Sie die Objekte um den Mittelpunkt anordnen, können Sie ebenfalls den Befehl REIHE verwenden, diesmal aber mit der Option POLAR.

### Aktion: Polare Anordnung

Folgende Angaben sind für die polare Anordnung erforderlich.

Rechteckige oder polare Anordung (<R>/P): P
Basis/<Mittelpunkt der Anordnung>:
Anzahl Elemente:
Auszufüllender Winkel (+=GUZ,-=UZ) <360>:
Objekte drehen beim Kopieren? <J>

- Geben Sie den Mittelpunkt der Anordnung an, oder wählen Sie die Option BASIS.
- **BASIS:** Drehen Sie die Objekte beim Kopieren nicht (siehe unten), wird ein Punkt des Objekts auf dem Drehkreis angeordnet. Mit der Option BASIS bestimmen Sie, welcher Punkt des Objekts dies sein soll. Danach wird noch einmal der Mittelpunkt der Anordnung abgefragt. Geben Sie keine Basis an, werden die Objekte auf ihrem Mittelpunkt (Schwerpunkt) angeordnet. Werden die Objekte beim Kopieren gedreht, hat die Angabe der Basis keine Bedeutung.
- Geben Sie dann die Anzahl der Objekte an, die erzeugt werden sollen. Zählen Sie das Originalobjekt mit.

Beim auszufüllenden Winkel haben Sie verschiedene Eingabemöglichkeiten:

- Mit der Vorgabe von 360 Grad werden die Objekte auf einem Vollkreis angeordnet.
- Bei Eingabe eines Winkels kleiner 360 Grad werden die Objekte innerhalb dieses Kreisausschnitts angeordnet. Ein positiver Winkelwert baut die Anordnung vom vorhandenen Objekt ausgehend entgegen dem Uhrzeigersinn auf, ein negativer im Uhrzeigersinn.

- Wenn Sie für den Winkel 0 eingeben, erscheint in diesem Fall die Anfrage:

  Winkel zwischen den Elementen (+=GUZ,-=UZ):

- Geben Sie den Winkel zwischen den Objekten positiv ein, werden die Objekte jeweils um den angegebenen Winkel versetzt, im Gegenuhrzeigersinn aufgebaut. Bei negativem Winkel wird die Anordnung im Uhrzeigersinn aufgebaut.
- Geben Sie bei der Anfrage nach der Anzahl der Objekte ↵ ein, können Sie einen auszufüllenden Winkel und den Winkel zwischen den Objekten vorgeben. Die Objekte werden über den auszufüllenden Winkel verteilt, den Winkel zwischen den Objekten geben Sie ebenfalls vor. Die Anzahl der Objekte ergibt sich aus diesen Angaben.
- Die Objekte können beim Kopieren gedreht werden, alle Objekte sind dann zum Mittelpunkt hin ausgerichtet. Sie können aber auch in der Ausrichtung des Originalobjekts um den Mittelpunkt gruppiert werden.

## Training: Polare Anordnungen erzeugen

- *Laden Sie die Zeichnung A-11-05.DWG aus dem Ordner \AUFGABEN.*
- *Erzeugen Sie die polare Anordnung als Vollkreis wie in Abbildung 11.7, a.*

  Befehl: **Reihe**
  Objekte wählen: **Oberen senkrechten Strich wählen**
  Rechteckige oder polare Anordung (<R>/P): **P**
  Basis/<Mittelpunkt der Anordnung>: **Mittelpunkt des Kreises mit Objektfang Zentrum wählen**
  Anzahl Elemente: **12**
  Auszufüllender Winkel (+=GUZ,-=UZ) <360>: ↵
  Objekte drehen beim Kopieren? <J> ↵

- *Erzeugen Sie die polare Anordnung über 270° mit einem Winkel von 45° zwischen den Objekten, siehe Abbildung 11.7, b.*

Befehl: **Reihe**
Objekte wählen: **Skalenstriche wählen**
Rechteckige oder polare Anordnung (<R>/P): **P**
Basis/<Mittelpunkt der Anordnung>: **Mittelpunkt des Kreises mit Objektfang Zentrum wählen**
Anzahl Elemente: **6**
Auszufüllender Winkel (+=GUZ, -=UZ) <360>: **0 eingeben**
Winkel zwischen den Elementen (+=GUZ, -=UZ): **45**
Objekte drehen beim Kopieren? <J> ↵

- *Ihre Ergebnisse sollten wie in Abbildung 11.7, rechte Spalte aussehen. Die Musterlösung ist im Ordner \AUFGABEN, die Datei L-11-05.DWG.*

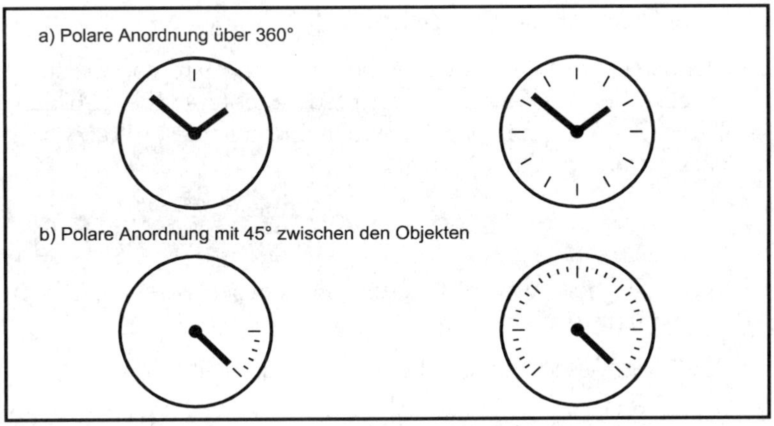


*Abbildung 11.7: Polare Anordnung erzeugen*

## Ausrichten

Zum Schluß dieser Stunde noch ein Befehl, der nur in AutoCAD 14 zur Verfügung steht. Eigentlich ist er für 3D-Anwendungen gedacht, er leistet aber auch bei 2D-Zeichnungen gute Dienste. Es ist eine Kombination der Befehle SCHIEBEN, DREHEN und VARIA.

## Aktion: Befehl AUSRICHTEN

Gemeint ist der Befehl AUSRICHTEN. Damit können Sie zwei Objekte im Raum mit einem, zwei oder drei Paaren von Punkten aneinander ausrichten. Sie wählen ihn folgendermaßen an:

- Abrollmenü ÄNDERN, Untermenü 3D OPERATIONEN >, Funktion AUSRICHTEN

  Befehl: **Ausrichten**
  Objekte wählen:
  Erster Ursprungspunkt: **Punkt eingeben**
  Erster Zielpunkt: **Punkt eingeben**
  Zweiter Ursprungspunkt: **Punkt eingeben oder ↵ zum Beenden**
  Zweiter Zielpunkt: **Punkt eingeben**
  Dritter Ursprungspunkt oder <weiter>: **Punkt eingeben oder ↵ zum Beenden**
  Dritter Zielpunkt: **Punkt eingeben**

Je nachdem, wieviel Punktpaare Sie eingeben, wird das Objekt in der entsprechenden Zahl von Ebenen ausgerichtet (siehe Abbildung 11.8). Sie beenden die Eingabe, wenn Sie auf die Anfrage nach einem Ursprungspunkt ↵ eingeben.

## Tip:

- Wenn Sie nur zwei Punktepaare eingegeben haben, erscheint eine weitere Anfrage:

  Objekte nach Ausrichtepunkten skalieren? [Ja/Nein] <Nein>:

- Wenn Sie diese Anfrage mit Ja beantworten, wird das ausgerichtete Objekt so skaliert, daß es zwischen die beiden Zielpunkte paßt. Ansonsten wird es an den ersten Zielpunkt geschoben und in der Richtung des zweiten ausgerichtet.

## Training: Befehl AUSRICHTEN

- *Öffnen Sie die Zeichnung A-11-06.DWG aus dem Ordner \AUFGABEN.*
- *Verschieben Sie die obere Figur mit einem Punktepaar (siehe Abbildung 11.8, a).*
- *Verschieben Sie die mittlere Figur mit zwei Punktepaaren, ohne sie zu skalieren (siehe Abbildung 11.8, b).*

- *Verschieben Sie die mittlere Figur mit drei Punktepaaren, und skalieren Sie sie dabei (siehe Abbildung 11.8, b).*
- *Ihre Ergebnisse sollten wie in Abbildung 11.8, rechte Spalte aussehen. Die Musterlösung ist im Ordner \AUFGABEN, die Datei L-11-06.DWG.*

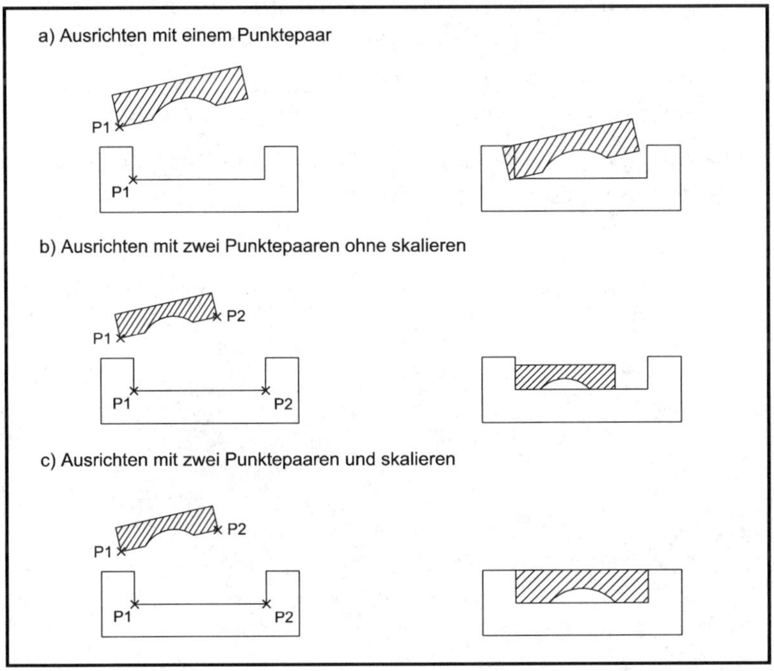


*Abbildung 11.8: Ausrichten in AutoCAD 14*

## Fragen zu Stunde 11

1. In welcher Richtung wird bei Eingabe eines negativen Drehwinkels beim Befehl DREHEN gedreht?
2. Mit welcher Option beim Befehl DREHEN können Sie ein Objekt auf einen ganz bestimmten Winkel hin ausrichten?
3. Wie wird die Spiegelachse beim Befehl SPIEGELN festgelegt?
4. Was legt die Systemvariable MIRRTEXT fest?
5. Sie wollen ein Objekt um den Faktor 5 verkleinern. Welchen Skalierfaktor geben Sie beim Befehl VARIA ein?

6 Sie wollen ein Objekt mit unbekannter Länge auf eine bestimmte Länge bringen. Welchen Befehl und welche Option verwenden Sie?

7 Welche Option des Befehls REIHE erzeugt matrixförmige Anordnungen?

8 Bei einer rechtwinkligen Anordnung sollen die Zeilen nach unten aufgebaut werden. Wie können Sie das veranlassen?

9 An welchem Punkt werden Objekte bei einer polaren Anordnung ausgerichtet, wenn sie nicht gedreht werden?

10 Mit welchem Befehl können Sie in AutoCAD 14 schieben, drehen und skalieren in einem?

Stunde 12

# Änderungsbefehle 2

Weiter geht's mit Änderungsbefehlen. Nachdem in der letzten Stunde die Befehle behandelt wurden, die das Objekt insgesamt bearbeiten, folgen hier nun die Befehle, die die Geometrie der Objekte ändern. Sie lernen:

- wie Objekte gestutzt und gedehnt werden
- wie Sie Kanten abrunden und fasen können
- warum Objekte manchmal gestreckt werden müssen
- warum es sinnvoll ist, die Länge von Objekten zu ändern
- was das Brechen von Objekten bedeutet und
- wie Objekte gemessen und geteilt werden.

## Abrunden und Fasen von Kanten

Wollen Sie die Kanten von Objekten bearbeiten, haben Sie zwei Befehle zur Auswahl: ABRUNDEN und FASEN.

### Aktion: Befehl ABRUNDEN

Mit dem Befehl ABRUNDEN lassen sich Linien, Bögen oder Polylinien an ihren Kanten oder Schnittpunkten abrunden. Sie finden den Befehl folgendermaßen:

- Abrollmenü ÄNDERN, Funktion ABRUNDEN
- Symbol im Werkzeugkasten ÄNDERN



```
Befehl: Abrunden
(STUTZEN-Modus) Gegenwärtiger Abrundungsradius = 0.00
Polylinie/Radius/Stutzen/<erstes Objekt wählen>:
```

Zunächst wird Ihnen der eingestellte Radius angezeigt und ob der Stutzen-Modus aktiv ist. Jetzt können Sie wählen:

**RADIUS:** Einstellen des Rundungsradius. Die Einstellung bleibt gespeichert. Alle weitere Abrundungen erfolgen mit diesem Radius, bis Sie die Option erneut wählen.

**STUTZEN:** Hiermit stellen Sie den Stutzen-Modus ein. Ist er eingeschaltet, werden die Original-Objekte am Schnittpunkt gekürzt, ist er aus, bleiben sie unverändert.

**POLYLINIE:** Rundet alle Kanten einer Polylinie. Soll nur eine Kante einer Polylinie gerundet werden, klicken Sie nur die beiden Segmente an.

**ERSTES OBJEKT WÄHLEN:** Wählen Sie das abzurundende Objekt an der Stelle, die erhalten bleiben soll, und danach das andere Objekt.

## Tips:

- Sie können auch mit dem Radius 0 abrunden. Was auf den ersten Blick sinnlos erscheint, ist ein praktisches Hilfsmittel bei der Korrektur von Hilfskonstruktionen. Sich überschneidende oder nicht treffende Linien erhalten so einen gemeinsamen Endpunkt. Der Stutzen-Modus sollte für diesen Fall eingeschaltet sein.
- Parallele Linien werden immer mit einem Halbkreis verrundet, egal welcher Radius eingestellt ist.
- Wählen Sie überschneidende Objekte immer an dem Teil des Objekts, der erhalten bleiben soll.

## Aktion: Befehl FASE

Der Befehl FASE arbeitet analog zum Befehl ABRUNDEN. Linienobjekte werden bei diesem Befehl mit einer Fase versehen.

- Abrollmenü ÄNDERN, Funktion FASEN
- Symbol im Werkzeugkasten ÄNDERN

Befehl: **Fase**
(STUTZEN-Modus) Gegenwärtiger Fasenabst1 = 0.00,
Abst2 = 0.00
Polylinie/Abstand/Winkel/Stutzen/Methode/<erste Linie wählen>:

Hier werden Ihnen die momentan eingestellten Abstände angezeigt und ob der Stutzen-Modus aktiv ist oder nicht. Sie können wählen:

**ABSTAND:** Einstellen der Fasenabstände. Der erste Fasenabstand wird an der ersten Linie abgetragen, die Sie zuerst wählen, der zweite an der danach gewählten Linie.

**WINKEL:** Einstellung eines Abstands und eines Fasenwinkels statt zweier Abstände. Auch hierbei gilt, der Abstand wird an der zuerst gewählten Linie abgetragen und der Winkel zur zweiten Linie hin.

**METHODE:** Mit dieser Option können Sie zwischen den Einstellungen ABSTAND und WINKEL wählen. Ist WINKEL eingestellt, werden die Einstellungen beim Start des Befehls als Abstand und Winkel angezeigt. Haben Sie dagegen ABSTAND eingestellt, werden die beiden Abstände angezeigt.

**STUTZEN:** Ist der Stutzen-Modus ein, werden die Original-Objekte am Schnittpunkt gekürzt. Ist er aus, bleiben sie unverändert.

**POLYLINIE:** Fast alle Kanten einer Polylinie. Soll nur eine Kante einer Polylinie gefast werden, klicken Sie nur die beiden Segmente an.

**ERSTE LINIE WÄHLEN:** Wählen Sie die zu fasende Linie an der Stelle, die erhalten bleiben soll und danach die andere Linie.

## Training: Abrunden und Fasen von Objekten

- *Öffnen Sie die Zeichnung A-12-01.DWG aus dem Ordner \AUFGABEN.*
- *Runden Sie die Objekte in der mittleren Spalte (siehe Abbildung 12.1).*

Befehl: **Abrunden**
(STUTZEN-Modus) Gegenwärtiger Abrundungsradius = 0.00
Polylinie/Radius/Stutzen/<erstes Objekt wählen>: **R für Radius**
Rundungsradius eingeben <0.00>: **5**

Befehl: **Abrunden**
(STUTZEN-Modus) Gegenwärtiger Abrundungsradius = 5.00
Polylinie/Radius/Stutzen/<erstes Objekt wählen>: **P1 wählen**
Zweites Objekt wählen: **P2 wählen**

- *Runden Sie mit den gleichen Einstellungen P3/P4 und P5/P6. Ändern Sie dann die Einstellungen.*

Befehl: **Abrunden**
(STUTZEN-Modus) Gegenwärtiger Abrundungsradius = 5.00
Polylinie/Radius/Stutzen/<erstes Objekt wählen>: **R für Radius**
Rundungsradius eingeben <5.00>: **0**

Befehl: **Abrunden**
(STUTZEN-Modus) Gegenwärtiger Abrundungsradius = 0.00
Polylinie/Radius/Stutzen/<erstes Objekt wählen>: **P7 wählen**
Zweites Objekt wählen: **P8 wählen**

Befehl: **Abrunden**
(STUTZEN-Modus) Gegenwärtiger Abrundungsradius = 0.00
Polylinie/Radius/Stutzen/<erstes Objekt wählen>: **R für Radius**
Rundungsradius eingeben <0.00>: **5**

Befehl: **Abrunden**
(STUTZEN-Modus) Gegenwärtiger Abrundungsradius = 5.00
Polylinie/Radius/Stutzen/<erstes Objekt wählen>: **S für Stutzen**
Stutzen/Nicht stutzen <Stutzen>: **N für nicht Stutzen**
Polylinie/Radius/Stutzen/<erstes Objekt wählen>: **P9 wählen**
Zweites Objekt wählen: **P10 wählen**

- *Fasen Sie die Objekte in der rechten Spalte (siehe Abbildung 12.1).*

Befehl: **Fase**
(NICHTSTUTZEN-Modus) Gegenwärtiger Fasenabst1 = 0.00, Abst2 = 0.00
Polylinie/Abstand/Winkel/Stutzen/Methode/<erste Linie wählen>: **A für Abstand**
Ersten Fasenabstand eingeben <0.00>: **4**
Zweiten Fasenabstand eingeben <0.00>: **6**

Befehl: **Fase**
(NICHTSTUTZEN-Modus) Gegenwärtiger Fasenabst1 = 4.00, Abst2 = 6.00
Polylinie/Abstand/Winkel/Stutzen/Methode/<erste Linie wählen>: **S für Stutzen**
Stutzen/Nicht stutzen <Nicht stutzen>: **S für Stutzen**
Polylinie/Abstand/Winkel/Stutzen/Methode/<erste Linie wählen>: **P1 wählen**
Zweite Linie wählen: **P2 wählen**

▶ *Fasen Sie mit den gleiche Einstellungen P3/P4 und P5/P6. Ändern Sie dann die Einstellungen.*

Befehl: **Fase**
(NICHTSTUTZEN-Modus) Gegenwärtiger Fasenabst1 = 4.00, Abst2.00 = 5
Polylinie/Abstand/Winkel/Stutzen/Methode/<erste Linie wählen>: **A für Abstand**
Ersten Fasenabstand eingeben <4.00>: **0**
Zweiten Fasenabstand eingeben <6.00>: **0**

Befehl: **Fase**
(STUTZEN-Modus) Gegenwärtiger Fasenabst1 = 0.00, Abst2 = 0.00
Polylinie/Abstand/Winkel/Stutzen/Methode/<erste Linie wählen>: **P7 wählen**
Zweite Linie wählen: **P8 wählen**

Befehl: **Fase**
(STUTZEN-Modus) Gegenwärtiger Fasenabst1 = 0.00, Abst2 = 0.00
Polylinie/Abstand/Winkel/Stutzen/Methode/<erste Linie wählen>: **A für Abstand**
Ersten Fasenabstand eingeben <0.00>: **4**
Zweiten Fasenabstand eingeben <0.00>: **6**

Befehl: **Fase**
(STUTZEN-Modus) Gegenwärtiger Fasenabst1 = 4.00, Abst2 = 6.00
Polylinie/Abstand/Winkel/Stutzen/Methode/<erste Linie wählen>: **S für Stutzen**
Stutzen/Nicht stutzen <Nicht stutzen>: **N für Nicht stutzen**
Polylinie/Abstand/Winkel/Stutzen/Methode/<erste Linie wählen>: **P9 wählen**
Zweite Linie wählen: **P10 wählen**

▶ *Ihre Ergebnisse sollten wie in Abbildung 12.1 aussehen. Falls nicht, haben Sie eine Musterlösung im Ordner \AUFGABEN, die Datei L-12-01.DWG.*

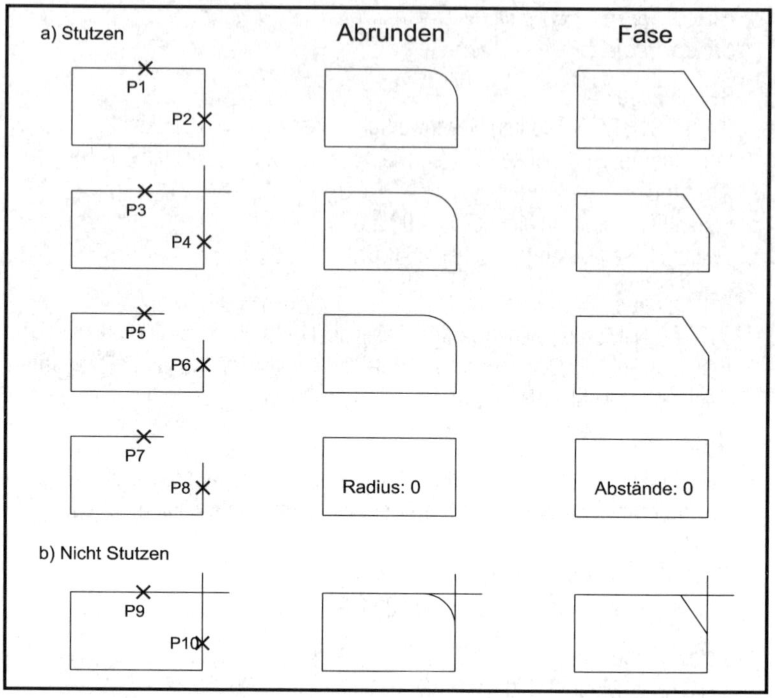


*Abbildung 12.1: Abrunden und Fasen*

## Dehnen und Stutzen

Zwei der am häufigsten gebrauchten Befehle sind DEHNEN und STUTZEN. Immer dann, wenn Hilfskonstruktionen erzeugt werden, aus Konstruktionslinien oder mit dem Befehl VERSETZ, benötigen Sie danach diese Befehle.

### Aktion: Befehl DEHNEN

Mit dem Befehl DEHNEN können Sie Linien, Bögen oder Polylinien bis zu einer Grenzkante verlängern. Sie finden den Befehl folgendermaßen:

- Abrollmenü ÄNDERN, Funktion DEHNEN
- Symbol im Werkzeugkasten ÄNDERN

Befehl: **Dehnen**
Grenzkanten wählen: (PROJMODE = BKS; EDGEMODE = Nicht dehnen)
Objekte wählen: **Grenzkanten anklicken**

..

Objekte wählen: ↵

Projektion/Kante/ZUrück/<Objekt wählen, das gedehnt werden soll>: **Zu dehnendes Objekt anklicken**

..

Projektion/Kante/ZUrück/<Objekt wählen, das gedehnt werden soll>: ↵

Gehen Sie wie folgt vor:

- Wählen Sie eine oder mehrere Grenzkanten. Das sind die Kanten, bis zu denen hin verlängert werden soll. Die Auswahl bleibt im Wiederholmodus, bis sie mit ↵ beendet wird.
- Erst danach wählen Sie die Objekte, die bis zu einer Grenzkante hin verlängert werden sollen. Klicken Sie die Objekte an der Seite an, in deren Richtung die Grenzkante liegt. Gibt es in der Richtung keine Grenzkante, kommt eine Fehlermeldung. Außerdem stehen Ihnen noch folgende Optionen zur Verfügung:

  **ZURÜCK:** Macht die letzte Dehnung rückgängig.

  **PROJEKTION:** Nur für 3D-Anwendungen; Objekte auf unterschiedlichen Höhen werden in eine Ebene projiziert und auf eine Kante hin gedehnt. Mit der Option PROJEKTION kann die Projektionsebene gewählt werden.

  **KANTE:** Mit der Option können Sie wählen, ob nur die Objekte gedehnt werden sollen (Modus NICHT DEHNEN), die auf die Grenzkante treffen oder ob Objekte auch bis zum virtuellen Schnittpunkt mit der Grenzkante gedehnt werden sollen (Modus DEHNEN).

**Tips:**

- Übergehen Sie die Anfrage nach der Grenzkante mit ↵, können Sie trotzdem Elemente zum Dehnen anwählen. Sie werden dann bis zur nächsten Kante, auf der sie in dieser Richtung treffen, verlängert.
- In AutoCAD LT 97 können Sie diese Methode auch sehr schnell aus dem Pop-Up-Menü wählen. Aktivieren Sie es mit der rechten Maustaste (siehe Abbildung 12.2). Dazu darf kein Befehl aktiv sein und das Fadenkreuz nicht über einem Objekt stehen. Sie finden im Menü die Befehle DEHNEN und STUTZEN. Der Befehl DEHNEN arbeitet hier ohne Wahl der Grenzkante.

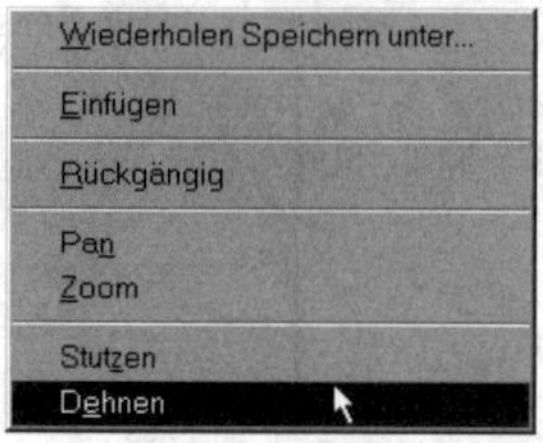


*Abbildung 12.2: Pop-Up-Menü mit den Befehlen STUTZEN und DEHNEN*

- Die ausführlichere Variante aus den Menüs ist immer dann sinnvoll, wenn Sie mehrere Grenzkanten wählen oder die Objekte nicht bis zur nächsten Grenzkante verlängern wollen, sondern zu einer ganz bestimmten, die Sie selbst bestimmen möchten.

## Training: Dehnen von Objekten

- *Öffnen Sie die Zeichnung A-12-02.DWG aus dem Ordner \AUFGABEN.*
- *Dehnen Sie die Linien in Abbildung 12.3, a, ohne eine Grenzkante zu wählen, bis zur nächsten Kante. Geben Sie bei der Anfrage nach der Grenzkante* ↵ *ein, oder wählen Sie den Befehl in AutoCAD LT 97 aus dem Pop-Up-Menü.*
- *Dehnen Sie die Linien in Abbildung 12.3, b. Wählen Sie die gestrichelten Linien als Grenzkanten.*
- *Dehnen Sie die Linien in Abbildung 12.3, c. Wählen Sie mit der Option KANTE den Modus DEHNEN.*

  Befehl: **Dehnen**
  Grenzkanten wählen: (PROJMODE = BKS; EDGEMODE = Nicht dehnen)
  Objekte wählen: **obere Kante anklicken**
  Objekte wählen: ↵
  Projektion/Kante/ZUrück/<Objekt wählen, das gedehnt werden soll>: **K für Kante**
  Dehnen/Nicht dehnen <Nicht dehnen>: D für Dehnen
  Projektion/Kante/ZUrück/<Objekt wählen, das gedehnt werden soll>: **Zu dehnende Linie anklicken**
  ..
  Projektion/Kante/ZUrück/<Objekt wählen, das gedehnt werden soll>: ↵

- *Sieht Ihre Lösung wie in Abbildung 12.3 aus? Falls nicht, finden Sie eine im Ordner \AUFGABEN, die Datei L-12-02.DWG.*

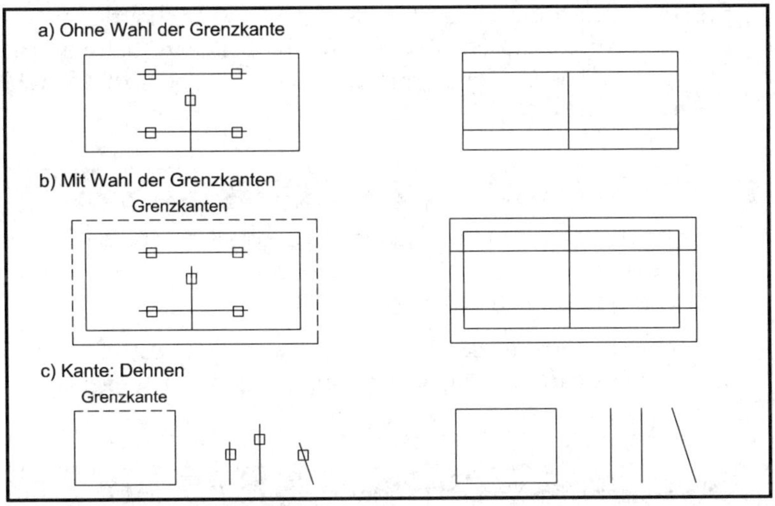


*Abbildung 12.3: Dehnen von Objekten*

## Aktion: Befehl STUTZEN

Analog zum Befehl DEHNEN arbeitet der Befehl STUTZEN. Mit dem Befehl STUTZEN können Sie Linien, Bögen oder Polylinien an einer Schnittkante stutzen. Sie finden den Befehl folgendermaßen:

- Abrollmenü ÄNDERN, Funktion STUTZEN
- Symbol im Werkzeugkasten ÄNDERN

Folgende Anfragen erscheinen im Befehlszeilenfenster:

Befehl: **Stutzen**
Schnittkanten wählen: (PROJMODE = BKS; EDGEMODE = Nichtdehnen)
Objekte wählen: **Schnittkanten anklicken**
...
Objekte wählen: ↵
Projektion/Kante/ZUrück/<Objekt wählen, das gestutzt werden soll>: **Zu stutzende Objekte anklicken**
Projektion/Kante/ZUrück/<Objekt wählen, das gestutzt werden soll>: ↵

Gehen Sie wie beim Befehl DEHNEN vor:

- Wählen Sie eine oder mehrere Schnittkanten. Das sind die Kanten, an denen gestutzt werden soll. Die Auswahl bleibt auch hier im Wiederholmodus, bis sie mit ↵ beendet wird.

- Erst danach wählen Sie die Objekte, die an der Schnittkante abgetrennt werden sollen. Klicken Sie die Seite an, die entfernt werden soll. Die Optionen sind identisch mit denen beim Befehl DEHNEN.

## Tips:

- Auch bei diesem Befehl können Sie die Anfrage nach der Schnittkante mit [↵] übergehen. Die gewählten Objekte werden dann an der nächsten Kante gestutzt.
- Auch diese Variante des Befehls finden Sie bei AutoCAD LT 97 im Pop-Up-Menü unter der Funktion STUTZEN (siehe Abbildung 12.2).

## Training: Stutzen von Objekten

- *Öffnen Sie die Zeichnung A-12-03.DWG aus dem Ordner \AUFGABEN.*
- *Stutzen Sie die Linien in Abbildung 12.4, a, ohne eine Schnittkante zu wählen, bis zur nächsten Kante. Geben Sie bei der Anfrage nach der Schnittkante [↵] ein, oder wählen Sie den Befehl in AutoCAD LT 97 aus dem Pop-Up-Menü.*
- *Stutzen Sie die Linien in Abbildung 12.4, b. Wählen Sie die gestrichelten Linien als Schnittkanten.*
- *Stutzen Sie die Linien in Abbildung 12.4, c. Wählen Sie mit der Option KANTE den Modus DEHNEN.*

Befehl: **Stutzen**
Schnittkanten wählen: (PROJMODE = BKS; EDGEMODE = Nicht dehnen)
Objekte wählen: **obere Kante anklicken**
Objekte wählen: [↵]
Projektion/Kante/ZUrück/<Objekt wählen, das gestutzt werden soll>: **K für Kante**
Dehnen/Nicht dehnen <Nicht dehnen>: **D für Dehnen**
Projektion/Kante/ZUrück/<Objekt wählen, das gestutzt werden soll>: **Zu stutzende Linie anklicken**
..
Projektion/Kante/ZUrück/<Objekt wählen, das gestutzt werden soll>: [↵]

- *Falls Ihre Lösung nicht wie in Abbildung 12.4 aussieht, laden Sie die Musterlösung L-12-03.DWG aus dem Ordner \AUFGABEN.*

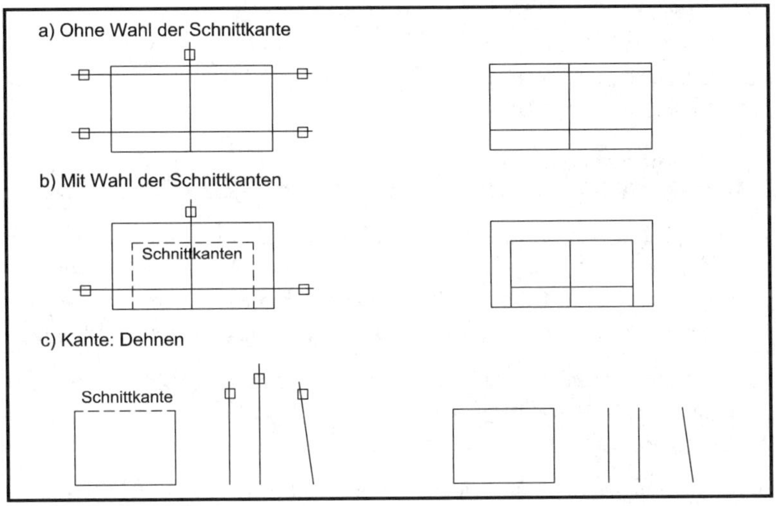


*Abbildung 12.4: Stutzen von Objekten*

## Strecken

Wollen Sie nur ein Maß in einer Zeichnung ändern, kann sich das mit unseren jetzigen Befehlen leicht zu einer größeren Aktion ausweiten. Soll beispielsweise die Tür in Abbildung 12.5 verschoben werden, muß die restliche Geometrie ebenfalls korrigiert werden. Sie haben dann einiges zu schieben, zu stutzen und zu dehnen.

### Aktion: Befehl STRECKEN

Mit dem Befehl STRECKEN können Sie alles auf einmal machen. Wählen Sie den Befehl:

- Abrollmenü ÄNDERN, Funktion STRECKEN
- Symbol im Werkzeugkasten ÄNDERN

Die Objektwahl unterscheidet sich bei diesem Befehl etwas von den anderen Befehlen.

Befehl: **Strecken**
Objekte, die gestreckt werden sollen, mit Kreuzen-Fenster oder Kreuzen-Polygon wählen...
Objekte wählen: **_K für Kreuzen eingeben oder Fenster von rechts nach links aufziehen**

Andere Ecke:
*Objekte wählen:* ↵
Basispunkt oder Verschiebung:
Zweiter Punkt der Verschiebung:

## Tips:

- Sie müssen zumindest einmal die Option KREUZEN oder KPOLYGON bei der Objektwahl verwenden. Ziehen Sie deshalb bei diesem Befehl immer das Objektwahlfenster von rechts nach links auf, dann wird die Option KREUZEN automatisch aktiviert.
- Ist das aus irgendeinem Grund nicht möglich, geben Sie bei der Objektwahl K für die Option KREUZEN ein. Dann ist es gleichgültig, wie Sie das Fenster aufziehen.
- Die Objekte, die bei der Option KREUZEN oder KPOLYGON ganz im Fenster sind, werden verschoben. Bei Objekten, die nur zum Teil im Fenster sind, wird der Geometriepunkt, der im Fenster ist, verschoben, die anderen Punkte bleiben an ihrem ursprünglichen Platz, und die Objekte werden gestreckt bzw. gestaucht. Wählen Sie beispielsweise das Fenster so, daß bei einer Linie oder einem Bogen ein Punkt im Fenster ist, so wird nur dieser Endpunkt verschoben. Kreise können Sie damit nicht in der Größe verändern. Nehmen Sie den Mittelpunkt mit ins Fenster, wird der Kreis verschoben, sonst bleibt er, wo er war.
- Geben Sie dann die Verschiebung wie bei den Befehlen SCHIEBEN oder KOPIEREN ein.

## Fehler:

- Der Befehl arbeitet nur dann richtig, wenn Sie zumindest einmal die Option KREUZEN oder KPOLYGON verwendet haben.

## Training: Stutzen von Objekten

- *Öffnen Sie die Zeichnung A-12-04.DWG aus dem Ordner \AUFGABEN.*
- *Versetzen Sie die Tür im oberen Beispiel der Abbildung 12.5 um 5 nach rechts. Achten Sie dabei auf das Objektwahl-Fenster.*

Befehl: **Strecken**
Objekte, die gestreckt werden sollen, mit Kreuzen-Fenster oder Kreuzen-Polygon wählen...
Objekte wählen:_**Fenster von rechts unten beginnen**
Andere Ecke: **Fenster nach links oben ziehen**
*Objekte wählen:* ↵
Basispunkt oder Verschiebung: **Beliebigen Punkt anklicken**
Zweiter Punkt der Verschiebung: **@5<0 eintippen oder einfacher Ortho-Modus einschalten, mit Fadenkreuz nach rechts wegfahren und 5 eintippen**

- *Im mittleren Beispiel der Abbildung 12.5 wurde das Objektwahl-Fenster versehentlich zu klein gewählt. Testen Sie, was passiert.*
- *Im unteren Beispiel der Abbildung 12.5 soll die ganze Wand samt Tür um 3 nach oben versetzt werden. Plazieren Sie das Objektwahl-Fenster entsprechend, und geben Sie die Verschiebung ein.*
- *Ihre Zeichnung sollte wie Abbildung 12.5 aussehen. Falls nicht, laden Sie die Musterlösung L-12-04.DWG aus dem Ordner \AUFGABEN.*

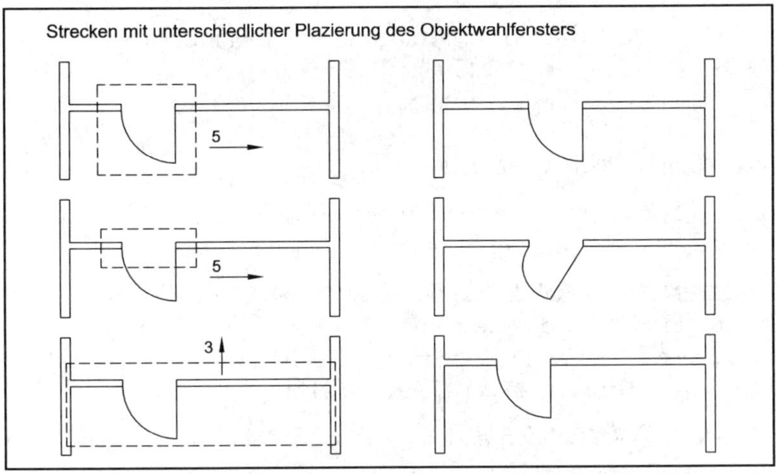


*Abbildung 12.5: Strecken von Objekten*

## Die Länge ändern

Oft kommt es vor, daß Linien nur bis zu einem Fangpunkt gezeichnet werden können. Sie sollten aber ein Stück darüber hinaus gehen, beispielsweise Mittellinien, die normalerweise ein Stück über die Kontur hinaus reichen sollten.

## Aktion: Befehl LÄNGE

Mit dem Befehl LÄNGE kann die Länge von Linien- und Bogensegmenten geändert werden. Sie finden den Befehl folgendermaßen:

- Abrollmenü ÄNDERN, Funktion LÄNGE
- Symbol im Werkzeugkasten ÄNDERN

Befehl: **Länge**
DElta/Prozent/Gesamt/DYnamisch/<Objekt wählen>:

Klicken Sie ein Objekt an, wird dessen aktuelle Länge angezeigt und die Optionsliste wiederholt.

DElta/Prozent/Gesamt/DYnamisch/<Objekt wählen>: **Objekt wählen**
Aktuelle Länge: 110.00
DElta/Prozent/Gesamt/DYnamisch/<Objekt wählen>:

Mit den Optionen wählen Sie, wie die Längenänderung eingegeben werden soll. Sie können die Option auch gleich zu Beginn wählen.

**DELTA:** Änderung des Objekts um ein vorgegebenes Maß.

DElta/Prozent/Gesamt/DYnamisch/<Objekt wählen>: **DE für DElta**
Winkel/<Delta Länge eingeben (0.00)>: **5**
<Zu änderndes Objekt wählen>/ZUrück:
..
<Zu änderndes Objekt wählen>/ZUrück: ↵

Geben Sie das Maß ein (positiv oder negativ), und klicken Sie danach die Objekte auf der Seite an, die verlängert werden soll.

**PROZENT:** Wie bei der Option DELTA, aber Änderung um einen Faktor in Prozent der Gesamtlänge, z.B. 105 bei Verlängerung um 5% oder 95 bei Verkürzung um 5%. Auch hier wird das Objekt auf der Seite verlängert, an der Sie es anklicken.

**GESAMT:** Wie bei den anderen Optionen, aber mit Eingabe einer neuen Gesamtlänge.

**DYNAMISCH:** Verlängerung dynamisch bis zur Position des Fadenkreuzes.

DElta/Prozent/Gesamt/DYnamisch/<Objekt wählen>: **DY für dynamisch**
Neuen Endpunkt bestimmen.
<Zu änderndes Objekt wählen>/ZUrück: **Fadenkreuz an die neue Endposition setzen und Punkt klicken**
..
<Zu änderndes Objekt wählen>/ZUrück: ↵

## Tips:

- Der Befehl bleibt bei allen Optionen im Wiederholmodus, bis Sie ↵ auf eine Anfrage eingeben. Wollen Sie ein anderes Maß, müssen Sie den Befehl neu anwählen.
- Bei allen Optionen außer bei der Option DYNAMISCH kann auch auf die Winkeleingabe umgeschaltet werden, wenn Sie einen Bogen ändern wollen:

  DElta/Prozent/Gesamt/DYnamisch/<Objekt wählen>: z.B.: **G für neue Gesamtlänge eingeben**
  Winkel/<Gesamtlänge eingeben (10.00)>: **W für die Winkeleingabe**
  Gesamtwinkel eingeben (40)>: **60**
  <Zu änderndes Objekt wählen>/ZUrück:
  ..
  <Zu änderndes Objekt wählen>/ZUrück:

## Training: Länge ändern

- *Öffnen Sie die Zeichnung A-12-05.DWG aus dem Ordner \AUFGABEN.*
- *Verlängern Sie die Mittellinien im Beispiel von Abbildung 12.6, a um 2. Verwenden Sie die Option DELTA. Klicken Sie das obere Ende in der Symmetrielinie dreimal an, und es wird um 6 verlängert.*
- *Verlängern Sie die Linien in Abbildung 12.6, b mit der Option DYNAMISCH. Verwenden Sie die Endpunkte der senkrechten Linie als Ziel.*
- *Verändern Sie den Winkel der Bögen um 45°, oder bringen Sie den Gesamtwinkel auf 270°.*

Befehl: **Länge**
DElta/Prozent/Gesamt/DYnamisch/<Objekt wählen>: **Bogen anklicken**
Aktuelle Länge: 7.8540, eingeschlossener Winkel: 3.9270
DElta/Prozent/Gesamt/DYnamisch/<Objekt wählen>: **DE für Delta (oder G für Gesamt eingeben)**
Winkel/<Delta Länge eingeben (2.0000)>: **W für Winkel**
Delta Winkel eingeben <0.7854>: **45**
<Zu änderndes Objekt wählen>/ZUrück: **Bogenende anklicken**

- *Die Musterlösung L-12-05.DWG finden Sie im Ordner \AUFGABEN.*

*Abbildung 12.6: Länge ändern*

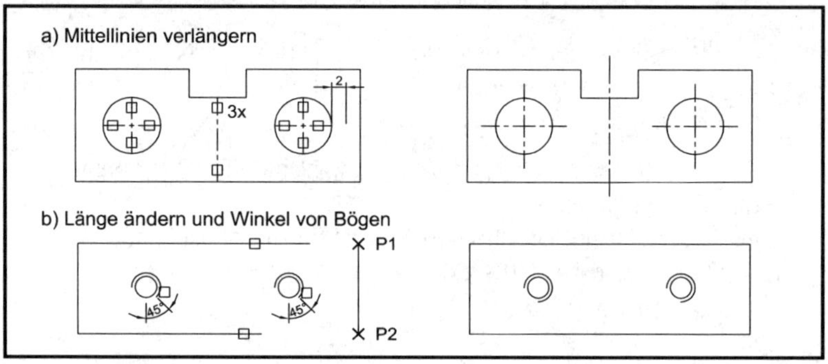


## Brechen

Ein weiterer Befehl dient dazu, Teile von Linien, Kreisen, Bögen und Polylinien zu entfernen oder Objekte an einer Stelle zu trennen.

### Aktion: Befehl BRUCH

Dies können Sie mit dem Befehl BRUCH erledigen. Wählen Sie ihn folgendermaßen:

- Abrollmenü ÄNDERN, Funktion BRUCH
- Symbol im Werkzeugkasten ÄNDERN

Der Befehl stellt folgende Anfragen:

Befehl: **Bruch**
Objekt wählen:
Zweiter Punkt (oder E für ersten Punkt):

Wählen Sie ein Objekt mit der Pickbox aus. Danach wird ein zweiter Bruchpunkt verlangt. Als erster Bruchpunkt wird der Punkt genommen, an dem Sie das Objekt angeklickt haben. In den meisten Fällen ist das aber nicht der Fall. Wenn Sie E (für den ersten Punkt) eingeben, können Sie den ersten Punkt neu bestimmen.

Zweiter Punkt (oder E für ersten Punkt): **E für die Eingabe des ersten Punkts**
Erster Punkt:
Zweiter Punkt:

Nur dann können Sie auch bei beiden Punkten den Objektfang verwenden. Haben Sie eine Linie, Polylinie oder einen Bogen angewählt, wird der Bereich zwischen beiden Punkten herausgelöscht (siehe Abbildung 12.7). Liegt der zweite Punkt außerhalb des Objekts, wird der Bereich vom ersten Punkt an abgetrennt. Bei einem Kreis wird der Bereich zwischen dem ersten und zweiten Punkt im Gegenuhrzeigersinn herausgelöscht.

## Tips:

- Soll das Objekt nur getrennt und nichts herausgelöscht werden, geben Sie beim zweiten Punkt @ ein. Diese Funktion brauchen Sie immer dann, wenn ein Teil einer Linie ab einer bestimmten Stelle unsichtbar sein soll und sie deshalb auf einen anderen Layer gelegt werden muß.

  Zweiter Punkt (oder E für ersten Punkt): **@**

- Die Bruchpunkte müssen sich nicht auf dem Objekt befinden. Sie können sie an einer beliebigen anderen Stelle aus der Zeichnung abgreifen. Die Punkte werden auf das zu brechende Objekt projiziert.

## Training: Objekte brechen

- *Öffnen Sie die Zeichnung A-12-06.DWG aus dem Ordner \AUFGABEN.*
- *Trennen Sie die Linie in Abbildung 12.7, a an P1 durch.*

  Befehl: **Bruch**
  Objekt wählen: **Linie an beliebiger Stelle anklicken**
  Zweiter Punkt (oder E für ersten Punkt): **E für ersten Punkt**
  Erster Punkt: **Mit Objektfang Schnittpunkt P1 wählen**
  Zweiter Punkt: **@ für den gleichen Punkt**

- *Ändern Sie das rechte Teilstück der Linie, bringen Sie es auf den Layer VERDECKT.*
- *Brechen Sie die Linien in Abbildung 12.7, b. Klicken Sie bei der unteren Linie den zweiten Punkt außerhalb an.*

Befehl: **Bruch**
Objekt wählen: **Linie an beliebiger Stelle anklicken**
Zweiter Punkt (oder E für ersten Punkt): **E für ersten Punkt**
Erster Punkt: **Mit Objektfang Schnittpunkt P1 wählen**
Zweiter Punkt: **Mit Objektfang Schnittpunkt P2 wählen bzw. bei der unteren Linie zweiten Punkt an beliebiger Stelle rechts vom Endpunkt anklicken**

- *Brechen Sie die Linie in Abbildung 12.7, c. Greifen Sie die Punkte P1 und P2 mit dem Objektfang SCHNITTPUNKT an dem darüberliegenden Objekt.*
- *Ein Lösung finden Sie im Ordner \AUFGABEN, die Datei L-12-06.DWG.*

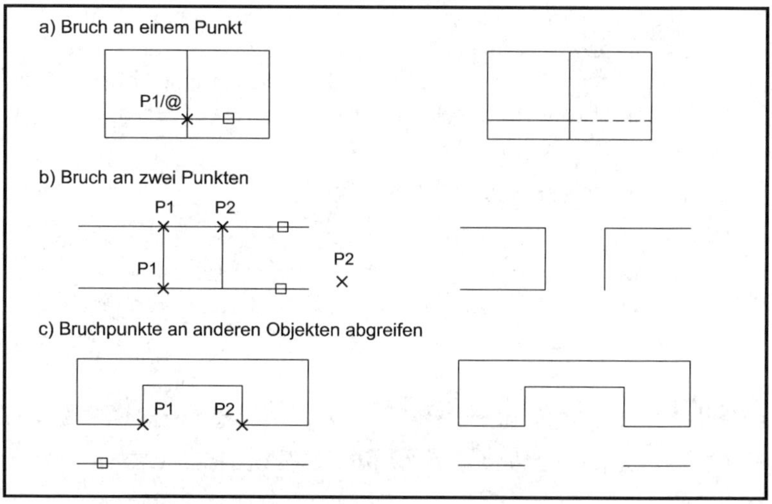


*Abbildung 12.7: Brechen von Objekten*

## Messen und Teilen

Die zwei letzten Befehle in dieser Stunde verändern keine Objekte. Sie können damit Markierungspunkte bzw. Blöcke auf Objekten plazieren.

## Aktion: Messen von Objekten

Mit dem Befehl MESSEN bringen Sie Punkte oder Blöcke in einem vorgegebenen Abstand auf Linien, Bögen, Kreisen oder Polylinien an. Was Blöcke sind und wie sie erstellt werden, erfahren Sie in einer der nächsten Stunden. Nur soviel vorweg: Blöcke können Sie mit Baugruppen oder Symbolen vergleichen, die bei diesen Befehlen in der Zeichnung definiert sein müssen. Sie finden den Befehl folgendermaßen:

- Abrollmenü ZEICHNEN, Untermenü PUNKT >, Funktion MESSEN

Befehl: **Messen**
Objekt wählen, das gemessen werden soll:
Block/<Segmentlänge>: **Länge eingeben**

Gehen Sie wie folgt vor:

Wählen Sie das zu messende Objekt, und geben Sie die Länge der Segmente an, die auf dem Objekt abgetragen werden sollen.

**Block:** Bei der zweiten Anfrage haben Sie die Option BLOCK zur Verfügung. Damit geben Sie einen Block an, der anstatt der Punkte auf dem Objekt plaziert wird. Zudem können Sie wählen, ob der eingefügte Block an Rundungen zum Mittelpunkt hin ausgerichtet werden soll oder ob er immer in der gleichen Lage eingefügt werden soll.

Begonnen wird mit der Markierung an der Stelle, an der Sie das Objekt anwählen. Wenn es nicht aufgeht, ist das letzte Stück kürzer. Bei Kreisen wird nicht mehr markiert, wenn ein kleineres Segment übrig bleiben würde.

## Tip:

- Wenn Sie mit Punkten markieren, sollten Sie den Punktstil (siehe achte Stunde) so einstellen, daß die Punkte auch sichtbar sind.

## Aktion: Teilen von Objekten

Der Befehl TEILEN ist identisch mit dem Befehl MESSEN. Statt der Segmentlänge geben Sie aber hierbei die Anzahl der Segmente an.

Die Markierungspunkte werden in gleichen Abständen gesetzt. Diesen Befehl finden Sie im:

- Abrollmenü ZEICHNEN, Untermenü PUNKT >, Funktion TEILEN

## Training: Messen und Teilen

- *Öffnen Sie die Zeichnung A-12-07.DWG aus dem Ordner \AUFGABEN.*
- *Stellen Sie den Punktstil nach Ihren Vorstellungen ein.*
- *Markieren Sie die mittlere Linie mit dem Befehl MESSEN und der Segmentlänge 5 (siehe Abbildung 12.8, a).*
- *Teilen Sie die rechte Linie mit dem Befehl TEILEN in fünf Segmente (siehe Abbildung 12.8, a).*
- *Markieren Sie die mittlere Figur mit dem Befehl MESSEN und der Segmentlänge 10 (siehe Abbildung 12.8, b). Setzen Sie den Block SCHRAUBE an die Markierungsstellen.*

  Befehl: **Messen**
  Objekt wählen, das gemessen werden soll: **Kreis anklicken**
  Block/<Segmentlänge>: **B für Block eingeben**
  Name des einzufügenden Blocks: **SCHRAUBE**
  Soll der Block mit dem Objekt ausgerichtet werden? <J> **J oder Ja**
  Segmentlänge: **10**

- *Teilen Sie die mittlere Figur mit dem Befehl TEILEN in sechs Segmente (siehe Abbildung 12.8, b). Setzen Sie den gleichen Block an die Markierungsstellen.*

  Befehl: **Teilen**
  Objekt wählen, das geteilt werden soll: **Kreis anklicken**
  Block/<Anzahl Segmente>: **B für Block eingeben**
  Name des einzufügenden Blocks: **SCHRAUBE**
  Soll der Block mit dem Objekt ausgerichtet werden? <J> **J oder Ja**
  Anzahl Segmente: **6**

- *Die Musterlösung finden Sie im Ordner \AUFGABEN, die Zeichnung L-12-07.DWG.*

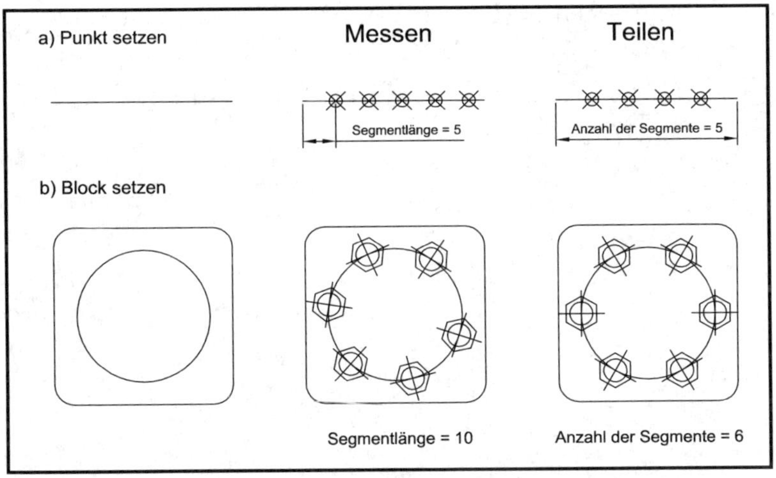


*Abbildung 12.8: Messen und Teilen*

## Fragen zu Stunde 12

1. Warum wird mit dem Radius 0 abgerundet?
2. Welcher Radius muß eingestellt sein, wenn parallele Linien gerundet werden sollen?
3. An welcher Linie wird beim Fasen der erste Abstand abgetragen?
4. Welche Grenzkante wird beim Befehl DEHNEN verwendet, wenn Sie keine auswählen?
5. Was müssen Sie tun, wenn Sie an einer Schnittkante stutzen wollen, die das Objekt zwar nicht trifft, aber auf das Objekt zuläuft?
6. Was muß bei der Objektwahl des Befehls STRECKEN gewährleistet sein, damit der Befehl richtig arbeitet?
7. Welche Objekte werden beim Befehl STRECKEN verschoben und welche gedehnt bzw. gestreckt?
8. Mit welchem Befehl und welcher Option können Sie eine Linie an einer Seite um fünf Einheiten verlängern?

9 Was sollten Sie bei den Befehlen MESSEN und TEILEN beachten, wenn Sie Punkte setzen wollen?

10 Wie können Sie beim Befehl TEILEN ein beliebiges Objekt an die Trennstelle setzen?

# Textbefehle und Textstile

Stunde 13

Nachdem Sie in Stunde 3 schon einmal den Befehl MTEXT benutzt haben, werden Sie in dieser Stunde alle Möglichkeiten der Beschriftung von Zeichnungen kennenlernen. Sie erfahren:

- wie Texte in die Zeichnung kommen
- was ein Textstil ist und wie man ihn erstellt
- wie Textabsätze mit dem Texteditor erstellt werden
- wie man Texte ändert und
- wie mit der Rechtschreibprüfung Texte korrigiert werden.

## Text zeilenweise eingeben

In AutoCAD haben Sie zwei Textbefehle zur Verfügung, einen zur zeilenweisen Eingabe und einen für die Eingabe von Textabsätzen im Editor.

### Aktion: Befehl DTEXT

Mit dem Befehl DTEXT können Sie Text zeilenweise eingeben. Sie finden den Befehl folgendermaßen:

- Abrollmenü ZEICHNEN, Funktion EINZEILIGER TEXT bzw.
- Abrollmenü ZEICHNEN, Untermenü TEXT >, Funktion EINZEILIGER TEXT in AutoCAD 14

Befehl: **Dtext**
Position/Stil/<Startpunkt>: **Linken Startpunkt für den Text eingeben oder in der Zeichnung anklicken**
Höhe <3.50>:
Drehwinkel <0>:
Text: **Text eingeben**
Text: **Zweite Zeile**
..
..
Text:

Bei der Standardmethode geben Sie den linken Startpunkt für den Text, die Texthöhe und den Winkel der Textgrundlinie vor. Danach geben Sie den Text ein. Die Eingabe von [↵] schaltet in die nächste Zeile, und [↵] direkt nach der Textanfrage beendet die Eingabe.

**Tips:**

- Geben Sie [↵] bei der ersten Anfrage nach dem Startpunkt ein, wird der neue Text unter die zuletzt eingegebene Textzeile gesetzt, genau im richtigen Zeilenabstand. Die Texteinstellungen werden von der letzten Zeile übernommen, und es wird sofort die Texteingabe verlangt.
- Haben Sie einen Textstil (siehe unten) mit fester Texthöhe aktiv, wird die Texthöhe nicht abgefragt. Mit diesem Stil kann nur in einer Höhe beschriftet werden.
- Bei der Texteingabe wird ein Cursor in der Zeichnung mitgeführt und der Text sofort in die Zeichnung übernommen.
- Während der Texteingabe kann der Cursor jederzeit an eine andere Position in der Zeichnung gesetzt werden. Klicken Sie den Punkt einfach an. Die Texteingabe wird dabei nicht unterbrochen.
- Während der Texteingabe können Sie nur mit der Taste [←] korrigieren, auch über mehrere Zeilen zurück. Allerdings wird dann der ganze Text bis zur Korrekturstelle gelöscht.

## Aktion: Sonderzeichen im Text

Sonderzeichen, die auf der Tastatur nicht zu finden sind, geben Sie in AutoCAD mit einem speziellen Code ein. Folgende Codes sind möglich (siehe Abbildung 13.1):

| | |
|---|---|
| %%d | Gradzeichen |
| %%c | Durchmesserzeichen |
| %%p | ±-Zeichen (z.B.: bei Toleranzangabe) |
| %%u | Unterstreichen ein/aus |
| %%o | Überstreichen ein/aus |

Die letzten beiden Funktionen sind Schaltfunktionen. Geben Sie den Code bei der Texteingabe einmal ein, wird die Funktion eingeschaltet und beim nächsten Mal wieder ausgeschaltet.

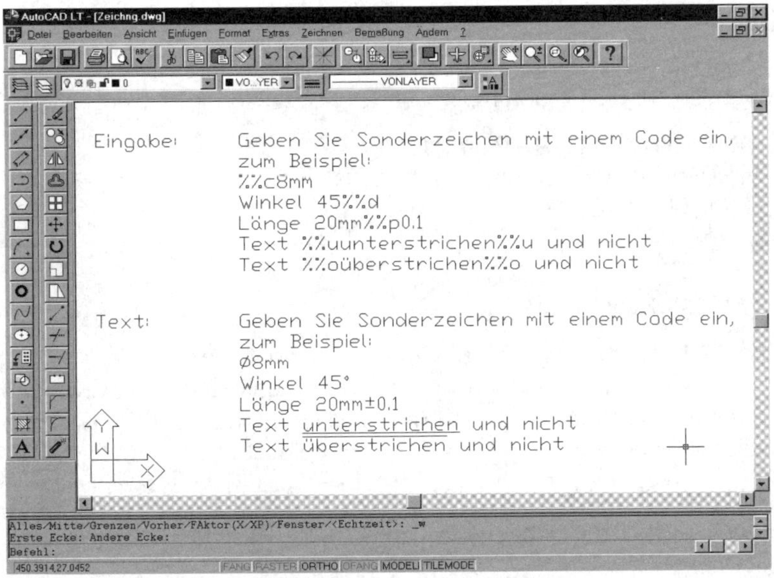


*Abbildung 13.1: Texteingabe mit Sonderzeichen*

## Training: Texteingabe

- *Beginnen Sie eine neue Zeichnung.*
- *Geben Sie Text mit dem Befehl DTEXT ein, verwenden Sie dabei Sonderzeichen. Testen Sie die oben beschriebenen Funktionen.*

## Aktion: Weitere Optionen beim Befehl DTEXT

Bei der ersten Anfrage des Befehls DTEXT stehen Ihnen weitere Optionen zur Verfügung:

Befehl: **Dtext**
Position/Stil/<Startpunkt>:

**STIL:** Wahl eines anderen Textstils. Der Textstil muß in der Zeichnung bereits definiert worden sein (siehe weiter unten).

Position/Stil/<Startpunkt>: **S für Stil**
Stilname (oder ?) <Standard>:

Der aktuelle Textstil wird in den Klammern angezeigt. Durch Eingabe von ? werden alle Textstile dieser Zeichnung aufgelistet. Haben Sie einen neuen Stil gewählt oder den aktuellen mit ↵ bestätigt, wird die erste Anfrage wiederholt.

**POSITION:** Wollen Sie den Text nicht linksbündig ausrichten, verwenden Sie die Option POSITION (siehe Abbildung 13.2).

Position/Stil/<Startpunkt>: **P für Position**
Ausrichten/Einpassen/Zentrieren/Mitte/Rechts
/OL/OZ/OR/ML/MZ/MR/UL/UZ/UR:

**RECHTS:** Text rechtsbündig setzen.

**ZENTRIEREN:** Text zentriert setzen.

**MITTE:** Text mittig setzen. Während mit der Option ZENTRIEREN die Textgrundlinie um den eingegebenen Punkt zentriert wird, wird mit dieser Option der geometrische Mittelpunkt des Textes an diesen Punkt gesetzt.

**AUSRICHTEN:** Vorgabe des Start- und Endpunkts für den Text. Der eingegebene Text wird in der Höhe so variiert, daß er zwischen die Punkte paßt.

**EINPASSEN:** Vorgabe des Start- und Endpunkts für den Text sowie der Texthöhe. Der eingegebene Text wird mit fester Höhe und flexibler Buchstabenbreite zwischen die beiden Punkte gesetzt.

Mit den weiteren Optionen geben Sie an, um welchen Punkt der Text ausgerichtet werden soll. Die Abkürzungen stehen für folgende Ausrichtungsmöglichkeiten:

OL oben links
OZ oben zentriert

OR oben rechts
ML Mitte links
MZ Mitte zentriert
MR Mitte rechts
UL unten links
UZ unten zentriert
UR unten rechts

Nachdem Sie eine Option für die Textposition gewählt haben, werden die weiteren Parameter für die Texteingabe angefragt sowie der Text selber wie bei der oben beschriebenen Standardmethode.

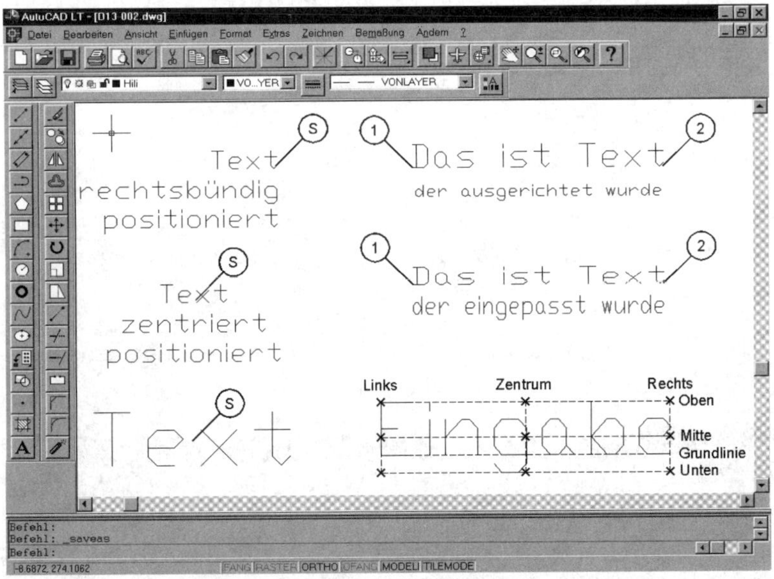


*Abbildung 13.2: Verschiedene Textpositionen*

## Fehler:

- Egal welche Textposition Sie gewählt haben, der Text wird zuerst linksbündig in die Zeichnung gesetzt. Brechen Sie jetzt nicht ab. Wenn Sie die Texteingabe abgeschlossen haben, wird der Text richtig positioniert.

## Training: Texteingabe

- *Experimentieren Sie mit den verschiedenen Arten der Textpositionierung.*

## Text mit Stil

In AutoCAD können Sie die verschiedensten Schriften verwenden. Dabei sollten Sie zwei Begriffe nicht durcheinander bringen:

**Zeichensatz:** Im Zeichensatz ist die Geometrie der Schrift definiert. Die Zeichensätze müssen als Dateien vorhanden sein. Sie finden sie im Ordner *\Programme\AutoCAD LT 97* bzw. *\Programme\AutoCAD 14\Fonts*. Sie haben die Dateierweiterung *.SHX*. Außerdem können Sie die Windows-TrueType-Schriften auch in AutoCAD verwenden.

**Stil:** Aus einem Zeichensatz lassen sich Textstile definieren. Der Textstil legt fest, mit welchen Parametern der Zeichensatz verwendet werden soll. In einer Zeichnung können beliebig viele Textstile vorhanden sein. Ein Textstil ist immer der aktuelle Textstil, mit dem beschriftet wird (siehe oben, Befehl DTEXT).

### Aktion: Befehl STIL

Mit dem Befehl STIL definieren Sie neue Textstile oder ändern vorhandene Textstile. Wählen Sie den Befehl folgendermaßen:

- Abrollmenü FORMAT, Funktionen TEXTSTIL...

Alle Eingaben können Sie in einem Dialogfeld vornehmen (siehe Abbildung 13.3).

*Abbildung 13.3: Dialogfeld für den Textstil*

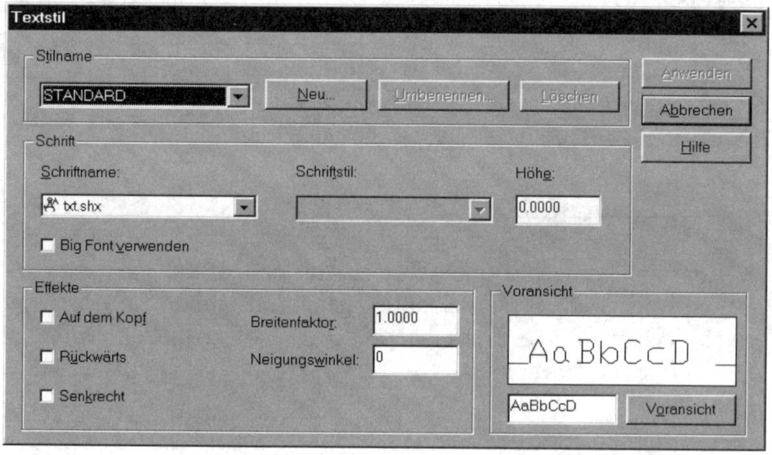

## Aktion: Neuen Stil definieren

Wollen Sie einen neuen Stil definieren, gehen Sie wie folgt vor:

- Klicken Sie auf die Schaltfläche NEU..., und tragen Sie in dem zusätzlichen Dialogfeld den neuen Stilnamen ein, Vorgabe ist *STYLE1*, *STYLE2* usw. Geben Sie einen Namen für den neuen Stil ein, oder bestätigen Sie die Vorgabe (siehe Abbildung 13.4).

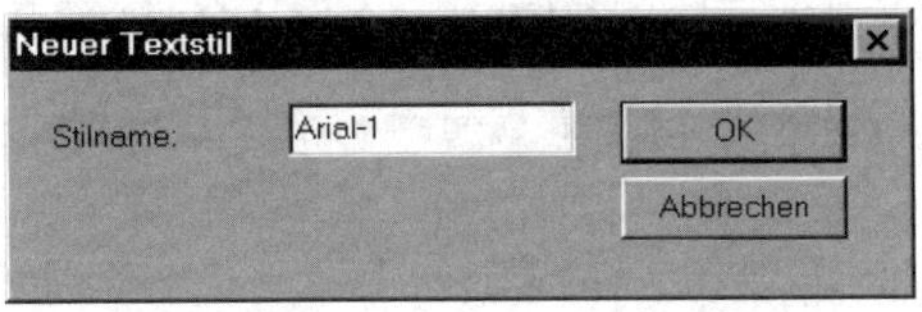


*Abbildung 13.4: Neuen Stilnamen eingeben*

- Wählen Sie dann aus dem Abrollmenü SCHRIFTNAME einen Zeichensatz für den Textstil aus. AutoCAD-Schriften haben die Dateierweiterung *.SHX*. Dabei handelt es sich um einfache Schriften, die mit einem oder mehreren Strichen gezeichnet werden. Diese sollten Sie verwenden, wenn Sie Ihre Zeichnung auf einem Stiftplotter ausgeben. TrueType-Schriften werden ohne Dateierweiterung angezeigt. Sie haben aber davor das Symbol TT. Es sind gefüllte Schriften, die in der Zeichnung ein besseres Schriftbild ergeben.
- TrueType-Schriften sind meist in verschiedenen Schriftschnitten vorhanden: normal, kursiv, fett usw. Im Abrollmenü SCHRIFTSTIL können Sie wählen, wie Sie den Zeichensatz verwenden wollen.
- Wenn Sie im Feld HÖHE eine Höhe eintragen, können Sie diesen Textstil nur mit dieser Höhe verwenden. Geben Sie für die Höhe 0 ein, wird die Höhe beim Befehl DTEXT abgefragt.
- Wählen Sie die EFFEKTE für den Textstil, falls Sie einen speziellen Stil haben wollen: AUF DEM KOPF, um den Text um 180° gedreht zu setzen, RÜCKWÄRTS für Spiegelschrift oder SENKRECHT für vertikal untereinander gesetzte Buchstaben.
- Geben Sie einen BREITENFAKTOR unter 1 ein, wenn der Text zusammengedrückt werden soll, und über 1, wenn er gedehnt werden soll.
- Geben Sie einen Neigungswinkel ein, wenn Sie den Text kursiv setzen wollen. Verwenden Sie aber statt dessen lieber eine kur-

sive Schrift. Das Schriftbild wird besser, als wenn Sie eine gerade Schrift schräg stellen.

- Im Feld VORANSICHT sehen Sie eine Schriftprobe des neuen Textstils.
- Klicken Sie auf ANWENDEN, wenn Sie die Einstellungen übernehmen wollen.

## Aktion: Bestehenden Stil ändern

Wollen Sie einen bestehenden Stil ändern, gehen Sie wie folgt vor:

- Wählen Sie ihn im Abrollmenü STILNAME, ändern Sie die entsprechenden Einstellungen, und klicken Sie auf die Schaltfläche ANWENDEN.
- Alle Texte, die mit diesem Stil erstellt wurden, werden geändert. Es wird aber nur die Schriftart geändert. Änderungen an den anderen Einstellungen (Breitenfaktor, Effekte usw.) wirken sich nicht auf die vorhandenen Texte aus.

## Aktion: Stil umbenennen

- Wollen Sie einen bestehenden Stil umbenennen, gehen Sie ähnlich vor: Wählen Sie ihn im Abrollmenü STILNAME aus, klicken Sie auf das Feld UMBENENNEN... und tragen Sie im Eingabefeld für den Stilnamen (siehe Abbildung 13.5) den neuen Namen ein, und klicken Sie auf ANWENDEN.

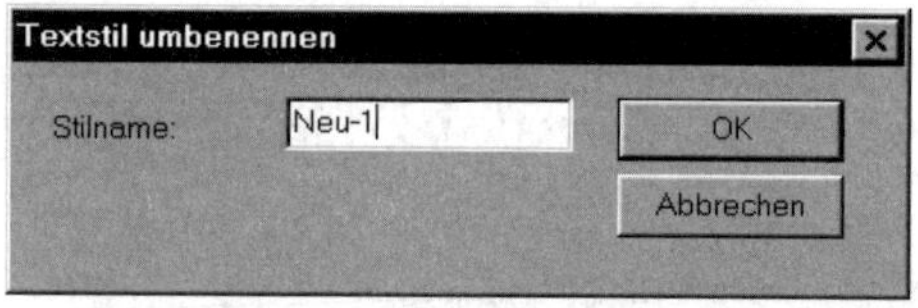


*Abbildung 13.5: Stilnamen ändern*

## Aktion: Stil löschen

- Wollen Sie einen Stil löschen, wählen Sie ihn im Abrollmenü STILNAME und klicken auf die Schaltfläche LÖSCHEN.

### Aktion: Befehl beenden

- Mit der Schaltfläche SCHLIESSEN beenden Sie das Dialogfeld und übernehmen die neu definierten Stile in die Zeichnung. Der zuletzt bearbeitete Stil wird zum aktuellen Stil und dient als Vorgabe bei den Textbefehlen.

### Training: Neue Textstile definieren

- *Definieren Sie in der Zeichnung neue Textstile mit AutoCAD-Schriften und TrueType-Schriften, und testen Sie diese mit dem Befehl DTEXT.*

## Text absatzweise eingeben

Bei Ihrer ersten Zeichnung hatten Sie schon den Befehl verwendet, auch wenn Sie dort nur einzeiligen Text eingegeben haben, den Befehl MTEXT. Damit können Sie Textabsätze in einem Editor eingeben, formatieren und in der Zeichnung plazieren.

### Aktion: Befehl MTEXT

Den Befehl finden Sie folgendermaßen:

- Abrollmenü ZEICHNEN, Funktionen ABSATZTEXT...
- Abrollmenü ZEICHNEN, Untermenü TEXT >, Funktion ABSATZTEXT... in AutoCAD 14
- Symbol im Werkzeugkasten ZEICHNEN

```
Befehl: Mtext
Aktueller Textstil: STANDARD. Texthöhe: 5
Erste Ecke:
```

Nachdem Sie den Befehl angewählt haben, bekommen Sie zunächst angezeigt, welcher Textstil und welche Texthöhe verwendet wird. Für eine Standardeingabe gehen Sie so vor:

- Geben Sie einen Eckpunkt für die Größe des Textes ein.

  `Gegenüberliegende Ecke oder [Höhe/Ausrichten/Drehen/Stil/Breite]:`

- Ziehen Sie ein Fenster auf, und geben Sie den gegenüberliegenden Eckpunkt für das Textfenster ein (siehe Abbildung 13.6).

*Abbildung 13.6: Textfenster aufziehen*

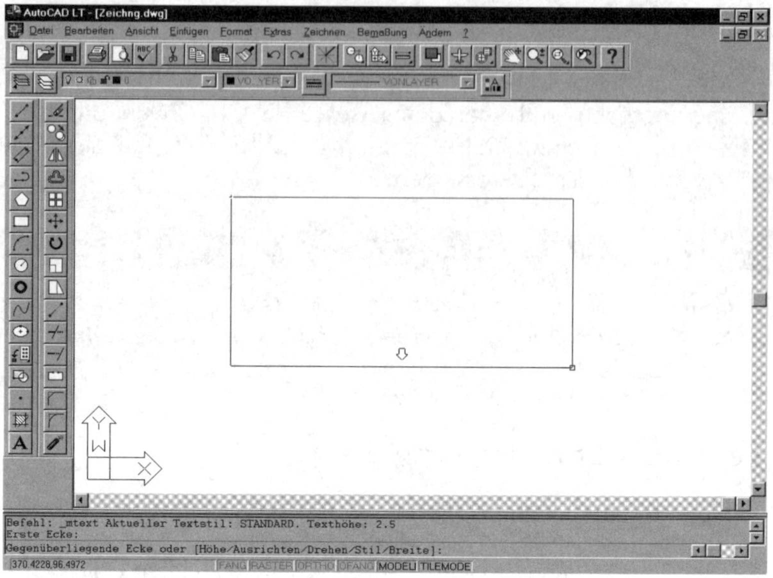


- Danach erscheint der Texteditor (siehe Abbildung 13.7). Geben Sie Ihren Text ein. Er erscheint im aktuellen Textstil und in der eingestellten Höhe im Textfenster, außerdem wird er hier schon automatisch auf die Zeilenbreite umgebrochen, wie er später auch in die Zeichnung gesetzt wird. Klicken Sie auf OK, und er wird in die Zeichnung übernommen.

*Abbildung 13.7: Editor zur Texteingabe*

## Aktion: Optionen bei der Plazierung des Fensters

Außer dieser Standardmethode stehen Ihnen weitere Möglichkeiten zur Verfügung. Bei der Anfrage nach der gegenüberliegenden Ecke des Textfensters haben Sie folgende Optionen zur Auswahl:

**HÖHE:** Vorgabe einer anderen Höhe für den einzugebenden Text.

**DREHEN:** Vorgabe eines Drehwinkels für das Textfenster.

**STIL:** Vorgabe eines anderen Stils für den einzugebenden Text.

**BREITE:** Vorgabe einer Breite für das Textfenster.

**AUSRICHTEN:** Vorgabe des Punkts, an dem der Textabsatz ausgerichtet werden soll.

Gegenüberliegende Ecke oder [Höhe/Ausrichten/Drehen/Stil/Breite]: **A für Ausrichten**
Ausrichtung angeben [OL/OZ/OR/ML/MZ/MR/UL/UZ/UR] <OL>: **z.B.: MR für Mitte rechts**

Die Ausrichtungsoptionen geben an, an welchem Punkt der Text im Fenster ausgerichtet werden soll. Die Kürzel sind gleich wie beim Befehl DTEXT, z.B.: MR für MITTE RECHTS.

Außer bei der Option BREITE wird bei allen anderen Optionen nach der Eingabe die Optionsliste wiederholt:

Gegenüberliegende Ecke oder [Höhe/Ausrichten/Drehen/Stil/Breite]:

Wenn Sie die gegenüberliegende Ecke eingegeben haben, wird der Editor (siehe Abbildung 13.7) gestartet.

## Aktion: Texteditor, Registerkarte ZEICHEN

Abweichend vom gewählten Stil können Sie in dieser Registerkarte die Zeichenformatierung einstellen (siehe Abbildung 13.8). Wählen Sie die Einstellungen, bevor Sie den Text eingeben, oder tippen Sie zuerst den Text, markieren Sie die Stellen, die Sie neu formatieren wollen, und stellen Sie die Formatierung für die markierten Textstellen ein. Folgende Einstellungen sind möglich:

**Schriftart:** Abrollmenü zur Auswahl des Zeichensatzes, alle AutoCAD- und Windows-TrueType-Schriften sind wählbar, ohne daß Sie zuvor wie beim Befehl DTEXT einen Stil definieren müssen.

**Texthöhe:** Abrollmenü zur Auswahl der Texthöhe, abweichend von der vorher angezeigten Einstellung. Die bisher verwendeten Höhen können gewählt oder eine neue eingetragen werden.

*Abbildung 13.8: Texteingabe im Editor und Text in der Zeichnung*

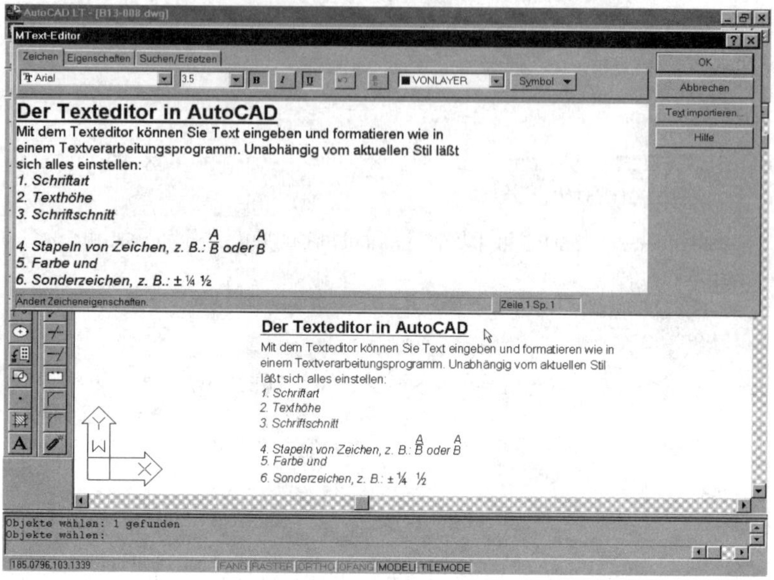

**Symbole für den Schriftschnitt:** B für fette (bold), I für kursive (italic) und U für unterstrichene Schrift. Der Pfeil macht die letzte Aktion rückgängig. Das rechte Symbol setzt den markierten Text übereinander. Dazu muß der Text, der übereinandergesetzt werden soll, mit »/« getrennt sein, z.B.: A/B. A wird dann über einen Bruchstrich gesetzt und B darunter. Soll kein Bruchstrich verwendet werden, trennen Sie die Zeichen mit »^«, z.B.: A^B.

**Textfarbe:** Abrollmenü zur Auswahl der Textfarbe. Wählen Sie daraus eine Farbe, wenn der Text nicht in der Farbe des aktuellen Layer dargestellt werden soll. Mit dem letzten Eintrag in dem Menü ANDERE... erhalten Sie das Dialogfeld zur Farbwahl.

**Symbol:** Abrollmenü zur Auswahl eines AutoCAD-Sonderzeichens (%%d, %%p und %%c). Das Sonderzeichen wird an die aktuelle Cursorposition gesetzt. Außerdem finden Sie ein geschütztes Leerzeichen. Fügen Sie dieses zwischen zwei Worte ein, verhindern Sie, daß zusammengehörende Worte am Zeilenumbruch getrennt werden. Mit dem Eintrag ANDERE... kommen Sie zum Dialogfeld mit der Zeichentabelle, das alle Sonderzeichen der Schriftart enthält (siehe Abbildung 13.9).

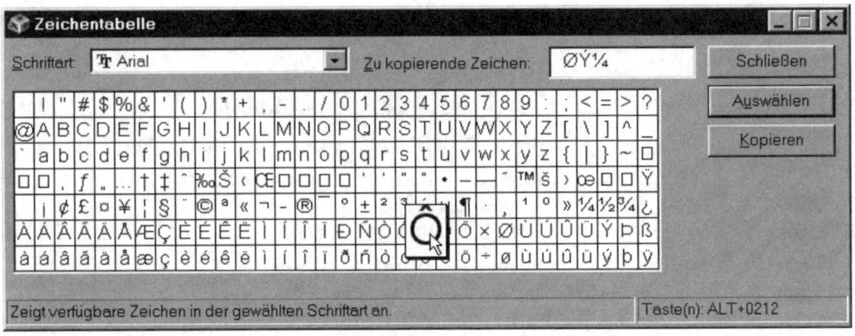


*Abbildung 13.9: Zeichentabelle zur Auswahl von Sonderzeichen*

Gehen Sie wie folgt vor, um ein Zeichen in den Texteditor zu bekommen:

- Gewünschte Schrift im Abrollmenü SCHRIFTART auswählen.
- Zeichen in der Zeichentabelle anklicken. Bei gedrückter Maustaste festhalten, das Zeichen wird vergrößert (siehe Abbildung 13.9).
- Doppelklick auf das Zeichen, und es wird in das Feld ZU KOPIERENDE ZEICHEN übernommen. Danach eventuell weitere Zeichen anklicken.
- Schaltfläche KOPIEREN anklicken. Die Zeichen werden in die Windows-Zwischenablage kopiert.
- Wechseln Sie in den AutoCAD-Texteditor, Cursor an die Stelle setzen, an der der Text eingefügt werden soll.
- Rechte Maustaste drücken und aus dem Pop-Up-Menü die Funktion EINFÜGEN wählen. Die Sonderzeichen werden eingefügt.

**TEXT IMPORTIEREN...:** Übernahme von Text aus einer Textdatei. Wenn Sie die Schaltfläche anklicken, können Sie mit dem Dateiwähler eine Textdatei auswählen. Die Übernahme von ASCII-Texten oder formatierten Texten im *RICH-TEXT-FORMAT* ist möglich.

## Aktion: Pop-Up-Menü im Texteditor

Wie gerade schon kurz erwähnt, haben Sie eine weitere Hilfe zur Bearbeitung von Text im Editor. Haben Sie einen Text markiert, bekommen Sie mit der rechten Maustaste im Texteditor ein Pop-Up-Menü mit folgenden Funktionen (siehe Abbildung 13.10):

| | |
|---|---|
| RÜCKGÄNGIG | Macht die letzte Aktion im Texteditor rückgängig. |
| AUSSCHNEIDEN | Schneidet den markierten Text aus und kopiert ihn in die Windows-Zwischenablage. |
| KOPIEREN | Kopiert den markierten Text in die Windows-Zwischenablage. |
| EINFÜGEN | Fügt Text aus der Windows-Zwischenablage an der Cursor-Position ein. |
| ALLES AUSWÄHLEN | Markiert den gesamten Text im Editor. |

*Abbildung 13.10: Texteditor mit Pop-Up-Menü*

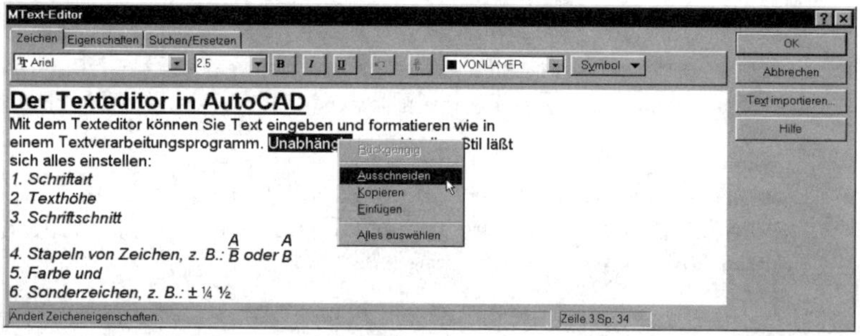


## Training: Texteingabe im Editor

- *Wählen Sie den Befehl MTEXT, und ziehen Sie ein Textfenster auf.*
- *Geben Sie Text mit unterschiedlichen Formatierungen und Sonderzeichen ein.*

## Aktion: Texteditor, Registerkarte EIGENSCHAFTEN

In der Registerkarte EIGENSCHAFTEN können Sie Einstellungen für den ganzen Textabsatz wählen (siehe Abbildung 13.11):

**STIL:** Abrollmenü zur Auswahl des Textstils. Beachten Sie aber, daß wenn Sie einen Stil wählen, alle individuellen Formatierungen, die Sie in der vorherigen Registerkarte gemacht haben, verworfen werden und der ganze Text in diesem Stil dargestellt wird.

**AUSRICHTUNG:** Abrollmenü zur Auswahl der Ausrichtung des Textabsatzes.

**BREITE:** Eingabe der Breite des Textabsatzes. Wählen Sie im Abrollmenü die Einstellung KEIN UMBRUCH, wird der komplette Text in eine Zeile gesetzt.

**DREHUNG:** Abrollmenü zur Auswahl der Drehung des Textabsatzes.

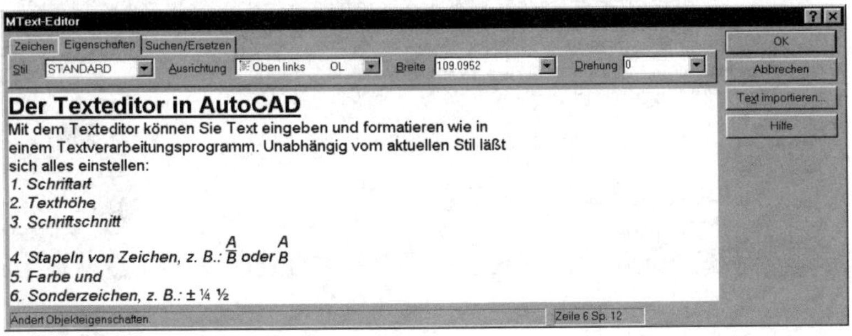


*Abbildung 13.11: Editor mit der Registerkarte EIGENSCHAFTEN*

## Aktion: Texteditor, Registerkarte SUCHEN/ERSETZEN

In der Registerkarte SUCHEN/ERSETZEN können Sie in größeren Textabsätzen Worte oder ganze Textteile suchen und eventuell durch andere ersetzen (siehe Abbildung 13.12). Gehen Sie dazu wie folgt vor:

- Tragen Sie den Text, den Sie suchen wollen, im Feld SUCHEN ein.
- Wählen Sie an den Schaltern rechts die Suchbedingungen: GROSS-/KLEINS. BEACHTEN bewirkt, daß nur Texte gesucht werden, bei denen die Schreibweise aller Buchstaben übereinstimmt. Ist der Schalter GANZES WORT ein, wird der Text nur als ganzes Wort gesucht. Ist er in einem anderen Wort enthalten, wird er nicht gefunden.
- Wollen Sie den gesuchten Text durch einen anderen ersetzen, tragen Sie den neuen Text im Feld ERSETZEN DURCH ein.
- Klicken Sie auf dieses Symbol, wird der Text gesucht und im Editor markiert. Klicken Sie erneut auf dieses Symbol, wird weitergesucht.

- Klicken Sie auf dieses Symbol, wird der Text gesucht und im Editor markiert. Mit einem erneuten Klick auf dieses Symbol wird der Text ersetzt. Klicken Sie noch mal auf dieses Symbol, wird weitergesucht.

*Abbildung 13.12: Editor mit der Registerkarte SUCHEN/ ERSETZEN*

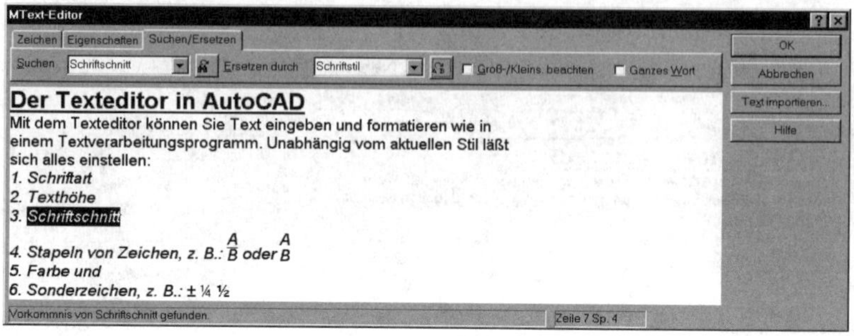


## Texte ändern

Texte und Textabsätze sind normale AutoCAD-Zeichnungsobjekt. Sie können sie verschieben, drehen, skalieren usw. Jede Textzeile oder jeder Textabsatz ist jedoch ein zusammenhängendes Objekt. Haben Sie einen Tippfehler in einer Textzeile oder einem Textabsatz, können Sie den Text mit einem speziellen Änderungsbefehl bearbeiten.

### Aktion: Befehl DDEDIT

Der Befehl heißt DDEDIT, und Sie finden ihn folgendermaßen:

- Abrollmenü ÄNDERN, Untermenü OBJEKT >, Funktion TEXT BEARBEITEN...
- Symbol im Werkzeugkasten ÄNDERN II

Klicken Sie eine Textzeile an, wird ein Dialogfeld mit dieser Textzeile angezeigt. Dort kann Sie geändert und mit OK in die Zeichnung übernommen werden (siehe Abbildung 13.13).

*Abbildung 13.13: Änderung einer Textzeile*

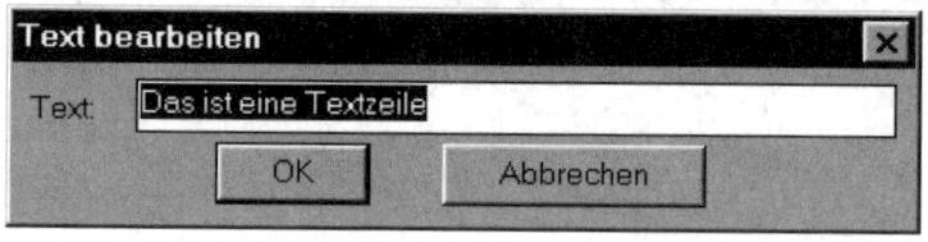

Klicken Sie einen Textabsatz an, wird er in den Texteditor zur Bearbeitung übernommen (siehe Abbildung 13.8, 13.11 und 13.12). Ändern Sie nach Belieben Text oder Formatierung, und klicken Sie auf OK, der Textabsatz wird geändert in die Zeichnung übernommen.

Mit der Option ZURÜCK können Sie Änderungen wieder zurücknehmen.

**Training: Textänderung im Editor**

- *Ändern Sie Textzeilen und Textabsätze.*
- *Ändern Sie die Formatierung des Textes im Textabsatz und die Ausrichtung.*

## Tippfehler korrigieren

AutoCAD hat eine integrierte Rechtschreibprüfung. Lassen Sie einzelne Textzeilen, Textabsätze oder die ganze Zeichnung nach Fehlern durchsuchen.

**Aktion: Befehl: RECHTSCHREIBUNG**

Die Rechtschreibprüfung wird mit dem Befehl RECHTSCHREIBUNG gestartet. Sie finden den Befehl folgendermaßen:

- Abrollmenü EXTRAS bzw. WERKZEUGE in AutoCAD 14, Funktion RECHTSCHREIBUNG
- Symbol in der Standard-Funktionsleiste

Befehl: **Rechtschreibung**
Objekt wählen:

Klicken Sie die Texte an, die geprüft werden sollen, oder geben Sie die Option ALLE ein, um alle Texte in der Zeichnung zu prüfen. Gehen Sie bei Fehlern wie folgt vor:

- Wird ein Fehler oder ein unbekanntes Wort entdeckt, bekommen Sie das Dialogfeld der Rechtschreibprüfung auf den Bildschirm (siehe Abbildung 13.14).

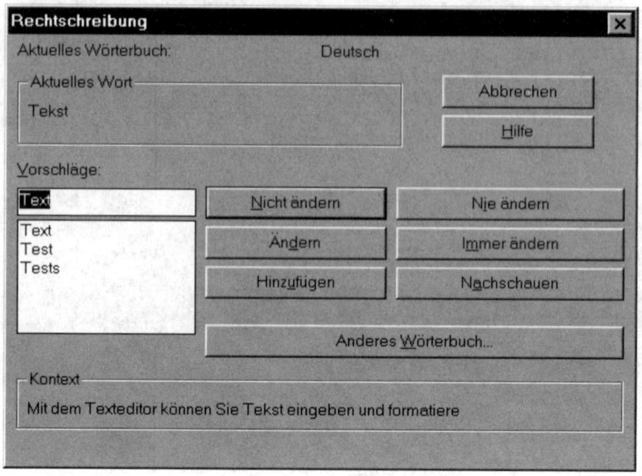


*Abbildung 13.14: Dialogfeld zur Rechtschreibprüfung*

- Sie bekommen angezeigt:

  Mit welchem Wörterbuch gerade gearbeitet wird, deutsch, englisch, französisch usw., in welchem Wort ein Fehler festgestellt wurde bzw. welches Wort unbekannt ist, eine Liste mit Änderungsvorschlägen und der Kontext, in dem das Wort steht.

- Klicken Sie auf eine Schaltfläche:

  **NICHT ÄNDERN:** Es wird keine Korrektur vorgenommen.

  **NIE ÄNDERN:** Es wird keine Korrektur vorgenommen und das Wort im ganzen Text nicht mehr angefragt.

  **ÄNDERN:** Ersetzt das Wort durch das in der Vorschlagsliste markierte.

  **IMMER ÄNDERN:** Ersetzt das Wort durch das in der Vorschlagsliste markierte im ganzen Text.

  **HINZUFÜGEN:** Nimmt das Wort in das Benutzerwörterbuch auf.

  **NACHSCHAUEN:** Wenn Sie ein Wort in der Vorschlagsliste markieren, können Sie damit Wörter in der Vorschlagsliste einblenden, die dem markierten Wort ähnlich sind.

  **ANDERES WÖRTERBUCH:** Wechsel des Haupt- bzw. Benutzerwörterbuchs in einem weiteren Dialogfeld (siehe Abbildung 13.15).

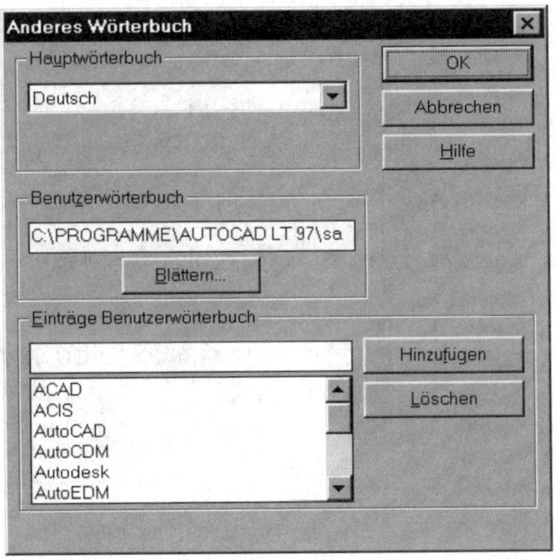


*Abbildung 13.15: Dialogfeld zur Wahl der Wörterbücher*

AutoCAD arbeitet mit einem Hauptwörterbuch, das in verschiedenen Sprachen mit dem Programm installiert wurde. Daneben gibt es ein Benutzerwörterbuch, in das alle Wörter aufgenommen werden, die Sie bei der Rechtschreibprüfung ins Wörterbuch hinzufügen. Sie können sich verschiedene Benutzerwörterbücher anlegen, je nach Anwendung oder Benutzer, und diese mit dem Hauptwörterbuch in diesem Dialogfeld wechseln.

## Training: Text ändern und Rechtschreibung prüfen

- *Ändern Sie Ihren Text. Bauen Sie Fehler ein.*
- *Korrigieren Sie den Text mit der Rechtschreibprüfung.*

## Fragen zu Stunde 13

1. Was ist der Unterschied zwischen den Optionen ZENTRIEREN und MITTE beim Befehl DTEXT?
2. Mit welcher Option des Befehls DTEXT wird der Text in der Breite variiert, bis er zwischen zwei Punkte paßt?
3. Mit welchem Code erhalten Sie das Durchmesserzeichen?
4. Mit welchen Zeichensätzen bekommen Sie bessere Schriftbilder?
5. Ein Textstil hat die Höhe 0, was bedeutet das?

6 Sie ändern einen Textstil, was ändert sich bei Texten, die mit diesem Stil erstellt wurden?

7 Sie wollen beim Befehl MTEXT eine spezielle Schrift verwenden. Müssen Sie vorher einen Textstil erstellen?

8 Mit welchem Befehl ändern Sie Texte?

9 Welche Wörter werden bei der Rechtschreibprüfung angefragt?

10 Welche Arten von Wörterbüchern gibt es bei der Rechtschreibprüfung?

# Bemaßen

Stunde 14

Jede Zeichnung muß auch irgendwann einmal bemaßt werden. Dann haben Sie den Nutzen daraus, wenn Sie bisher exakt gearbeitet haben. Sie können die Maße einfach aus der Zeichnung abgreifen. Sie lernen in dieser Stunde:

- wie Sie lineare Maße in die Zeichnung bringen
- wie Maßketten erstellt werden
- auf welche Art Radien und Durchmesser bemaßt werden
- wie Winkel bemaßt werden und
- was Führungslinien sind und wie sie in die Zeichnung kommen.

## Maße in der Zeichnung

Alle Bemaßungen finden Sie in dem Abrollmenü BEMASSUNG und in einem speziellen Werkzeugkasten für die Bemaßung (siehe Abbildung 14.1).

In AutoCAD werden Bemaßungen assoziativ erstellt, das heißt, sie werden als zusammenhängendes Objekt erzeugt. Ändern Sie später die Kontur, die Sie bemaßt haben, und wählen Sie dabei die Bemaßungen mit, werden diese entsprechend korrigiert. Vergrößern Sie beispielsweise ein bemaßtes Teil um den Faktor 2 mit dem Befehl VARIA, werden die Maße korrekt auch doppelt so groß angezeigt. Maßpfeile, Texthöhe usw. bleiben natürlich so, wie sie vorher waren. Mit dem Befehl URSPRUNG können Sie Maße in ihre Bestandteile zerlegen, wie Sie das auch schon bei anderen Objekten gesehen haben.

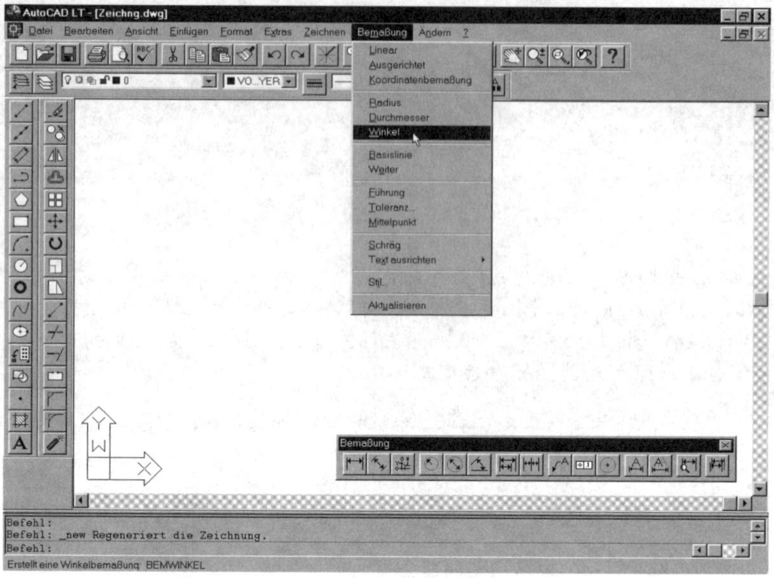


*Abbildung 14.1: Menü und Werkzeugkasten für die Bemaßung*

Sollten die Maße aus irgendeinem Grund in der Zeichnung nicht als zusammenhängendes Objekt generiert werden, also damit auch nicht assoziativ sein, liegt das daran, daß die Systemvariable DIMASO den falschen Wert hat. Überprüfen Sie dies:

Befehl: **Dimaso**
Neuer Wert für DIMASO: **Ein**

Maße sehen anders aus, je nachdem, ob sie in technischen Zeichnungen oder Architekturplänen stehen. Diese Einstellungen können Sie mit den Bemaßungsvariablen bzw. dem Bemaßungsstil beeinflussen. In dieser Stunde werden Sie mit den Standardeinstellungen arbeiten, und in der nächsten Stunde lernen Sie, wie Sie diese verändern und anpassen können.

## Längen bemaßen

Die meisten Maße, die Sie in technischen Zeichnungen benötigen, geben die horizontale, vertikale oder die direkte Distanz zweier Punkte an.

## Aktion: Befehl BEMLINEAR

Einfache lineare Maße, horizontal oder vertikal, erstellen Sie mit dem Befehl BEMLINEAR. Sie finden den Befehl im:

- Abrollmenü BEMASSUNG, Funktion LINEAR
- Symbol im Werkzeugkasten BEMASSUNG

  Befehl: **Bemlinear**
  Anfangspunkt der ersten Hilfslinie oder Eingabetaste für Auswahl drücken:

Sie haben jetzt zwei Möglichkeiten:

- Klicken Sie zwei Punkte an (natürlich mit dem Objektfang), und der Abstand dieser Punkte wird vermaßt.

  Anfangspunkt der ersten Hilfslinie oder Eingabetaste für Auswahl drücken: **Punkt wählen**
  Anfangspunkt der zweiten Hilfslinie: **zweiten Punkt wählen**

- Sie können aber auch bei der Anfrage nach dem ersten Punkt [↵] eingeben und dann mit der Pickbox ein Objekt anklicken, das vermaßt werden soll. Dieses Objekt wird dann an seinen Endpunkten vermaßt:

  Anfangspunkt der ersten Hilfslinie oder Eingabetaste für Auswahl drücken: [↵]
  Zu bemaßendes Objekt wählen:

In beiden Fällen wird danach die Position der Maßlinie angefragt:

Position der Maßlinie (Mtext/Text/Winkel/Horizontal/Vertikal/Drehen):

Mit der Standardmethode können Sie jetzt die Maßlinie plazieren. Beim Positionieren wird das Maß dynamisch mitgeführt. Wenn Sie dabei nach rechts oder links wegfahren, wird ein vertikales Maß gezeichnet. Fahren Sie dagegen nach oben oder unten, gibt es ein horizontales Maß. Klicken Sie einen Punkt an und das Maß wird gezeichnet.

## Aktion: Weitere Optionen beim Befehl BEMLINEAR

Statt die Maßlinie zu plazieren, haben Sie zudem weitere Optionen:

Position der Maßlinie (Mtext/Text/Winkel/Horizontal/Vertikal/Drehen):

**HORIZONTAL** bzw. **VERTIKAL:** Erstellt ein horizontales bzw. vertikales Maß, egal wo Sie die Maßlinie hinsetzen.

**WINKEL:** Setzt den Maßtext mit wählbarem Winkel schräg zwischen die Maßlinie.

**DREHEN:** Setzt die Maßlinie mit wählbarem Winkel schräg.

**TEXT:** Am wichtigsten ist die Option TEXT. Wollen Sie eine andere Maßzahl eingeben als das gemessene Maß, weil Sie beispielsweise nicht maßstäblich gezeichnet haben oder der Maßzahl einen Text vorstellen oder anhängen wollen, wählen Sie diese Option.

Position der Maßlinie (MText/Text/Winkel/Horizontal/Vertikal/Drehen): **T für Text**
Maßtext <20.00>: **Neuen Text eingeben**

Geben Sie die Maßzahl manuell ein, und Sie überschreiben das gemessene Maß. Wollen Sie einen Text voranstellen oder anhängen, geben Sie diesen ein, und, ganz wichtig, geben Sie für das gemessene Maß den Platzhalter <> mit ein:

| | |
|---|---|
| Maßtext <12.75>: 12 | mit 12 überschreiben |
| Maßtext <6>: M<> | der Maßzahl ein M voranstellen |
| Maßtext <10>: %%c<> | der Maßzahl das Zeichen Ø voranstellen (%%c ist der Code für Ø) |
| Maßtext <10>: Länge=<> | der Maßzahl den Text »Länge=« voranstellen |
| usw. | |

**MTEXT:** Mit der Option MTEXT können Sie den Maßtext im Texteditor ändern (siehe Abbildung 14.2). Sie finden auch hier den Platzhalter <> für den Maßtext. Ändern Sie den Text, bringen Sie Zusätze an, geben Sie mehrzeiligen Text ein, oder ändern Sie die Formatierung, wie Sie es in der letzten Stunde beim Befehl MTEXT gemacht haben.

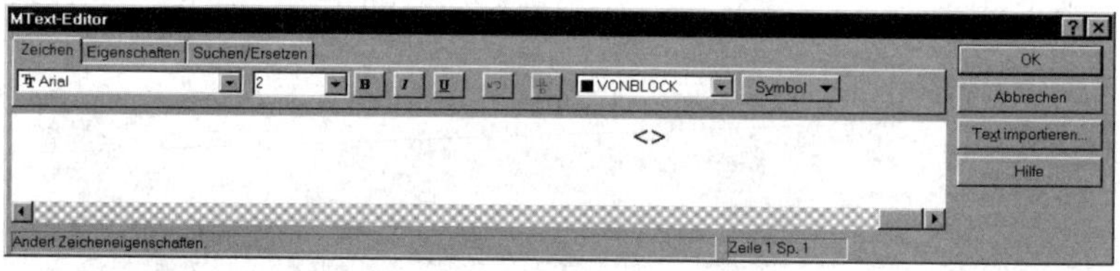


*Abbildung 14.2: Maßtext im Texteditor ändern*

Nach den Optionen werden Sie wieder nach der Position der Maßlinie gefragt. Sie können noch eine Option wählen, oder klicken Sie einen Punkt für die Maßlinie an. Das Maß wird in die Zeichnung eingetragen.

## Tips:

- Wenn Maßpfeile und Maßtext nicht zwischen die Hilfslinien passen, werden Sie automatisch nach außen gesetzt. Der Text wird in diesem Fall gegenüber dem zuerst angeklickten Maßpunkt gesetzt. Wenn Sie das beachten, können Sie das Aussehen des Maßes beeinflussen.
- Erstellen Sie einen eigenen Layer für Maße, und erstellen Sie die Maße darauf.
- Schalten Sie für die Bemaßung den Objektfang fest ein, meist ist ENDPUNKT und SCHNITTPUNKT sinnvoll.
- Der Objektfang fängt auch Endpunkte von Schraffurlinien und Schnittpunkte dieser mit der Kontur. Schalten Sie deshalb beim Bemaßen von Schnitten den Layer mit der Schraffur besser aus.
- Um die Maßlinien in eine Flucht zu setzen, kann es sinnvoll sein, den Fang einzuschalten.

## Training: Lineare Maße erstellen

- *Öffnen Sie die Zeichnung A-14-01.DWG aus dem Ordner \AUFGABEN.*
- *Bemaßen Sie Objekte, so zum Beispiel die senkrechte Linie links in Abbildung 14.3., 1:*

  Befehl: **Bemlinear**
  Anfangspunkt der ersten Hilfslinie oder Eingabetaste für Auswahl drücken:
  [↵]
  Zu bemaßendes Objekt wählen: **Linie anklicken**
  Position der Maßlinie (MText/Text/Winkel/Horizontal/Vertikal/Drehen): **Punkt für die Maßlinie anklicken**
  Maßtext = 35

- *Genauso können Sie auch eine schräge Linie bemaßen, einen Bogen oder einen Kreis (siehe Abbildung 14.3., 2 bis 5). Fahren Sie nach rechts oder nach unten weg, um die richtige Ausrichtung zu haben. Bemaßen Sie wie in der Abbildung.*

- *Bemaßen Sie jetzt eine Strecke, die durch zwei Punkte definiert wird (siehe Abbildung 14.3, 6):*

  Befehl: **Bemlinear**
  Anfangspunkt der ersten Hilfslinie oder Eingabetaste für Auswahl drücken: **Linker Punkt mit Objektfang Schnittpunkt wählen**
  Anfangspunkt der zweiten Hilfslinie: **Rechter Punkt mit Objektfang Schnittpunkt wählen**
  Position der Maßlinie (MText/Text/Winkel/Horizontal/Vertikal/Drehen): **Punkt für die Maßlinie anklicken**
  Maßtext = 48

- *Jetzt einen Bogen mit zwei Punkten wählen, aber den Maßtext diesmal korrigieren (siehe Abbildung 14.3, 7):*

  Befehl: **Bemlinear**
  Anfangspunkt der ersten Hilfslinie oder Eingabetaste für Auswahl drücken: **Linker Punkt mit Objektfang Schnittpunkt wählen**
  Anfangspunkt der zweiten Hilfslinie: **Rechter Punkt mit Objektfang Schnittpunkt wählen**
  Position der Maßlinie (MText/Text/Winkel/Horizontal/Vertikal/Drehen): **T für die Option Text**
  Maßtext <10,00>: **M<>**
  Position der Maßlinie (MText/Text/Winkel/Horizontal/Vertikal/Drehen): **Punkt für die Maßlinie anklicken**
  Maßtext = 10,00

- *Und noch ein Maß mit korrigiertem Text, diesmal mit Durchmesserzeichen (siehe Abbildung 14.3, 8).*

- *Sieht Ihre Lösung wie in Abbildung 14.3 aus? Falls nicht, finden Sie eine Musterlösung im Ordner \AUFGABEN, die Datei L-14-01.DWG.*

*Abbildung 14.3: Lineare Maße*

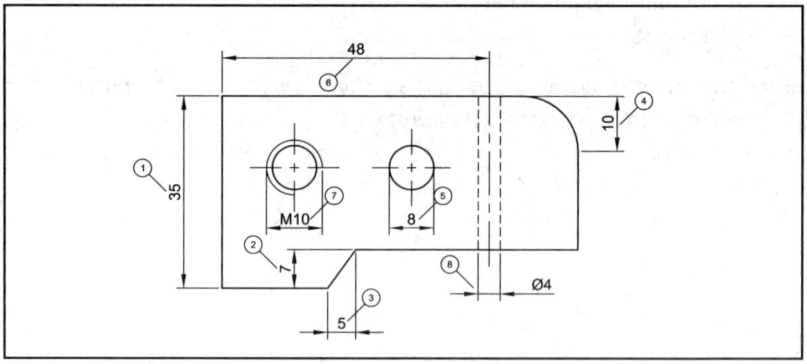

## Aktion: Befehl BEMAUSG

Wollen Sie die Distanz zwischen zwei Punkten bemaßen, verwenden Sie den Befehl BEMAUSG. Sie finden den Befehl im:

- Abrollmenü BEMASSUNG, Funktion AUSGERICHTET
- Symbol im Werkzeugkasten BEMASSUNG

Gehen Sie genauso vor wie beim Befehl BEMLINEAR. Die Maßlinie wird jetzt parallel zum gewählten Objekt oder parallel zu den beiden angeklickten Punkten gesetzt (siehe Abbildung 14.4).

## Training: Ausgerichtete Maße erstellen

- *Öffnen Sie die Zeichnung A-14-02.DWG aus dem Ordner \AUFGABEN.*
- *Bemaßen Sie die Linie links in Abbildung 14.4., 1:*

Befehl: **Bemausg**
Anfangspunkt der ersten Hilfslinie oder Eingabetaste für Auswahl drücken:

Zu bemaßendes Objekt wählen: **Linie anklicken**
Position der Maßlinie (MText/Text/Winkel): **Punkt für die Maßlinie anklicken**
Maßtext = 23,85

- *Bemaßen Sie die zwei Punkte rechts in Abbildung 14.4., 2.*
- *Ihre Zeichnung sollte wie in Abbildung 14.4 aussehen. Falls nicht, finden Sie auch dazu eine Lösung im Ordner \AUFGABEN, L-14-02.DWG.*

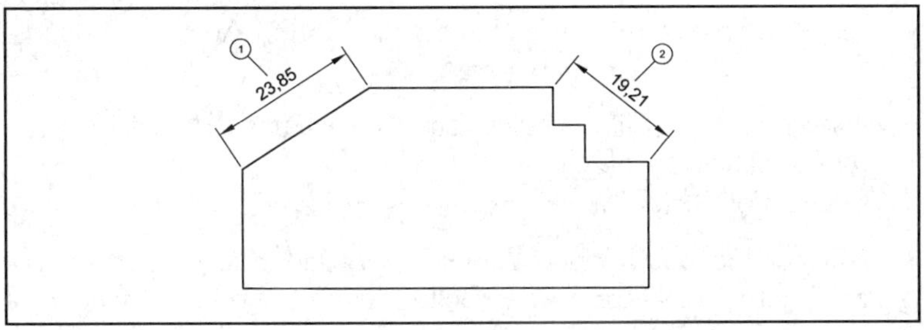


*Abbildung 14.4: Ausgerichtete Maße*

## Bezugs- und Kettenmaße

Neben den einfachen Maßen können Sie auch zusammengesetzte Maße automatisch erstellen. Zwei Bemaßungsbefehle haben Sie dafür.

### Aktion: Befehl BEMBASISL

Mit dem Befehl BEMBASISL lassen sich mehrere Maße als Bezugsmaße auf einen Punkt hin bemaßen. Wichtig ist, daß Sie zuvor ein Maß mit dem Befehl BEMLINEAR oder BEMAUSG gesetzt haben. Die Maße, die Sie mit BEMBASISL erstellen, setzen auf einem dieser Maße auf. Auch bei Winkelmaßen können Sie diesen Befehl verwenden, doch dazu später mehr. Den Befehl BEMBASISL finden Sie folgendermaßen:

- Abrollmenü BEMASSUNG, Funktion BASISLINIE
- Symbol im Werkzeugkasten BEMASSUNG

Voraussetzung für die Verwendung von BEMBASISL ist ein normales Maß, an das angesetzt werden kann. Dieses Maß bestimmt die Ausrichtung der ganzen Kette.

Befehl: **Bembasisl**
Anfangspunkt der zweiten Hilfslinie angeben oder (Zurück/<Auswählen>):

### Tips:

- Normalerweise wird die Maßkette an das zuletzt gezeichnete Maß angesetzt, und Sie brauchen nur noch den Anfangspunkt der zweiten Hilfslinie einzugeben. Wollen Sie aber an einem anderen Maß oder einer vorher gezeichneten Maßkette ein weiteres Maß ansetzen, verwenden Sie die Option AUSWÄHLEN, die Sie mit [↵] aktivieren können:

  Anfangspunkt der zweiten Hilfslinie angeben oder (Zurück/<Auswählen>): **A für Auswählen oder [↵]**
  Basis-Bemaßung wählen:

- Mit der Pickbox können Sie jetzt ein Maß oder eine schon gezeichnete Maßkette an der Bezugskante anklicken. Haben Sie noch kein Maß in der Zeichnung, dann wird die Anfrage nach der Basis-Bemaßung zuerst gestellt.

- Geben Sie danach den zweiten Ausgangspunkt des Maßes ein, oder, falls Sie falsch gewählt haben, verwenden Sie die gleiche Option noch einmal. Mit der Option ZURÜCK wird das letzte Maß der Maßkette zurückgenommen.

  Anfangspunkt der zweiten Hilfslinie angeben oder (Zurück/<Auswählen>):
  **Punkt eingeben**
  Maßtext = 120

- Eine Position der Maßlinie brauchen Sie nicht einzugeben, sie ergibt sich ja aus dem vorhergehenden Maß. Auch der Abstand der Maßlinien beim Befehl BEMBASISL ergibt sich automatisch. Der Befehl bleibt im Wiederholmodus, bis Sie auf eine Anfrage ↵ eingeben.

## Training: Bezugsmaße erstellen

- *Öffnen Sie die Zeichnung A-14-3.DWG aus dem Ordner \AUFGABEN.*
- *Erstellen Sie das senkrechte Maß 1 in Abbildung 14.5. mit dem Befehl BEMLINEAR.*
- *Setzen Sie daran die Bezugsmaße:*

  Befehl: **Bembasisl**
  Anfangspunkt einer zweiten Hilfslinie angeben oder (Zurück/<Auswählen>):
  **Zweiten Punkt des zweiten Maßes anklicken**
  Maßtext = 12
  Anfangspunkt einer zweiten Hilfslinie angeben oder (Zurück/<Auswählen>):
  **Zweiten Punkt des dritten Maßes anklicken**
  Maßtext = 17
  ... usw.

- *Gehen Sie bei der waagrechten Maßkette oben genauso vor. Setzen Sie zuerst das Maß 2 mit BEMLINEAR und den Rest mit BEMBASISL.*
- *Sieht Ihre Zeichnung wie in Abbildung 14.5 aus? Falls nicht, finden Sie die Lösung im Ordner \AUFGABEN, L-14-03.DWG.*

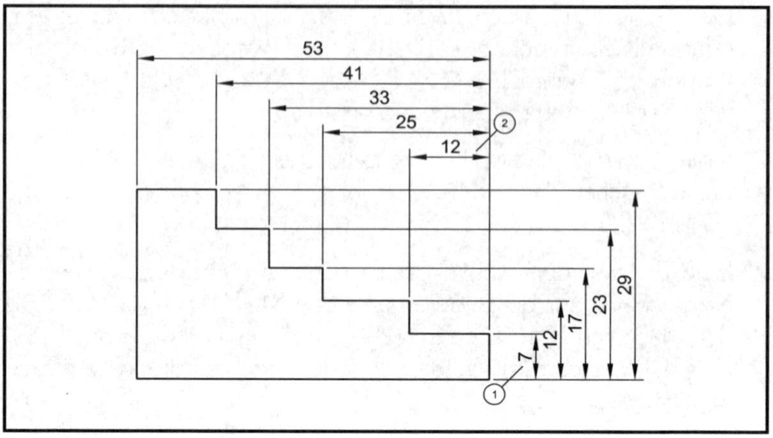


*Abbildung 14.5: Bezugsmaße*

## Aktion: Befehl BEMWEITER

Der Befehl BEMWEITER arbeitet genau gleich, nur daß damit Kettenmaße erstellt werden:

- Abrollmenü BEMASSUNG, Funktion WEITER
- Symbol im Werkzeugkasten BEMASSUNG

Auch hier wird an einem einfachen Maß angesetzt, das schon in der Zeichnung vorhanden sein muß. Mit der Option AUSWÄHLEN kann es mit der Pickbox angeklickt werden, diesmal aber an der zweiten Hilfslinie, also dort, wo angesetzt werden soll. Gehen Sie ansonsten genauso wie beim letzten Befehl vor.

## Training: Kettenmaße erstellen

- *Öffnen Sie die Zeichnung A-14-4.DWG aus dem Ordner \AUFGABEN.*
- *Erstellen Sie das senkrechte Maß 1 in Abbildung 14.6. mit dem Befehl BEMLINEAR.*
- *Setzen Sie daran Kettenmaße:*

Befehl: **Bemweiter**
Anfangspunkt einer zweiten Hilfslinie angeben oder (Zurück/<Auswählen>):
**Zweiten Punkt des zweiten Maßes anklicken**
Maßtext = 20
Anfangspunkt einer zweiten Hilfslinie angeben oder (Zurück/<Auswählen>):
**Zweiten Punkt des dritten Maßes anklicken**
Maßtext = 4
... usw.

- *Machen Sie die waagrechte Maßkette unten genauso. Setzen Sie zuerst das Maß 2 mit BEMLINEAR und den Rest mit BEMWEITER.*
- *Die Lösung finden Sie, falls Sie sie nicht selbst erstellt haben, im Ordner \AUFGABEN, L-14-04.DWG.*

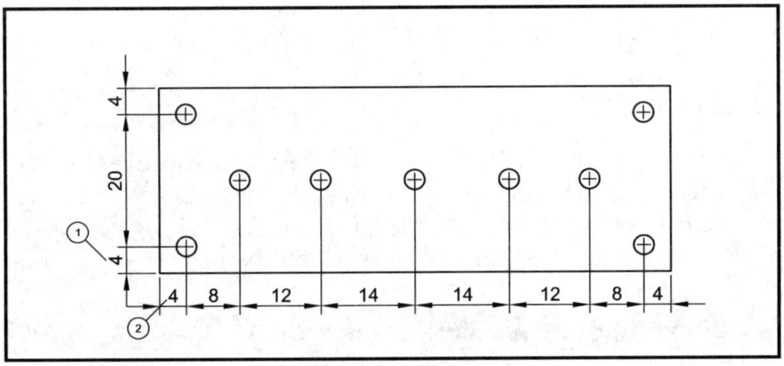


*Abbildung 14.6: Kettenmaße*

## Radius- und Durchmessermaße

Zur Bemaßung von Radien und Durchmessern von Kreisen und Bögen, finden Sie in AutoCAD ebenfalls einen Befehl.

### Aktion: Befehl BEMRADIAL

Radien von Bögen, Kreisen und Polylinienbögen können Sie mit dem Befehl BEMRADIAL bemaßen, wenn Sie ein Radiusmaß haben wollen.

- Abrollmenü BEMASSUNG, Funktion RADIUS
- Symbol im Werkzeugkasten BEMAßUNG

Befehl: **Bemradius**
Bogen oder Kreis wählen:

Wählen Sie das Objekt, das Sie bemaßen wollen.

Maßtext = 30
Position der Maßlinie (MText/Text/Winkel):

Der gemessene Wert wird angezeigt und danach die Optionsliste, die denen der vorherigen Befehle entspricht.

## Aktion: Befehl BEMDURCHM

Ein weiterer Befehl erstellt das Maß für den Durchmesser: BEMDURCHM. Sie finden ihn folgendermaßen:

- Abrollmenü BEMAßUNG, Funktion DURCHMESSER
- Symbol im Werkzeugkasten BEMAßUNG

Gehen Sie wie beim Befehl BEMRADIUS vor.

## Tip:

- Mit der Funktion MITTELPUNKT im Abrollmenü BEMASSUNG können Sie das Zentrum eines Kreises oder Bogens mit einem Zentrumskreuz oder, bei entsprechender Einstellung der Bemaßungsvariablen, mit einer Mittellinie versehen.

## Training: Radius- und Durchmessermaße

- *Öffnen Sie die Zeichnung A-14-5.DWG aus dem Ordner \AUFGABEN.*
- *Erstellen Sie die Radius- und Durchmessermaße in Abbildung 14.7.*

  Befehl: **Bemradius**
  Bogen oder Kreis wählen: **Bogen am Punkt 1 anklicken**
  Maßtext = 10
  Position der Maßlinie (MText/Text/Winkel): **Maßlinienposition an Punkt 2 anklicken**
  **... usw.**

- *Die Lösung finden Sie im Ordner \AUFGABEN, L-14-05.DWG.*

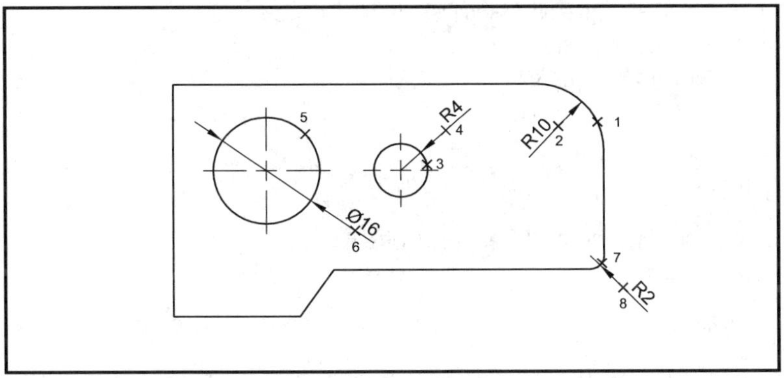


*Abbildung 14.7: Radius- und Durchmessermaße*

## Winkelmaße

Natürlich können Sie auch Winkel mit einem eigenen Befehl bemaßen.

**Aktion: Befehl BEMWINKEL**

Der Befehl dafür ist BEMWINKEL. Sie finden ihn folgendermaßen:

- Abrollmenü BEMAßUNG, Funktion WINKEL
- Symbol im Werkzeugkasten BEMAßUNG

Befehl: **Bemwinkel**
Bogen, Kreis, Linie oder Eingabetaste wählen:

Vier Methoden haben Sie zur Auswahl:

- Wählen Sie eine Linie mit der Pickbox, und eine zweite wird angefragt. Je nachdem, wo Sie den Maßbogen plazieren, wird ein anderer Winkel bemaßt, und die Maßhilfslinien werden eingesetzt (siehe Abbildung 14.8, a).
- Haben Sie einen Bogen angewählt, wird dieser mit einem Maßbogen versehen (siehe Abbildung 14.8, b).
- Haben Sie einen Kreis gewählt, wird ein zweiter Punkt am Kreis abgefragt, und die beiden Punkte werden mit einem Maßbogen versehen (siehe Abbildung 14.8, c).
- Geben Sie ↵ ein, werden drei Punkte erfragt (siehe Abbildung 14.8, d und e):

Bogen, Kreis, Linie oder Eingabetaste wählen: ↵
Scheitel des Winkels:
Erster Winkelendpunkt:
Zweiter Winkelendpunkt:

Die weiteren Anfragen sind gleich, egal für welche Methode Sie sich entschieden haben.

Position des Maßbogens (MText/Text/Winkel):
Maßtext = 125

Die Optionen entsprechen denen der vorherigen Befehle.

**Tip:**

- Mit den Befehlen BEMBASISL und BEMWEITER können Sie auch an ein Winkelmaß ansetzen (siehe Abbildung 14.8, d und e)

**Training: Winkel bemaßen**

- *Öffnen Sie die Zeichnung A-14-6.DWG aus dem Ordner \AUFGABEN.*
- *Bemaßen Sie den Winkel zwischen den beiden Linien wie in Abbildung 14.8, a auf die vier verschiedenen Arten, indem Sie den Maßbogen entsprechend setzen.*
- *Bemaßen Sie den Bogen und den Kreis (siehe Abbildung 14.8, b und c).*
- *Bemaßen Sie in Abbildung 14.8, d den Winkel mit 3 Punkten, und wählen Sie danach den Befehl BEMWEITER.*
- *Machen Sie es in Abbildung 14.8, e genauso, verwenden Sie aber den Befehl BEMBASISL.*
- *Eine Musterlösung haben Sie im Ordner \AUFGABEN, L-14-06.DWG.*

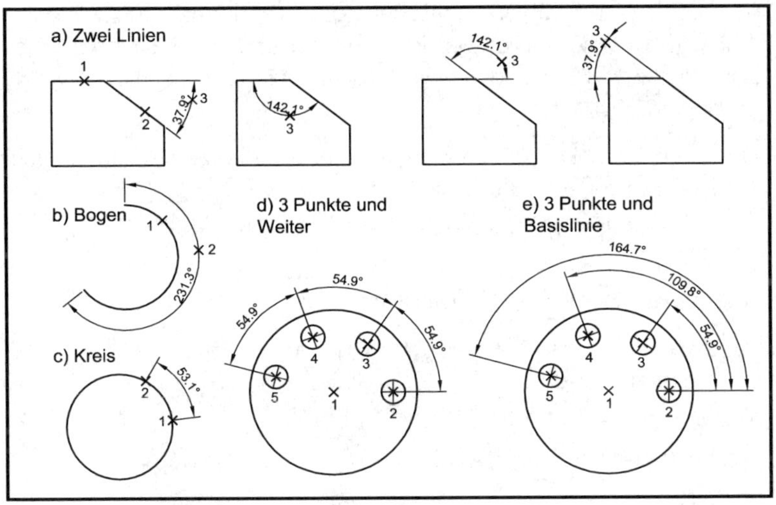


*Abbildung 14.8: Winkel bemaßen*

## Führungslinien

Eigentlich handelt es sich hier mehr um einen Beschriftungs- als um einen Bemaßungsbefehl. Da Sie ihn aber im Bemaßungsmenü finden, behandeln wir ihn in dieser Stunde.

### Aktion: Befehl FÜHRUNG

Mit dem Befehl FÜHRUNG können Sie Führungslinien in unterschiedlicher Form mit Beschriftungen; Textabsätzen, Toleranzen oder Blöcken in die Zeichnung setzen. Wählen Sie den Befehl:

- Abrollmenü BEMASSUNG, Funktion FÜHRUNG
- Symbol im Werkzeugkasten BEMASSUNG

Befehl: **Führung**
Von Punkt:
Nach Punkt:
Nach Punkt (Format/Masstext/Zurück)<Masstext>:

Nach dem zweiten Punkt bekommen Sie eine Optionsliste angezeigt. Geben Sie weitere Punkte für die Führungslinie ein, oder machen Sie Punkteingaben mit der Option ZURÜCK rückgängig. Mit der Option FORMAT bestimmen Sie das Aussehen der Führungslinie:

Spline/Gerade/Pfeil/Keine/<Exit>:

Sie können auswählen zwischen den Optionen: SPLINE oder GERADE für eine kurvenförmige Verbindung zum Text oder einen Linienzug und PFEIL oder KEINE für einen Pfeil oder kein Symbol am Beginn.

Wie beim Befehl LINIE können Sie einen Linienzug zeichnen oder Stützpunkte für eine Kurve zeichnen, die Sie mit [↵] abschließen. Die Führungslinie wird waagrecht verlängert und der Text darüber gesetzt.

Masstext (oder Eingabetaste für Optionen):

Sie können jetzt den Text eingeben, der an das Ende der Führungslinie gesetzt werden soll. Mit [↵] bekommen Sie eine weitere Optionsliste.

Toleranz/KOpieren/Block/KEine/<Mtext>:

Mit diesen Optionen können Sie wählen, was Sie an das Ende der Führungslinie setzen wollen: TOLERANZ für ein Toleranzsymbol, KOPIEREN, um einen Text oder einen Absatztext aus der Zeichnung an die Führungslinie zu kopieren, BLOCK für einen in der Zeichnung vorhandenen Block, KEINE, um nichts an das Ende der Führungslinie zu setzen, und MTEXT, um einen Textabsatz zu plazieren.

## Training: Führungslinien erstellen

- *Öffnen Sie die Zeichnung A-14-7.DWG aus dem Ordner \AUFGABEN.*
- *Setzen Sie Führungslinien mit Geraden, Pfeil und Text wie in Abbildung 14.9 in die Zeichnung*

  Befehl: **Führung**
  Von Punkt: **Punkt P1 anklicken**
  Nach Punkt: **Punkt P2 anklicken**
  Nach Punkt (Format/Masstext/Zurück)<Masstext>: [↵]
  Masstext (oder Eingabetaste für Optionen): **Text eingeben**
  MText: **Weiteren Text eingeben oder [↵] zum Beenden**

- *Das Muster finden Sie im Ordner \AUFGABEN, L-14-07.DWG.*

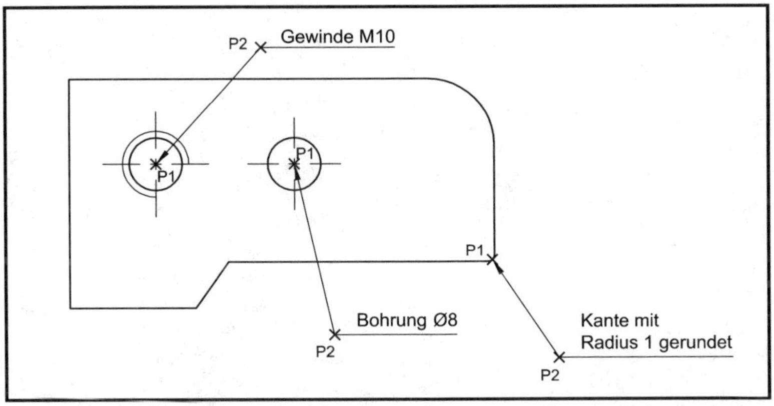


*Abbildung 14.9: Führungslinien in der Zeichnung*

## Fragen zu Stunde 14

1. Welche Systemvariable ist für die assoziative Bemaßung zuständig?
2. Welche Methoden zur Bemaßung gibt es beim Befehl BEMLINEAR?
3. Sie wollen den Maßtext Breite = 10 mm, was müssen Sie beim Maßtext eingeben?
4. Wofür stehen die Zeichen <> im Maßtext?
5. Mit welchem Bemaßungsbefehl erstellen Sie Kettenmaße?
6. Wie kann bei der Funktion BASISLINIE bzw. bei der Funktion WEITER ein beliebiges Maß gewählt werden, an das die Kette anschließen soll?
7. Sie wählen bei der Winkelbemaßung zwei Linien. Wie groß kann der Winkel maximal sein, der bemaßt werden soll?
8. Können Sie die Funktionen BASISLINIE und WEITER auch für die Winkelbemaßung verwenden?
9. Wie können Sie Winkel über 180° bemaßen?
10. Welche Formen können Führungslinien haben?

# Bemaßungsvariablen und -stile

Stunde 15

Sie können Maße den unterschiedlichen Normen und Zeichengepflogenheiten anpassen oder Ihren eigenen Bemaßungsstil kreieren. Sie lernen in dieser Stunde:

- wie Sie in den verschiedenen Dialogfeldern das Aussehen der Maße beeinflussen können
- wozu Bemaßungsstile gut sind und wie sie erstellt werden
- wie mit verschiedenen Bemaßungsstilen in einer Zeichnung gearbeitet wird und
- wie sich die Editierbefehle auf die Maße auswirken.

## Dialogfelder zur Einstellung der Maße

In AutoCAD wird die Form der Maße von Bemaßungsvariablen gesteuert. Ob Sie mit oder ohne Toleranzangaben bemaßen wollen, mit Maßpfeilen oder Schrägstrichen, Radius- und Durchmessermaße mit einem Zentrumskreuz oder mit Mittellinien versehen wollen, das alles ist in den Bemaßungsvariablen festgelegt. Wie Sie in früheren Stunden schon gesehen haben, sind solche Einstellungen in Systemvariablen gespeichert. Diese beginnen alle mit DIM und einem mehr oder weniger aussagekräftigen Kürzel, z.B.: DIMTXT, DIMTP, DIMBLK usw.

Da diese Variablen schlecht zu merken sind, sollten Sie sich auf die übersichtlichere Möglichkeit konzentrieren: die Einstellung in Dialogfeldern.

## Aktion: Befehl DBEM

Mit dem Befehl DBEM lassen sich die Parameter in Dialogfeldern einstellen. Sie finden ihn folgendermaßen:

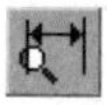

- Abrollmenü FORMAT, Funktion BEMASSUNGSSTIL...
- Abrollmenü BEMASSUNG, Funktion STIL...
- Symbol im Werkzeugkasten BEMASSUNG

Wenn Sie den Befehl anwählen, erscheint das erste Dialogfeld (siehe Abbildung 15.1). Hier können Sie Bemaßungstile verwalten, dazu später mehr. Auf der rechten Seite finden Sie die Schaltflächen, mit denen Sie die Maße in weiteren Dialogfeldern einstellen können.

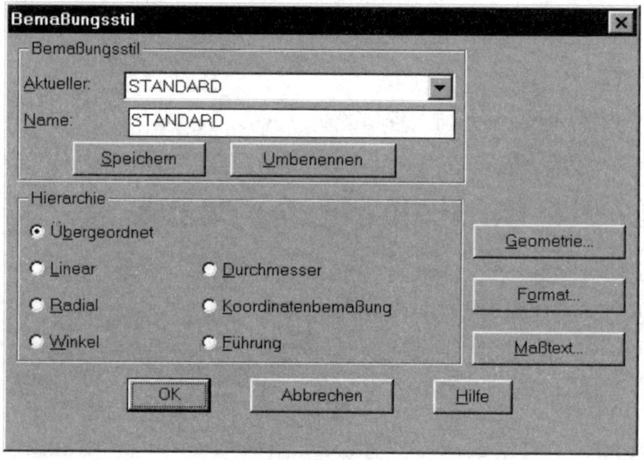


*Abbildung 15.1: Dialogfeld für den Bemaßungsstil*

## Aktion: Dialogfeld GEOMETRIE...

Klicken Sie die Schaltfläche GEOMETRIE... an, können Sie in einem weiteren Dialogfeld die Geometrie der Maße einstellen (siehe Abbildung 15.2):

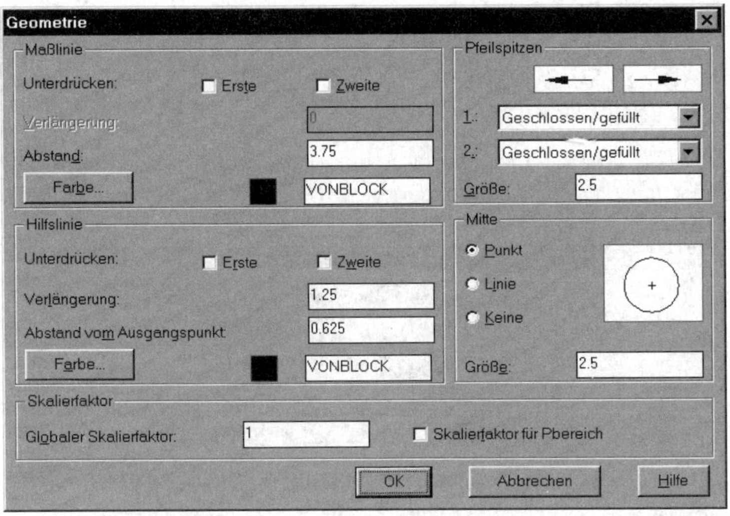


*Abbildung 15.2: Dialogfeld für die Geometrie des Maßes*

Folgende Einstellungen können Sie in dem Dialogfeld vornehmen:

**MAßLINIE:** Unterdrücken der Maßlinien, Abstand der Maßlinien zueinander bei der Basislinienbemaßung und Farbe der Maßlinien. Stellen Sie die Farbe nur dann anders ein, wenn nur die Maßlinie eine andere Farbe haben soll.

**HILFSLINIE:** Unterdrücken der Hilfslinien, Verlängerung über die Maßlinie hinaus, Abstand vom Ausgangspunkt des Maßes und Farbe der Hilfslinien.

**PFEILSPITZEN:** Form und Größe des Symbols an den beiden Enden der Maßlinie (Pfeile, Schrägstriche, Ringe usw.).

**MITTE:** Form der Markierung des Zentrums bei Radius- und Durchmesserbemaßungen.

**GLOBALER SKALIERFAKTOR:** Skalierfaktor für alle Größen in den Bemaßungseinstellungen (Pfeilgrößen, Abstände, Verlängerungen usw.).

Wenn alle Einstellungen erledigt sind, klicken Sie auf OK, und Sie kommen zum ersten Dialogfeld zurück. Ein weiteres OK im ersten Fenster, und Sie können mit den Einstellungen bemaßen.

## Training: Geometrie der Maße

- *Öffnen Sie die Zeichnung A-15-01.DWG aus dem Ordner \AUFGABEN.*
- *Stellen Sie die die Geometrie auf Architekturbemaßung mit Schrägstrichen ein (siehe Abbildung 15.3).*

*Abbildung 15.3: Einstellung für Architekturmaße*

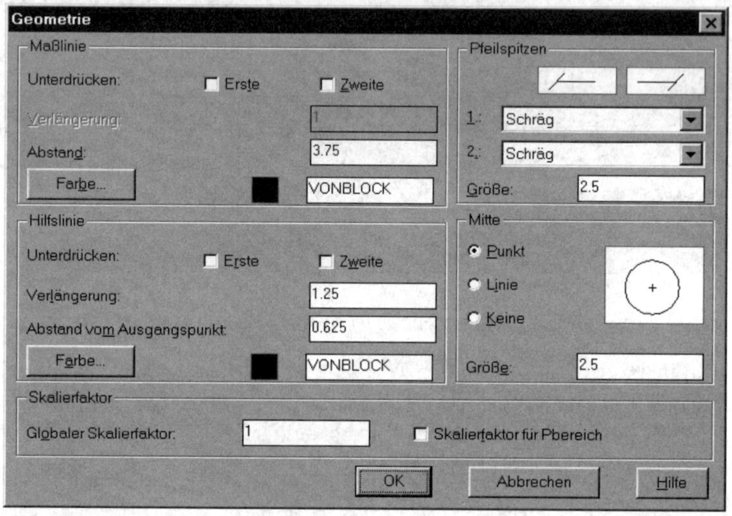


- *Testen Sie die verschiedenen Einstellungen, und erzeugen Sie damit Maße wie in Abbildung 15.4.*
- *Ihre Zeichnung könnte wie in Abbildung 15.4 aussehen. Falls nicht, finden Sie eine Lösung im Ordner \AUFGABEN, L-15-01.DWG.*

*Abbildung 15.4: Zeichnung mit Architekturmaßen*

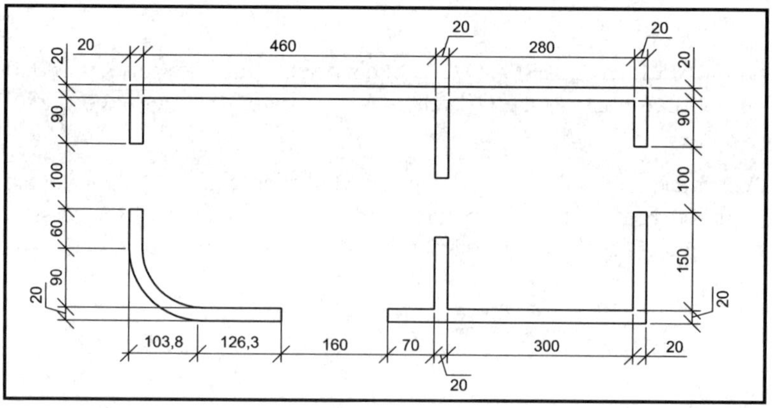

## Aktion: Dialogfeld FORMAT...

Mit der Schaltfläche FORMAT... im ersten Dialogfeld kommen Sie zum Fenster für die Formateinstellung (siehe Abbildung 15.5).

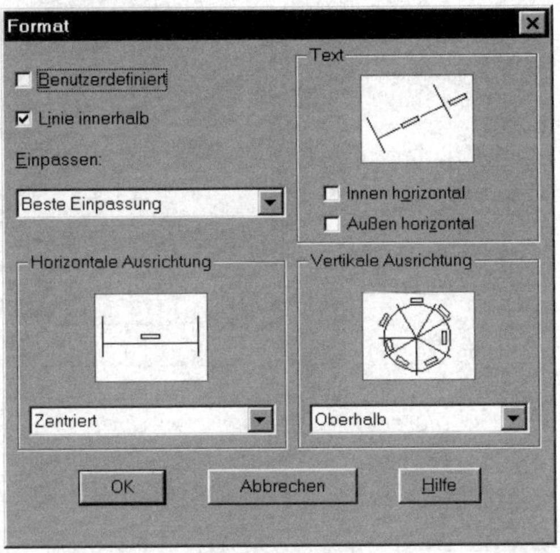


*Abbildung 15.5: Dialogfeld für das Format des Maßes*

Mit den verschiedenen Schaltern und Abrollmenüs können Sie die Textposition und -ausrichtung einstellen. Zudem können Sie wählen, ob bei schmalen Maßen eine Maßlinie zwischen die Hilfslinien gezeichnet werden soll und wo Texte und Pfeile plaziert werden sollen.

Auch aus diesem Dialogfeld kommen Sie mit OK wieder zurück in das mit dem Bemaßungsstil.

## Training: Format der Maße

- *Öffnen Sie die Zeichnung A-15-02.DWG aus dem Ordner \AUFGABEN.*
- *Wählen Sie die Einstellungen wie in Abbildung 15.6.*

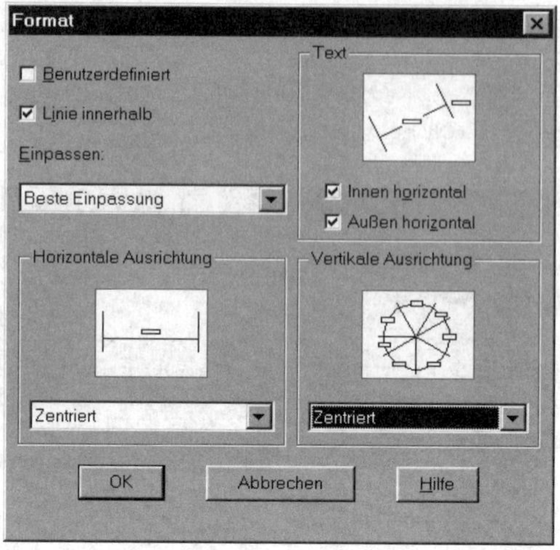


*Abbildung 15.6: Einstellung für amerikanische Bemaßungen*

- *Mit diesen Einstellungen wird die Maßlinie immer durchgezogen, der Text wird zwischen die Maßlinien und immer horizontal gesetzt.*
- *Testen Sie die verschiedenen Einstellungen, und erzeugen Sie damit Maße wie in Abbildung 15.7. Die Lösung finden Sie im Ordner \AUFGABEN, L-15-02.DWG.*

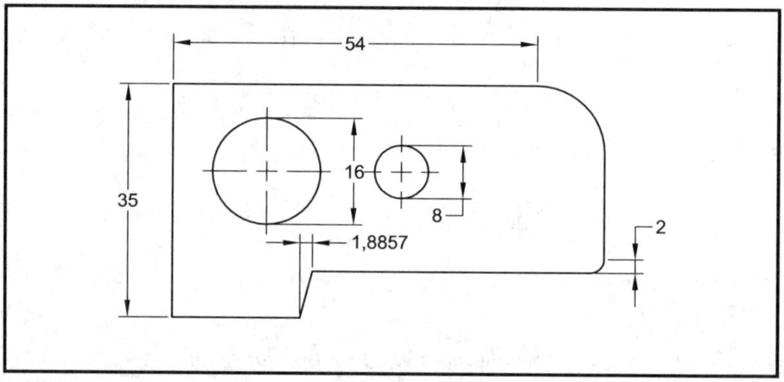


*Abbildung 15.7: Zeichnung mit amerikanischen Maßen*

## Aktion: Dialogfeld MASSTEXT...

Mit der Schaltfläche MASSTEXT... im ersten Dialogfeld des Befehls kommen Sie zum Fenster für die Einstellung des Maßtextes (siehe Abbildung 15.8).

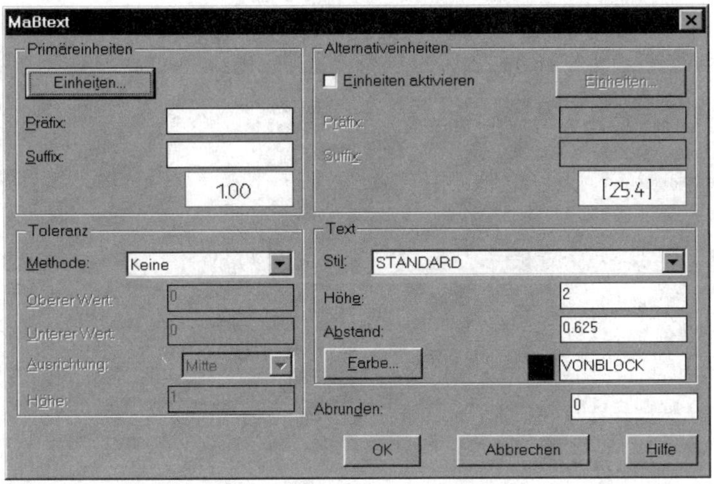


*Abbildung 15.8: Dialogfeld für den Maßtext*

**PRIMÄREINHEITEN bzw. ALTERNATIVEINHEITEN:** Stellen Sie rechts oben die Primäreinheiten ein, also die Einheiten, mit denen bemaßt wird. Was Sie bei PRÄFIX oder bei SUFFIX eintragen, wird vor oder nach jedem Maß gesetzt.

Alternativeinheiten können zusätzlich zu den Primäreinheiten an das Maß gesetzt werden. Dazu müssen Sie den Schalter EINHEITEN AKTIVIEREN einschalten. Alternative Einheiten benötigen Sie dann, wenn Sie in verschiedenen Einheiten bemaßen wollen, beispielsweise in mm und Zoll.

**TOLERANZ:** Wählen Sie hier, ob Sie Toleranzen haben wollen und wie diese aussehen sollen.

**TEXT:** Geben Sie hier den Textstil für die Maße, die Texthöhe und Farbe ein. Der Eintrag im Feld ABSTAND gibt dann den Abstand der Maßlinie zum Text an, wenn der Text zwischen die Maßlinie gesetzt wird.

**ABRUNDEN:** Im Feld ABRUNDEN können Sie einen Wert einstellen. Das Maß wird dann auf diesen Wert gerundet.

## Aktion: Dialogfeld EINHEITEN...

Mit zwei Schaltflächen EINHEITEN... im Dialogfeld für den Maßtext können Sie Einheiten und Genauigkeit jeweils für die Primär- und Alternativeinheiten einstellen (siehe Abbildung 15.9).

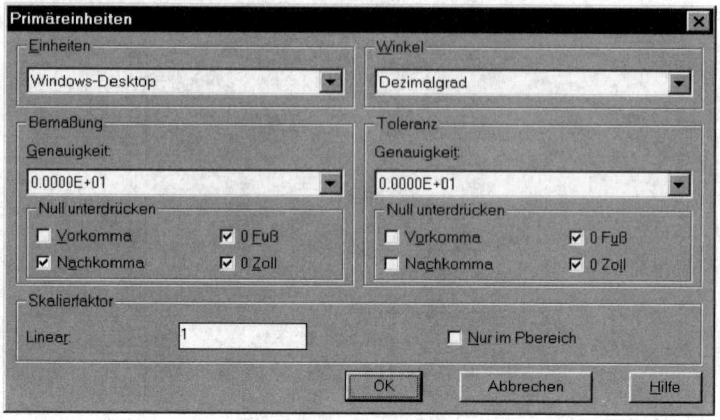


*Abbildung 15.9: Dialogfeld für die Einheiten*

Stellen Sie die Einheiten für lineare Maße und Winkel ein sowie die Genauigkeit für die Maße und die Toleranzen.

Mit den Schaltern VORKOMMA und NACHKOMMA kann die Null vor dem Komma oder Nullen nach dem Komma ausgeschaltet werden. Ist beispielsweise eine Genauigkeit von vier Stellen eingestellt, und Sie messen 0.5000, dann würde in der Zeichnung erscheinen: 0.5, wenn der Schalter NACHKOMMA ein ist, .5000 beim Schalter VORKOMMA und .5, wenn beide eingeschaltet sind.

Mit dem SKALIERFAKTOR LINEAR können Sie einen Multiplikationsfaktor für das Maß vorgeben. Das gemessene Maß wird mit diesem Faktor multipliziert. Bei den Alternativeinheiten legen Sie mit dieser Einstellung das Verhältnis der beiden Einheiten zueinander fest. Sind Ihre Primäreinheiten mm, geben Sie bei den Alternativeinheiten einen Skalierfaktor 0.04 an, wenn Sie als Alternativeinheit Zoll haben wollen.

**Tip:**

- AutoCAD hat normalerweise als Dezimaltrennzeichen einen Punkt. Wenn Sie aber, wie bei uns üblich, ein Komma im Maßtext haben wollen, geben Sie bei den Einheiten WINDOWS-DESKTOP ein.

## Training: Format der Maße

- *Öffnen Sie die Zeichnung A-15-03.DWG aus dem Ordner \AUFGABEN.*

- *Stellen Sie das Dialogfeld wie in Abbildung 15.10 ein, für die Bemaßung mit Toleranzen.*

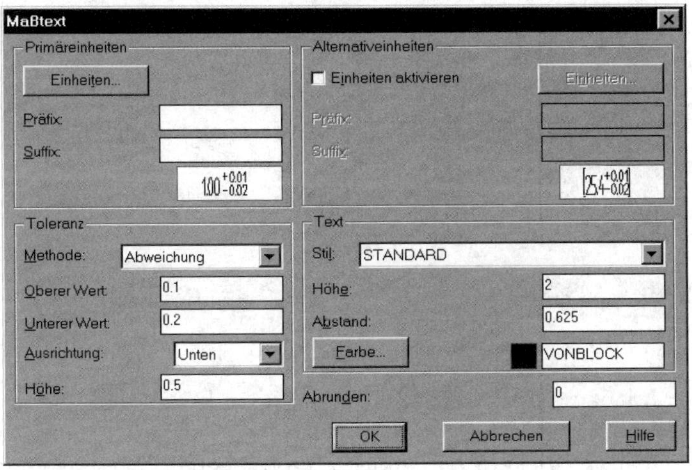


*Abbildung 15.10: Einstellung für Toleranzen*

- *Bemaßen Sie wie in Abbildung 15.11. Versuchen Sie auch eine Einstellung mit Alternativeinheiten.*
- *Die Lösung finden Sie im Ordner \AUFGABEN, L-15-03.DWG.*

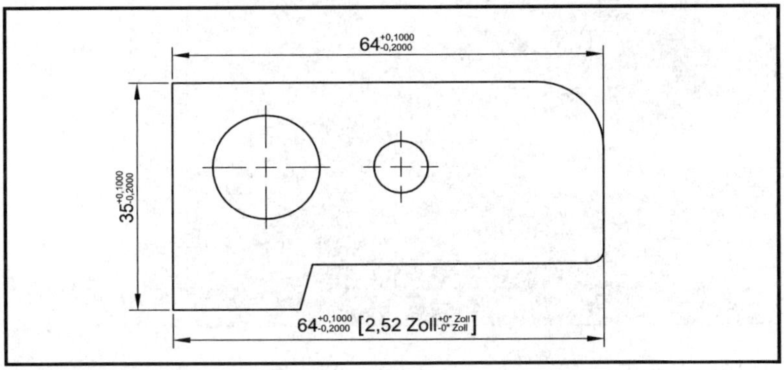


*Abbildung 15.11: Bemaßung mit Toleranzen und Alternativeinheiten*

## Mit Stil bemassen

Wie Sie gesehen haben, ist es aufwendig, zwischen verschiedenen Bemaßungsarten zu wechseln. Soll in einer Zeichnung mal mit Strichen, dann wieder mit Pfeilen, mal mit und mal ohne Toleranzen bemaßt werden, kann jeder Wechsel eine ganze Reihe von Umstellungen erforderlich machen.

Wie Sie Textstile erstellen können, in denen die Parameter für die Schrift definiert sind, so gibt es auch Bemaßungsstile für die Einstellung der Maße. Alle Einstellungen, die Sie vorher gemacht haben, lassen sich in einem Bemaßungsstil speichern. Bemaßungsstile werden in der Zeichnung gespeichert. In einer Zeichnung können Sie beliebig viele anlegen.

Wenn Sie dann in einer anderen Art bemaßen wollen, wechseln Sie nur den Bemaßungsstil. Ändern Sie dagegen einen Bemaßungsstil, mit dem Sie schon gearbeitet haben, werden alle Maße mitgeändert, die mit diesem Stil erstellt wurden.

## Aktion: Erstellung eines neuen Bemaßungsstils

- Wählen Sie den Befehl DBEM (siehe oben).
- Haben Sie in dieser Zeichnung noch keinen Bemaßungsstil erstellt, und ist auch in der Vorlage, die Sie verwendet haben, keiner gespeichert, dann finden Sie im oberen Abrollmenü den Eintrag +*STANDARD* (siehe Abbildung 15.12).

*Abbildung 15.12: Bemaßungsstile*

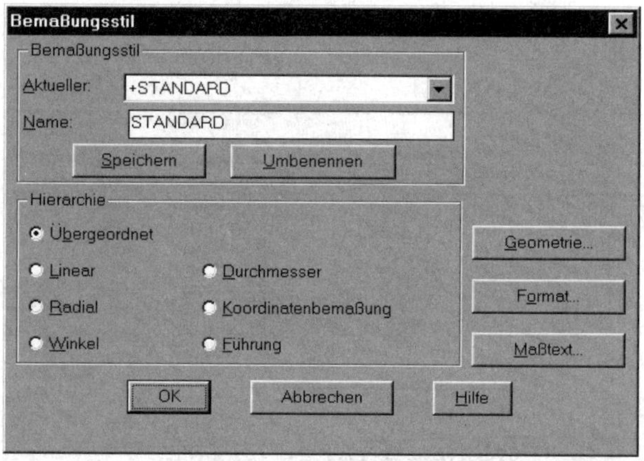


- Wählen Sie im Bereich HIERARCHIE den Schalter ÜBERGEORDNET, falls er nicht standardmäßig eingeschaltet ist. Damit können Sie die Einstellungen vornehmen, die für alle Bemaßungsarten gelten sollen. Rufen Sie dazu mit den Schaltflächen GEOMETRIE..., FORMAT... und MASSTEXT... die entsprechenden Dialogfelder auf.

- Wollen Sie bei den anderen Bemaßungsarten abweichende Einstellungen, klicken Sie im Bereich HIERARCHIE den Schalter für diese Bemaßungsart an (LINEAR, RADIAL, WINKEL, DURCHMESSER, KOORDINATENBEMASSUNG oder FÜHRUNG). Stellen Sie in den Dialogfeldern die Parameter um, die von der allgemeinen Einstellung abweichen sollen.
- Tragen Sie im Feld NAME einen Namen für den neuen Stil ein. Klicken Sie dann auf die Schaltfläche SPEICHERN, und die vorher gemachten Einstellungen der Bemaßungsvariablen werden im Bemaßungsstil gespeichert. Der Stil, wird zum aktuellen Stil und der Stilname wird im Abrollmenü angezeigt. Ab jetzt wird mit dem aktuellen Stil bemaßt. Alle Maße, die Sie bis zur nächsten Stiländerung erstellen, sind an diesen Stil gebunden. Änderungen am Stil ändern auch die Maße, die mit diesem Stil erstellt wurden.

### Aktion: Erstellung eines neuen Bemaßungsstils aus einem bestehenden

- Klicken Sie einen bereits bestehenden Bemaßungsstil im Abrollmenü AKTUELLER an.
- Tragen Sie danach im Feld NAME den gewünschten neuen Stilnamen ein, und klicken Sie auf die Schaltfläche SPEICHERN.
- Der markierte Stil wird kopiert, und dieselben Einstellungen werden unter dem neuen Namen gespeichert.
- Der neue Stil ist jetzt auch der aktuelle Stil. Ändern Sie jetzt die Einstellungen, die bei diesem Stil anders sein sollen, und klicken Sie danach nochmals auf die Schaltfläche SPEICHERN.

### Aktion: Aktivierung eines Bemaßungsstils

- Klicken Sie einen bereits bestehenden Bemaßungsstil im Abrollmenü AKTUELLER an. Der Stil wird zum aktuellen Bemaßungsstil.

## Aktion: Änderung eines Bemaßungsstils

- Klicken Sie einen bereits bestehenden Bemaßungsstil im Abrollmenü AKTUELLER an.
- Der Stil ist jetzt auch der aktuelle Stil. Ändern Sie die Einstellungen, und klicken Sie auf die Schaltfläche SPEICHERN.
- Nachdem Sie alle Änderungen vorgenommen und mit OK bestätigt haben, werden alle Maße, die mit diesem Stil erstellt wurden, aktualisiert.

## Tip:

- Steht ein »+« vor dem Stilnamen im Feld AKTUELLER, dann ist momentan kein Stil gewählt. Die Maße, die Sie jetzt erzeugen, sind nicht an einen Stil gebunden. Spätere Änderungen am Stil wirken sich auf diese Maße nicht aus. Das »+« kommt dann, wenn Sie in einer neuen Zeichnung ohne Bemaßungsstil noch keinen Stil gespeichert haben, oder wenn Sie an einem Stil eine oder mehrere Einstellungen geändert haben und den Stil nicht wieder gesichert haben.

## Training: Bemaßen mit Bemaßungsstilen

- *Laden Sie die Zeichnung A-15-04.DWG aus dem Ordner \AUFGABEN.*
- *Die Zeichnung enthält eine einfache Geometrie, noch ohne Maße, dafür aber mit verschiedenen Bemaßungsstilen:*
  *PASSUNG: für die Bemaßung von Passungen*
  *RAD-DUR: für Radius- und Durchmessermaße*
  *STANDARD: für normale Maße*
  *STRICH: für die Bemaßung mit Schrägstrichen*
  *TOLERANZ-1: für die Bemaßung mit Toleranzangaben*
- *Bemaßen Sie das Teil wie in Abbildung 15.13, wenn auch nicht normgerecht, aber zur Übung, mit verschiedenen Bemaßungsstilen.*
- *Auch eine Beispiellösung finden Sie im Ordner \AUFGABEN, die Zeichnung L-15-04.DWG*

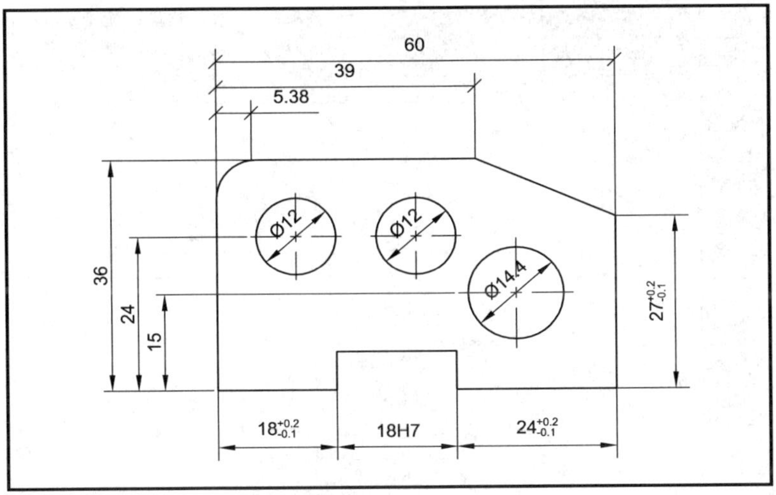


*Abbildung 15.13: Bemaßung mit verschiedenen Bemaßungsstilen*

## Zeichnungen mit Maßen ändern

Maße sind in AutoCAD assoziativ, es sei denn, Sie hätten diese Funktion ausgeschaltet. Wird nachträglich die Geometrie geändert, ändert sich das Maß mit. Bei Bearbeitung mit Editierbefehlen müssen Sie darauf achten, daß die entsprechenden Maße mit angewählt werden (siehe Abbildung 15.14 und 15.15).

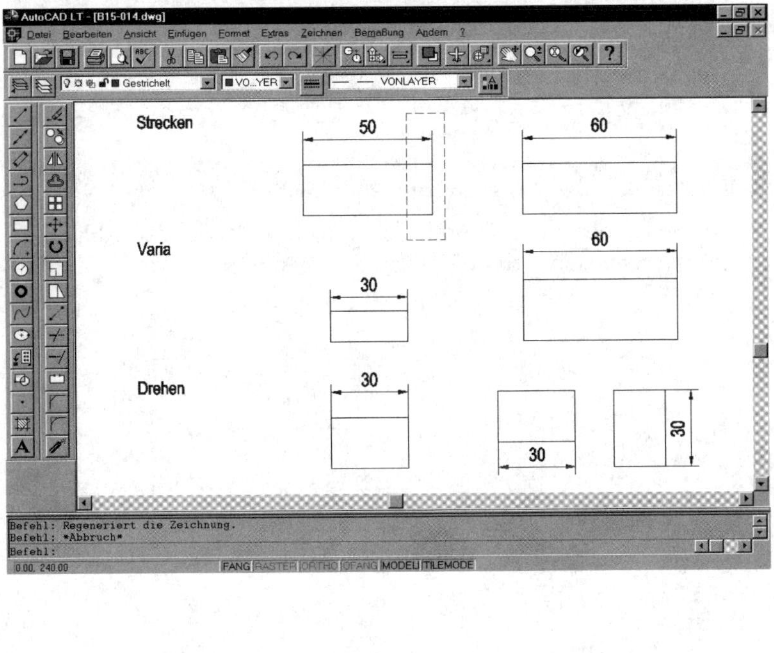


*Abbildung 15.14: Editierung von Objekten mit Bemaßung I*

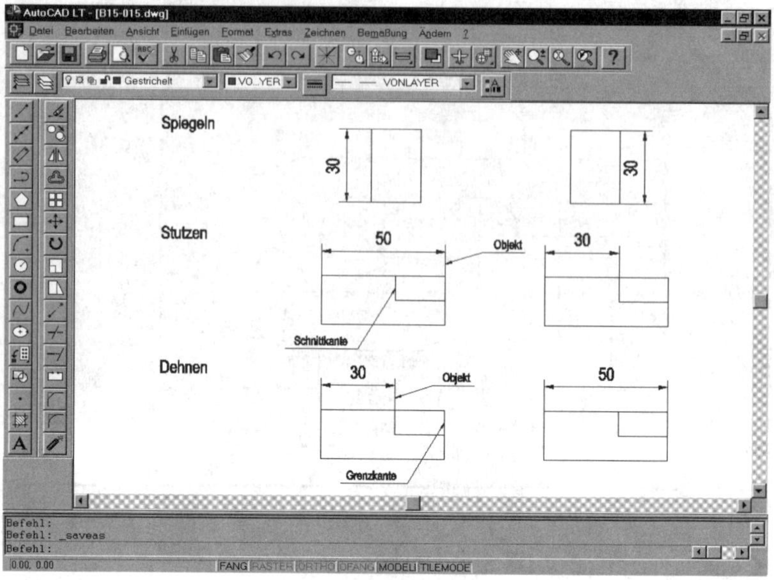


*Abbildung 15.15: Editierung von Objekten mit Bemaßung 2*

## Beispiel: Editierung von Objekten mit Bemaßung

- *Laden Sie die Zeichnung A-15-05.DWG aus dem Ordner \AUFGABEN.*
- *Ändern Sie die Teile mit den angegebenen Editierbefehlen wie in Abbildung 15.14 und 15.16 ab.*
- *Auch dazu finden Sie die Beispiellösung im Ordner \AUFGABEN, Zeichnung L-15-05.DWG.*

## Tip:

- Maße können Sie auch mit den Objektgriffen ändern. Dazu erfahren Sie in einer der nächsten Stunden mehr.

## Fragen zu Stunde 15

1. Mit welchem Befehl lassen sich alle Einstellungen für Maße vornehmen?
2. Lassen sich die Hilfslinien abschalten, wenn ja, in welchem Dialogfeld?
3. In welchem Dialogfeld lassen sich die Pfeilspitzen an den Enden der Maßlinie umstellen?
4. In welchem Dialogfeld lassen sich die Bemaßungstexte nach amerikanischer Art immer waagrecht ausrichten?
5. Wie können Sie bewirken, daß die Maßzahl als Dezimaltrennzeichen ein Komma statt eines Punkts hat?
6. Das Maß 50,17 soll auf 50,2 gerundet werden. Was stellen Sie für einen Rundungswert ein?
7. Wie viele Bemaßungsstile kann es in einer Zeichnung geben?
8. Sie haben mit einem Bemaßungsstil bemaßt und ändern diesen, was passiert dann?
9. Wie können Sie bewirken, daß Radiusmaße mit anderen Einstellungen als alle anderen Maße erstellt werden?
10. Sie wollen Objekte einschließlich den Maßen mit dem Befehl STRECKEN bearbeiten, was müssen Sie beachten?

# Objekteigenschaften

Stunde 16

Jedes Objekt hat seine Eigenschaften und Objektgriffe, an denen Sie es bearbeiten können. Sie lernen in dieser Stunde:

- welche Eigenschaften ein Objekt haben kann
- wie Sie die Eigenschaften ändern können
- wie Sie Eigenschaften eines Objekts auf andere übertragen können und
- welche Spezialbefehle es zum Ändern noch gibt.

## Welche Eigenschaften hat ein Objekt?

Wie Sie bisher schon mitbekommen haben, wird auf dem aktuellen Layer gezeichnet, mit dem aktuellen Textstil beschriftet oder mit dem aktuellen Bemaßungsstil bemaßt. Die Information, auf welchem Layer das Objekt liegt, mit welchem Textstil eine Schrift erstellt ist oder mit welchem Bemaßungsstil ein Maß gezeichnet wurde, wird mit dem Objekt gespeichert. Diese Informationen werden in AutoCAD als Eigenschaften eines Objekts bezeichnet.

Eigenschaften, die mit allen Objekten gespeichert werden:

- Farbe, mit dem das Objekt gezeichnet wurde
- Layer, auf dem das Objekt gezeichnet wurde
- Linientyp, mit dem das Objekt gezeichnet wurde
- Linientypfaktor, für den verwendeten Linientyp
- Objekthöhe, um die das Objekt in Z-Richtung extrudiert ist (normalerweise 0, nur bei 3D-Modellen verwendet)

Wie schon mehrfach erwähnt, sollten Sie Farbe und Linientyp auf der Einstellung *VONLAYER* belassen. Aber auch diese Eigenschaft wird mit dem Objekt gespeichert werden.

## Eigenschaften ändern

Die Objekteigenschaften sind aber keine festen Größen. Beim Zeichnen und Konstruieren kommt es ständig vor, daß Objekte auf einen falschen Layer kommen, den falschen Linientypenfaktor oder eine falsche Objekthöhe haben.

### Aktion: Befehl DDCHPROP

Eigenschaften eines Objekts lassen sich mit dem Befehl DDCHPROP ändern. Sie finden den Befehl folgendermaßen:

- Abrollmenü ÄNDERN, Funktion EIGENSCHAFTEN...
- Symbol in der Funktionsleiste EIGENSCHAFTEN

### Fehler:

- Haben Sie den Befehl aus dem Abrollmenü oder der Funktionsleiste gewählt, wird dieser Befehl nur aktiviert, wenn Sie mehrere Objekte wählen. Haben Sie dagegen nur ein Objekt gewählt, wird der Befehl DDMODIFY aufgerufen (siehe weiter unten). Nur bei der Eingabe auf der Tastatur ist es ohne Bedeutung, wie viele Objekte Sie wählen.

### Tip:

- Wenn Sie, ohne einen Befehl gewählt zu haben, mehrere Objekte markiert haben, erhalten diese Griffe. Wenn Sie dann die rechte Maustaste drücken, kommt ein Pop-Up-Menü auf den Bildschirm (siehe Abbildung 16.1). Mit dem Eintrag EIGENSCHAFTEN... können Sie ebenfalls den Befehl DDCHPROP starten. Dies geht aber nur in AutoCAD LT 97.

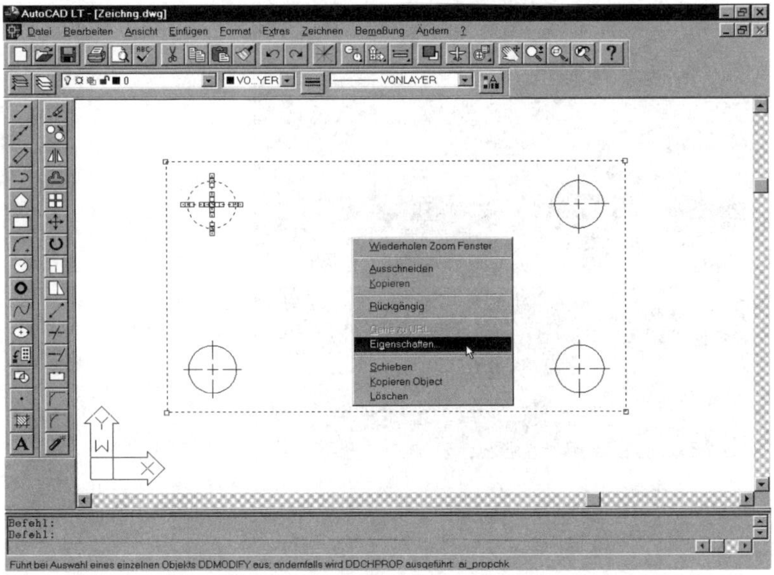


*Abbildung 16.1: Pop-Up-Menü zur Wahl des Befehls DDCHPROP in AutoCAD LT 97*

Haben Sie den Befehl gewählt, bekommen Sie das Dialogfeld auf den Bildschirm (siehe Abbildung 16.2).

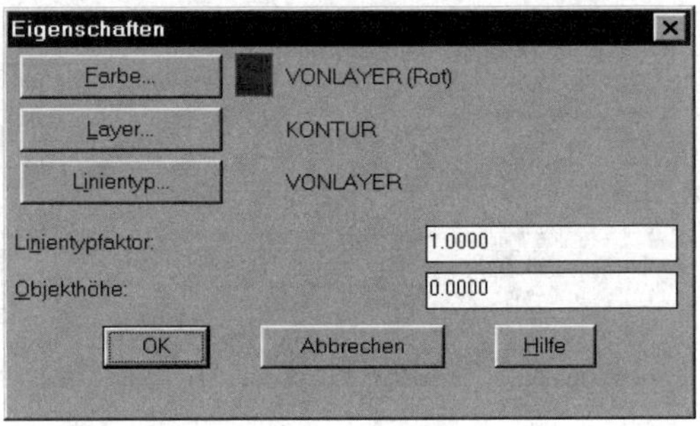


*Abbildung 16.2: Änderung der Objekteigenschaften*

Im Dialogfeld können Sie einstellen:

**FARBE:** Wahl der neuen Farbe für die gewählten Objekte im Farbdialogfeld (siehe Abbildung 16.3 und Befehl DDCOLOR).

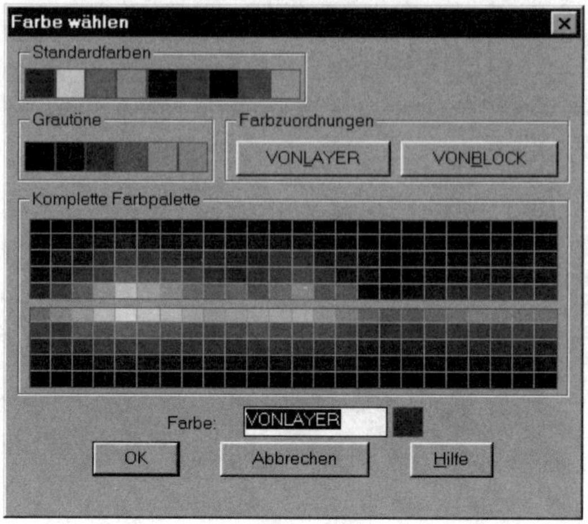


*Abbildung 16.3: Änderung der Objektfarbe*

**LAYER:** Auswahl des neuen Layer für die gewählten Objekte aus einer Liste der vorhandenen Layer (siehe Abbildung 16.4).

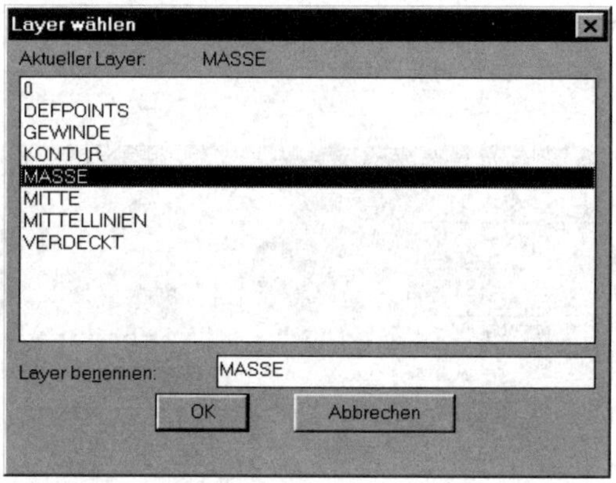


*Abbildung 16.4: Änderung der Layerzugehörigkeit*

**LINIENTYP:** Wahl des neuen Linientyps für die gewählten Objekte aus einer Liste der geladenen Linientypen (siehe Abbildung 16.5).

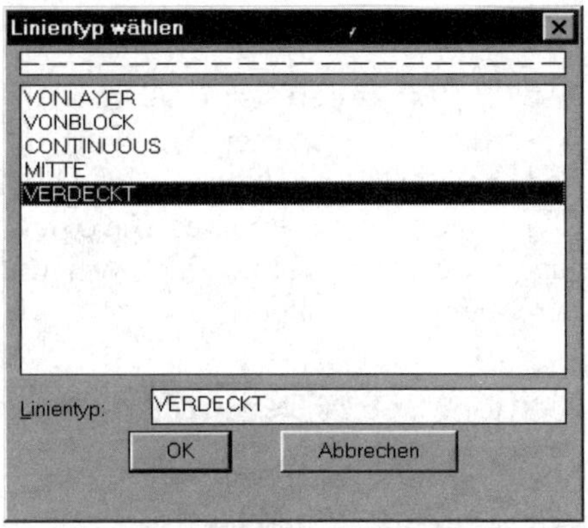


*Abbildung 16.5: Änderung des Linientyps*

**LINIENTYPFAKTOR:** Neuen Linientypfaktor für die gewählten Objekte eintragen. Zur Erinnerung: Werden Objekte mit unterbrochenen Linientypen gezeichnet, wird der Maßstab der Strichelung vom globalen Linientypenfaktor bestimmt. Daneben gibt es einen Multiplikationsfaktor, mit dem dieser globale Linientypenfaktor multipliziert wird. So können einzelne Objekte kürzer oder länger gestrichelt werden. Sie können diesen Linientypenfaktor einstellen, dann wird ab diesem Zeitpunkt mit dieser Einstellung gezeichnet. Sie können ihn aber auch immer auf 1 lassen und die Objekte, die Sie kürzer oder länger gestrichelt haben wollen, nachträglich ändern.

**OBJEKTHÖHE:** Neue Objekthöhe für die gewählten Objekte eintragen. Mehr zur Objekthöhe erfahren Sie in der Stunde 22.

Der aktuelle Wert wird angezeigt. Haben die gewählten Objekte unterschiedliche Werte, steht dort *VARIIERT*.

**Fehler:**

- Auch beim Ändern gilt: Farbe und Linientyp sollten immer auf *VONLAYER* eingestellt sein. Klicken Sie also auf die Schaltfläche LAYER, und bringen Sie die Objekte auf einen Layer, dem die gewünschte Farbe und der gewünschte Linientyp zugeordnet sind. Gibt es keinen solchen, dann legen Sie ihn zuerst mit dem Befehl LAYER an.

## Eigenschaften und Geometrie ändern

Alle Objekte lassen sich in AutoCAD mit einem Befehl ändern und zwar die Eigenschaften des Objekts wie beim vorherigen Befehl und zusätzlich die Geometrie des Objekts. Je nach gewähltem Objekt kommt ein anderes Dialogfeld mit unterschiedlichen Änderungsmöglichkeiten bzw. Verzweigungen zu weiteren Dialogfeldern mit Änderungsfunktionen.

### Aktion: Befehl DDMODIFY

Mit dem Befehl DDMODIFY sind solche Änderungen möglich. Wählen Sie den Befehl genauso wie den vorherigen:

- Abrollmenü ÄNDERN, Funktion EIGENSCHAFTEN...
- Symbol in der Funktionsleiste EIGENSCHAFTEN

### Fehler:

- Wie Sie sehen, wird der Befehl genauso gewählt wie der Befehl DDCHPROP. Aber er wird nur dann aufgerufen, wenn Sie bei der Objektwahl nur ein einzelnes Objekt anklicken.

### Tip:

- Wie beim Befehl DDCHPROP können Sie in AutoCAD LT 97 auch bei diesem Befehl vorgehen. Wenn Sie ein einzelnes Objekt angeklickt haben, ohne daß Sie vorher einen Befehl gewählt haben, bekommt es Griffe. Mit der rechten Maustaste erhalten Sie dann das Pop-Up-Menü (siehe Abbildung 16.1) und können mit dem Eintrag EIGENSCHAFTEN... diesmal den Befehl DDMODIFY starten.
- Noch einfacher ist es, wenn Sie das Fadenkreuz in AutoCAD LT 97 direkt über ein Objekt setzen und die rechte Maustaste drücken. Das Objekt wird markiert, es bekommt Griffe, und das Pop-Up-Menü (siehe Abbildung 16.1) mit dem Eintrag EIGENSCHAFTEN... erscheint, ohne daß Sie das Objekt vorher erst lange markieren müssen.

Je nach gewähltem Objekt erscheint ein anderes Dialogfeld. In Abbildung 16.6 sehen Sie das Dialogfeld für die Änderung eines Kreises. Der obere Teil ist bei allen Dialogfeldern identisch und enthält dieselben Objekte wie das Dialogfeld des Befehls DDCHPROP.

Der Rest ist abhängig vom gewählten Objekt, die Elemente sind jedoch in allen Fenstern ähnlich. In Abbildung 16.6 sehen Sie die Änderungsmöglichkeiten beim Kreis: Mittelpunkt und Radius. Für den Mittelpunkt können X-, Y- und Z-Wert der Koordinate eingetragen werden. Klicken Sie auf die Schaltfläche PUNKT WÄHLEN <, können Sie den neuen Punkt in der Zeichnung anklicken. Einen neuen Radius können Sie im gleichnamigen Feld eintragen. Die aktuellen Werte sind immer als Vorgabe eingetragen. Weitere Werte, wie Durchmesser, Fläche und Umfang, werden nur angezeigt.

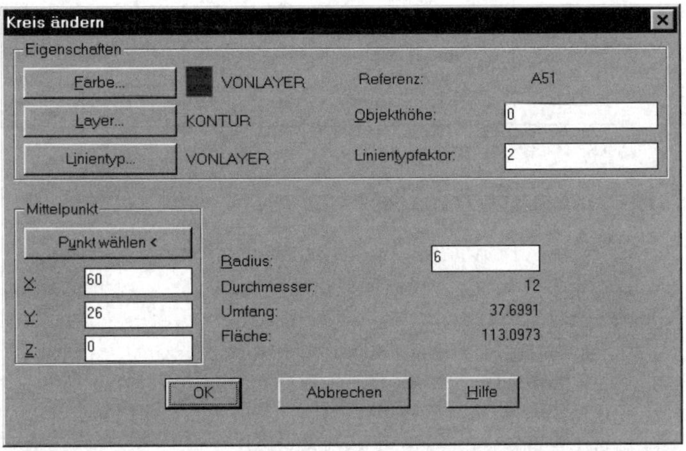


*Abbildung 16.6: Dialogfeld zum Ändern eines Kreises*

Welche Daten geändert werden können und welche nur angezeigt werden, entnehmen Sie der Tabelle 16.1.

*Tabelle 16.1: Befehl DDMODIFY, änderbare und angezeigte Werte*

| Element | Änderbare Werte | Angezeigte Werte |
|---|---|---|
| Punkt | Punktkoordinate | |
| Linie | Anfang- und Endpunkt | Delta XYZ, Länge und Winkel |
| Klinie | Erster und zweiter Plazierungspunkt | Richtungsvektor |
| Strahl | Ursprungspunkt und Plazierungspunkt | Richtungsvektor |
| Bogen | Mittelpunkt, Radius, Start- und Endwinkel | Eingeschlossener Winkel und Bogenlänge |
| Kreis | Mittelpunkt, Radius | Durchmesser, Umfang und Fläche |
| Polylinie | Glättungsart, Geschlossen/Offen Linientypangleichung | Koordinaten für jeden Stützpunkt |

*Tabelle 16.1: Befehl DDMODIFY, änderbare und angezeigte Werte (Fortsetzung)*

| Element | Änderbare Werte | Angezeigte Werte |
|---|---|---|
| Textabsatz | Textinhalt, Einfügepunkt, Textstil, Ausrichtungspunkt, Textorientierung Breitenfaktor, Texthöhe, Drehung | |
| Block | Einfügepunkt, Einfügefaktoren und Drehung | |
| Bemaßung | Maßtext, Bemaßungsstil, Editor für den Maßtext, alle Bemaßungsparameter | |
| Schraffur | Schraffurmusterdialog | |
| Ansichtsfenster | nicht änderbar | Zentrum des Fensters, Fensternummer, Länge und Breite, Status |

## Eigenschaften übertragen

Je mehr Sie schon gezeichnet haben, desto eher kommt es vor, daß Sie Objekte in der Zeichnung haben, die die Eigenschaften haben, die Sie bei einem anderen Objekt haben wollen. Wie in anderen Windows-Programmen auch, haben Sie in AutoCAD die Möglichkeit, die Eigenschaften zu übertragen.

### Aktion: Befehl EIGÜBERTRAG

Mit dem Befehl EIGÜBERTRAG übertragen Sie die Eigenschaften von einem Quellobjekt auf ein oder mehrere Zielobjekte. Wählen Sie den Befehl folgendermaßen:

- Abrollmenü ÄNDERN, Funktion EIGENSCHAFTEN ANPASSEN (nur in AutoCAD 14)
- Symbol in der Funktionsleiste STANDARD-FUNKTIONSLEISTE

Befehl: **Eigübertrag**
Quellobjekt wählen: **Quellobjekt wählen**
Aktuelle aktive Einstellungen = FARBE LAYER Ltyp LTFAKTOR Objekthöhe TEXT BEM SCHRAFF
eiNstellungen/<Zielobjekt(e) wählen>: **Zielobjekte oder Option wählen**
eiNstellungen/<Zielobjekt(e) wählen>: **weitere Objekte oder ↵ zum Beenden**

Wählen Sie ein Quellobjekt und danach ein oder mehrere Zielobjekte. Beenden Sie mit [↵]. Die Eigenschaften werden vom Quellobjekt auf die Zielobjekte übertragen.

**EINSTELLUNGEN:** Nun kann es aber auch sein, daß Sie nicht alle Eigenschaften übertragen wollen, beispielsweise nur die Layerzugehörigkeit oder den Textstil von einem Text zum anderen. Mit der Option EINSTELLUNGEN können Sie in einem Dialogfeld (siehe Abbildung 16.7) einstellen, welche Eigenschaften übertragen werden sollen.

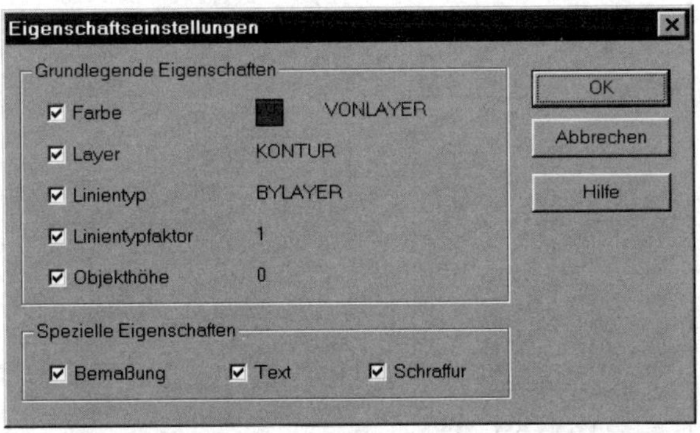


*Abbildung 16.7: Einstellungen für den Befehl EIGÜBERTRAG*

Schalten Sie die Schalter an für die Eigenschaften, die Sie übertragen wollen.

## Training: Objekteigenschaften übertragen

- *Öffnen Sie die Zeichnung A-16-01.DWG aus Ihrem Übungsordner.*
- *Übertragen Sie die Eigenschaften wie in Abbildung 16.8: den Linientyp von der Mittellinie zu den durchgezogenen Linien, der Winkel des Schraffurmusters und die Toleranz von einem Maß zum anderen.*
- *Die Lösung finden Sie auch im Ordner \AUFGABEN, L-16-01.DWG.*

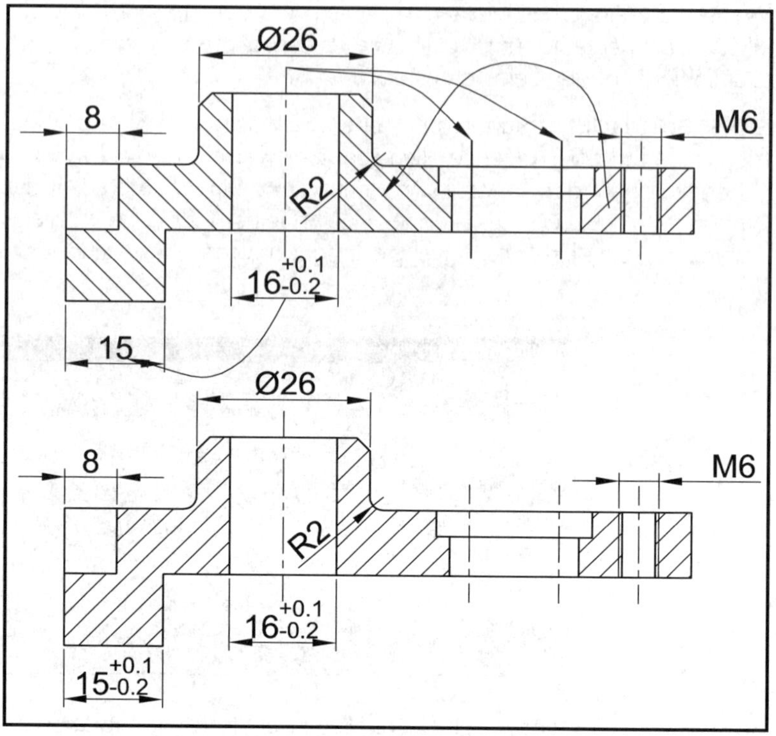


*Abbildung 16.8: Übertragung von Eigenschaften*

## Spezialbefehle zum Ändern

Im Abrollmenü ÄNDERN finden Sie im Untermenü OBJEKTE > weitere Änderungsfunktionen. Diese Funktionen stehen für weitere Änderungsbefehle, die Sie schon in den vorherigen Stunden kennengelernt haben:

- SCHRAFFUR Befehl SCHRAFFEDIT
- POLYLINIE Befehl PEDIT
- TEXT BEARBEITEN Befehl DDEDIT

## Fragen zu Stunde 16

1. Welche Einstellung sollten Sie mit dem Befehl DDCHPROP möglichst nicht ändern?
2. Was wird im Dialogfeld des Befehls DDCHPROP angezeigt, wenn die gewählten Objekte unterschiedliche Eigenschaften haben?
3. Läßt sich der Textstil mit dem Befehl DDCHPROP ändern?
4. Wie viele Objekte können Sie beim Befehl DDCHPROP wählen?
5. Mit welchen Befehlen kann ein Schraffurmuster geändert werden?
6. Wie viele Objekte lassen sich beim Befehl DDMODIFY wählen?
7. Kann der Kreisumfang mit dem Befehl DDMODIFY geändert werden?
8. Wie heißt der Befehl, der sich hinter dem Symbol mit dem Pinsel verbirgt?
9. Mit welcher Option können Sie festlegen, welche Eigenschaften übertragen werden sollen?
10. Lassen sich Textzusätze an Maßen übertragen?

# Stunde 17
# Griffe

Bestimmt ist es Ihnen während Ihrer bisherigen Arbeit mit AutoCAD schon öfter passiert, daß Sie plötzlich an Objekten in Ihrer Zeichnung farbige Quadrate hatten. Neben den Editierbefehlen, die Sie bisher kennengelernt haben, haben Sie auch die Möglichkeit, die wichtigsten Änderungsfunktionen mit diesen sogenannten Griffen auszuführen. Sie lernen in dieser Stunde:

- was Griffe sind
- wie Sie damit Objekte in der Zeichnung einfach ändern können
- welche Änderungen an den einzelnen Objekten möglich sind und
- wie Sie die Griffe wieder wegbekommen.

## Wie kommt der Griff ans Objekt?

Einfache Editierbefehle wie SCHIEBEN, STRECKEN, DREHEN, SPIEGELN und VARIA lassen sich unter Umständen schneller und übersichtlicher mit den Griffen ausführen. Griffe sind farbige kleine Quadrate, in der Regel blaue oder rote, die an bestimmten Schlüsselpunkten eines Objekts angezeigt werden (siehe Abbildung 17.1).

Wenn Sie die Griffe in der Zeichnung nicht ausgeschaltet haben, bekommt ein Objekt immer dann Griffe, wenn Sie es anklicken, ohne vorher einen Befehl gewählt zu haben. Wie bei der Objektwahl können Sie auch ein Fenster aufziehen, wenn Sie ins Leere klicken. Es gelten die gleichen Regeln:

- Fenster von links nach rechts: Die Objekte, die ganz im Fenster eingeschlossen, waren bekommen Griffe,
- Fenster von rechts nach links: Die Objekte, die ganz im Fenster waren oder vom Fenster geschnitten wurden, bekommen Griffe.

Es gibt aber noch weitere Gemeinsamkeiten mit der Objektwahl. Die Objekte werden außerdem gestrichelt dargestellt, wenn Sie

Griffe haben (siehe Abbildung 17.1). Sie werden wie bei der Objektwahl in einen Auswahlsatz aufgenommen.

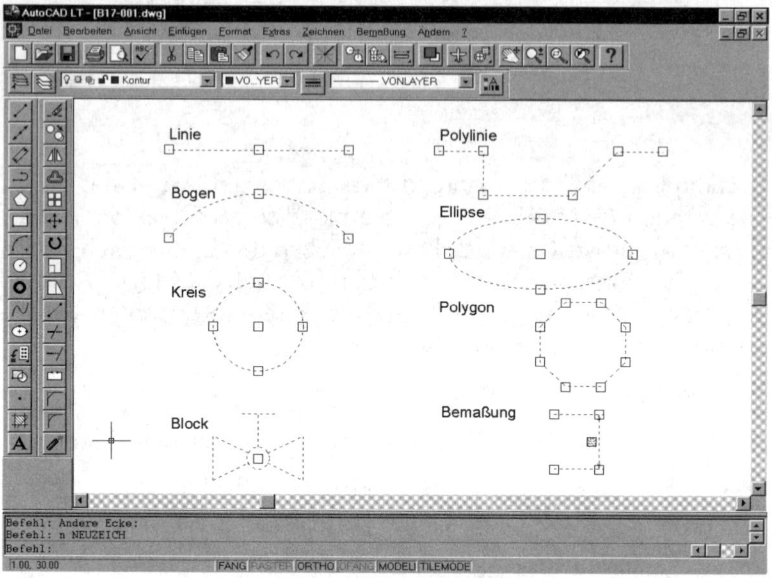


*Abbildung 17.1: Griffe an den Schlüsselpunkten der Objekte*

Doch ein Objekt kann auch Griffe haben, ohne daß es gestrichelt dargestellt ist. Wenn Sie Objekten Griffe verpaßt haben, können Sie mit der [Esc]-Taste alle Griffe in der Zeichnung wieder entfernen. Das geht aber in zwei Schritten. Drücken Sie einmal [Esc], verschwindet nur die Strichelung. Die Objekte werden aus der Auswahl genommen und wieder normal dargestellt, aber die Objektgriffe bleiben (siehe Abbildung 17.2). Erst beim zweiten [Esc] verschwinden auch die Griffe.

Sie können wie bei der Objektwahl auch die Griffe gezielt von einem Objekt wieder entfernen. Klicken Sie das Objekt noch einmal an, diesmal aber mit gedrückter [⇧]-Taste. Auch hierbei geht es in zwei Schritten. Beim ersten Mal wird es aus dem Auswahlsatz entfernt, es behält aber seine Griffe bei, und beim zweiten Mal verschwinden auch die Griffe.

Klicken Sie mit gedrückter [⇧]-Taste ins Leere, können Sie auch hier ein Fenster in den verschiedenen Richtungen aufziehen. Die Objekte im Fenster werden zuerst aus der Auswahl entfernt. Beim zweiten Mal werden die Griffe entfernt.

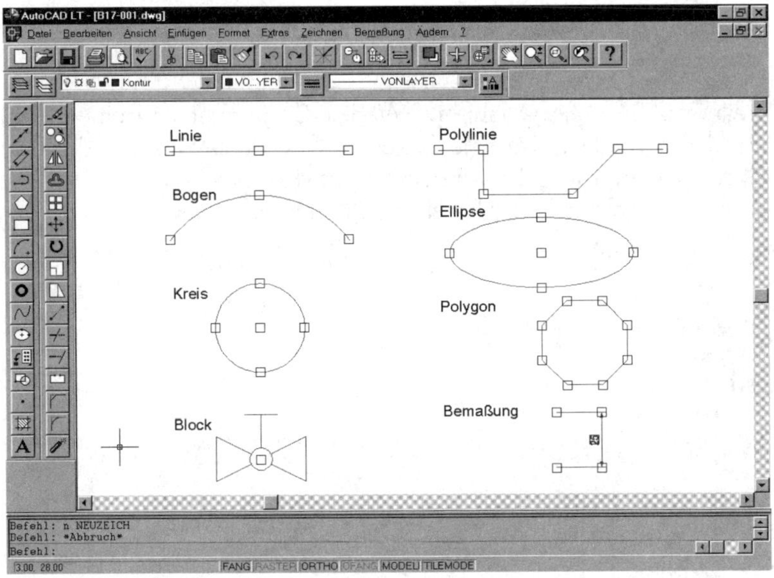


*Abbildung 17.2: Griffe ohne Auswahlsatz*

## Aktion: Griffpositionen

Tabelle 17.1 können Sie entnehmen, an welchen Punkten die einzelnen Zeichnungsobjekte Griffe bekommen.

*Tabelle 17.1: Griffe an den Objekten*

| Objekt | Griffposition |
|---|---|
| Punkt | Am Punkt |
| Linie | Am Mittelpunkt und an den Endpunkten |
| Klinie | Am Mittelpunkt und an zwei Punkten daneben |
| Strahl | Am Ausgangspunkt und einem Punkt daneben |
| Bogen | Am Zentrum und an den Endpunkten |
| Kreis | Am Zentrum und an den Quadrantenpunkten |
| Polylinie | An den Scheitelpunkten der Segmente und an den Zentren der Bogensegmente |
| Textzeile | Am Einfügepunkt und am zweiten Punkt, falls mit Ausrichten oder Einpassen plaziert |
| Textabsatz | An den Eckpunkten des Textabsatzes |
| Block | Am Einfügepunkt und, falls aktiviert, auch an allen Objekten innerhalb des Blocks |
| Xref | Am Einfügepunkt und, falls aktiviert, auch an allen Objekten innerhalb des Xref |
| Bemaßung | An den Anfangspunkten der Hilfslinien, am Maßtext und an den Endpunkten der Hilfslinien |
| Schraffur | Am Schraffurmittelpunkt |

### Aktion: Editierbefehle anwählen

Haben Sie Objekten Griffe verpaßt und sind sie gestrichelt dargestellt, sind Sie im Auswahlsatz. Wählen Sie jetzt einen Editierbefehl an, der normalerweise eine Objektwahl verlangt, kommt die Objektwahl nicht mehr. Er wird sofort mit den Objekten im Auswahlsatz ausgeführt, z.B. der Befehl SCHIEBEN:

Befehl: **Schieben**
1 gefunden
Basispunkt oder Verschiebung:
...
usw.

### Tips:

- Haben Objekte Griffe und sind sie im Auswahlsatz, werden sie mit der [Entf]-Taste ohne weitere Rückfrage aus der Zeichnung gelöscht.
- Doch Vorsicht, es kann auch schiefgehen. Sie haben irgendwo in der Zeichnung Objekte markiert und wählen den Befehl LÖSCHEN. Es tut sich vermeintlich nichts, aber die markierten Objekte werden automatisch gelöscht.
- Die Griffe verschwinden, wenn Sie die [Esc]-Taste mehrmals drücken oder wenn Sie einen anderen Befehl anwählen, außer den Befehlen, die eine Objektwahl verlangen.

### Fehler:

- Funktioniert das bei Ihnen nicht, haben Sie andere Voreinstellungen für die Objektwahl oder die Griffe eingestellt. Am Ende dieser Stunde lernen Sie, wie man diese ändert. Schauen Sie bei Bedarf zuerst dort nach.

Nun können Sie zwar Griffe setzen und wieder entfernen, doch was bringen Ihnen die Griffe beim Zeichnen und Konstruieren?

## Änderungen mit den Griffen

Was hat es nun mit den Griffen konkret auf sich? Es sind drei Zustände möglich:

- Ein Objekt hat blaue Griffe, befindet sich aber nicht in einem Auswahlsatz (nicht gestrichelt dargestellt): Das Objekt kann nicht bearbeitet werden, die Griffe können nur als Fangpunkte für andere Objekte verwendet werden. Diese Griffe werden in AutoCAD auch als »kalte Griffe« bezeichnet.
- Ein Objekt hat blaue Griffe und befindet sich in einem Auswahlsatz (gestrichelt dargestellt): Das Objekt kann bearbeitet werden, und die Griffe können als Fangpunkte für andere Objekte verwendet werden. In AutoCAD spricht man hierbei auch von »warmen Griffen«.
- Klicken Sie ein Objekt in einem Auswahlsatz an einem blauen Griff an, wird dieser ausgefüllt dargestellt und wechselt die Farbe auf Rot: Der Griff wird aktiv und kann bearbeitet werden. Der Griff wird zum sogenannten »heißen Griff«.

Welche Aktionen Sie mit den Griffen ausführen können, finden Sie in Tabelle 17.2.

*Tabelle 17.2: Griffe bearbeiten*

| Objekt | Griff | Funktion |
|---|---|---|
| Punkt | Punkt | Verschieben |
| Linie | Mittelpunkt | Verschieben |
| | Endpunkt | Strecken |
| Klinie | Mittelpunkt | Verschieben |
| | andere Punkte | Drehen um Mittelpunkt |
| Strahl | Anfangspunkt | Verschieben |
| | anderer Punkt | Drehen um Anfangspunkt |
| Bogen | Zentrum | Ausbuchtung verändern |
| | Endpunkt | Strecken |
| Kreis | Zentrum | Verschieben |
| | Quadrant | Vergrößern bzw. Verkleinern |
| Polylinie | Scheitelpunkte | Strecken |
| | Bogenpunkte | Ausbuchtung verändern |
| Textzeile | Einfügepunkt | Verschieben |
| | Zweiter Punkt | nur bei Einpassen und Ausrichten Textbreite ändern |
| Textabsatz | Eckpunkt | Strecken |
| Block | Einfügepunkt | Verschieben |
| | Griff im Block | Verschieben |

*Tabelle 17.2: Griffe bearbeiten (Fortsetzung)*

| Objekt | Griff | Funktion |
|---|---|---|
| Xref | Einfügepunkt | Verschieben |
| | Griff im Xref | Verschieben |
| Bemaßung | Hilfslinienpunkt | Strecken des Maßpunkts |
| | Maßlinienpunkt | Verschieben der Maßlinie |
| | Textpunkt | Verschieben des Textes |
| Schraffur | Mittelpunkt | Schraffur verschieben |

## Aktion: Objekt am Griff bearbeiten

Nachdem Sie einen Griff zum heißen Griff gemacht haben, kann das Objekt bearbeitet werden. Zunächst ist die Funktion STRECKEN aktiv, die ähnlich wie der gleichnamige Befehl arbeitet:

Befehl:
** STRECKEN **
BAsispunkt/Kopieren/Zurück/eXit/<Strecken bis Punkt>:

Ohne weitere Eingabe kann der Griff verschoben werden. Klicken Sie einen neuen Punkt oder einen anderen Griff an, wählen Sie einen Punkt mit dem Objektfang, oder geben Sie eine relative Koordinate ein, und der Griff wird an diesen Punkt versetzt, zum Beispiel:

Befehl:
** STRECKEN **
BAsispunkt/Kopieren/Zurück/eXit/<Strecken bis Punkt>: **@0,5**

oder

Befehl:
** STRECKEN **
BAsispunkt/Kopieren/Zurück/eXit/<Strecken bis Punkt>: **Mit dem Objektfang ein Objekt ohne Griff anklicken**

oder

Befehl:
** STRECKEN **
BAsispunkt/Kopieren/Zurück/eXit/<Strecken bis Punkt>: **Einen Griff auf einem anderen Objekt anklicken**

### Tip:

- Das Fadenkreuz rastet auf den Griffen ein. Wenn Sie einen Griff auf einen anderen ziehen, brauchen Sie keinen Objektfang, dort wird automatisch eingerastet.

### Aktion: Weitere Optionen beim Arbeiten mit Griffen

Ist ein heißer Griff aktiv, können Sie statt eines Punkts auch weitere Optionen wählen:

Befehl:** STRECKEN **
BAsispunkt/Kopieren/Zurück/eXit/<Strecken bis Punkt>:

**BASISPUNKT:** Größe der Streckfunktion an einer beliebigen Stelle in der Zeichnung mit zwei Punkten bestimmen, eventuell wieder an vorhandenen Griffen.

**KOPIEREN:** Erzeugt mehrfache Kopien des Objekts, auf dem der Griff liegt. Die entstehenden Kopien werden gestreckt. Haben Sie einen Griff aktiviert, der eine Verschiebung bewirkt, beispielsweise der mittlere Griff einer Linie oder eines Kreises, erzeugen Sie unveränderte Kopien.

**ZURÜCK:** Letzte Aktion beim Bearbeiten der Griffe rückgängig machen.

### Training: Strecken ohne Befehl

- *Zeichnen Sie ein Rechteck aus Linien, einen Kreis, ein Achteck mit dem Befehl Polygon und noch einen Kreis (siehe Abbildung 17.3, linke Hälfte).*
- *Strecken Sie den Kreis so weit, daß er den Mittelpunkt der Linie berührt.*
- *Klicken Sie den Kreis und die senkrechte Linie an. Klicken Sie dann auf den Griff am linken Quadranten des Kreises (Abbildung 17.3, 1).*

  Befehl:** STRECKEN **
  BAsispunkt/Kopieren/Zurück/eXit/<Strecken bis Punkt>: **Griff an der Mitte der Linie anklicken (Abbildung 17.3, 2)**

- *Klicken Sie das Polygon und den Kreis an. Klicken Sie dann auf den Griff am Zentrum des Kreises (Abbildung 17.3, 3).*

Befehl:** STRECKEN **
BAsispunkt/Kopieren/Zurück/eXit/<Strecken bis Punkt>: **K für die Option Kopieren eingeben**

** STRECKEN (mehrere) **
BAsispunkt/Kopieren/Zurück/eXit/<Strecken bis Punkt>: **Griff am Punkt 4 anklicken**

** STRECKEN (mehrere) **
BAsispunkt/Kopieren/Zurück/eXit/<Strecken bis Punkt>: **Griff am Punkt 5 anklicken**

.. usw.

- *Setzen Sie an jeden Eckpunkt des Polygons einen Kreis (siehe Abbildung 17.3).*

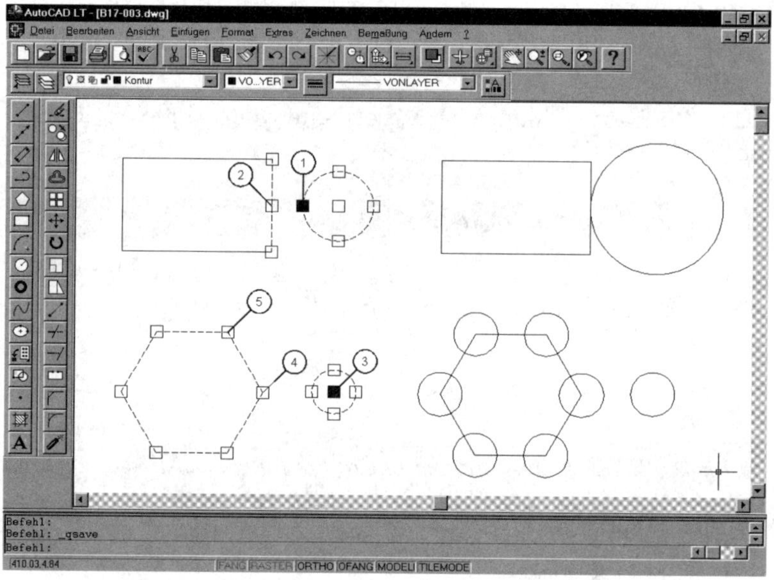


*Abbildung 17.3: Strecken mit Griffen*

## Aktion: Weitere Befehle beim Arbeiten mit Griffen

Geben Sie bei der ersten Anfrage des Befehls ↵ ein, wird zur Funktion SCHIEBEN gewechselt. Weitere Eingaben von ↵ aktivieren nacheinander die Funktionen DREHEN, SKALIEREN und SPIEGELN.

Befehl:
** STRECKEN **
BAsispunkt/Kopieren/Zurück/eXit/<Strecken bis Punkt>: ↵

** SCHIEBEN **
BAsispunkt/Kopieren/Zurück/eXit/<Schieben nach Punkt>: ↵

** DREHEN **
BAsispunkt/Kopieren/Zurück/BEzug/eXit/<Drehwinkel>: ↵

** SKALIEREN **
BAsispunkt/Kopieren/Zurück/BEzug/eXit/<Skalierfaktor>: ↵

** SPIEGELN **
BAsispunkt/Kopieren/Zurück/eXit/<Zweiter Punkt>: ↵

Die Funktionen arbeiten wie die gleichnamigen Editierbefehle, außer daß mit diesen Funktionen auch Serien von gestreckten, verschobenen, gedrehten, skalierten oder gespiegelten Objekten erzeugt werden können.

## Aktion: Rechte Maustaste bei den Griffen

Alle Optionen und Befehle können Sie auch aus einem Pop-Up-Menü wählen, das erscheint, wenn Sie die rechte Maustaste drükken solange ein heißer Griff aktiv ist (siehe Abbildung 17.4).

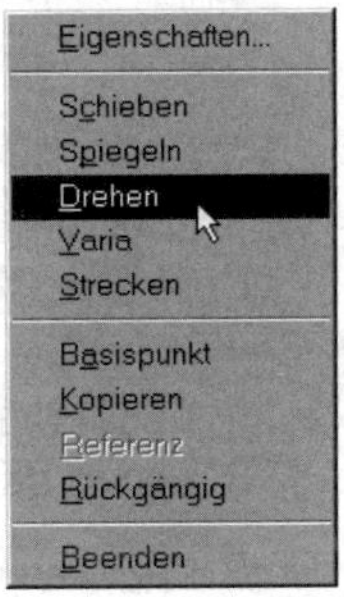


*Abbildung 17.4: Pop-Up-Menü für die Bearbeitung der Griffe*

Mit dem obersten Eintrag EIGENSCHAFTEN... können Sie die Befehle DDCHPROP bzw. DDMODIFY wählen. Darunter finden Sie die Funktionen SCHIEBEN, SPIEGELN, DREHEN, SKALIEREN und STRECKEN, die Sie dort direkt anwählen können, ohne, wie oben beschrieben, mehrfach die [↵]-Taste drücken zu müssen. Im unteren Abschnitt des Pop-Up-Menüs können Sie die Optionen der Funktionen wählen.

Mit dem Menüeintrag BEENDEN wird die Aktion beendet. Die Griffe verschwinden dabei allerdings nicht.

## Training: Schieben, Drehen und Spiegeln ohne Befehl

- *Zeichnen Sie die verschiedenen Rechtecke und die Linie wie in Abbildung 17.5 in der linken Hälfte.*
- *Schieben Sie das untere Rechteck an das andere. Klicken Sie dazu die beiden Rechtecke an, damit Sie Griffe bekommen. Klicken Sie das linke noch einmal mit gedrückter [⇧]-Taste an, so daß es aus der Auswahl entfernt wird.*
- *Klicken Sie dann den linken oberen Griff des unteren Rechtecks an (siehe Abbildung 17.5, 1).*

Befehl:** STRECKEN **
Basispunkt/Kopieren/Zurück/eXit/<Strecken bis Punkt>: [↵]

** SCHIEBEN **
BAsispunkt/Kopieren/Zurück/eXit/<Schieben nach Punkt>: **Griff am oberen Rechteck anklicken (Abbildung 17.5, 2)**

- *Drehen Sie das mittlere Rechteck mehrfach. Klicken Sie es an und dann den linken unteren Griff (Abbildung 17.5, 3). Drücken Sie so lange [↵], bis der Befehl DREHEN kommt, oder wählen Sie ihn aus dem Pop-Up-Menü.*

** DREHEN **
BAsispunkt/Kopieren/Zurück/BEzug/eXit/<Drehwinkel>: **K für die Option Kopieren**

** DREHEN (mehrere) **
BAsispunkt/Kopieren/Zurück/BEzug/eXit/<Drehwinkel>: **30**

** DREHEN (mehrere) **
BAsispunkt/Kopieren/Zurück/BEzug/eXit/<Drehwinkel>: **60**

** DREHEN (mehrere) **
BAsispunkt/Kopieren/Zurück/BEzug/eXit/<Drehwinkel>: **90**

** DREHEN (mehrere) **
BAsispunkt/Kopieren/Zurück/BEzug/eXit/<Drehwinkel>: ↵

▶ *Spiegeln Sie das untere Rechteck an der Linie. Klicken Sie das Rechteck und die Linie an. Klicken Sie dann den oberen Griff der Linie an (Abbildung 17.5, 4). Drücken Sie so lange ↵, bis der Befehl SPIEGELN kommt, oder wählen Sie ihn aus dem Pop-Up-Menü.*

** SPIEGELN **
BAsispunkt/Kopieren/Zurück/eXit/<Zweiter Punkt>: **Unteren Griff der Linie anklicken (Abbildung 17.5, 5)**

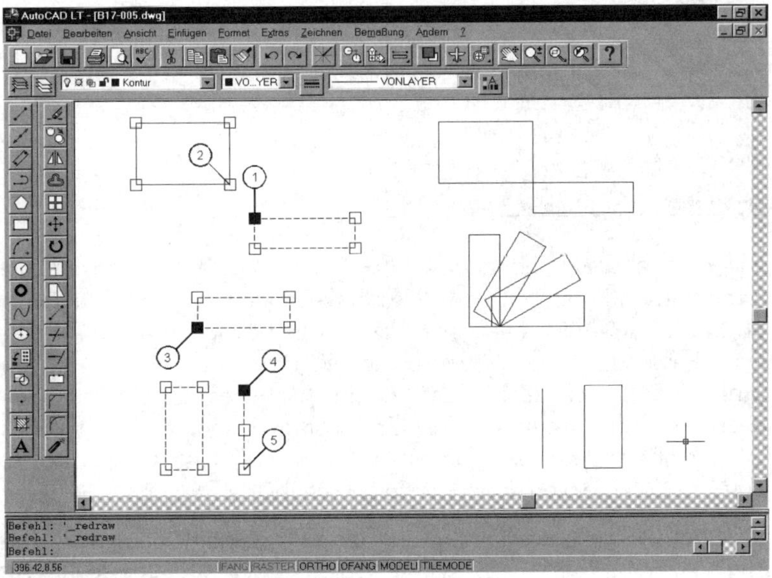


*Abbildung 17.5: Schieben, Drehen und Spiegeln mit den Griffen*

## Griffe einstellen

Wenn Ihnen die Arbeit mit den Griffen nicht so liegt, können Sie die Griffe auch komplett abschalten.

## Aktion: Befehl DDGRIPS

Mit dem Dialogfeld des Befehls DDGRIPS (siehe Abbildung 17.6), schalten Sie die Griffe ein und aus bzw. stellen Sie die Parameter für die Griffe ein. Wählen Sie den Befehl folgendermaßen:

- Abrollmenü EXTRAS bzw. WERKZEUGE (in AutoCAD 14), Funktion GRIFFE...

*Abbildung 17.6: Einstellung der Griffe*

Mit dem obersten Schalter GRIFFE AKTIVIEREN schalten Sie die Griffe ein und aus. Mit dem darunterliegenden Schalter GRIFFE IN BLÖCKEN AKTIVIEREN können Sie Griffe auch innerhalb von Blöken aktivieren. Normalerweise hat ein Block nur einen Griff am Einfügepunkt. Ist dieser Schalter ein, hat jedes Objekt im Block ebenfalls Griffe. Sie können die Griffpositionen innerhalb des Blocks zwar nicht ändern, aber andere Objekte auf diese Griffe ziehen. Alles zu den Blöcken finden Sie in den nächsten Stunden.

Darunter können Sie die Farbe für die kalten und heißen Griffe einstellen. Die Griffgröße läßt sich an der Schiebeleiste GRIFF-GRÖSSE verändern.

## Aktion: Befehl DDSELECT

Noch eine Einstellung wirkt sich auf die Funktion der Griffe aus. Mit dem Befehl DDSELECT legen Sie in einem Dialogfeld fest, wie die Objektwahl funktionieren soll. Sie finden den Befehl folgendermaßen:

- Abrollmenü EXTRAS bzw. WERKZEUGE (in AutoCAD 14), Funktion AUSWAHLEINSTELLUNGEN...

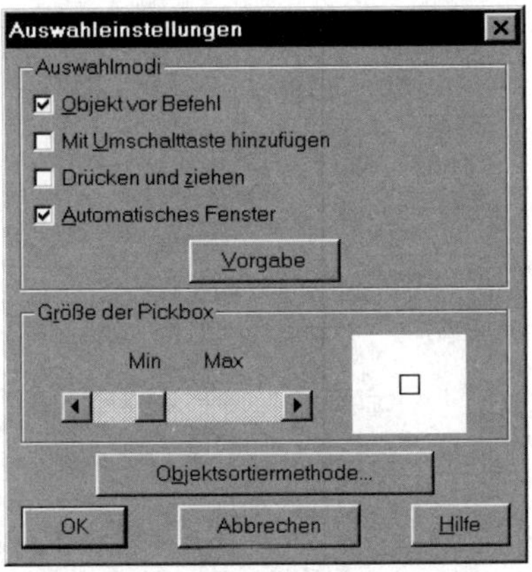


*Abbildung 17.7: Dialogfeld für die Auswahleinstellungen*

Im Dialogfeld können Sie verschiedene Auswahlmodi für die Objektwahl einstellen (siehe Abbildung 17.7). Zwei Einstellungen sind für die Griffe wichtig.

**OBJEKT VOR BEFEHL:** Wenn diese Funktion eingeschaltet ist, können Sie einen Editierbefehl aktivieren, und alle Objekte, die Sie davor mit Griffen versehen haben, werden automatisch gewählt. Die Objektwahl entfällt, und der Befehl wird mit den vorher gewählten Objekten ausgeführt. Haben Sie keine Objekte mit Griffen in der Zeichnung, läuft der Befehl mit der normalen Objektwahl.

**GRÖSSE DER PICKBOX:** Mit dieser Einstellung legen Sie sowohl die Größe der Pickbox bei der Objektwahl fest, als auch die Größe des Fangfensters, das im Leerlauf um das Fadenkreuz angezeigt wird.

## Fragen zu Stunde 17

1. Was ist die Standardfunktion bei den Griffen?
2. Welche Änderungsfunktionen lassen sich auch mit den Griffen ausführen?
3. Mit welcher Taste lassen sich Griffe wieder entfernen?
4. Wie können Sie erreichen, daß ein Objekt Griffe bekommt, aber nicht im Auswahlsatz ist?
5. Mit welchem Griff an einem Maß können Sie die Position der Maßlinie verschieben?
6. Welche Farbe hat ein kalter Griff?
7. Welche Farbe hat ein heißer Griff?
8. Wozu können Sie kalte Griffe verwenden?
9. Wie können Sie das Pop-Up-Menü für die Griffbefehle aktivieren?
10. Mit welchem Befehl können Sie Farbe und Größe der Griffe einstellen?

# Rationell arbeiten mit Blöcken

Stunde 18

Der Vorteil von CAD wird immer dann am deutlichsten, wenn Teile gleich oder in ähnlicher Form immer wieder vorkommen. Alles, was Sie einmal gezeichnet haben, können Sie wieder verwenden. In dieser Stunde lernen Sie:

- wie Sie aus einmal gezeichneten Teilen Blöcke machen,
- wie Sie Blöcke in die Zeichnung einfügen,
- wie Sie Blöcke als Zeichnungsdatei abspeichern und
- wie gespeicherte Zeichnungsdateien als Block in eine neue Zeichnung eingefügt werden.

## Warum Blöcke verwenden?

Wenn Sie bestimmte Teile in der Zeichnung mehrmals benötigen, können Sie daraus einen Block erstellen und diesen überall dort einfügen, wo diese Teile gebraucht werden. Die Vorteile gegenüber dem einfachen Kopieren sind:

- Mit Blöcken können Sie eine Zeichnung in kleine Einheiten zerlegen, die Sie dann mit den einzelnen Bausteinen zusammensetzen können.
- Bei Blöcken wird die Geometrie dieser Bausteine nur einmal in der Zeichnung gespeichert, in der sogenannten Blockdefinition. Überall dort, wo die Blöcke eingefügt sind, wird nur die Blockreferenz eingesetzt. Das spart Speicherplatz; je komplexer ein Block ist und je häufiger er eingefügt wurde, desto mehr.
- Nach dem Einfügen können Blöcke wie ein einziges Objekt editiert werden, zum Beispiel mit den Befehlen SCHIEBEN, DREHEN, KOPIEREN, VARIA, SPIEGELN usw. Der Aufbau des Blocks kann jedoch nicht verändert werden, Befehle wie STRECKEN, DEHNEN, STUTZEN, BRUCH, ABRUNDEN usw. lassen sich nicht auf Blöcke anwenden.

- Ein Block kann aber neu definiert werden. Wurde ein Block mehrfach eingefügt, und der Block ändert sich, kann er durch eine einfache Neudefinition an allen Stellen durch den neuen Block ersetzt werden. Hätte man die Objekte mehrfach kopiert, müßte man jede Kopie ändern.
- Blöcke aus einer Zeichnung oder beliebige Teile einer Zeichnung lassen sich in separaten Zeichnungsdateien speichern, und einmal gespeicherte Zeichnungsdateien lassen sich wieder in neuen Zeichnungen wie Blöcke einfügen. Damit können Sie beliebige neue Konstruktionen aus den bereits vorhandenen Teilen zusammensetzen.

## Wie wird aus Linien und Kreisen ein Block?

Die einfachste Methode, wenn auch nicht die komfortabelste, in AutoCAD LT 97 und in AutoCAD 14 einen Block zu erzeugen, ist der Befehl BLOCK. Sie finden den Befehl nicht in den Menüs, geben Sie ihn auf der Tastatur ein. Für diesen Befehl gibt es sowohl in AutoCAD LT 97 als auch in AutoCAD 14 spezielle Varianten, doch dazu später mehr.

### Aktion: Befehl BLOCK

Mit dem Befehl BLOCK fassen Sie Objekte in der Zeichnung zu einem Block zusammen.

Befehl: **Block**
Blockname (oder ?): **Blocknamen eingeben**
Einfügebasispunkt: **Punkt mit Objektfang eingeben**
Objekte wählen: **Objekte für den Block wählen**

Gehen Sie wie folgt vor:

- Geben Sie dem Block einen Namen, der maximal 32 Zeichen lang sein darf und wie beim Layernamen keine Sonderzeichen enthalten darf, außer den üblichen ($, -, _ und |).
- Wenn Sie nicht wissen, welcher Blockname in der Zeichnung schon vergeben ist, geben Sie »?« ein. Bei der Eingabe von »*« werden Ihnen alle Blöcke in der Zeichnung aufgelistet.

Blockname (oder ?): ?
Aufzulistende(r) Block/Blöcke <*>: *

Definierte Blöcke.

| Benutzer Blöcke | Externe Referenzen | Abhängige Blöcke | Unbenannte Blöcke |
|---|---|---|---|
| 0 | 0 | 0 | 0 |

- Sie können aber auch beispielsweise »A*« eingeben, um alle Blöcke aufzulisten, die mit dem Anfangsbuchstaben A beginnen.
- Geben Sie danach den Einfügebasispunkt ein. Das ist der Punkt, an dem Sie den Block nachher in die Zeichnung einfügen können.
- Zum Schluß wählen Sie die Objekte, die zum Block gehören sollen.
- Danach verschwinden alle Objekte des Blocks aus der Zeichnung. Sie können Sie aber mit dem Befehl HOPPLA zurückholen. Dann befindet sich aber an dieser Stelle nicht der Block, sondern die ursprünglichen Objekte.

## Training: Blöcke erzeugen

- *Laden Sie die Zeichnung A-18-01.DWG aus Ihrem Ordner mit den Aufgaben. Sie enthält eine Reihe von Elektronik-Symbolen (siehe Abbildung 18.1).*

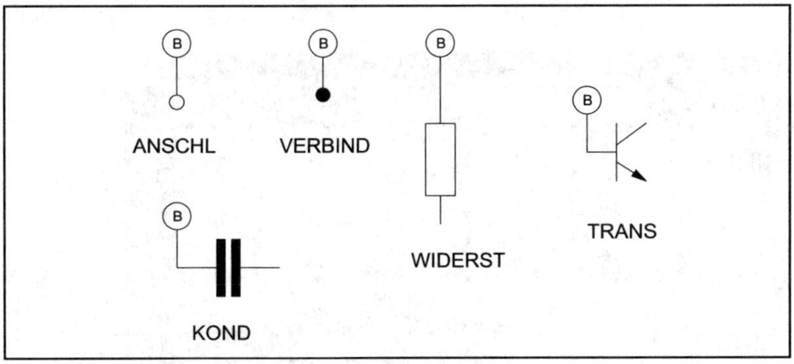


*Abbildung 18.1: Symbole als Blöcke*

- *Die Symbole sind alle auf einem festen Fangraster von 2.5 gezeichnet. Der Fang ist in der Zeichnung eingeschaltet.*

- *Erstellen Sie den Block WIDERST.*

  Befehl: **Block**
  Blockname (oder ?): **WIDERST**
  Einfügebasispunkt: **Punkt B am Symbol anklicken**
  Objekte wählen: **Symbol mit einem Fenster wählen**

- *Die Symbole verschwinden aus der Zeichnung. Machen Sie dasselbe mit den anderen Blöcken. Achten Sie darauf, daß beim Block ANSCHL der Einfügebasispunkt am oberen Quadranten sein soll, beim Block VERBIND dagegen in der Mitte.*

## Wie wird aus dem Block eine Datei?

Um einen Block, den Sie in der Zeichnung erstellt haben oder beliebige Objekte aus der Zeichnung in einer Datei zu speichern, verwenden Sie den Befehl WBLOCK. Auch für diesen Befehl gibt es spezielle Varianten in AutoCAD LT 97 und AutoCAD 14. Zunächst der Grundbefehl.

### Aktion: Befehl WBLOCK

Mit dem Befehl WBLOCK erstellen Sie Zeichnungsdateien aus Blöcken oder Zeichnungsobjekten.

Befehl: **Wblock**

Im Dateiwähler (siehe Abbildung 18.2) legen Sie fest, wo die Datei gespeichert werden soll (Laufwerk und Ordner) und welchen Namen sie erhalten soll.

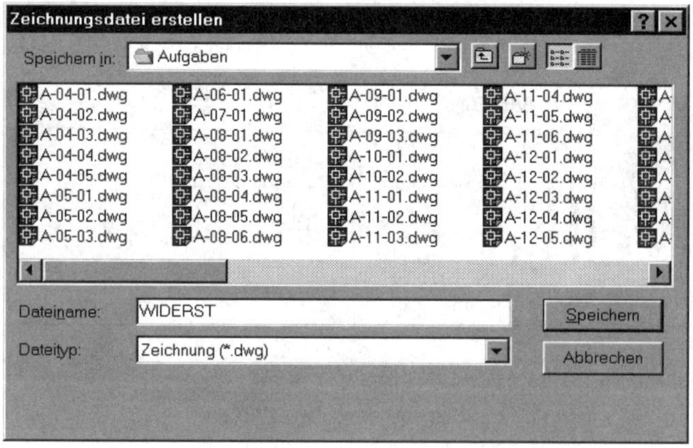


*Abbildung 18.2: Dialogfeld des Befehls WBLOCK*

Blockname:

Danach wird der Blockname angefragt. Sie haben folgende Eingabemöglichkeiten:

**Blocknamen eintippen:** Der Block mit dem eingegebenen Namen wird in der vorher angegebenen Zeichnungsdatei gespeichert. Der Block kann also einen ganz anderen Namen haben als den Dateinamen, den Sie vorher im Dateiwähler eingetragen haben.

**=:** Geben Sie nur das Gleichheitszeichen ein, wird ein Block mit dem gleichen Namen wie der vorher angegebene Dateiname gesucht und in der Datei gespeichert. Blockname und Dateiname sind dann identisch.

***:** Die Zeichnung, an der Sie gerade arbeiten, wird in der angegebenen Datei gespeichert. Wo liegt der Unterschied zum normalen Speichern? Wenn Sie das mit dem Befehl WBLOCK machen, werden alle überflüssigen Objekte aus der Zeichnung entfernt: Layer, Bemaßungsstile, Textstile, die Sie angelegt, aber nicht benützt haben, Blöcke, die Sie erzeugt, aber nicht eingefügt haben usw. Die Zeichnung wird »bereinigt« abgespeichert.

↵: In diesem Fall können Sie einzelne Objekte aus der aktuellen Zeichnung in der Zeichnungsdatei sichern, ohne vorher einen Block daraus machen zu müssen. Basispunkt und Objekte bestimmen Sie wie vorher beim Befehl BLOCK:

Einfüge-Basispunkt:
Objekte wählen:

Diese Funktion wenden Sie vor allem dann an, wenn Sie eine Zeichnung fertig haben und feststellen, daß Sie bestimmte Teile daraus auch in anderen Zeichnungen verwenden können. In diesem Fall wäre es unsinnig, zuerst Blöcke in der Zeichnung zu machen und sie dann zu speichern. Speichern Sie sie sofort in Zeichnungsdateien ab. Die Objekte verschwinden danach aus der Zeichnung. Mit dem Befehl HOPPLA machen Sie die letzte Löschung rückgängig. Sie können ihn auch hier verwenden. Er holt auch die bei dem Blockexport verschwundenen Objekte zurück.

**Training: Blöcke exportieren**

- *Machen Sie aus einigen dieser Blöcke probeweise Dateien. Sie brauchen sie für die weiteren Änderungen nicht. Wir arbeiten mit internen Blöcken weiter.*
- *Sie können die Probeblöcke wieder löschen.*

## Mehr Komfort mit Dialogfeldern in AutoCAD LT 97

In AutoCAD LT 97 haben Sie einen Befehl, der die beiden Befehle BLOCK und WBLOCK in einem Dialogfeld ausführt.

**Aktion: Befehl BMAKE**

Sie finden den Befehl in einem Untermenü des Abrollmenüs ZEICHNEN.

- Abrollmenü ZEICHNEN, Untermenü BLOCK >, Funktion ERSTELLEN...
- Symbol im Werkzeugkasten ZEICHNEN

Alle Angaben machen Sie in einem Dialogfeld (siehe Abbildung 18.3 und 18.4). Sie entscheiden zunächst, ob Sie einen internen Block (siehe oben Befehl BLOCK) oder eine DWG-Datei (siehe Befehl WBLOCK) erzeugen wollen.

### INTERNER BLOCK

- Klicken Sie den Schalter INTERNER BLOCK an, und tragen Sie im Feld NAME den Blocknamen ein. Tragen Sie den Namen eines schon vorhandenen Blocks ein, können Sie diesen neu definieren.
- Mit der Schaltfläche OBJEKTE WÄHLEN < kommen Sie in die Zeichnung und können die Objekte wählen, die zu dem Block zusammengefaßt werden sollen. Nach der Objektwahl erscheint das Dialogfeld wieder. Rechts daneben in dem kleinen Fenster erhalten Sie eine Voransicht des Blocks.

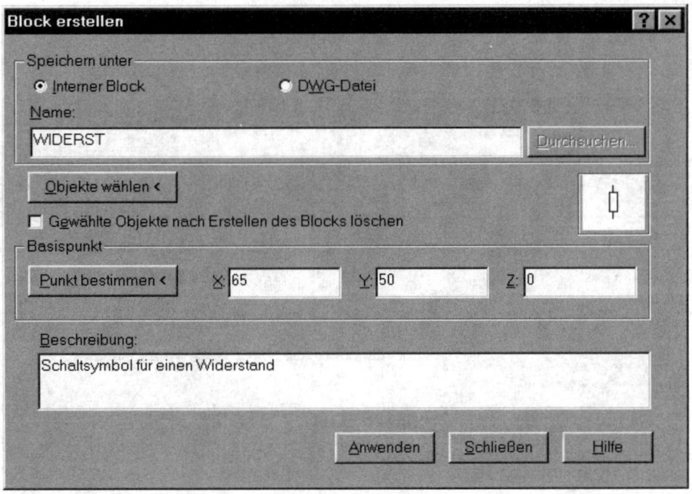


*Abbildung 18.3: Dialogfeld zum Erzeugen eines Blocks*

- Haben Sie den Schalter GEWÄHLTE OBJEKTE NACH ERSTELLEN DES BLOCKS LÖSCHEN eingeschaltet, verschwinden die Objekte des Blocks aus der Zeichnung, wenn der Block gebildet ist. Ist der Schalter aus, bleiben an der Stelle die ursprünglichen Objekte erhalten.
- Danach bestimmen Sie den Basispunkt. Tragen Sie die Koordinaten ein, oder klicken Sie auf das Feld PUNKT BESTIMMEN <, und bestimmen Sie den Punkt in der Zeichnung.
- Tragen Sie einen Kommentar zu dem Block im Feld BESCHREIBUNG ein. Der Kommentar wird nur im Symbolmanager verwendet (siehe Stunde 20).
- Klicken Sie auf die Schaltfläche ANWENDEN, und der Block wird erstellt. Die Werte aus dem Dialogfeld verschwinden, und Sie können einen neuen Block bilden. Klicken Sie auf die Schaltfläche SCHLIESSEN, wird der Befehl beendet.

## DWG-DATEI

- Klicken Sie den Schalter DWG-DATEI an, und tragen Sie im obersten Feld NAME den Pfad und den Dateinamen für die neue Zeichnungsdatei ein. Wenn Sie die Schaltfläche DURCHSUCHEN... anklicken, bekommen Sie den Dateiwähler auf den Bildschirm. Suchen Sie sich damit Laufwerk und Ordner aus, in dem Sie den Block speichern wollen, und tragen Sie den gewünschten Dateinamen ein (siehe Abbildung 18.4). Alles weitere läuft wie beim internen Block ab.

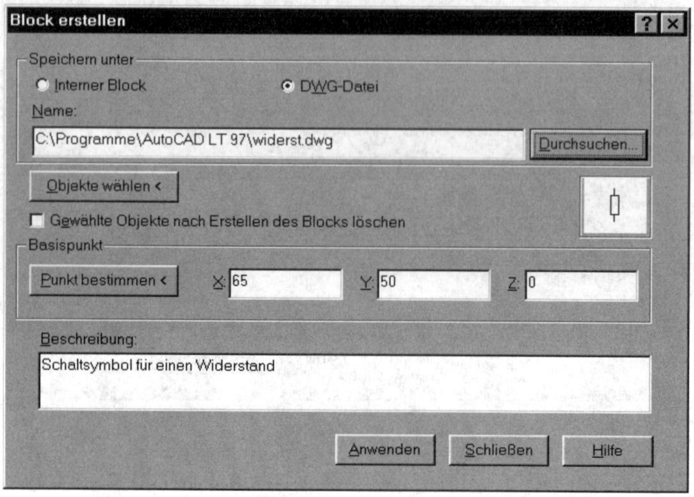


*Abbildung 18.4: Dialogfeld zum Erstellen einer DWG-Datei*

## Training: Blöcke erstellen mit BMAKE in AutoCAD LT 97

- *Laden Sie die Zeichnung A-18-02.DWG aus Ihrem Aufgabenordner. Machen Sie noch einmal das gleiche wie in der letzten Aufgabe (siehe Abbildung 18.1).*
- *Machen Sie jetzt mit dem Befehl BMAKE interne Blöcke aus allen Symbolen (siehe Abbildung 18.3).*

## Aktion: Befehl ÄNDBL

Haben Sie in der Zeichnung interne Blöcke definiert und wollen nachträglich daraus eine DWG-Datei machen, verwenden Sie den Befehl ÄNDBL. Sie finden ihn folgendermaßen:

- Abrollmenü ÄNDERN, Untermenü OBJEKT >, Blockbeschreibung...

Zur Änderung der Blockbeschreibung bekommen Sie ein Dialogfeld (siehe Abbildung 18.5).

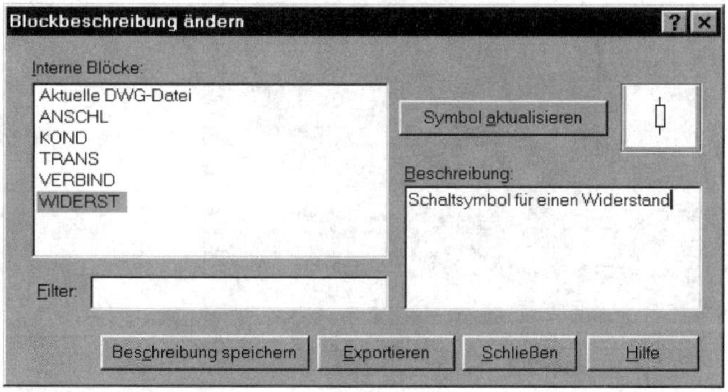


*Abbildung 18.5: Dialogfeld zum Ändern der Blockbeschreibung*

In der linken Liste INTERNE BLÖCKE bekommen Sie alle Blöcke aufgelistet, die in dieser Zeichnung verfügbar sind. Im Feld FILTER können Sie mit den üblichen Zeichen einen Filter für die Liste eingeben, zum Beispiel *S-** für alle Blöcke, die mit *S-* beginnen und beliebig enden.

Klicken Sie auf die Schaltfläche EXPORTIEREN, können Sie den Block in einer Zeichnungsdatei speichern. Wählen Sie Laufwerk, Pfad und Dateiname im Dateiwähler, und geben Sie einen Dateinamen für den Block ein. Außerdem können Sie den Blocknamen und die Beschreibung ändern.

## Auch in AutoCAD 14 gibt es Dialogfelder

Auch in AutoCAD LT 14 geht es mit Dialogfeldern einfacher. Nur gibt es hier kein kombiniertes Dialogfeld für die Befehle BLOCK und WBLOCK. Der Befehl BMAKE erzeugt in AutoCAD 14 nur interne Blöcke:

**Aktion: Befehl BMAKE**

Sie finden den Befehl folgendermaßen:

- Abrollmenü ZEICHNEN, Untermenü BLOCK >, Funktion ERSTELLEN...

- Symbol im Werkzeugkasten ZEICHNEN

Zur Erzeugung des Blocks erhalten Sie ein Dialogfeld (siehe Abbildung 18.6).

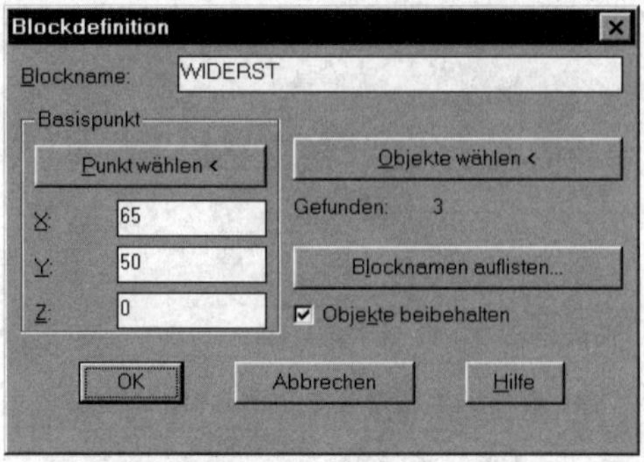


*Abbildung 18.6: Dialogfeld zur Erzeugung eines Blocks*

Gehen Sie bei der Bildung eines neuen Blocks wie folgt vor:

- Tragen Sie im obersten Feld den Blocknamen ein. Ist es ein Name, der in der Zeichnung schon verwendet wurde, passiert zunächst noch nichts. Erst wenn Sie alle Eingaben gemacht haben und auf OK klicken, erscheint eine Warnung. Sie können den Block dann neu definieren oder noch abbrechen.
- Wenn Sie nicht wissen, welche Blocknamen schon belegt sind, können Sie die Schaltfläche BLOCKNAMEN... anklicken. Sie erhalten ein Dialogfeld, in dem alle Blocknamen in dieser Zeichnung aufgelistet sind (siehe Abbildung 18.7).

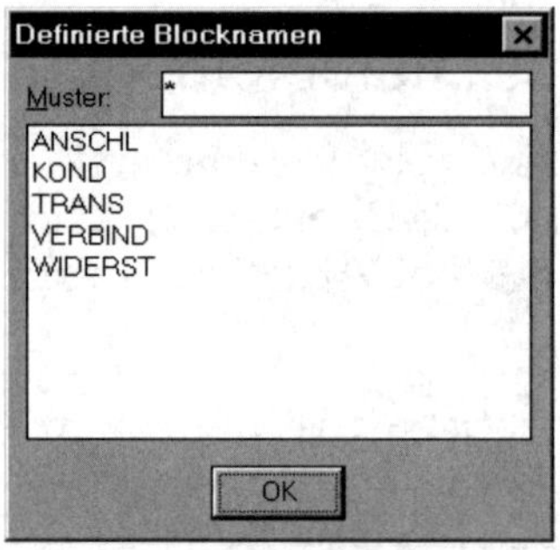


*Abbildung 18.7: Blöcke in der Zeichnung*

- Danach bestimmen Sie den Basispunkt. Tragen Sie die Koordinaten ein, oder klicken Sie auf die Schaltfläche PUNKT WÄHLEN <, und wählen Sie ihn in der Zeichnung.
- Klicken Sie auf die Schaltfläche OBJEKTE WÄHLEN <, und wählen Sie die Objekte in der Zeichnung, die zum Block gehören sollen.

- Zum Schluß wählen Sie noch, ob die Objekte nach der Blockbildung in der Zeichnung bleiben sollen oder nicht. Stellen Sie dazu den Schalter OBJEKTE BEIBEHALTEN entsprechend ein.

**Training: Blöcke erstellen mit BMAKE in AutoCAD 14**

- *Laden Sie die Zeichnung A-18-02.DWG aus Ihrem Aufgabenordner. Es ist die gleiche Zeichnung wie bei der letzten Aufgabe (siehe Abbildung 18.1).*
- *Machen Sie jetzt mit dem Befehl BMAKE interne Blöcke aus allen Symbolen (siehe Abbildung 18.6).*

## Wie kommt der Block wieder in die Zeichnung?

Nun haben Sie Blöcke erzeugt, aber wie kommen diese wieder in die Zeichnung? Mit einem Befehl können Sie alles machen: Blöcke einfügen und Zeichnungsdateien in die aktuelle Zeichnung holen und als Block einfügen. Hier gibt es auch keine Unterschiede zwischen AutoCAD LT 97 und AutoCAD 14.

**Aktion: Befehl DDINSERT**

Wählen Sie den Befehl folgendermaßen:

- Abrollmenü EINFÜGEN, Funktion BLOCK...

- Symbol im Werkzeugkasten EINFÜGEN und ZEICHNEN (bei AutoCAD LT 97 in einem Flyout-Menü)

Die Funktionen des Befehls wählen Sie in einem Dialogfeld. Folgende Möglichkeiten haben Sie:

### Datei einfügen

Klicken Sie auf den Schalter DATEI... (siehe Abbildung 18.8), und suchen Sie im Dateiwähler die Datei aus. Hierbei werden Sie von der Voranzeige wie beim Befehl ÖFFNEN unterstützt. Danach bekommen Sie das Dialogfeld wieder mit Laufwerk und Pfad neben der Schaltfläche DATEI... (siehe Abbildung 18.8).

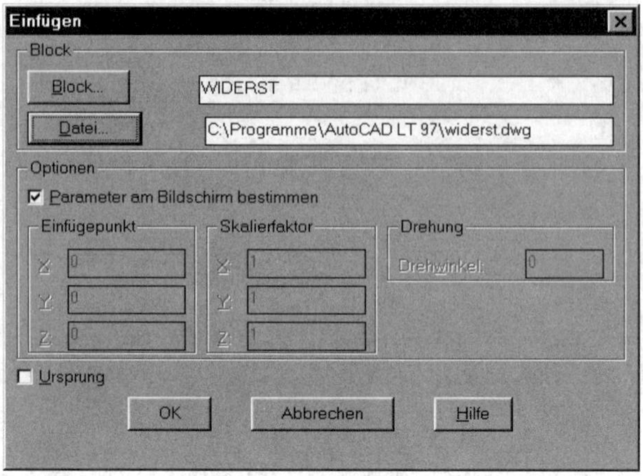


*Abbildung 18.8: Dialogfeld zum Einfügen von Dateien und Blöcken*

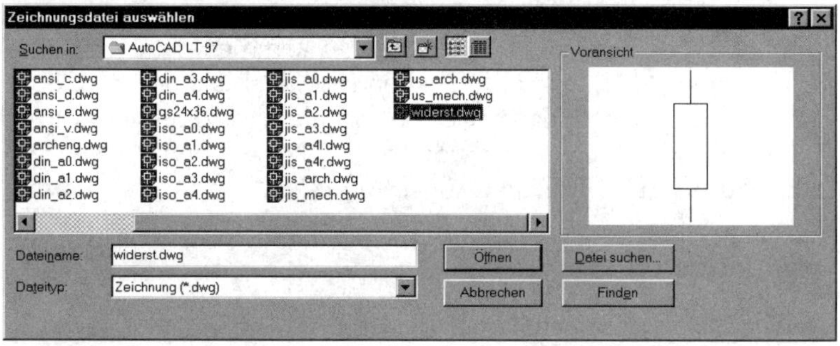


*Abbildung 18.9: Dateiwähler zum Einfügen von Blöcken mit Voranzeige*

Aus der Datei wird in der Zeichnung ein Block. Als Blocknamen wird der Dateiname übernommen. Er erscheint im Dialogfeld in der obersten Zeile. Dort können Sie ihn ändern. Das ist dann wichtig, wenn Sie mehrere Dateien mit demselben Namen aus verschiedenen Ordnern in die Zeichnung übernehmen. Bei Namensgleichheit in der Zeichnung kommt es zu Schwierigkeiten. Dann überschreibt der neue Block den bereits geladenen mit dem gleichen Namen, und alle eingefügten Blöcke werden durch den neuen ersetzt. Das vermeiden Sie, wenn Sie der zweiten Datei einen anderen Blocknamen in der Zeichnung geben.

Unter Umständen wollen Sie aber auch einen bereits eingefügten Block durch eine andere Zeichnungsdatei auf der Platte ersetzen. In diesem Fall wählen Sie die neue Datei an. Der Dateiname wird als Blockname übernommen. Ändern Sie diesen um und zwar in den Blocknamen, den Sie ersetzen wollen. Zunächst tut sich nichts, erst wenn Sie das Dialogfeld mit OK beenden, erscheint eine Warnung in einem Dialogfeld. Übergehen Sie die Warnung, dann wird der Block überschrieben. Alle Blöcke dieses Namens in der Zeichnung werden durch den neu eingelesenen ersetzt.

## Block einfügen

Wurde der Block, den Sie einfügen wollen, in der Zeichnung definiert oder als Datei schon einmal eingefügt, klicken Sie das Feld BLOCK... an. In einem weiteren Dialogfeld (siehe Abbildung 18.10) bekommen Sie die Namen der Blöcke in dieser Zeichnung angezeigt.

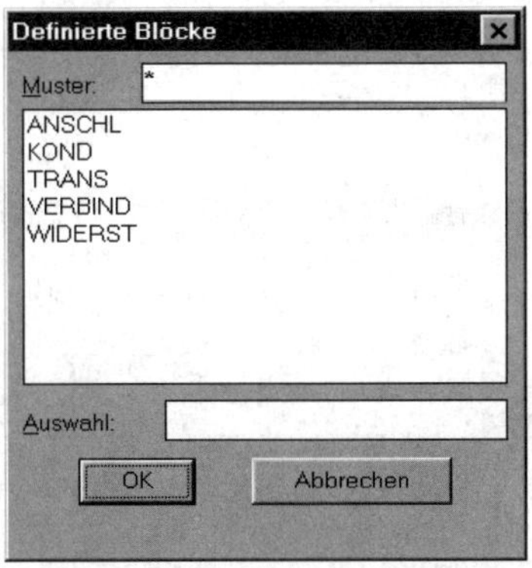


*Abbildung 18.10: Dialogfeld mit den Blocknamen*

## Einfügeparameter

Egal ob Sie einen Block oder eine Datei einfügen, Sie müssen die Einfügeparameter eingeben, im Dialogfeld oder interaktiv am Bildschirm:

- Lassen Sie den Schalter PARAMETER AM BILDSCHIRM BESTIMMEN eingeschaltet, bestimmen Sie die Parameter interaktiv.

```
Einfügepunkt:
X Faktor <1>/Ecke/XYZ:
Y Faktor (Vorgabe=X):
Drehwinkel <0>:
```

Bestimmen Sie den Einfügepunkt in der Zeichnung und danach den X-Faktor. Der Vorgabewert ist 1 und kann mit ↵ übernommen werden. Beim Y-Faktor wird der X-Faktor als Vorgabewert angeboten und beim Drehwinkel 0. Mit der Option ECKE bei der zweiten Anfrage können Sie einen zweiten, diagonal gegenüberliegenden Punkt angeben, und der Block wird in das daraus entstehende Rechteck eingepaßt.

Noch einen Effekt gibt es beim Einfügen. Haben Sie den Einfügepunkt bestimmt und fahren mit dem Fadenkreuz davon weg, wird der Block dynamisch vergrößert. Klicken Sie dann einen Punkt an, werden die X- und Y-Abstände zum Einfügepunkt als Vergrößerungsfaktor genommen. Der Block kann dann unter Umständen riesig groß werden. Zum Schluß geben Sie den Drehwinkel ein. Der Block wird am Einfügepunkt um den eingetragenen Winkel gedreht.

- Schalten Sie den Schalter PARAMETER AM BILDSCHIRM BESTIMMEN dagegen aus, können Sie die Parameter direkt ins Dialogfeld eintragen.

## Tips:

- Der Block kann vergrößert oder verkleinert in die Zeichnung übernommen werden. Sie können je einen Skalierfaktor für die X-, Y- und Z-Richtung vorgeben. Werte größer 1 führen zu Vergrößerungen, Werte kleiner 1 zu Verkleinerungen und negative Werte zu Spiegelungen.
- Wird ein Block eingefügt, haben Sie ein zusammenhängendes Bauteil in der Zeichnung. Soll der Block aber in seine Bestandteile zerlegt werden, schalten Sie das Feld URSPRUNG ein.
- Ein Block kann gedreht, verschoben, kopiert oder gelöscht werden. Einzelne Objekte können Sie nicht bearbeiten. Damit ist es auch nicht möglich, innerhalb eines Blocks zu stutzen, zu dehnen oder zu brechen. Auch der Befehl STRECKEN kann nicht verwendet werden.

## Aktion: Befehl Ursprung

Blöcke lassen sich, wenn sie nicht schon zerlegt eingefügt wurden, mit dem Befehl URSPRUNG in ihre einzelnen Bestandteile zerlegen. Sie finden den Befehl folgendermaßen:

- Abrollmenü ÄNDERN, Funktion URSPRUNG
- Symbol im Werkzeugkasten ÄNDERN

Befehl: **Ursprung**
Objekte wählen:

Wählen Sie einen oder mehrere Blöcke an, und sie werden in ihre Bestandteile zerlegt. Ihr Aussehen ändert sich nicht.

**Training: Blöcke einfügen**

- *Holen Sie die Zeichnung A-18-03.DWG aus dem Ordner mit den Aufgaben.*
- *In dieser Zeichnung sind die gleichen Blöcke definiert, die Sie vorher auch gebildet haben.*
- *Fügen Sie die Blöcke an den freien Stellen wie in Abbildung 18.11 ein.*

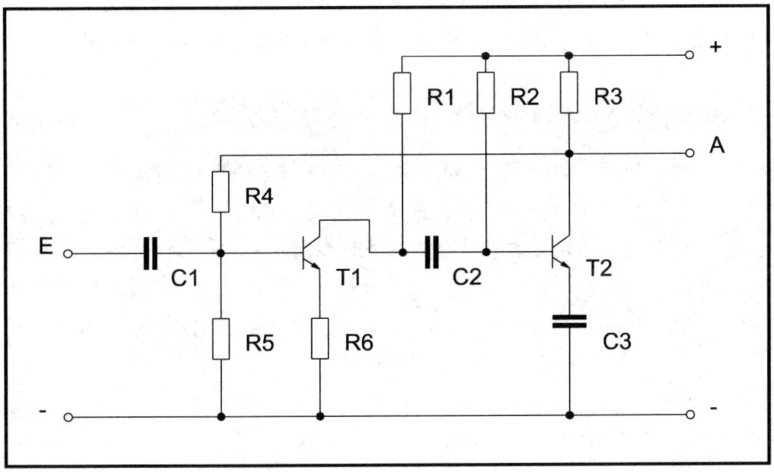


*Abbildung 18.11: Blöcke einfügen*

- *Eine Lösung finden Sie ebenfalls in Ihrem Aufgabenordner, die Zeichnung L-18-03.DWG.*

## Die Zeichnung bereinigen

Wenn Sie viel mit Blöcken arbeiten, kommt es immer wieder vor, daß Sie einen Block einfügen und erst dann merken, daß es der falsche war. Sie löschen ihn wieder, trotzdem bleibt er in der Zeichnung als Block erhalten. Auf diese Art kann die Zeichnungsdatei sehr groß werden, ohne daß auf dem Bildschirm viel zu sehen ist. Hier hilft nur eines: die Zeichnung bereinigen.

## Aktion: Befehl BEREINIG

Mit dem Befehl BEREINIG lassen sich unbenutze Objekte aus der Zeichnung entfernen. Sie finden den Befehl folgendermaßen:

- Abrollmenü DATEI, Untermenü DIENSTPROGRAMME >, Untermenü BEREINIGEN >, Funktionen für die Optionen des Befehls

Mit dem Befehl lassen sich nur solche Elemente entfernen, die nicht benutzt werden, also Blöcke, die in der Zeichnung definiert sind, aber nie eingefügt wurden oder nicht mehr eingefügt sind, Layer, auf denen sich keine Objekte befinden, Linientypen, mit denen nie gezeichnet wurde, usw. Im Untermenü können Sie also gleich anwählen, was Sie entfernen wollen.

Befehl: **Bereinig**
Bereinigung unbenutzter BLöcke/BEmstile/LAyer/LTypen/Textstile/Alles:

In AutoCAD 14 sind noch Symbole und Multilinienstile möglich.

## Fragen zu Stunde 18

1. Mit welchen Befehlen lassen sich Blöcke in der Zeichnung erzeugen?
2. Welcher Blockname ist falsch BL$1, BLOCK-08-15, BL_1 oder BL 08?
3. Wie lassen sich die Objekte nach dem Befehl BLOCK oder WBLOCK wieder zurückholen?
4. Welcher Befehl vereinigt in AutoCAD LT 97 die Befehle BLOCK und WBLOCK?
5. Was ist ein interner Block?
6. Was ist der Basispunkt eines Blocks?
7. Was geschieht, wenn Sie beim Befehl WBLOCK bei der Frage nach dem Dateinamen »*« eingeben?
8. Welchen Befehl können Sie bei einem Block nicht anwenden: DREHEN, STUTZEN, SCHIEBEN oder KOPIEREN?
9. Mit welchem Befehl kann ein Block zerlegt werden?
10. Mit welchem Befehl beseitigen Sie unbenutzte Blöcke aus der Zeichnung?

# Stunde 19

# Zeichnungen in der Zeichnung

Wenn Sie Blöcke verwenden, profitieren Sie von dem, was Sie schon in Ihrem Zeichnungsbestand haben. Der Nachteil bei der Neukonstruktion ist aber, daß eingefügte Blöcke sich nicht mehr ändern, wenn sich die Originalzeichnung ändert. Nicht so bei externen Referenzen, die jedesmal neu geladen werden. Sie lernen in dieser Stunde:

- wie Sie externe Referenzen in eine Zeichnung einfügen können,
- wie Sie externe Referenzen austauschen können,
- wie sich Änderungen an der Originalzeichnung auswirken und
- wie externe Referenzen gebunden werden.

## Externe Referenzen verwenden

Zeichnungsdateien lassen sich sowohl als Block als auch als externe Referenz in eine andere Zeichnung einfügen. Bei der Methode mit der externen Referenz werden die Dateien nur geladen und angezeigt, wenn die Zeichnung geöffnet wird. Sie werden nicht in die Zeichnung kopiert. Das spart Speicherplatz und gewährleistet, daß Änderungen beim nächsten Öffnen der Zeichnung berücksichtigt sind.

### Aktion: Befehl XREF

Alle Funktionen mit externen Referenzen können Sie mit dem Befehl XREF ausführen. Sie wählen den Befehl folgendermaßen aus:

- Abrollmenü EINFÜGEN, Funktion XREF...
- Symbol im Werkzeugkasten EINFÜGEN und ZEICHNEN (bei AutoCAD LT 97 in einem Flyout-Menü)

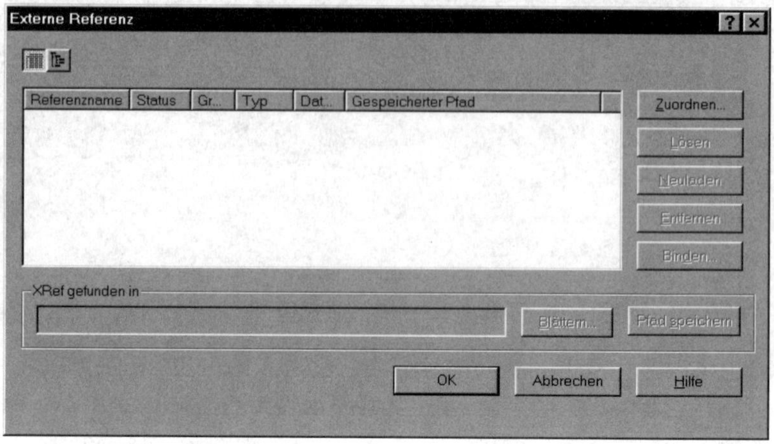


*Abbildung 19.1: Dialogfeld zur Verwaltung von externen Referenzen*

Wurde in der Zeichnung noch keine externe Referenz verwendet, ist die Liste leer. Alle Funktionen des Befehls werden mit den Schaltflächen aus diesem Dialogfeld gewählt.

## Training: Zeichnung aus externen Referenzen

- *Laden Sie die Zeichnung A-19-01.DWG aus dem Ordner \AUFGABEN.*
- *Sie finden darin einen Grundriß für eine Küche, aber noch ohne Einrichtung (siehe Abbildung 19.2). Sie können sie mit externen Referenzen möblieren.*

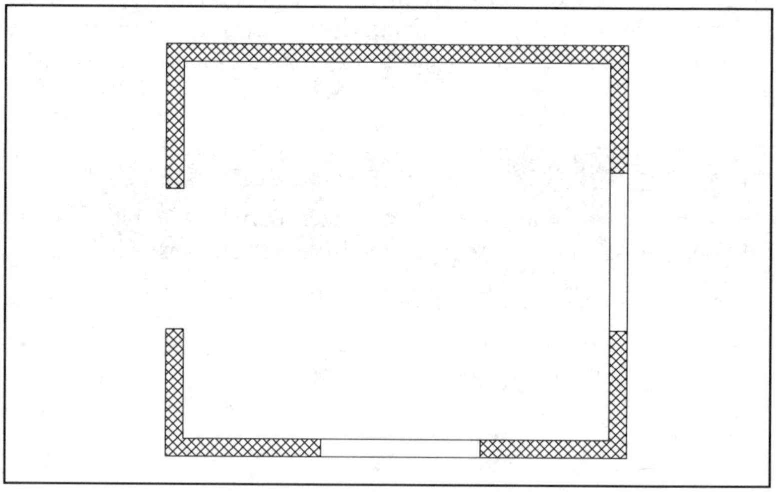

*Abbildung 19.2: Die leere Küche*

## Aktion: Externe Referenz zuordnen

Klicken Sie auf die Schaltfläche ZUORDNEN..., wenn Sie eine externe Referenz plazieren wollen. Hatten Sie bisher noch keine in der aktuellen Zeichnung, erscheint sofort der Dateiwähler mit dem Voransichtsfenster (siehe Abbildung 19.3), und Sie können die Zeichnung wählen.

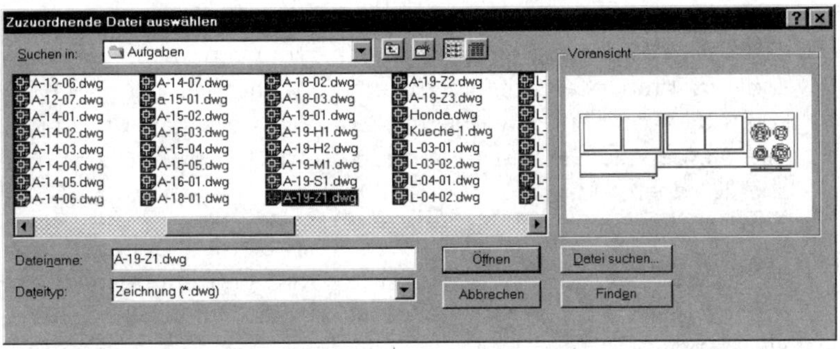


*Abbildung 19.3: Dateiwähler zum Zuordnen einer externen Referenz*

Haben Sie gewählt, werden Sie in einem weiteren Dialogfeld nach den Parametern für die externe Referenz gefragt (siehe Abbildung 19.4).

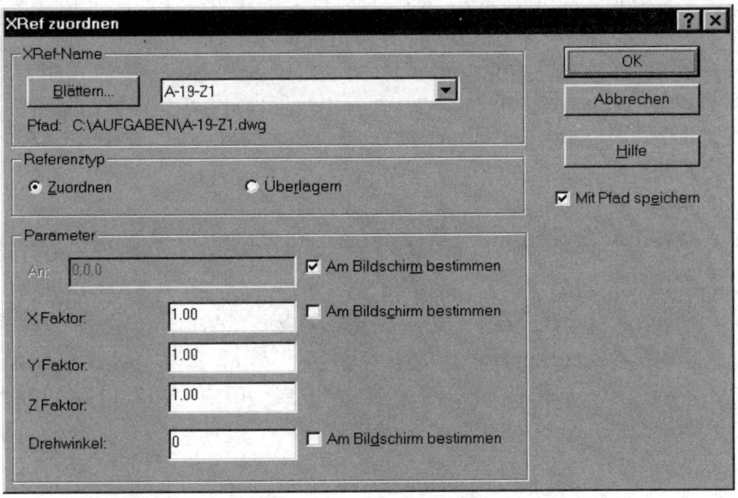


*Abbildung 19.4: Externe Referenz zuordnen*

Gehen Sie so vor:

- Stellen Sie den Referenztyp ein: Schalter ZUORDNEN, wenn Sie die externe Referenz dauerhaft einfügen wollen, oder Schalter ÜBERLAGERN, wenn Sie sie nur als Overlay vorübergehend in die Zeichnung einblenden wollen. Normalerweise wählen Sie ZUORDNEN.
- Mit dem Schalter MIT PFAD SPEICHERN geben Sie an, ob der Pfad der externen Referenz in der Zeichnung gespeichert werden soll. Werden die eingefügten Zeichnungen später in einem anderen Pfad oder auf einem anderen Laufwerk gespeichert, kommt es zu Fehlermeldungen. Speichern Sie den Pfad nicht mit, werden die Dateien immer dann gefunden, wenn sie im gleichen Ordner sind.
- Wie beim Einfügen von Blöcken, tragen Sie den Einfügepunkt, die Skalierfaktoren für X, Y und Z sowie den Drehwinkel ein. Mit den Schaltern AM BILDSCHIRM BESTIMMEN werden die Werte beim Einfügen im Dialog abgefragt.

**Tip:**

- Haben Sie in der aktuellen Zeichnung schon einmal eine externe Referenz zugeordnet, erscheint gleich das Dialogfeld wie in Abbildung 19.4. Sie können dann eine bereits eingefügte externe Referenz neu einfügen oder mit der Schaltfläche BLÄTTERN... eine neue Datei auswählen. Im Abrollmenü im Feld XREF-NAME finden Sie alle externen Referenzen, die Sie in der Zeichnung schon verwendet haben.

**Training: Externe Referenzen zuordnen**

- *Fügen Sie die Zeichnungen A-19-Z1.DWG und A-19-Z3.DWG als externe Referenzen in den Grundriß ein. Verwenden Sie den Typ ZUORDNEN, und speichern Sie den Pfad. Einfügepunkt ist der Punkt 0,0. Die Zeichnung sieht dann wie in Abbildung 19.5 aus.*

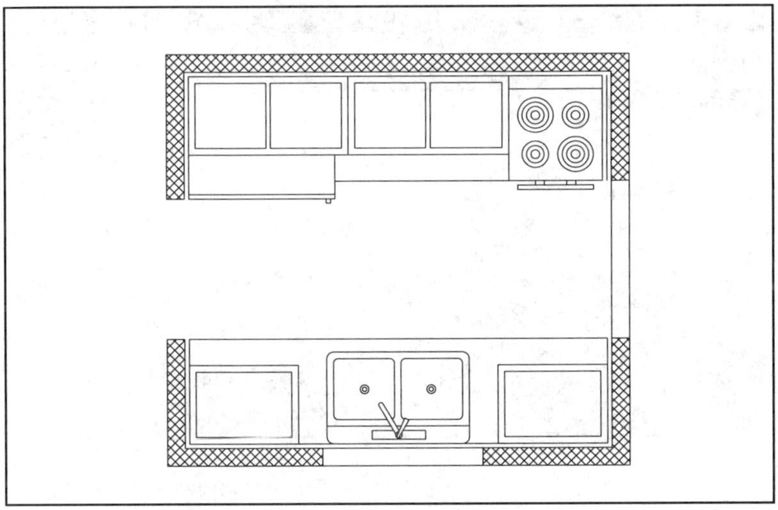

*Abbildung 19.5: Küche mit externen Referenzen möbliert*

- *Wenn Sie den Befehl XREF jetzt wieder anwählen, haben Sie die eingefügten externen Referenzen in der Liste (siehe Abbildung 19.6). Es sind aber mehr, als Sie eingefügt haben. Woher kommen die anderen? Die verwendeten Zeichnungen können wieder externe Referenzen enthalten, die hier mit aufgelistet werden.*

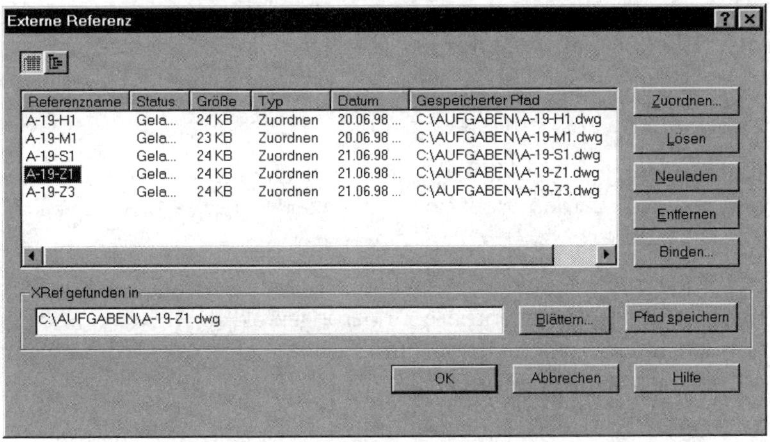


*Abbildung 19.6: Liste der eingefügten externen Referenzen*

- *Mit den beiden Schaltern links oberhalb der Liste schalten Sie den Anzeigemodus um. Wählen Sie zwischen der Listenansicht (siehe Abbildung 19.6) und der Baumanzeige (siehe Abbildung 19.7). In der Baumanzeige können Sie sehen, wie die externen Referenzen verschachtelt sind.*

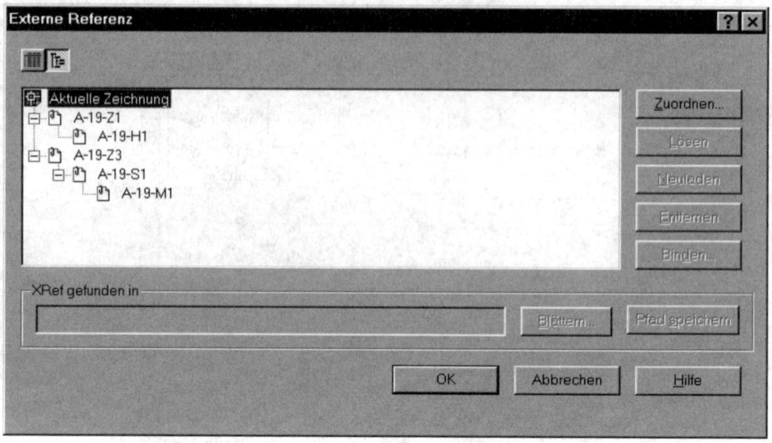


*Abbildung 19.7: Externe Referenzen in der Baumanzeige*

- *Klicken Sie auf das »-«-Zeichen vor dem Namen einer externen Referenz, wird die Verschachtelung nicht mehr angezeigt. Vor dem Namen der externen Referenzen, die weitere enthalten, steht dann ein »+»-Zeichen. Ein Klick darauf zeigt die Verschachtelung wieder an.*

## Aktion: Weitere Funktionen im Dialogfeld

Wenn Sie eine oder mehrere externe Referenzen im Dialogfeld des Befehls XREF markieren, können Sie deren Status ändern.

**Lösen:** Die markierten externen Referenzen werden gelöscht. Sie verschwinden aus der Liste und aus der Zeichnung.

**Entfernen:** Die markierten externen Referenzen werden ausgeblendet. Sie werden nicht mehr angezeigt, die Verbindung bleibt aber gespeichert.

**Neuladen:** Die markierten externen Referenzen werden neu von der Platte gelesen. Eventuelle Änderungen an der Zeichnungsdatei werden übernommen. Entfernte externe Referenzen werden mit dieser Funktion wieder angezeigt.

**Blättern...:** Haben Sie eine externe Referenz markiert, wird im Abrollmenü XREF GEFUNDEN IN der Pfad angezeigt. Mit der Schaltfläche BLÄTTERN... wird der Dateiwähler wieder auf den Bildschirm gebracht, und es kann eine neue Datei gewählt werden. Die bisherige externe Referenz wird durch die neue ersetzt.

**Binden...:** Die markierten externen Referenzen werden gebunden, doch dazu später mehr.

**Training: Auswechseln einer externen Referenz**

- *Starten Sie den Befehl XREF wieder. Markieren Sie die externe Referenz A-19-Z1 in der Liste, und klicken Sie dann auf die Schaltfläche BLÄTTERN...*
- *Wählen Sie die Datei A-19-Z2.DWG aus der Liste, und beenden Sie den Befehl. Die obere Küchenzeile wird durch eine andere ersetzt (siehe Abbildung 19.8).*

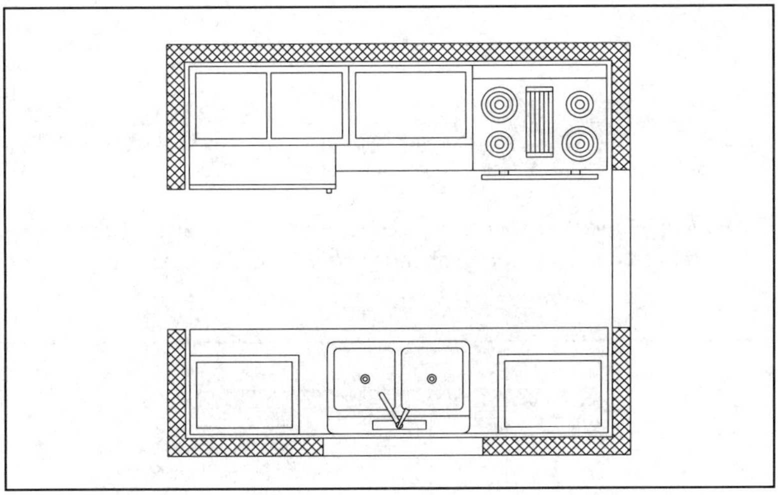

*Abbildung 19.8: Küchenzeile ausgetauscht*

## Änderungen an externen Referenzen

Machen Sie die Probe aufs Exempel. Ändern Sie eine der eingefügten externen Referenzen, und schauen Sie sich die Auswirkungen an.

**Training: Änderungen an externen Referenzen**

- *Speichern Sie die Zeichnung mit den externen Referenzen in Ihrem Aufgabenordner.*
- *Laden Sie die Zeichnung A-19-H2.DWG. Sie finden sie ebenfalls im Aufgabenordner. Löschen Sie bei dem Herd eine Herdplatte (siehe Abbildung 19.9).*

*Abbildung 19.9: Geänderter Herd*

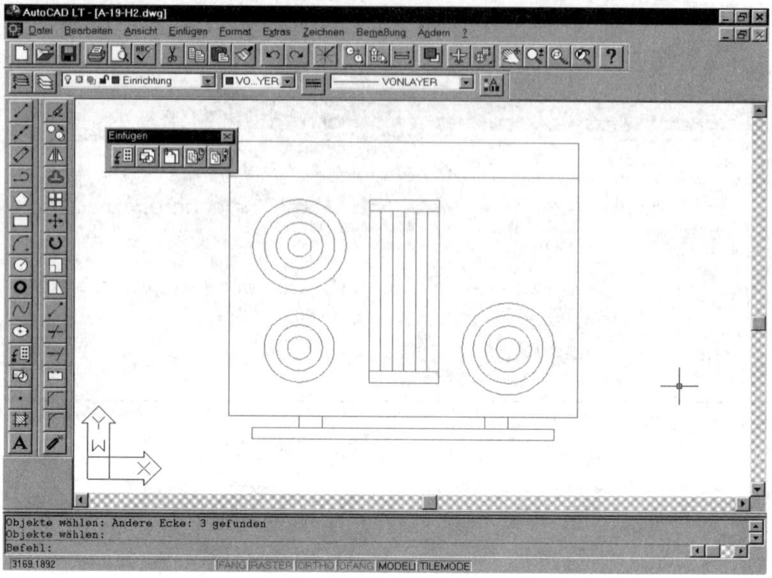


▶ *Laden Sie jetzt wieder die Zeichnung mit der fertigen Küche. Der Herd erscheint in der geänderten Form in der Zeichnung (siehe Abbildung 19.10).*

*Abbildung 19.10: Geänderter Herd in der Gesamtzeichnung*

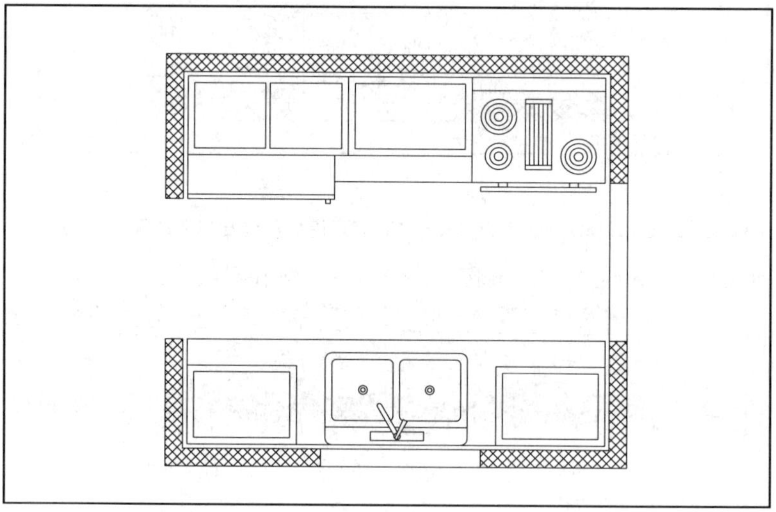

## Namen von externen Referenzen

Externe Referenzen verhalten sich ähnlich wie eingefügte Blöcke. Sie haben in der Zeichnung zusammenhängende Baugruppen, die Sie verschieben, kopieren, drehen, skalieren oder auch wieder löschen können. Die Geometriepunkte innerhalb der externen Referenz lassen sich auch mit dem Objektfang auswählen. Eine externe Referenz kann auch mit Griffen wie ein Block bearbeitet werden. Es ist aber nicht möglich, Teile daraus zu löschen, sie zu strecken oder Objekte zu stutzen oder zu brechen.

Externen Referenzen bringen ihre Layernamen, Linientypen, Bemaßungsstile, Textstile und Blöcke, kurz, alle benannten Objekte: in die Zeichnung mit. Damit keine Namensgleichheit auftritt, werden die benannten Objekte in der neuen Zeichnung mit dem Dateinamen der externen Referenz versehen. Der Layer *EINRICHTUNG* der externen Referenz *A-19-Z3* hat dann in der aktuellen Zeichnung den Namen *A-19-Z3|EINRICHTUNG*. Bei allen anderen benannten Objekten ist es genauso. Wählen Sie den Befehl LAYER, und Sie sehen den Effekt (siehe Abbildung 19.11).

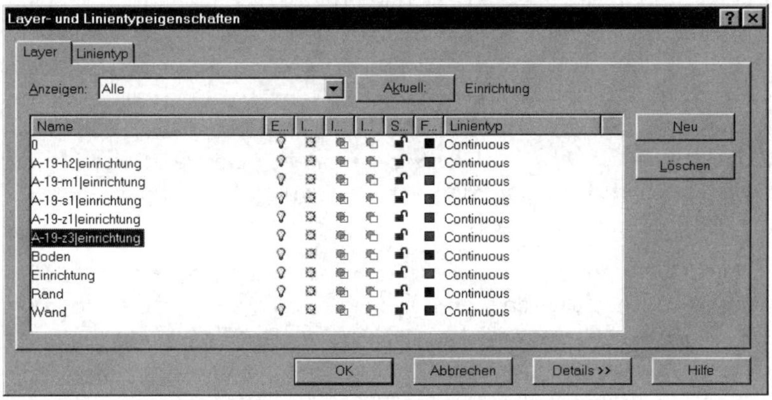


*Abbildung 19.11: Layernamen bei externen Referenzen*

Die Layer von externen Referenzen können Sie nicht zum Zeichnen benutzen. Würde die externe Referenz später gelöst, verschwindet der Layer und damit auch die Objekte.

Bei Text- und Bemaßungsstilen von externen Referenzen ist es genauso. Auch die können Sie in der aktuellen Zeichnung nicht verwenden.

## Externe Referenzen binden

Die Küche ist möbliert, und die endgültige Einrichtung soll dokumentiert werden. Wenn sich der Herd später noch einmal ändert, hat das keinen Einfluß mehr auf die bereits ausgelieferten Küchen. Also müssen die externen Referenzen gebunden werden.

### Aktion: Binden von externen Referenzen

Dazu wird der Befehl XREF wieder gewählt. Die externen Referenzen, die gebunden werden sollen, markieren Sie in der Liste, bevor Sie auf die Schaltfläche BINDEN... klicken. Es lassen sich aber nur die wählen, die direkt in die Zeichnung eingefügt wurden. Die verschachtelten können nur mit der Zeichnung gebunden werden, in der sie eingefügt sind.

Haben Sie die Schaltfläche angeklickt, haben Sie zwei Möglichkeiten:

**BINDEN:** Externe Referenzen werden als Blöcke in die Zeichnung übernommen, die bei Bedarf auch mit dem Befehl URSPRUNG in ihre Bestandteile zerlegt werden können. Die Layernamen und alle weiteren benannten Objekte lassen weiterhin die Herkunft erkennen. Die Layer, die mit der externen Referenz importiert wurden, haben den Namen der externen Referenz vorangestellt. Danach folgen *$0$* und der ursprüngliche Layername, zum Beispiel: *A-19-Z3$0$EINRICHTUNG*. Dieser Layer steht Ihnen jetzt als vollwertiger Layer in der Zeichnung zur Verfügung. Sie können ihn auch zum aktuellen Layer machen.

**EINFÜGEN:** Externe Referenzen werden auch hiermit in Blöcke umgewandelt. Alle benannten Objekte verlieren aber die Herkunft im Namen. Aus dem Layer *A-19-Z3|EINRICHTUNG* wird *EINRICHTUNG*.

### Fragen zu Stunde 19

1. Wann ergeben sich kleinere Zeichnungsdateien, beim Einfügen von Blöcken oder von externen Referenzen?
2. Welchen Vorteil hat es, wenn Sie den Pfad bei externen Referenzen nicht speichern?
3. Was passiert, wenn Sie eine externe Referenz lösen?

4 Was passiert, wenn Sie eine externe Referenz entfernen?

5 Wie können Sie eine externe Referenz wieder sichtbar machen?

6 Was können Sie an dem Layernamen *XY|KONTUR* erkennen?

7 Kann der Layer *XY|KONTUR* zum aktuellen Layer gemacht werden?

8 Was passiert mit externen Referenzen beim Binden?

9 Was wird aus dem Layer *XY|KONTUR*, wenn die externe Referenz gebunden wird?

10 Kann der Layer *ABC$0$TEST* zum aktuellen Layer gemacht werden?

Stunde 20

# Der Symbolmanager und Bilder in der Zeichnung

In dieser Stunde trennen sich die Wege. Wenn Sie mit AutoCAD LT 97 arbeiten, dann lernen Sie in dieser Stunde:

- was der Symbolmanager ist
- wie Sie damit Blöcke und externe Referenzen einfügen können und
- wie Sie den Symbolmanager verändern können.

Wenn Sie dagegen mit AutoCAD 14 arbeiten, haben Sie den Symbolmanager nicht. Dafür lernen Sie in dieser Stunde:

- wie Sie Bilddateien in eine Zeichnung einfügen und
- wie Sie diese verändern und bearbeiten können.

## Was macht man mit dem Symbolmanager?

Mit dem Symbolmanager können Sie:

- Blöcke aus der aktuellen Zeichnung einfügen
- interne Blöcke aus anderen Zeichnungen holen und in die aktuelle Zeichnung einfügen
- Zeichnungsdateien aus beliebigen Ordnern in die aktuelle Zeichnung als Block einfügen oder
- Zeichnungsdateien als externe Referenz einfügen.

Der Symbolmanager ist ein eigenes Windows-Programm, das aber nur aus AutoCAD LT 97 gestartet werden kann. Das Programmfenster des Symbolmanagers liegt nach der Installation hinter dem AutoCAD-LT-97-Fenster (siehe Abbildung 20.1). Haben Sie es einmal geschlossen, wird es auch beim nächsten Start von AutoCAD LT 97 nicht mehr automatisch gestartet.

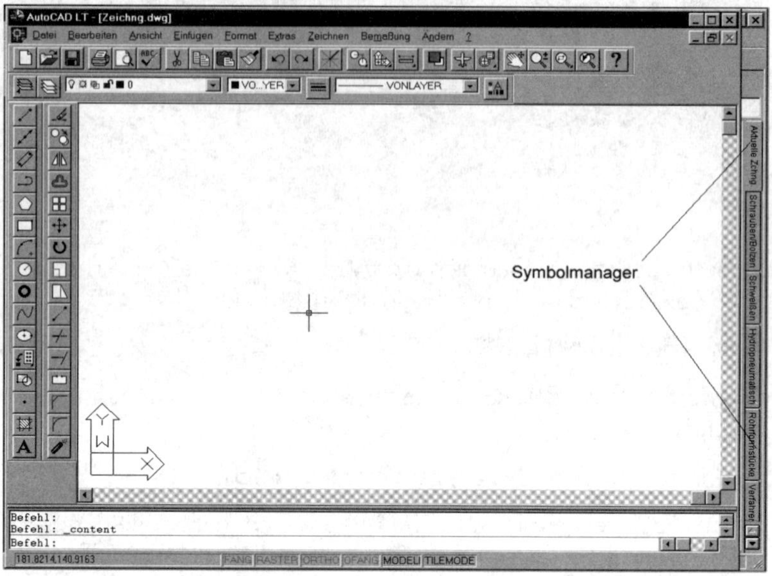


*Abbildung 20.1: Symbolmanager im Hintergrund*

## Aktion: Befehl SYMBOLE bzw. Symbolmanager starten

Den Symbolmanager starten Sie mit dem Befehl SYMBOLE. Sie finden den Befehl folgendermaßen:

- Abrollmenü EINFÜGEN, Funktion SYMBOLMANAGER...
- Symbol im Werkzeugkasten ZEICHNEN

War der Symbolmanager schon einmal gestartet, können Sie ihn in den Vordergrund holen, wenn Sie:

- auf den sichtbaren Rand des Programmfensters klicken. Wenn Sie AutoCAD LT 97 als Vollbild geschaltet haben, ist das natürlich nicht möglich.
- in der Windows-Task-Leiste den Symbolmanager anklicken.
- mit der Tastenkombination [Alt]+[Tab] durch die aktiven Windows-Anwendungen schalten, bis das Programmsymbol des Symbolmanagers markiert ist.

Haben Sie den Symbolmanager aktiviert, kommt er in den Vordergrund (siehe Abbildung 20.2).

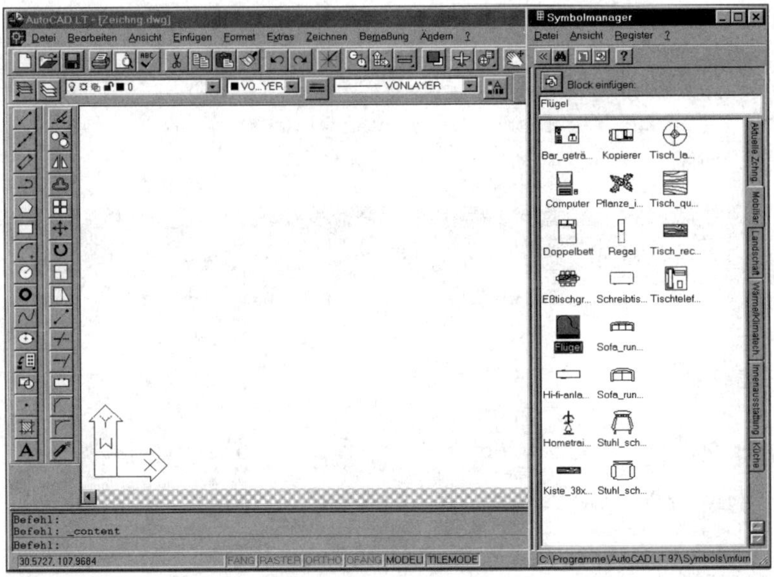


*Abbildung 20.2: Symbolmanager im Vordergrund*

Welche Register am rechten Rand angezeigt werden, hängt davon ab, welche Anwendung Sie bei der Installation angegeben haben. Sie können die Registersätze wechseln oder eigene erstellen. Doch dazu später mehr.

## Aktion: Blöcke einfügen

Jedes Register im Symbolmanager entspricht einer Zeichnung, in der sich die Blöcke befinden, die mit einem Voransichtsbild angezeigt werden. Sie können wie folgt vorgehen:

- Klicken Sie auf ein Register.
- Klicken Sie das Voransichtsbild eines Symbols an, halten Sie die Maustaste gedrückt, und ziehen Sie es in die Zeichnung.
- Lassen Sie die Maustaste an der Stelle los, an der Sie das Symbol einfügen wollen, und es wird in die Zeichnung übernommen (siehe Abbildung 20.3). Es wird mit den Faktoren 1 und dem Drehwinkel 0° eingefügt.

Wollen Sie den Einfügepunkt mit Koordinaten angeben oder das Symbol vergrößert, verkleinert oder gedreht einfügen, verwenden Sie eine andere Methode:

- Klicken Sie auf ein Register.

- Klicken Sie das Voransichtsbild des Symbols doppelt an.
- Der Symbolmanager verschwindet, und Sie können das Symbol wie beim Befehl EINFÜGE plazieren. Geben Sie Einfügepunkt, X-Faktor, Y-Faktor und Drehwinkel an, und das Symbol wird entsprechend eingefügt (siehe Abbildung 20.3).

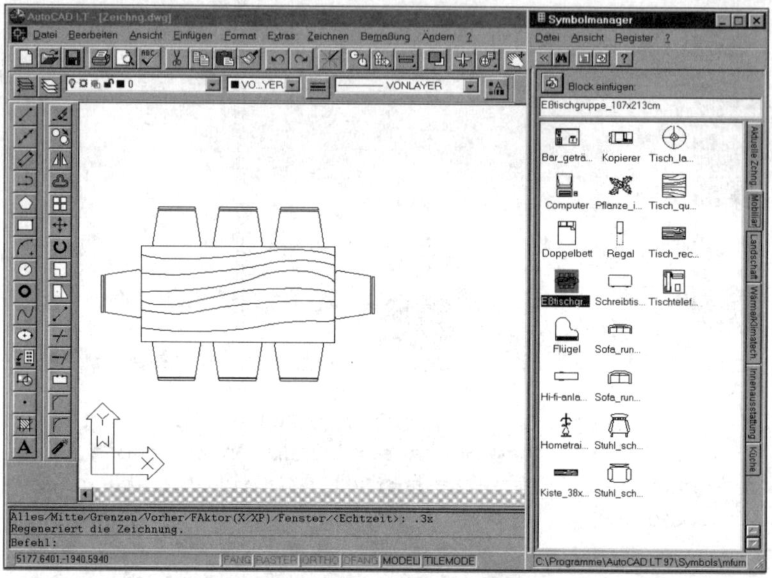


*Abbildung 20.3: Symbol aus dem Symbolmanager eingefügt*

## Aktion: Zeichnungsdatei einfügen

Sie können aber auch komplette Zeichnungsdateien einfügen. Dazu müssen Sie die Baumansicht einblenden. Die Baumansicht schalten Sie folgendermaßen ein oder aus:

- Abrollmenü ANSICHT im Symbolmanager, Funktion BAUMANSICHT
- Funktionstaste F6
- Symbole in der Symbolleiste

Der Symbolmanager wird erweitert. In der linken Hälfte haben Sie jetzt die Baumansicht. Dort haben Sie eine Darstellung wie im Windows-Explorer. Sie sehen Ihre Ordner, die Sie mit + öffnen und mit - wieder schließen können. Haben Sie einen Ordner markiert, werden alle Zeichnungen im rechten Fenster angezeigt.

Markieren Sie eine Zeichnung, werden alle Blöcke der Zeichnung angezeigt.

In der Registerleiste haben Sie ein Register BAUMANSICHT, das jetzt im Vordergrund ist (siehe Abbildung 20.4).

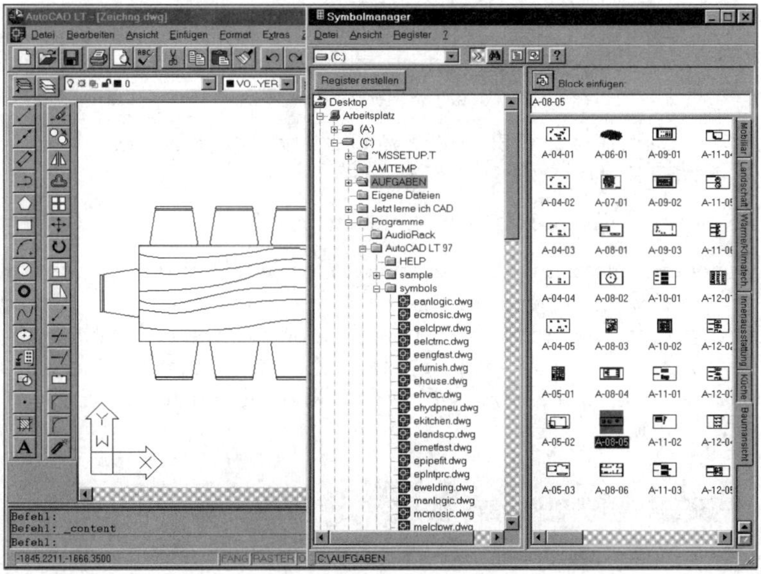


*Abbildung 20.4: Symbolmanager mit der Baumansicht*

Um eine Zeichnung einzufügen, gehen Sie wie folgt vor:

- Wählen Sie im Abrollmenü in der Symbolleiste das gewünschte Laufwerk, in dem sich die Zeichnung befindet.
- Markieren Sie in der Baumansicht links einen Ordner. Alle Zeichnungen des Ordners werden in der rechten Hälfte mit einem Voransichtsbild angezeigt.
- Klicken Sie das Voransichtsbild einer Zeichnung an, halten Sie die Maustaste gedrückt, und ziehen Sie es in die Zeichnung.
- Lassen Sie die Maustaste an der Stelle los, an der Sie die Zeichnung plazieren wollen, und sie wird in die Zeichnung übernommen. Sie wird mit den Faktoren 1 und dem Drehwinkel 0° eingefügt.
- Wollen Sie den Einfügepunkt mit Koordinaten angeben, die Faktoren oder den Drehwinkel ändern, gehen Sie wie bei den Blökken vor. Klicken Sie das Voransichtsbild doppelt an.

- Der Symbolmanager verschwindet, und Sie können die Zeichnung wie oben beschrieben einfügen. Geben Sie Einfügepunkt, X-Faktor, Y-Faktor und Drehwinkel an.

## Aktion: Zeichnung als externe Referenz einfügen

Wenn Sie sich in der Baumansicht befinden, können Sie eine Zeichnung auch als externe Referenz einfügen. Schalten Sie dazu um mit:

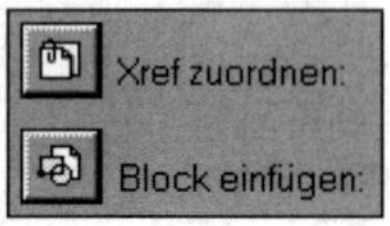


- Abrollmenü DATEI im Symbolmanager, Funktion BLOCK EINFÜGEN oder XREF ZUORDNEN
- Symbole über dem Voransichtsfenster

Gehen Sie wie oben beschrieben vor. Der Ablauf ist der gleiche, nur daß die Zeichnung jetzt als externe Referenz eingefügt wird. Blöcke aus anderen Zeichnungen können nicht als externe Referenz eingefügt werden. Es darf kein Register außer der Baumansicht eingeschaltet sein, und es muß ein Ordner in der Baumansicht markiert sein.

## Aktion: Zeichnung suchen

Wie im Windows Explorer haben Sie auch im Symbolmanager eine Suchfunktion. Wählen Sie diese folgendermaßen aus:

- Symbolmanager, Abrollmenü ANSICHT, Funktion SUCHEN...
- Symbol in der Symbolleiste

Im Windows-Dialogfeld zum Suchen tragen Sie den Namen ein oder die Teile des Namens, die Ihnen bekannt sind. Wählen Sie dann noch Laufwerk und Ordner, in dem gesucht werden soll (siehe Abbildung 20.5). Mit der Schaltfläche STARTEN wird gesucht, und alle Dateien, die den Suchkriterien entsprechen, werden in dem unteren Listenfeld angezeigt. Ein Doppelklick auf einen Eintrag im Listenfeld öffnet die Baumansicht, bringt alle Zeichnungsdateien des Ordners ins Voransichtsfenster und markiert die angeklickte Zeichnung (siehe Abbildung 20.5).

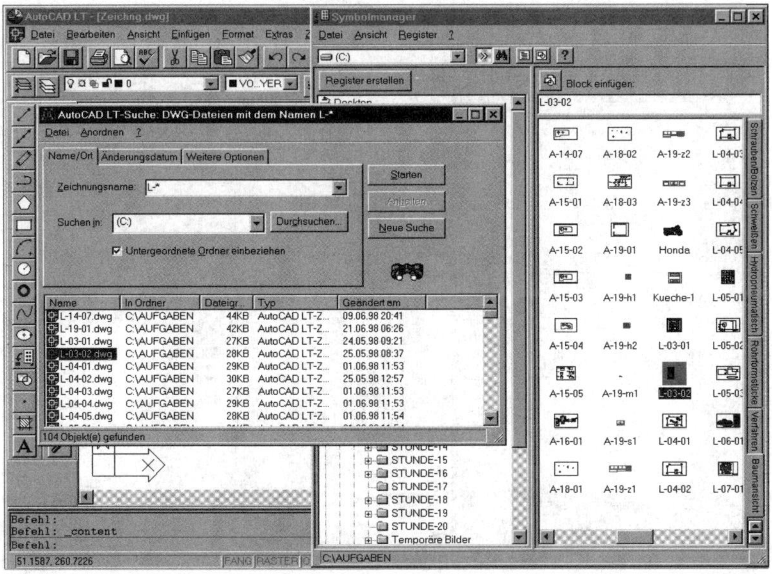


*Abbildung 20.5: Zeichnung suchen*

## Wie ändert man den Symbolmanager?

Sagen Ihnen die Minibilder im Voransichtsfenster nichts, können Sie sich auch die Namen der Blöcke bzw. Zeichnungen anzeigen lassen oder ein weiteres größeres Voransichtsbild mit der markierten Zeichnung zuschalten.

### Aktion: Voransichtsfenster verändern

Wählen Sie, ob Sie im Voransichtsfenster nur die Namen oder Namen und Voransichtsbilder haben wollen:

- Symbolmanager, Abrollmenü ANSICHT, Funktion SYMBOLE UND NAMEN oder NUR NAMEN

Ob Sie die Voransicht ein- oder ausgeschaltet haben, Sie können in beiden Fällen ein Fenster mit der Blockbeschreibung (siehe Abbildung 20.6) oder einer vergrößerten Voransicht (siehe Abbildung 20.7) einblenden. Wählen Sie:

- Symbolmanager, Abrollmenü ANSICHT, Funktion BESCHREIBUNG oder VORANSICHT 
- Symbole in der Symbolleiste

*Abbildung 20.6: Voransichtsfenster mit Beschreibungsfenster*

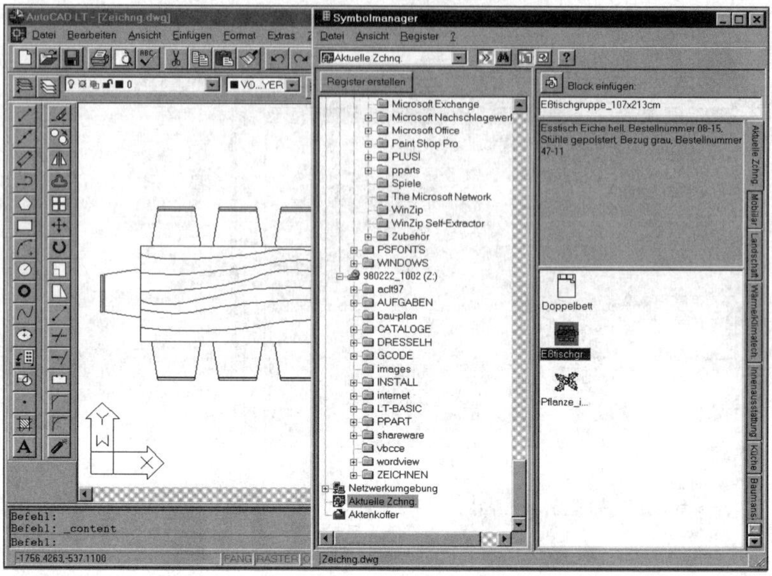


*Abbildung 20.7: Voransichtsfenster mit vergrößerter Voransicht*

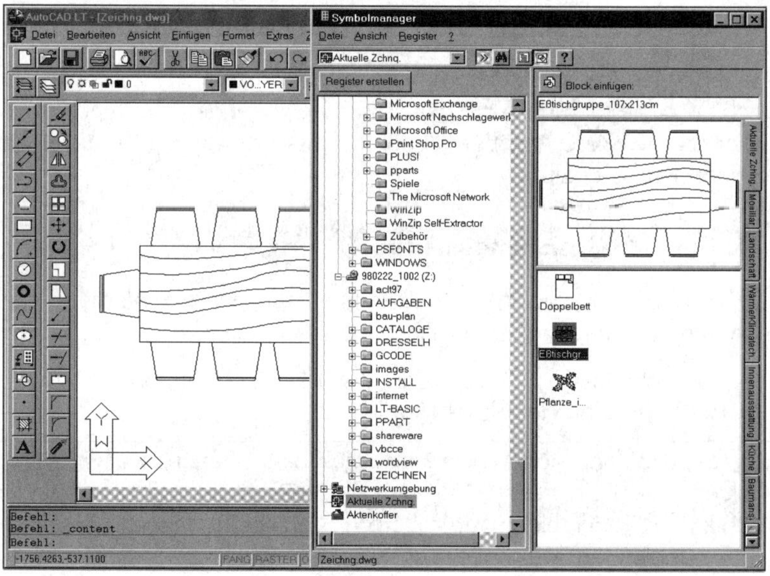

## Wie ändert man die Register?

Die Register an der rechten Randleiste des Symbolmanagers sind keine unveränderbaren Einrichtungen. Jede Zeichnungsdatei oder jeden Ordner können Sie in die Registerleiste übernehmen.

### Aktion: Register erstellen

Alles was mit den Registern zu tun hat, finden Sie im Abrollmenü REGISTER. Register erstellen können Sie nur, wenn die Baumansicht eingeschaltet ist. Schalten Sie diese ein, markieren Sie einen Ordner oder eine Zeichnung, und wählen Sie:

- Symbolmanager, Abrollmenü REGISTER, Funktion ERSTELLEN...
- Schaltfläche REGISTER ERSTELLEN in der Baumansicht

Sie bekommen ein Dialogfeld (siehe Abbildung 20.8) auf den Bildschirm. Tragen Sie einen Namen ein, der dann im Register angezeigt wird.

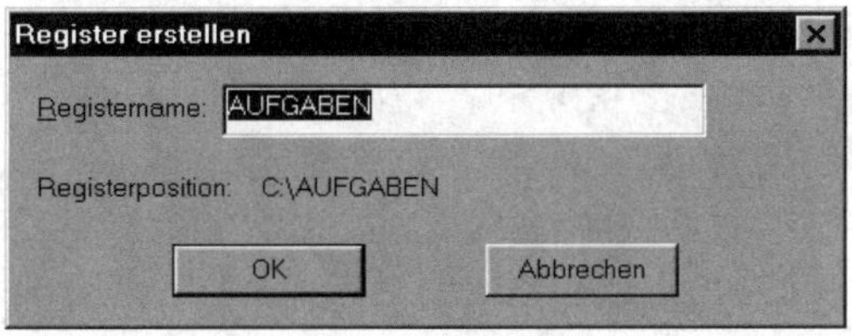


*Abbildung 20.8: Register erstellen*

### Aktion: Register umbenennen oder löschen

Sie können dem gerade aktiven Register einen neuen Namen geben. Wählen Sie dazu:

- Symbolmanager, Abrollmenü REGISTER, Funktion UMBENENNEN...

Tragen Sie den neuen Namen in dem Dialogfeld ein, das Sie dann auf dem Bildschirm erhalten (siehe Abbildung 20.9). Die Register AKTUELLE ZEICHNUNG und BAUMANSICHT können nicht umbenannt werden.

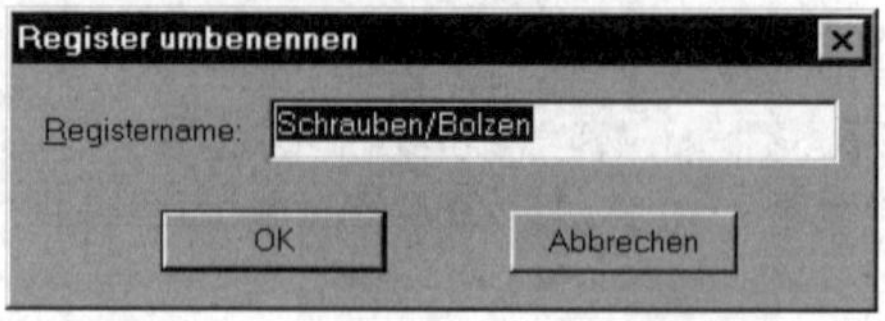


*Abbildung 20.9: Register umbenennen*

Wollen Sie das aktive Register oder alle Register aus der Registerleiste entfernen, dann wählen Sie:

- Symbolmanager, Abrollmenü REGISTER, Funktion LÖSCHEN... bzw.
- Symbolmanager, Abrollmenü REGISTER, Funktion ALLES LÖSCHEN...

Die Register AKTUELLE ZEICHNUNG und BAUMANSICHT können Sie nicht löschen. Selbst wenn Sie alles löschen, bleiben Ihnen diese beiden Register erhalten.

## Aktion: Registersätze

Die Zusammensetzung der Register kann im Registersatz gespeichert werden. Wenn Sie die aktuelle Zusammensetzung speichern wollen, wählen Sie:

- Symbolmanager, Abrollmenü REGISTER, Funktion REGISTERSATZ SPEICHERN UNTER...

Registersätze werden im Ordner *C:\PROGRAMME\AUTOCAD LT 97\TABSET* gespeichert. Sie können aber auch einen anderen Ordner wählen.

Um einen gespeicherten Registersatz zu aktivieren, wählen Sie:

- Symbolmanager, Abrollmenü REGISTER, Funktion REGISTERSATZ ÖFFNEN...

Im Ordner *C:\PROGRAMME\AUTOCAD LT 97\TABSET* finden Sie eine Reihe von Standard-Registersätzen.

Wollen Sie einen gespeicherten Registersatz an den aktuellen Registersatz anhängen, wählen Sie:

- Symbolmanager, Abrollmenü REGISTER, Funktion REGISTERSATZ VERBINDEN...

**Tip:**

- Ist die Funktion VORGABE-REGISTERSATZ LADEN im Abrollmenü REGISTER eingeschaltet, wird beim Start von AutoCAD LT 97 immer der Registersatz geladen, der bei der Konfiguration angegeben wurde.

## Wie kommt das Bild in die Zeichnung?

Nur in AutoCAD 14 haben Sie die Möglichkeit, Bilddateien in die Zeichnung zu übernehmen und zu bearbeiten. Sie können aber Zeichnungen mit Bildern aus AutoCAD 14 in AutoCAD LT 97 laden und haben dort zumindest einfache Änderungsfunktionen zur Verfügung.

Wie die externen Referenzen aus der letzten Stunde lassen sich auch die verschiedensten Rasterformate in die Zeichnung laden und dort anzeigen. Tabelle 20.1 zeigt die möglichen Formate.

*Tabelle 20.1: Bildformate in AutoCAD 14*

| Format | Beschreibung | Dateierweiterung |
|---|---|---|
| BMP | Windows oder OS2 Bitmap | *.BMP, .DIB, .RLE, .RST* |
| CALS-1 | Mil R-Raster I | *.CAL, .CG4, .GP4, .MIL* |
| FLIC | Animator FLIC-Animationsdateien | *.FLC, .FLI* |
| GIF | CompuServe Graphic Interchange Format | *.GIF* |
| JPEG | JPEG-Bildformat | *.JPG* |
| PICT | MACIntosh-Bildformat PICT1, PICT2 | *.PCT* |
| PCX | PC Paintbrush-Bildformat | *.PCX* |
| PNG | Portable Network Graphics | *.PNG* |
| TARGA | Truevision-Bildformat | *.TGA* |
| TIFF | Tagged Image File Format | *.TIF* |

**Aktion: Befehl BILD**

Mit dem Befehl BILD kann eine Bilddatei in die Zeichnung geladen oder eine bereits geladene Bilddatei geändert werden. Sie finden den Befehl folgendermaßen:

- Abrollmenü EINFÜGEN, Funktion PIXELBILD...
- Symbole in den Werkzeugkästen EINFÜGEN und REFERENZ

In einem Dialogfeld, genauso wie beim Befehl XREF, lassen sich die Bilder plazieren (siehe Abbildung 20.10).

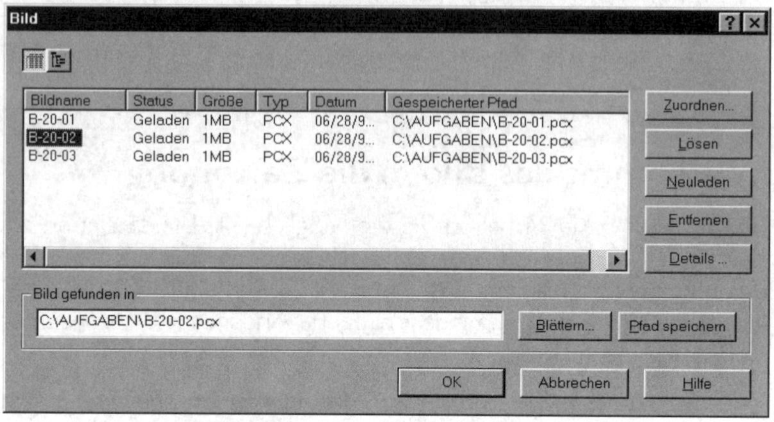


*Abbildung 20.10: Register umbenennen*

Folgende Funktionen stehen Ihnen zur Verfügung und können mit den entsprechenden Schaltflächen angewählt werden:

**Zuordnen...:** Übernahme einer Rasterdatei in die Zeichnung. Klikken Sie auf die Schaltfläche, und Sie erhalten den Dateiwähler zur Bildauswahl mit einem Voransichtsfenster (siehe Abbildung 20.11), wenn Sie den Befehl das erste Mal in einer Zeichnung verwenden.

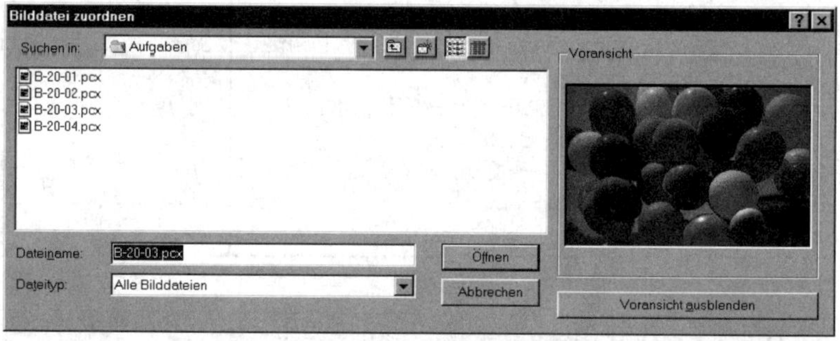


*Abbildung 20.11: Dateiwähler für Bilddateien mit Voransicht*

Haben Sie Ihr Bild ausgewählt, kommen Sie zu einem weiteren Dialogfeld, mit dem Sie das Bild plazieren können (siehe Abbildung 20.12).

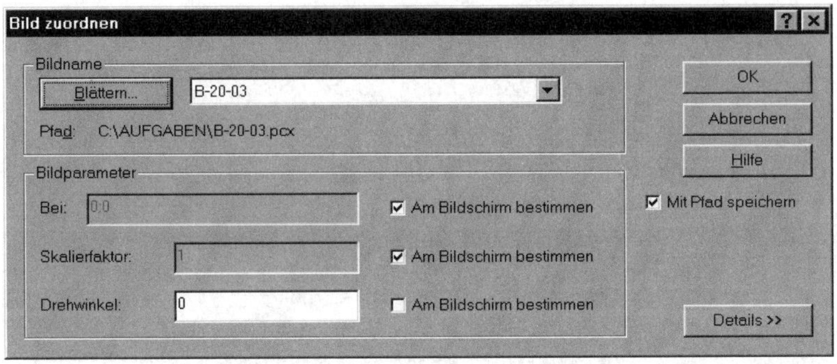


*Abbildung 20.12: Plazierung der Bilddatei*

Tragen Sie die Parameter (Einfügepunkt, Skalierfaktor und Drehwinkel) ein, oder kreuzen Sie die Schalter AM BILDSCHIRM BESTIMMEN an, und fügen Sie das Bild interaktiv am Bildschirm ein. Mit dem Schalter BLÄTTERN... kommen Sie wieder zum Dateiwähler und können ein neues Bild auswählen. Haben Sie bereits Bilder in der Zeichnung, und Sie klicken auf die Schaltfläche ZUORDNEN..., kommen Sie gleich zum Dialogfeld zur Plazierung. Wählen Sie dann mit der Schaltfläche BLÄTTERN... das gewünschte Bild.

**Lösen:** Mit der Schaltfläche im ersten Dialogfeld (siehe Abbildung 20.10) entfernen Sie die Bilder aus der Zeichnung, die Sie in der Liste markiert haben.

**Entfernen:** Blendet die Bilder aus, die Sie in der Liste markiert haben. In der Zeichnung wird nur noch der Bildrand als Rechteck angezeigt.

**Neu laden:** Lädt die Bilddatei neu und schaltet die ausgeblendeten Bilder wieder zu. Auch hierzu müssen Sie die Bilder vorher in der Liste markieren.

**Details:** In einem Anzeigefenster erhalten Sie Informationen und eine Voransicht zu dem Bild, das Sie in der Liste markiert haben (Dateiformat, Auflösung, Pfad usw.).

**Blättern...:** Im Feld BILD GEFUNDEN IN bekommen Sie den Pfad und den Dateinamen der Bilddatei aufgezeigt, die Sie in der Liste markiert haben. Klicken Sie dann auf BLÄTTERN..., können Sie eine neue Bilddatei wählen. Das markierte Bild wird durch das neue ersetzt.

## Training: Bilder einfügen

- *Beginnen Sie eine neue Zeichnung mit dem Befehl NEU.*
- *In dem Ordner mit den Übungsdateien finden Sie einige Bilddateien im PCX-Format. Plazieren Sie diese in Ihrer Zeichnung.*

*Abbildung 20.13: Bilder in der Zeichnung*

## Tip

- Den Befehl BILD finden Sie auch in AutoCAD LT 97, allerdings nicht in den Menüs. Sie müssen ihn hier eintippen. Im Dialogfeld fehlt jedoch die Schaltfläche ZUORDNEN. Es lassen sich Zeichnungen mit Bildern aus AutoCAD 14 laden, Bilder aus- und einblenden und vorhandene Bilder durch andere ersetzen, jedoch keine neuen Bilder plazieren.

## Training: Bilder in AutoCAD LT 97

- *Laden Sie die Zeichnung A-20-01.DWG aus Ihrem Übungsordner in AutoCAD LT 97, eine Zeichnung mit Bildern (siehe Abbildung 20.13).*
- *Ersetzen Sie die Golden Gate Bridge durch einen Tropenstrand (siehe Abbildung 20.14).*

*Abbildung 20.14: Bilder in AutoCAD LT 97*

## Bildbearbeitung in AutoCAD 14

In gewissen Grenzen können Sie die Bilder in der Zeichnung weiter bearbeiten. Dazu stehen Ihnen zwei Befehle zur Verfügung.

### Aktion: Befehl BILDANPASSEN

Ist das Bild auf dem Ausdruck zu dunkel oder wollen Sie es nur schwach im Hintergrund haben, dann verwenden Sie den Befehl BILDANPASSEN.

- Abrollmenü ÄNDERN, Untermenü OBJEKT >, Untermenü BILD >, Funktion ANPASSEN...
- Symbol im Werkzeugkasten REFERENZ

In einem Dialogfeld lassen sich Helligkeit, Kontrast und Bilddichte (Fade) an Schiebereglern einstellen. Ist Fade auf Minimum gestellt, wird das Originalbild angezeigt. Verschieben Sie den Regler in Richtung Maximum, wird das Bild immer schwächer angezeigt, und der Hintergrund scheint mehr durch. Das Ergebnis können Sie in einem Voransichtsfenster kontrollieren (siehe Abbildung 20.15).

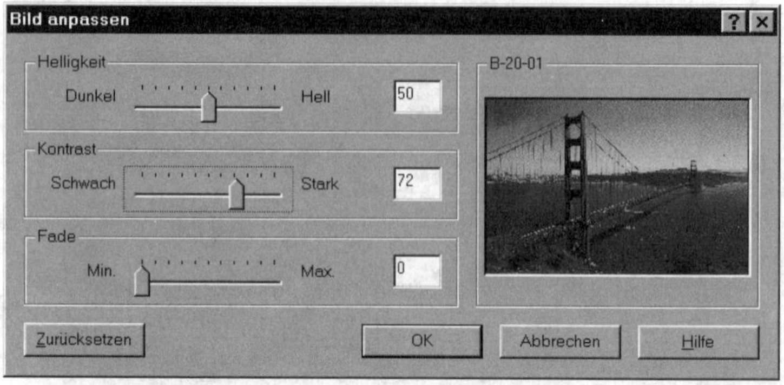


*Abbildung 20.15: Bildbearbeitung in AutoCAD 14*

## Aktion: Befehl BILDZUSCHNEIDEN

Wollen Sie nur einen Ausschnitt des Bilds in Ihrer Zeichnung haben, dann hilft Ihnen der Befehl BILDZUSCHNEIDEN weiter.

- Abrollmenü ÄNDERN, Untermenü OBJEKT >, Funktion BILD ZUSCHNEIDEN
- Symbol im Werkzeugkasten REFERENZ

Wählen Sie zuerst eines oder mehrere Bilder, die Sie zuschneiden wollen. Wählen Sie mehrere Bilder, wird die Umgrenzung um alle Bilder gezeichnet.

Befehl: **Bildzuschneiden**
Zuzuschneidende(s) Bild(er: **eines oder mehrere Bilder wählen**
EIN/AUS/Löschen/<Neue Umgrenzung>:

Mit ↵ wählen Sie die Vorgabeoption. Damit können Sie eine neue Umgrenzung bestimmen. Bildteile, die außerhalb der Umgrenzung liegen, werden ausgeblendet:

EIN/AUS/Löschen/<Neue Umgrenzung>:↵

Existiert bei den gewählten Bildern schon eine Umgrenzung, fragt AutoCAD an, ob diese gelöscht werden soll:

Alte Umgrenzung löschen? Nein/<Ja>:

Wenn Sie die alte Umgrenzung nicht löschen wollen, wird der Befehl abgebrochen. Im anderen Fall wird angefragt, wie Sie die Umgrenzung bilden wollen.

Polygonal/<Rechteckig>:

Die Umgrenzung können Sie mit einem Rechteck aufziehen (Vorgabeoption RECHTECKIG mit ↵ übernehmen). Mit der Option POLYGONAL können Sie ein Polygon zur Umgrenzung um das Bild ziehen. Gehen Sie wie bei der Option FPOLYGON bei der Objektwahl vor.

Mit der Option AUS schalten Sie das ganze Bild sichtbar, ohne die Umgrenzung zu löschen; mit der Option EIN wird die Umgrenzung wieder wirksam und das Bild zugeschnitten.

## Aktion: Befehl BILDQUALITÄT

Mit dem Befehl BILDQUALITÄT verändern Sie die Anzeigequalität von Bildern auf dem Bildschirm. Sie finden den Befehl folgendermaßen:

- Abrollmenü ÄNDERN, Untermenü OBJEKT >, Untermenü BILD >, Funktion QUALITÄT
- Symbol im Werkzeugkasten REFERENZ

Befehl: **Bildqualität**
Hoch/Entwurf <Hoch>:

Wählen Sie zwischen hoher Qualität und Entwurfsqualität. Der Bildaufbau wird beschleunigt, wenn die Bildqualität heruntergesetzt wird. Das macht sich vor allem beim Zoomen bemerkbar. Beim Drucken oder Plotten wird in jedem Fall die hohe Qualität verwendet.

## Aktion: Befehl TRANSPARENZ

Manche Bildformate haben transparente Pixel, die sich mit dem Befehl TRANSPARENZ transparent schalten lassen. Der Bildhintergrund scheint durch. Wählen Sie den Befehl folgendermaßen aus:

- Abrollmenü ÄNDERN, Untermenü OBJEKT >, Untermenü BILD >, Funktion TRANSPARENZ
- Symbol im Werkzeugkasten REFERENZ

Befehl: **Transparenz**
Bild wählen: **ein oder mehrere Bilder wählen**
EIN/AUS <Ein>:

Wählen Sie eines oder mehrere Bilder an, und stellen Sie den Modus entsprechend ein.

## Aktion: Befehl BILDRAHMEN

Bilder haben in der Zeichnung einen Rahmen. Diesen Rahmen können Sie mit dem Befehl BILDRAHMEN sichtbar oder unsichtbar machen. Sie finden den Befehl folgendermaßen:

- Abrollmenü ÄNDERN, Untermenü OBJEKT >, Untermenü BILD >, Funktion RAHMEN
- Symbol im Werkzeugkasten REFERENZ

Befehl: **Bildrahmen**
EIN/AUS <Ein>:

Wählen Sie die gewünschte Option.

## Tips:

- Bilder können Sie auch an den Griffen bearbeiten. Alle vier Eckpunkte bekommen Griffe, an denen Sie das Bild größer oder kleiner ziehen können.
- Bilder, die sich überlappen oder andere Objekte überdecken, können Sie mit dem Befehl ZEICHENREIHENF in die richtige Anordnung bringen.

## Fragen zu Stunde 20

1. Was müssen Sie angeben, wenn Sie ein Symbol aus dem Symbolmanager in die Zeichnung ziehen?
2. Was passiert, wenn Sie doppelt auf ein Symbol im Symbolmanager klicken?
3. Wann können Sie mit dem Symbolmanager Zeichnungsdateien einfügen?
4. Welche zusätzlichen Informationen können im Voransichtsfenster eingeblendet werden?
5. Welche Register lassen sich nicht löschen?
6. Mit welchem Befehl werden Bilddateien in der Zeichnung plaziert?

7 Mit welcher Schaltfläche im Dialogfeld für die Bildzuordnung lassen sich Bilder vorübergehend ausblenden?

8 Welche Bildfunktionen gibt es in AutoCAD LT 97?

9 Mit welchem Regler bei der Bearbeitung kann ein Bild abgeschwächt werden?

10 Wie vergrößern Sie ein Bild am schnellsten?

# So kommt die Zeichnung aufs Papier

Stunde 21

Nun haben Sie schon so viele Zeichnungen produziert, und es wird langsam Zeit, daß Sie sie auch einmal auf das Papier bringen. Sie lernen in dieser Stunde:

- wie mit dem Befehl zum Drucken der Zeichnung gearbeitet wird,
- was Sie dabei alles einstellen können und
- was Sie in der Voransicht sehen.

## Der Befehl zum Drucken und Plotten

Ihre Zeichnung können Sie mit jedem Drucker oder Plotter ausgeben, den Sie in Windows installiert haben.

Darüber hinaus stehen in AutoCAD sogenannte ADI-Treiber zur Verfügung (ADI = Autodesk Device Interface). Damit haben Sie Zugriff auf die ganze Palette von Treibern, die es für Drucker und Plotter gibt.

### Aktion: Befehl PLOT

Um Zeichnungen auf dem Drucker oder Plotter auszugeben, wählen Sie den Befehl PLOT.

- Abrollmenü DATEI, Funktion DRUCKEN... bzw. DRUCK/PLOT... (in AutoCAD 14)

- Symbol in der Standard-Funktionsleiste

Alle Einstellungen für den Ausdruck nehmen Sie in einem Dialogfeld vor (siehe Abbildung 21.1). Die meisten Schaltflächen verzweigen zu weiteren Dialogfeldern. Aus diesen kommen Sie wieder zum Hauptdialogfeld des Befehls zurück. Mit OK lösen Sie den Plot aus.

Abbildung 21.1: Das Druck/Plot-Dialogfeld

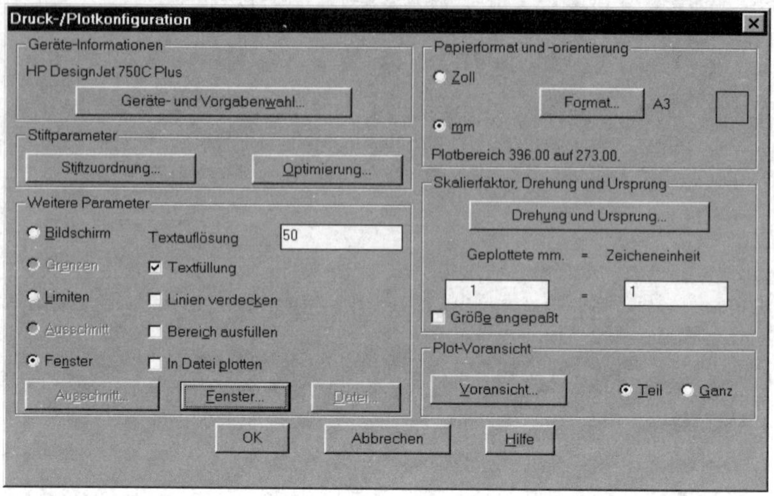


## Training: Zeichnung drucken

- *Laden Sie die Zeichnung A-21-01.DWG aus Ihrem Übungsordner.*
- *Sie finden dort Ihre erste Zeichnung mit Rahmen und Schriftfeld im A4-Format. An diesem Beispiel wollen wir uns alle Plot-Funktionen ansehen.*

Abbildung 21.2: Die Zeichnung zum Drucken

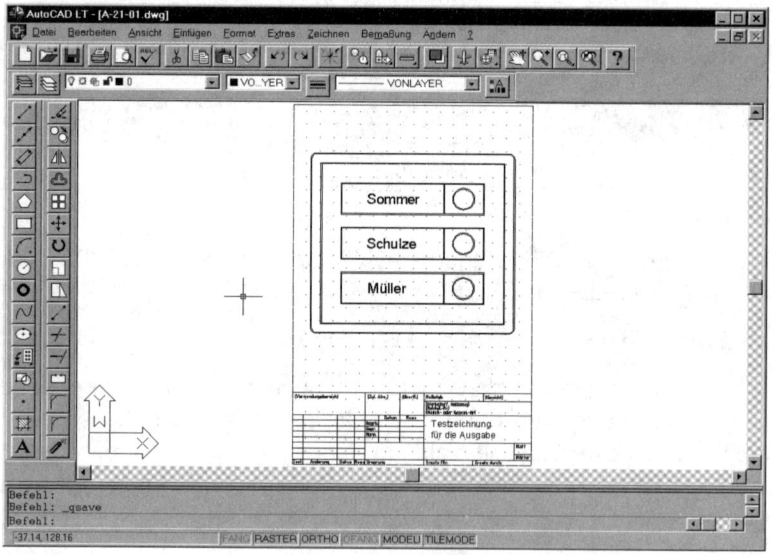

## Die Wahl des Geräts

Gehen wir also der Reihe nach vor. Zunächst können Sie wählen, mit welchem Gerät Sie drucken oder plotten wollen, falls Sie mehrere zur Verfügung haben. Klicken Sie dazu auf die Schaltfläche GERÄTE- UND VORGABENWAHL...

**Aktion: GERÄTE- UND VORGABENWAHL**

In einem weiteren Dialogfeld wählen Sie das Ausgabegerät (siehe Abbildung 21.3).

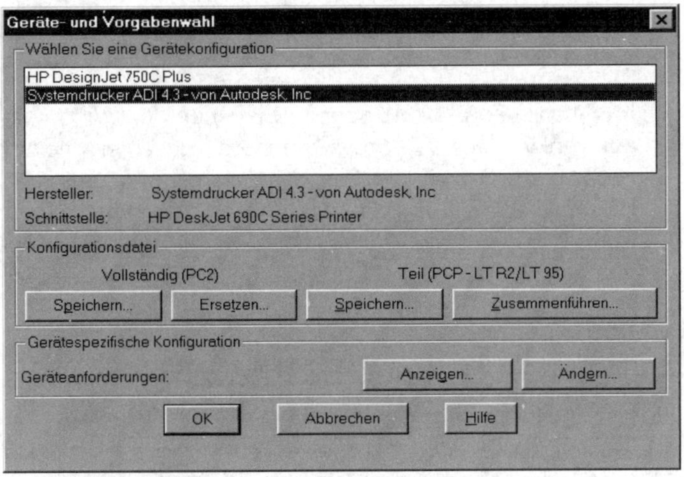


*Abbildung 21.3: Geräteauswahl und -einstellungen*

- Wählen Sie das Ausgabegerät an, indem Sie es in der Liste anklicken. Geräte, die über einen speziellen ADI-Treiber verfügen, sind in der Liste mit ihrem Namen aufgeführt. Hinter der Bezeichnung SYSTEMDRUCKER verstecken sich alle Drucker, die in Windows installiert sind. Klicken Sie also für den ersten Versuch den Systemdrucker an.
- Haben Sie den Windows-Systemdrucker markiert, können Sie im Feld GERÄTESPEZIFISCHE KONFIGURATION die Schaltfläche ÄNDERN... anklicken. Sie kommen zur Druckersteuerung von Windows (siehe Abbildung 21.4).

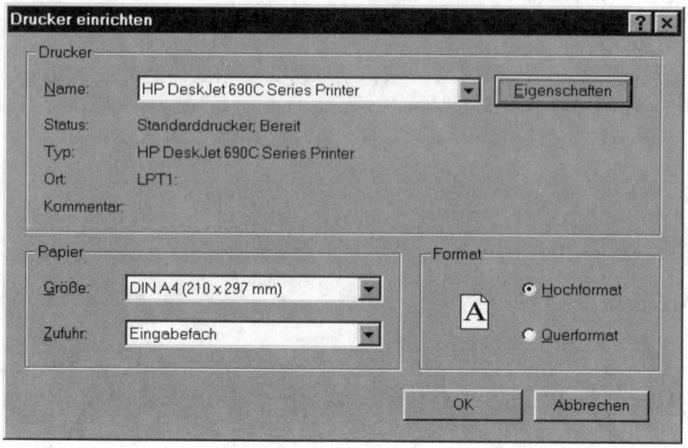


*Abbildung 21.4: Dialogfeld zur Druckersteuerung*

- Im Abrollmenü NAME können Sie einen der Windows-Drucker auswählen. Der Windows-Standarddrucker erscheint als Vorgabe. Darunter können Sie das Papierformat wählen und den Papierschacht, aus dem das Papier genommen werden soll. Rechts davon stellen Sie ein, ob Sie im Hoch- oder Querformat drucken wollen. Beim Systemdrucker können Sie das Papierformat nur an dieser Stelle wählen.

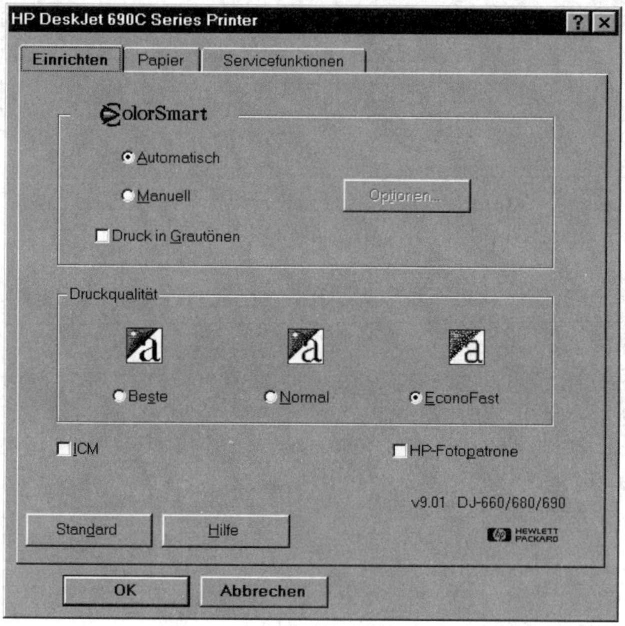


*Abbildung 21.5: Dialogfeld zur Druckereinstellung*

- Mit der Schaltfläche EIGENSCHAFTEN kommen Sie auf das Dialogfeld des Druckertreibers. Dort können Sie die speziellen Möglichkeiten Ihres Druckers wählen. In Abbildung 21.5 sehen Sie das Beispiel eines Hewlett-Packard-Tintenstrahldrucker in Windows 95.

## Der richtige Stift

Bestimmt haben Sie keinen Stiftplotter mehr für den Ausdruck Ihrer Zeichnung. Trotzdem arbeitet AutoCAD mit Stiften, mit sogenannten logischen Stiften. So kann jeder Farbe in der Zeichnung ein Stift mit einer bestimmten Farbe und Breite zugeordnet werden. Klicken Sie also im Hauptdialogfeld des Befehls PLOT auf die Schaltfläche STIFTZUORDNUNG...

**Aktion: STIFTZUORDNUNG**

Wieder bekommen Sie ein Dialogfeld auf den Bildschirm (siehe Abbildung 21.6).

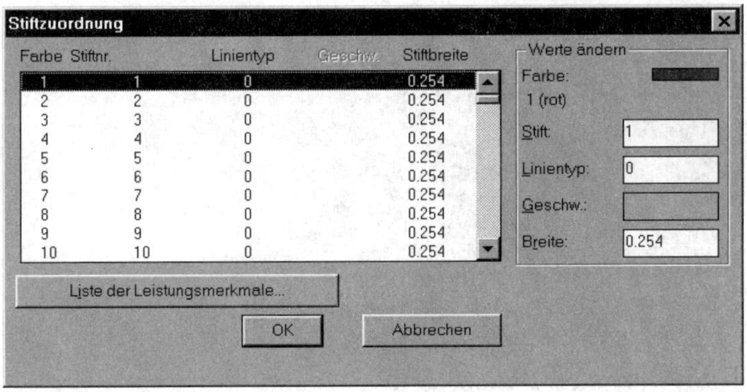


*Abbildung 21.6: Zuordnung von Zeichnungsfarbe zu Stift*

- Markieren Sie eine oder mehrere Farben, und tragen Sie dafür einen Stift und eine Breite (in mm) ein. Beim Markieren können Sie die Tasten [⇧] und [Strg] zu Hilfe nehmen.
- Haben Sie einen Farbdrucker, hat der Stift die Farbe, die der Farbnummer in AutoCAD entspricht, das heißt, Stift 1 ist rot, Stift 2 gelb usw. Kann Ihr Drucker nur schwarz drucken, kann es sein, daß farbige Linien nur sehr blaß ausgedruckt werden. Ihr Drucker rastert farbige Linien. Je heller eine Farbe ist, desto blasser wird sie gedruckt. Wollen Sie das nicht haben, dann

weisen Sie alle Farben dem Stift 7 (schwarz) zu. Dann wird satt schwarz gedruckt.

- Den Linientyp sollten Sie nicht verändern. Lassen Sie die Einstellung für alle Farben auf 0. Da in AutoCAD ja mit unterbrochenen Linien gezeichnet wird, würden diese Liniensegmente wieder gestrichelt.

**Aktion: Optimierung einstellen**

Mit der Schaltfläche OPTIMIERUNG im Hauptdialogfeld des Befehls PLOT können Sie Parameter für die Optimierung der Stiftbewegungen beim Stiftplotter einstellen. Bei Tintenstrahl- oder Laserdruckern, wie sie heute verwendet werden, sind diese Einstellungen ohne Bedeutung.

## Was soll wie geplottet werden?

Im Hauptdialogfeld des Befehls PLOT wählen Sie danach links unten den Plotbereich (siehe Abbildung 21.7).

*Abbildung 21.7: Plotbereich und Plotparameter*

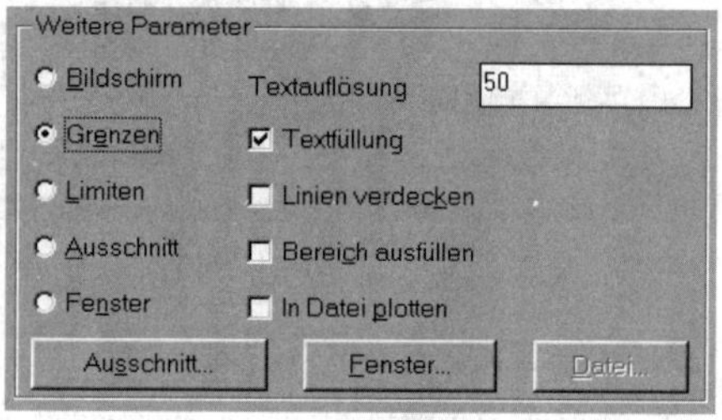


Folgende Auswahlmöglichkeiten haben Sie:

**Bildschirm:** Ausdruck der momentanen Bildschirmanzeige.

**Grenzen:** Ausdruck aller Objekte der Zeichnung.

**Limiten:** Ausdruck der Zeichnung innerhalb der Limiten.

**Ausschnitt:** Ausdruck eines gespeicherten Ausschnitts. Welcher Ausschnitt das sein soll, können Sie bestimmen, wenn Sie auf die Schaltfläche AUSSCHNITT... klicken. In einem weiteren Dialogfeld können Sie dann den Ausschnitt in einer Liste wählen (siehe Abbildung 21.8). Sind in der aktuellen Zeichnung keine Ausschnitte gespeichert, kann die Funktion auch nicht gewählt werden.

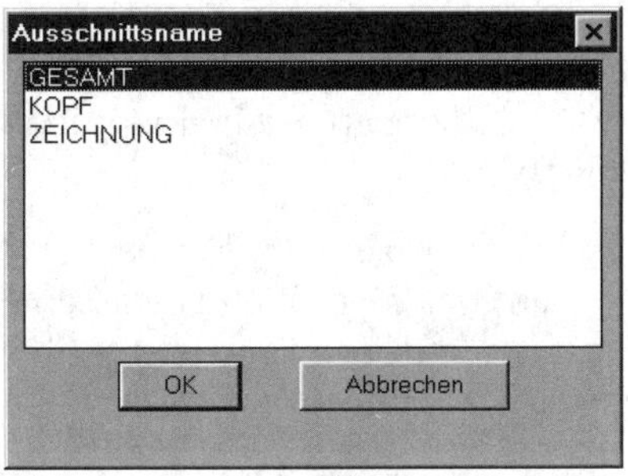


*Abbildung 21.8: Auswahl eines gespeicherten Ausschnitts*

**Fenster:** Ausdruck eines Bildausschnitts, der durch ein Fenster bestimmt wurde. Um diese Funktion wählen zu können, bestimmen Sie zunächst das Fenster. Klicken Sie dazu auf die Schaltfläche FENSTER..., und Sie erhalten ein weiteres Dialogfeld (siehe Abbildung 21.9). Tragen Sie die Abmessungen des zu plottenden Fensters ein, oder klicken Sie die Schaltfläche WÄHLEN < an und bestimmen Sie die Eckpunkte in der Zeichnung.

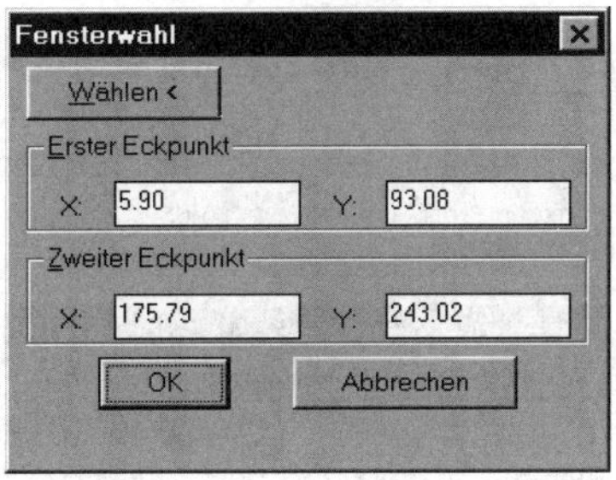


*Abbildung 21.9: Bestimmung des Plotfensters*

Neben dem Plotbereich können Sie weitere Parameter für den Plot einstellen:

**Textauflösung:** Ausgabequalität von TrueType-Schriften, Wert zwischen 0 und 100 einstellbar, höhere Werte verbessern die Druckqualität.

**Textfüllung:** Ist der Schalter ein, werden TrueType-Schriften gefüllt gedruckt, ansonsten nur die Kontur.

**Linien verdecken:** Ist der Schalter ein, werden beim Plotten die verdeckten Kanten von 3D-Modellen entfernt.

**Bereich ausfüllen:** Ist der Schalter ein, wird die Stiftbreite beim Plotten von breiten Polylinien angepaßt. Die Begrenzungslinien werden dann um eine halbe Stiftbreite nach innen versetzt.

**In Datei plotten:** Ist der Schalter ein, wird nicht an den Drucker ausgegeben, sondern in eine Datei umgeleitet. Mit der Schaltfläche DATEI... können Sie Namen und Ordner für die Ausgabedatei bestimmen.

- Wählen Sie beim Plotbereich GRENZEN oder LIMITEN (in diesem Fall gleich), und belassen Sie die anderen Parameter bei der Standardeinstellung (siehe Abbildung 21.7).

## Das richtige Papierformat

Sie haben noch keine Angaben zum Papier gemacht. Wenn Sie mit dem Systemdrucker arbeiten, können Sie kein anderes Format wählen. Das Format, das Sie beim Druckertreiber eingestellt haben, wird hier angezeigt, in Zoll oder mm, je nachdem, was Sie im Dialogfeld eingestellt haben. Haben Sie einen anderen Drucker, können Sie das gewünschte Format wählen. Klicken Sie im Hauptdialogfeld des Befehls PLOT auf die Schaltfläche FORMAT...

### Aktion: FORMAT wählen

In einem weiteren Dialogfeld können Sie aus den verfügbaren Formaten auswählen (siehe Abbildung 21.10).

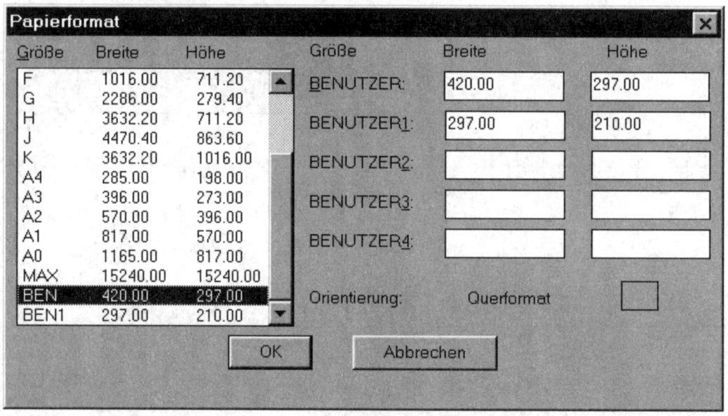


*Abbildung 21.10: Auswahl des Papierformats*

- Wählen Sie aus den verfügbaren Formaten, oder tragen Sie ein eigenes Papiermaß bei den Benutzerformaten ein.

**Tips:**

- Beim Papierformat wird nicht die volle Größe angezeigt, sondern der bedruckbare Bereich bei diesem Format mit dem gewählten Gerät. So haben Sie beispielsweise beim A3-Format eine Größe von 420 x 297 mm. In der Liste bekommen Sie aber nur einen bedruckbaren Bereich von 396 x 273 mm angezeigt, da der Plotter nur bis zu dieser Größe plotten kann.
- Wollen Sie bei dem gewählten Format bis zum Papierrand drukken, brauchen Sie Papier in Übergröße, das für Plotter als unbeschnittenes Papier erhältlich ist. Wählen Sie in diesem Fall nicht das Format A3, sondern geben Sie ein benutzerdefiniertes Format von 420 x 297 mm ein. Jetzt können Sie bis zum äußersten Rand drucken, Sie müssen das Papier dann aber zuschneiden.

## Maßstab, Drehung und Ursprung

Bleiben noch Plotmaßstab, Plotdrehung und Ursprungsverschiebung. Auch diese Größen können Sie im Hauptdialogfeld des Befehls PLOT einstellen. Klicken Sie auf die Schaltfläche DREHUNG UND URSPRUNG...

**Aktion: Drehung und Ursprung einstellen**

Sie bekommen ein weiteres Dialogfeld auf den Bildschirm (siehe Abbildung 21.11).

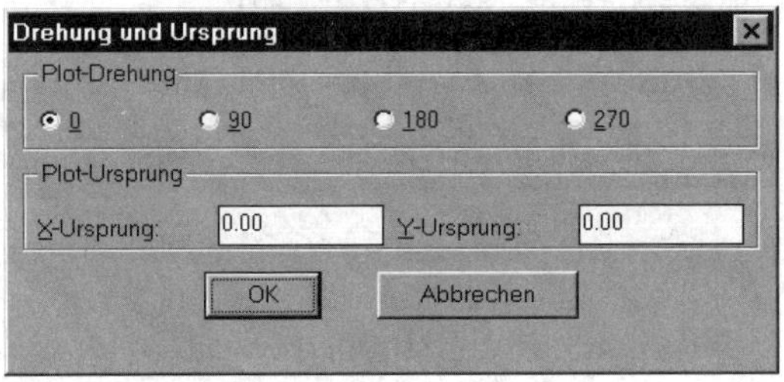


*Abbildung 21.11: Einstellung von Drehung und Ursprung*

- Wählen Sie unter den vier Möglichkeiten einen Winkel aus. Der Plot wird entsprechend gedreht.
- Ist Ihr Papierformat größer als die Zeichnung, die geplottet werden soll, können Sie eine Ursprungsverschiebung eingeben. Tragen Sie die Werte ein.

### Aktion: Maßstab einstellen

Wieder zurück im Hauptdialogfeld des Befehls PLOT, bleibt nur noch der Maßstab einzustellen.

- Sie können entweder festlegen, wieviel geplottete Millimeter einer Zeichnungseinheit entsprechen, oder den festgelegten Plotbereich dem Papierformat anpassen. Die Einstellung 1 geplotteter mm = 1 Zeichnungseinheit plottet im Maßstab 1:1, 1 geplotteter mm = 100 Zeichnungseinheiten plottet im Maßstab 1:100, 10 geplottete mm = 1 Zeichnungseinheit plottet im Maßstab 10:1 usw.
- Wenn Sie den Schalter GRÖSSE ANGEPASST angewählt haben, wird der Maßstab automatisch so eingestellt, daß der gewählte Bereich der Zeichnung formatfüllend auf das eingestellte Papierformat paßt.
- Drucken Sie Ihre Zeichnung ohne Drehung im Maßstab 1:1 auf ein A4-Blatt. Eventuell können Sie die Zeichnung noch mit einer Ursprungsverschiebung auf dem Blatt zentrieren.

## Die Voransicht spart Papier

Im Hauptdialogfeld des Befehls PLOT können Sie die Voransicht wählen. Damit überprüfen Sie, ob alles aufs Papier paßt und ob der Ausschnitt stimmt.

### Aktion: Voransicht wählen

- Wählen Sie zwischen TEIL und GANZ, einer teilweisen und einer kompletten Voransicht der Zeichnung, und klicken Sie dann auf die Schaltfläche VORANSICHT...
- Bei der teilweisen Voransicht werden das Papierformat und der tatsächliche Plotbereich angezeigt (siehe Abbildung 21.12). Bei Formatüberschreitungen wird eine Warnmeldung angezeigt.

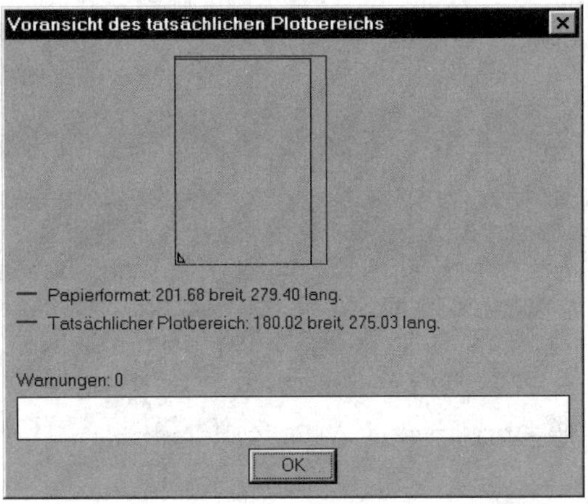


*Abbildung 21.12: Teilweise Voransicht*

- Bei der kompletten Voransicht erscheint die Zeichnung mit den Papiergrenzen auf dem gewählten Papierblatt (siehe Abbildung 21.13). Auf der Voransicht haben Sie das Lupensymbol wie beim Echtzeitzoom und auch dieselben Funktionen wie dort. Auch hier bekommen Sie mit der rechten Maustaste das Pop-Up-Menü mit Zoom-Funktionen. Damit können Sie besser kontrollieren, ob der endgültige Ausdruck komplett ist. Klicken Sie im Pop-Up-Menü auf BEENDEN, dann kommen Sie wieder zum Dialogfeld.

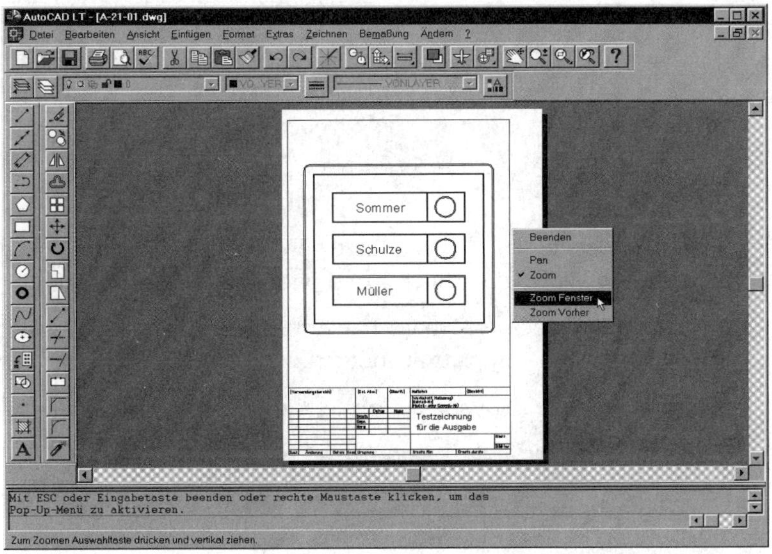


*Abbildung 21.13: Komplette Voransicht der Zeichnung mit Pop-Up-Menü*

- Zu guter Letzt starten Sie den Ausdruck im Hauptdialogfeld des Befehls PLOT mit der Schaltfläche OK.

## Aktion: Befehl VORANSICHT

Eine Voransicht der Zeichnung bekommen Sie auch, ohne gleich plotten zu müssen. Aufgrund der Einstellungen, die Sie im Dialogfeld des Befehls PLOT vorgenommen haben, erhalten Sie mit dem Befehl VORANSICHT die komplette Voransicht der Zeichnung (siehe Abbildung 21.13), wie beim Befehl PLOT. Sie finden den Befehl folgendermaßen:

- Abrollmenü DATEI, Funktion SEITENANSICHT
- Symbol in der Standard-Funktionsleiste

## Fragen zu Stunde 21

1. Ihr Drucker hat keinen Treiber für AutoCAD. Wie können Sie ihn trotzdem zur Zeichnungsausgabe verwenden?
2. Wo stellen Sie das Papierformat bei einem Systemdrucker ein?
3. Welche Farben haben die Stifte?
4. Warum sollten Sie den Stiften keine Linientypen außer 0 zuordnen?
5. Sie wollen breite Polylinien exakt so ausgeben, wie Sie sie gezeichnet haben. Welchen Schalter müssen Sie berücksichtigen?
6. Warum ist das A3-Papierformat beim Plotter nur 396 x 273 mm groß?
7. Sie haben einen Plotter mit einer A0-Papierrolle, drucken aber meist A1 und kleiner. Wie können Sie Papier sparen?
8. Sie wollen das verfügbare Papierformat ohne Rücksicht auf den Maßstab komplett ausnützen. Was stellen Sie ein?
9. Was zeigt die teilweise Voransicht an?
10. Wie beenden Sie die komplette Voransicht?

# Die dritte Dimension

Stunde 22

In dieser Stunde heben Sie ab. Vom flachen Papier geht's in die dritte Dimension. Sie lernen die Grundbegriffe zum Arbeiten mit dreidimensionalen Objekten:

- wie mit einer Objekthöhe einfache 3D-Objekte entstehen
- wie Sie 3D-Modelle von einem Punkt im Raum aus betrachten können
- wie die verdeckten Kanten entfernt werden und wie schattiert wird
- wie Sie sich mit den Benutzerkoordinatensystemen flexibel im Raum orientieren können
- wie Sie in der dritten Dimension konstruieren und editieren und
- wie Sie in AutoCAD 14 mit dem Volumenmodellierer arbeiten können.

## Mit Objekthöhe zeichnen

Einfache 3D-Modelle können Sie schon in AutoCAD LT 97 erstellen. Zudem stehen Ihnen fast alle Funktionen zur Darstellung von 3D-Modellen in AutoCAD LT 97 zur Verfügung. So ist es möglich, Volumenmodelle aus AutoCAD 14 als Bibliotheksteile zu verwenden und daraus Zeichnungen abzuleiten.

Doch bleiben wir zunächst bei den einfachen 3D-Modellen, die mit einer Objekthöhe erstellt werden. Diese können Sie in AutoCAD LT 97 und AutoCAD 14 erstellen.

### Aktion: Objekthöhe einstellen

Zu jedem AutoCAD-Objekt wird die Objekthöhe gespeichert. Ist kein Wert für die Objekthöhe gesetzt, bleibt sie 0, und es entstehen 2D-Objekte.

Setzen Sie, bevor Sie etwas zeichnen, die Objekthöhe auf den Wert, um den die Objekte in die Höhe gezogen werden sollen. Aus einer Linie wird dann eine Wand mit der Objekthöhe, aus einem Kreis ein Zylinder mit der Objekthöhe usw.

Die aktuelle Objekthöhe ist in einer sogenannten Systemvariablen gespeichert. Sie können sie folgendermaßen einstellen:

- Abrollmenü FORMAT, Funktion OBJEKTHÖHE

Befehl: **'_thickness**
Neuer Wert für THICKNESS <0.0000>: **Neuen Wert für die Objekthöhe eingeben**

Alles, was Sie danach zeichnen, wird mit dieser Höhe gezeichnet.

## Aktion: Objekthöhe ändern

Sie können aber auch alles mit der Objekthöhe 0 zeichnen und danach mit den Änderungsfunktionen die Objekte auf den gewünschten Wert bringen.

Wählen Sie dazu den Befehl DDCHPROP:

- Abrollmenü ÄNDERN, Funktion EIGENSCHAFTEN...
- Symbol in der Funktionsleiste EIGENSCHAFTEN

Wählen Sie die Objekte, die Sie ändern wollen, und bestätigen Sie die Auswahl. Danach erscheint das Dialogfeld zur Änderung der Objekteigenschaften. Tragen Sie im Feld OBJEKTHÖHE den gewünschten Wert ein (siehe Abbildung 22.1).

*Abbildung 22.1: Objekthöhe ändern mit dem Befehl DDCHPROP*

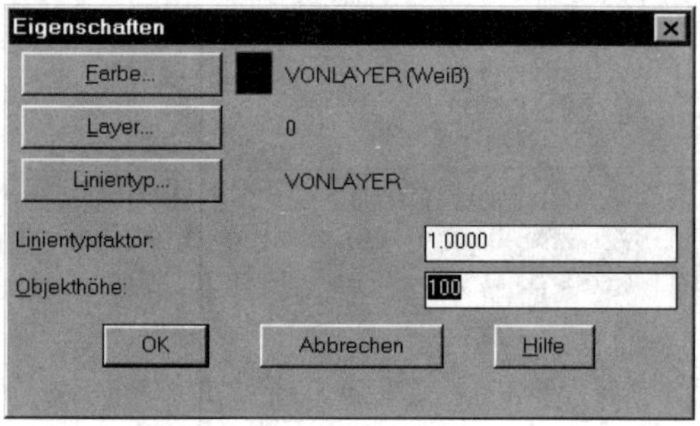

**Tip:**

- Haben Sie nur ein Objekt angewählt, wird der Befehl DDMODIFY gestartet. Auch dort können Sie die Objekthöhe im gleichnamigen Feld ändern (siehe Abbildung 22.2).

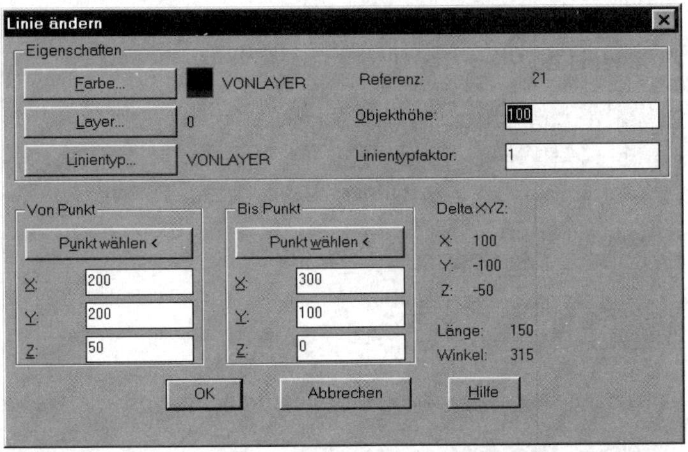


*Abbildung 22.2: Objekthöhe ändern mit dem Befehl DDMODIFY*

## Koordinaten in der dritten Dimension

Koordinaten lassen sich in AutoCAD immer dreidimensional angeben. Drei Formate stehen zur Verfügung, die jeweils absolut (bezogen auf den Koordinatennullpunkt) oder relativ (bezogen auf den letzten Punkt) eingegeben werden können:

**Kartesische Koordinaten:** Ein Punkt wird durch seinen Abstand in X-, Y-und Z-Richtung vom Ursprung des Koordinatensystems bzw. vom letzten Punkt eingegeben. Die Z-Achse steht senkrecht zur XY-Ebene.

**Absolut:** Format: X,Y,Z
Beispiel: 100,150,220

**Relativ:** Format: @dx,dy,dz
Beispiel: @30,120,20

**Kugelkoordinaten:** Ein Punkt wird durch seinen Abstand vom Koordinatennullpunkt bzw. vom letzten Punkt, seinem Winkel in der XY-Ebene und seinem Winkel zur XY-Ebene des aktuellen Koordinatensystems angegeben. Der Winkel in der XY-Ebene wird von der X-Achse aus entgegen dem Uhrzeigersinn gemessen. Der

Winkel zur XY-Ebene ist positiv, wenn der Punkt darüber liegt, und negativ, wenn er darunter liegt.

**Absolut:** Format: A<W1<W2
Beispiel: 100<45<30

**Relativ:** Format: @A<W1<W2
Beispiel: @50<45<30

**Zylinderkoordinaten:** Ein Punkt wird durch den Abstand seiner Projektion in die XY-Ebene vom Koordinatennullpunkt bzw. vom letzten Punkt, seinem Winkel in der XY-Ebene und seinem Abstand in Z-Richtung angegeben. Der Winkel in der XY-Ebene wird von der X-Achse aus entgegen dem Uhrzeigersinn gemessen.

**Absolut:** Format: A<W,Z
Beispiel: 100<45,20

**Relativ:** Format: @A<W,Z
Beispiel: @50<45,20

Wird bei den kartesischen Koordinaten kein Wert für Z angegeben, wird er auf 0 gesetzt, und Sie haben wieder 2D-Objekte, die auf der XY-Ebene liegen. Auch bei den anderen Formaten können Sie die dritte Angabe weglassen, und Sie haben wieder 2D-Polarkoordinaten, und die Objekte liegen auf der XY-Ebene.

**Tips:**

- AutoCAD-Objekte können nur eine einheitliche Objekthöhe haben.
- AutoCAD-Objekte lassen sich immer nur auf oder parallel zur XY-Ebene zeichnen. Sollen Objekte anders ausgerichtet werden, muß die XY-Ebene neu definiert werden (siehe weiter unten, Benutzerkoordinatensysteme)
- Unterschiedliche Z-Werte sind bei einem Element nicht möglich. Beim Zeichnen von Polylinien wird deshalb nur für den Startpunkt ein Z-Wert akzeptiert. Die Ausnahmen bilden Linien. Bei ihnen darf jeder Stützpunkt einen anderen Z-Wert haben.

- Sie können bei jedem Befehl mit 3D-Koordinaten arbeiten. Zum Beispiel:

  Befehl: **Linie**
  Von Punkt: **100,100,50**
  Nach Punkt: **200,100,20**
  Nach Punkt: **usw.**

  Befehl: **Kreis**
  3P/TTR/<Mittelpunkt>: **50,20,10**
  Durchmesser/<Radius> <5.0000>: **10**

  Befehl: **Schieben**
  Objekte wählen: **Auswahl treffen und bestätigen**
  Basispunkt oder Verschiebung: **Punkt wählen**
  Zweiter Punkt der Verschiebung: **@0,0,50**

## Training: Zeichnen mit Objekthöhe

- *Öffnen Sie die Zeichnung A-22-01.DWG aus Ihrem Übungsordner.*
- *Sie sehen die Zeichenfläche von einem Ansichtspunkt im Raum aus, dazu später mehr. Auf der Zeichenebene liegen drei Kreise und eine Polylinie in der Form eines Quadrats, bestehend aus einem Segment mit einer Länge von 35 und einer Breite von 35 (siehe Abbildung 22.3).*

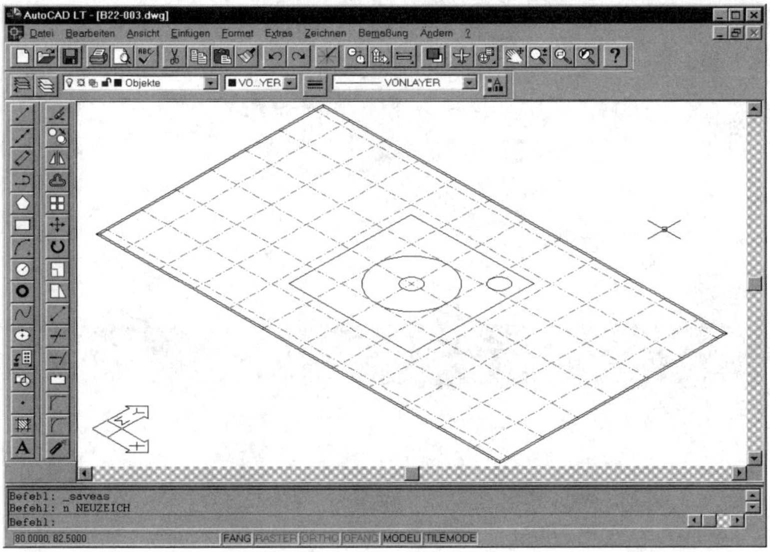


*Abbildung 22.3: Zeichenfläche von einem Ansichtspunkt betrachtet*

- *Ändern Sie die Objekthöhe der Polylinie auf 5 und die der Kreise auf 10.*
- *Schieben Sie den großen Kreis in der Mitte und den kleinen Kreis rechts um 5 in Z-Richtung sowie den kleinen Kreis in der Mitte um 15 in Z-Richtung.*

Befehl: **Schieben**
Objekte wählen: **Großen Kreis in der Mitte und kleinen Kreis rechts wählen**
Basispunkt oder Verschiebung: **beliebigen Punkt wählen**
Zweiter Punkt der Verschiebung: **@0,0,5**

Befehl: **Schieben**
Objekte wählen: **Kleinen Kreis in der Mitte wählen**
Basispunkt oder Verschiebung: **beliebigen Punkt wählen**
Zweiter Punkt der Verschiebung: **@0,0,15**

- *Aus der quadratischen Polylinie ist ein Quader geworden, aus den Kreisen Zylinder. Die Objekte stehen aufeinander (siehe Abbildung 22.4).*

*Abbildung 22.4: 3D-Objekte aus 2D-Objekten mit Objekthöhe*

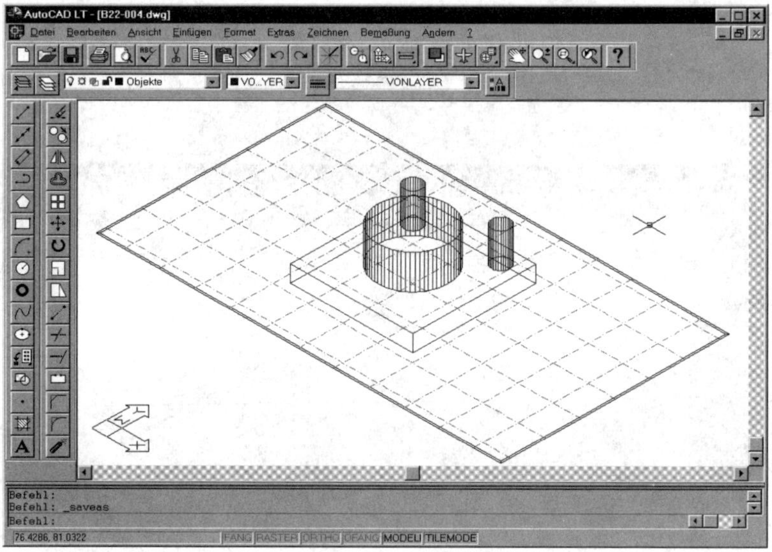

- *Dieselben 3D-Objekte haben Sie als Musterlösung L-22-01.DWG in Ihrem Ordner mit den Übungen.*

## 3D-Objekte auf dem Bildschirm

Bis jetzt haben Sie nur ein Drahtmodell auf dem Bildschirm, alles ist durchsichtig. Sie können die verdeckten Kanten aus der Anzeige entfernen und so eine realistischere Darstellung Ihres Modells erhalten.

### Aktion: Befehl VERDECKT

Mit dem Befehl VERDECKT entfernen Sie die verdeckten Kanten Ihres 3D-Modells aus der Bildschirmdarstellung. Wählen Sie dazu:

- Abrollmenü ANSICHT bzw. ANZEIGE (in AutoCAD 14), Funktion VERDECKEN
- Symbol im Werkzeugkasten RENDER (nur in AutoCAD 14)

Nach kurzer Rechenzeit sehen Sie nur noch die Kanten, die auch tatsächlich sichtbar sind. Massive Körper decken die dahinter liegenden Objekte ab. Das Drahtmodell bekommen Sie wieder, wenn Sie die Zeichnung mit dem Befehl REGEN neu aufbauen. Auch diesen Befehl finden Sie im Abrollmenü ANSICHT bzw. ANZEIGE, Funktion REGENERIEREN.

Die Darstellung ohne verdeckte Kanten können Sie auch plotten. Dazu müssen Sie im Plot-Dialogfeld (siehe letzte Stunde) den Schalter LINIEN VERDECKEN einschalten. Die verdeckten Linien werden dann beim Plotten entfernt, egal welche Darstellung Sie gerade auf dem Bildschirm haben.

### Training: Anzeige ohne verdeckte Kanten

- *Entfernen Sie die verdeckten Kanten aus der Anzeige. Ihr Modell sollte dann wie in Abbildung 22.5 aussehen.*

*Abbildung 22.5: Darstellung ohne verdeckte Kanten*

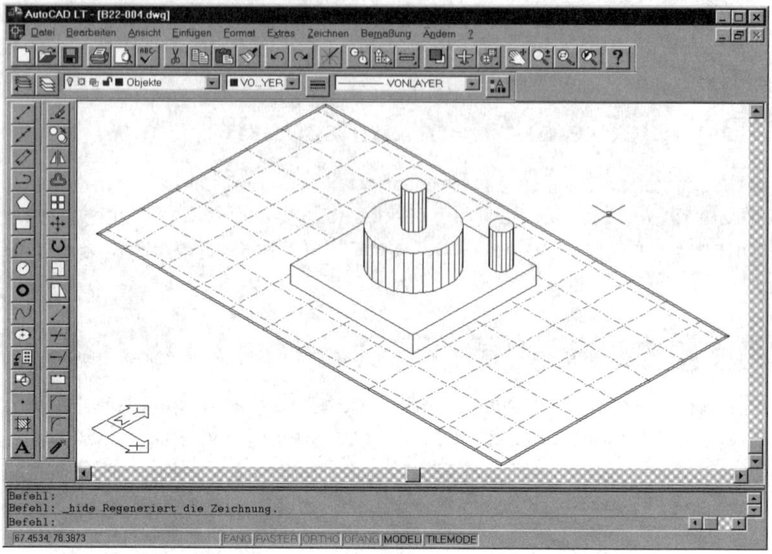


## Aktion: Befehl SHADE

Noch effektvoller ist die schattierte Darstellung, die Sie mit dem Befehl SHADE erhalten. Wählen Sie den Befehl:

- Abrollmenü ANSICHT bzw. ANZEIGE, Untermenü SCHATTIEREN >, Funktionen für die verschiedenen Darstellungsarten
- Symbol im Werkzeugkasten RENDER (nur in AutoCAD 14)

**256 FARBEN:** Schattierte Darstellung mit 256 Farben ohne Anzeige der Kanten.

**256 Farben, mit Kanten:** Schattierte Darstellung mit 256 Farben und Kanten in der Farbe des Zeichenhintergrunds.

**16 FARBEN, VERDECKT:** Anzeige nur der sichtbaren Linien in der Objektfarbe, wie beim Befehl VERDECKT.

**16 Farben, gefüllt:** Darstellung mit gleichmäßig gefüllten Farbflächen und Kanten in der Farbe des Zeichenhintergrunds.

Die schattierte Darstellung kann nicht geplottet werden. Sie kann nur am Bildschirm betrachtet werden.

## Training: Schattierte Darstellung erzeugen

- *Erstellen Sie die schattierte Darstellung von Ihrem 3D-Modell mit 256 Farben und Kanten (siehe Abbildung 22.6).*

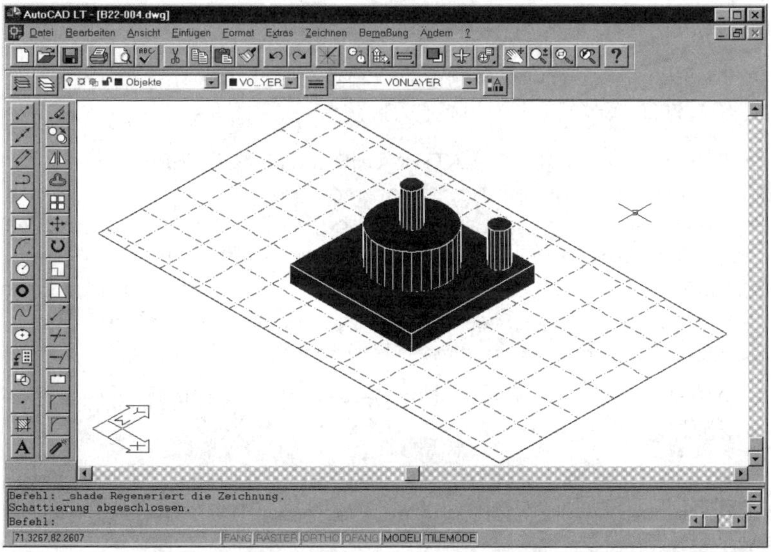


*Abbildung 22.6: Die schattierte Darstellung des 3D-Modells*

# Beziehen Sie Position im Raum

Wie Sie im letzten Beispiel gesehen haben, können Sie Ihr 3D-Modell von einem Punkt im Raum aus betrachten. Dieser Punkt wird in AutoCAD Ansichtspunkt genannt. Das 3D-Modell wird so auf dem Bildschirm dargestellt, wie es erscheinen würde, wenn man es von diesem Punkt aus betrachtet. Dabei gilt die Orientierung wie in Tabelle 22.1.

*Tabelle 22.1: Betrachtungspositionen und -richtungen*

| Position | Richtung | Betrachterposition |
|---|---|---|
| Vorne | Süden | Blick aus Richtung der negativen Y-Achse |
| Hinten | Norden | Blick aus Richtung der positiven Y-Achse |
| Rechts | Osten | Blick aus Richtung der positiven X-Achse |
| Links | Westen | Blick aus Richtung der negativen X-Achse |
| Vorne rechts | Südost | Blick aus Richtung 315° in der XY-Ebene |
| Vorne links | Südwest | Blick aus Richtung 225° in der XY-Ebene |
| Hinten rechts | Nordost | Blick aus Richtung 45° in der XY-Ebene |
| Hinten links | Nordwest | Blick aus Richtung 135° in der XY-Ebene |
| Oben | Oben | Blick aus Richtung der positiven Z-Achse |
| Unten | Unten | Blick aus Richtung der negativen Z-Achse |

## Aktion: Befehl APUNKT

Den Ansichtspunkt wählen Sie mit dem Befehl APUNKT. Der Befehl kann auf verschiedene Arten verwendet werden:

Befehl: **Apunkt**
Drehen/<Ansichtspunkt><0.0,0.0,1.0>:

▶ Abrollmenü ANSICHT bzw. ANZEIGE, Untermenü 3D-ANSICHTSPUNKT >, Funktion VEKTOR

**EINGABE DER KOORDINATEN DES BETRACHTERS:** Bei dieser Methode können Sie die Koordinaten des Betrachters eingeben. Die absoluten Koordinatenwerte sind ohne Bedeutung, da das Modell immer formatfüllend angezeigt wird. Nur das Verhältnis der Koordinatenwerte zueinander ist von Bedeutung. Der Ansichtspunkt 1,1,1 erzeugt beispielsweise eine Darstellung von einem Punkt rechts hinten unter 45° von oben betrachtet.

▶ Abrollmenü ANSICHT, Untermenü 3D-ANSICHTSPUNKT >, Funktion DREHEN

**EINGABE DER BETRACHTUNGSWINKEL:** Mit der Option DREHEN können Sie den Betrachterstandort durch die Eingabe zweier Winkel definieren.

Befehl: **Apunkt**
Drehen/<Ansichtspunkt><0.0,0.0,1.0>: **Drehen**
Winkel in XY-Ebene von der X-Achse aus eingeben <270>:
Winkel von der XY-Ebene eingeben <90>:

Der erste Winkel gibt die Position des Betrachters in der XY-Ebene an. Gemessen wird der Winkel zur X-Achse entgegen dem Uhrzeigersinn. Positive und negative Angaben sind möglich. Der zweite Winkel gibt die Betrachtungshöhe an. Gemessen wird zur XY-Ebene, positive Winkel ergeben eine Betrachtung von oben, negative von unten. 0 Grad ergibt die »Froschperspektive«, 90 Grad die Draufsicht.

**WAHL VON STANDARDANSICHTSPUNKTEN:** Noch einfacher ist es, wenn Sie die Standardansichtspunkte verwenden, die Sie direkt aus dem Abrollmenü und einem Werkzeugkasten wählen können:

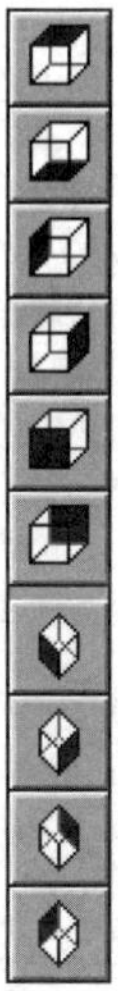

- Abrollmenü ANZEIGE bzw. ANZEIGE (in AutoCAD 14), Untermenü 3D-ANSICHTSPUNKT >, Funktionen für die Standardansichten (OBEN, UNTEN, LINKS RECHTS, VORNE, HINTEN und isometrische Ansichten)
- Symbole in einem Flyout-Menü in der Standard-Funktionsleiste und im Werkzeugkasten ANSICHT

Sie können damit die Standardansichten wie in Tabelle 22.1 einstellen.

## Aktion: Befehl DDVPOINT

Flexibler und übersichtlicher geht es in AutoCAD 14. Hier haben Sie den Befehl DDVPOINT. Damit stellen Sie die Winkel für den Ansichtspunkt in einem Dialogfeld mit zwei Richtungsanzeigen ein (siehe Abbildung 22.7). Wählen Sie den Befehl folgendermaßen aus:

- Abrollmenü ANZEIGE, Untermenü 3D-ANSICHTSPUNKT >, Funktion WÄHLEN...

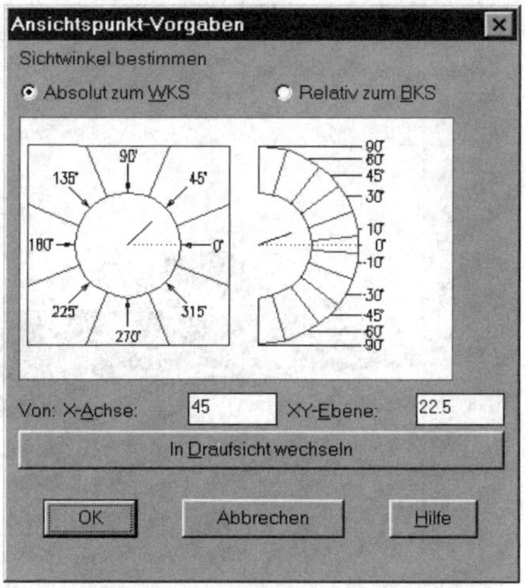


*Abbildung 22.7: Ansichtspunkt bei AutoCAD 14 im Dialogfeld einstellen*

## Aktion: Befehl DRSICHT

Mit dem Befehl DRSICHT können Sie ohne lange Einstellungen direkt in die Draufsicht wechseln. Dabei ist wählbar, ob die Draufsicht auf das Weltkoordinatensystem, auf das aktuelle Benutzerkoordinatensystem oder auf ein gespeichertes Benutzerkoordinatensystem angezeigt werden soll (Benutzerkoordinatensysteme lernen Sie gleich kennen). Den Befehl wählen Sie folgendermaßen aus:

- Abrollmenü ANZEIGE, Untermenü 3D-ANSICHTSPUNKT >, Untermenü DRAUFSICHT >

## Fehler:

- Klicken Sie beim Zeichnen in der Perspektive keinen Punkt in der Zeichnung ohne den Objektfang an. Der Punkt wird in die XY-Ebene projiziert, und er kann in einer anderen Ansicht ganz woanders liegen.

## Training: Einstellung des Ansichtspunkts

- *Laden Sie die Zeichnung A-22-02.DWG aus Ihrem Übungsordner: ein Grundriß, bei dem die Wände, Brüstungen, Fenster und Stürze mit Objekthöhe auf verschiedenen Erhebungen gezeichnet wurden (siehe Abbildung 22.8 in schattierter Darstellung).*

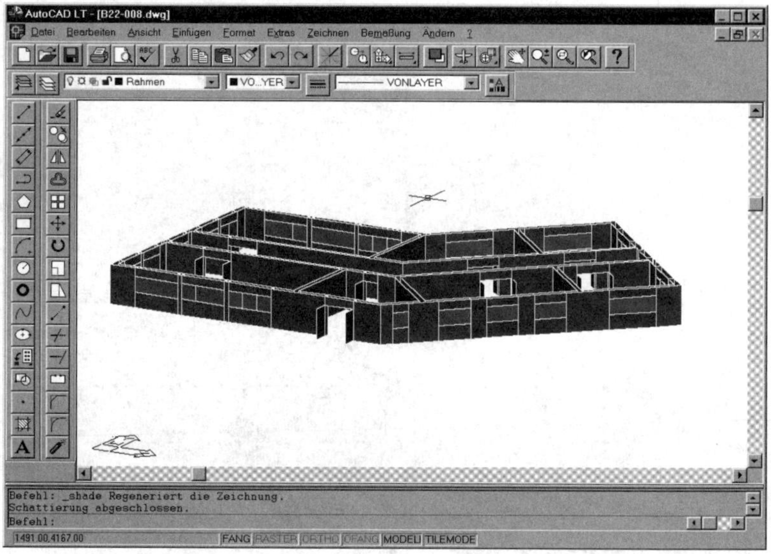


*Abbildung 22.8: Grundriß mit Objekthöhe, schattiert dargestellt*

- *Stellen Sie verschiedene Ansichtspunkte ein, von vorne, von hinten, von oben oder unten. Entfernen Sie die verdeckten Linien, und schattieren Sie.*

- *Wie Sie schon in Stunde 6 gelernt haben, können Sie den Bildschirm in verschiedene Fenster aufteilen. In jedem Fenster können Sie dann einen anderen Ansichtspunkt einstellen. Teilen Sie den Bildschirm in drei Fenster auf.*

- *Erstellen Sie in einem Fenster eine perspektivische Anzeige. In dem anderen Fenster stellen Sie den Grundriß dar und in dem dritten die Vorderansicht. Entfernen Sie die verdeckten Kanten aus der Vorderansicht, und schattieren Sie die Perspektive (siehe Abbildung 22.9). Ein Beispiel finden Sie in Ihrem Übungsordner, die Zeichnung L-22-02.DWG.*

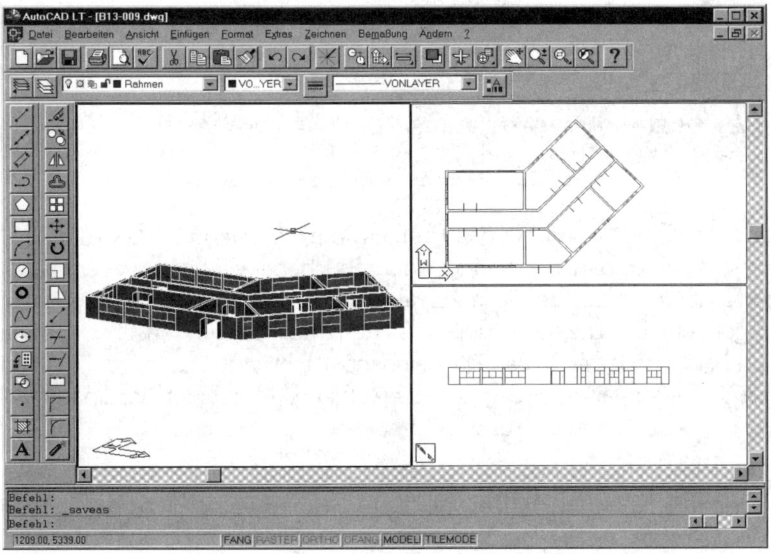


*Abbildung 22.9: Gebäudemodell in verschiedenen Fenstern*

## Das Zeichenblatt im Raum: BKS

Wie Sie gesehen haben, sind 2D-Objekte immer die Basis für das 3D-Modell. Diese lassen sich aber nur in der XY-Ebene zeichnen. Damit kann es nur senkrechte Zylinder geben. Nicht so in AutoCAD, denn Sie haben die Möglichkeit, die XY-Ebene frei im Raum auszurichten. Schauen Sie sich das Beispiel in Abbildung 22.10 an: ein Schrank, komplett mit einfachen 2D-Objekten und Objekthöhe aufgebaut.

Schwierigkeiten mit Ihren jetzigen Kenntnissen gibt es erst bei den Türgriffen, zwar einfache Zylinder, aber sie stehen nicht auf der XY-Ebene oder parallel darüber.

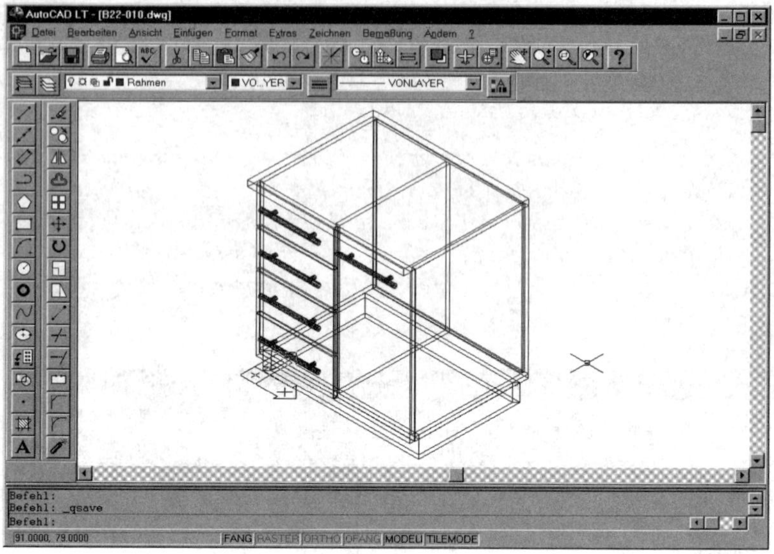


*Abbildung 22.10: Schrank mit den Türgriffen*

In AutoCAD lösen Sie das Problem mit den Benutzerkoordinatensystemen. Sobald Sie in einer anderen Ebene zeichnen wollen, ist es erforderlich, daß Sie diese zur aktuellen Zeichenebene machen. Sie legen ein Benutzerkoordinatensystem auf die gewünschte Ebene und haben damit quasi ein Zeichenblatt in den Raum gelegt. Aus der 3D-Aufgabe wird eine 2D-Aufgabe. Welche Koordinatensysteme gibt es nun in AutoCAD?

**Weltkoordinatensystem:** Es gibt ein festes Koordinatensystem, in dem die Zeichnung liegt, das sogenannte Weltkoordinatensystem (WKS).

**Benutzerkoordinatensystem:** Zusätzlich lassen sich darin beliebig viele Koordinatensysteme frei im Raum definieren, sogenannte Benutzerkoordinatensysteme (BKS). Damit ist es möglich, den Nullpunkt neu festzulegen oder bei der Konstruktion von 3D-Modellen eine Konstruktionsebene in den Raum zu legen.

## Aktion: Befehl BKS

Mit dem Befehl BKS legen Sie ein Benutzerkoordinatensystem in den Raum. Speichern Sie, holen Sie es wieder zurück, und schalten Sie bei Bedarf auch wieder zum Weltkoordinatensystem. Sie finden den Befehl folgendermaßen:

- Abrollmenü EXTRAS bzw. WERKZEUGE (in AutoCAD 14), Untermenü BKS >, Funktionen mit den Optionen des Befehls
- Symbol in einem Flyout-Menü in der Standard-Funktionsleiste und im Werkzeugkasten BKS

Folgende Optionen haben Sie zur Auswahl:

**VORHER:** Aktivierung des vorherigen Koordinatensystems. Die zehn letzten Benutzerkoordinatensysteme sind gespeichert.

**HOLEN:** Wiederherstellen eines bereits gesicherten Benutzerkoordinatensystems. Diese Option und die drei folgenden finden Sie nicht im Werkzeugkasten.

**SPEICHERN:** Speichern des aktuellen Benutzerkoordinatensystems unter einem Namen. Das BKS wird in der Zeichnung gespeichert.

**LÖSCHEN:** Löschen eines gespeicherten Benutzerkoordinatensystems.

**AUFLISTEN:** Auflisten aller gespeicherten Benutzerkoordinatensysteme.

**WELT:** Umschalten zum Weltkoordinatensystem.

**OBJEKT:** Ausrichtung des neuen Benutzerkoordinatensystems an einem Element in der Zeichnung. Das neue Benutzerkoordinatensystem wird am gewählten Objekt ausgerichtet. Es hat dieselbe positive Z-Achsrichtung, mit der auch das gewählte Objekt erzeugt wurde.

**ANSICHT:** Ausrichtung des neuen Benutzerkoordinatensystems an der aktuellen Ansicht, also parallel zum Bildschirm. Die positive Z-Achse ragt aus dem Bildschirm heraus. Der Ursprung bleibt gleich wie beim vorherigen Benutzerkoordinatensystem.

**URSPRUNG:** Definition eines neuen Benutzerkoordinatensystems durch Ursprungsverschiebung. Die Richtung der Achsen bleibt gleich. Diese Option ist auch bei 2D-Zeichnungen nützlich. Damit können Sie den Nullpunkt an einen beliebigen Punkt in der Zeichnung legen.

**ZACHSE:** Definition eines neuen Benutzerkoordinatensystems durch die Wahl eines neuen Ursprungs und eines Punkts, der sich auf der neuen positiven Z-Achse befinden soll.

**3PUNKT:** Definition eines neuen Benutzerkoordinatensystems durch drei Punkte.

**X/Y/Z:** Erzeugung eines neuen Benutzerkoordinatensystems durch Drehung des bisherigen um eine der angegebenen Achsen.

## Aktion: Befehl DDBKS

Mit dem Befehl DDBKS können Sie das aktuelle Benutzerkoordinatensystem wie einen Layer wechseln, sichern, umbenennen oder löschen. Alle Funktionen finden Sie in einem Dialogfeld. Wählen Sie den Befehl folgendermaßen aus:

- Abrollmenü EXTRAS bzw. WERKZEUGE (in AutoCAD 14), Untermenü BKS >, Funktion BENANNTES BKS...
- Symbol in einem Flyout-Menü in der Standard-Funktionsleiste und im Werkzeugkasten BKS

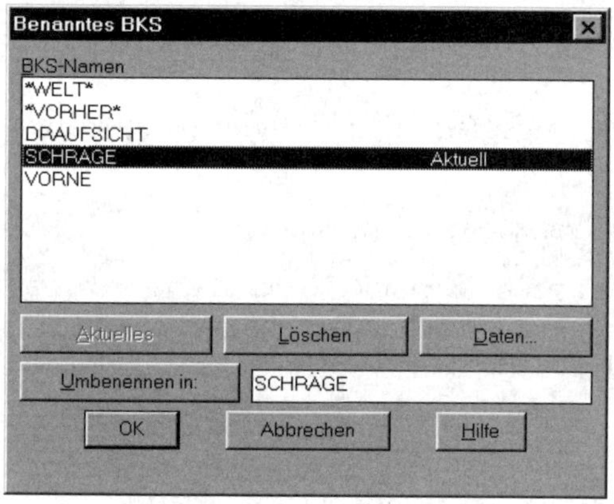


*Abbildung 22.11: Gespeicherte Benutzerkoordinatensysteme verwalten*

Im Dialogfeld finden Sie die gesicherten BKS, das WKS, das vorherige und das aktuelle BKS. Wollen Sie das aktuelle BKS wechseln, klicken Sie das gewünschte in der Liste an und dann das Feld AKTUELLES. Auf diese Art können Sie auch ein BKS löschen oder sich die Lage und Ausrichtung des BKS mit dem Feld DATEN... anzeigen lassen.

Ist das aktuelle BKS noch nicht gesichert, steht es in der Liste mit **KEIN NAME**. Um es zu sichern, geben Sie ihm einen Namen. Klicken Sie es dazu an. Sein Name wird in das untere Feld übernommen. Überschreiben Sie die Bezeichnung **KEIN NAME** mit einem gültigen Namen, und klicken Sie auf UMBENENNEN IN. Jetzt erscheint es mit dem neuen Namen in der Liste.

## Aktion: Befehl DDUCSP

Speziell für die Anwendung bei den 3D-Konstruktionen ist der Befehl DDUCSP, mit dem Sie ein Benutzerkoordinatensystem an Standardebenen ausrichten können. Sie finden den Befehl folgendermaßen:

- Abrollmenü EXTRAS bzw. WERKZEUGE (in AutoCAD 14), Funktion BKS-AUSRICHTUNG...

- Symbol in einem Flyout-Menü in der Standard-Funktionsleiste und im Werkzeugkasten BKS

Alle Funktionen finden Sie in einem Dialogfeld (siehe Abbildung 22.12).

*Abbildung 22.12: Dialogfeld zur Ausrichtung des Benutzerkoordinatensystems*

Ein Benutzerkoordinatensystem können Sie erzeugen, indem Sie es auf einen gedachten Würfel legen. Wählen Sie die entsprechende Seite an, indem Sie auf das Symbol klicken. Eine Ursprungsverschiebung müssen Sie danach durchführen, wenn Sie das BKS an einem bestimmten Punkt haben wollen. Außerdem können Sie im Dialogfeld festlegen, ob sich die Begriffe oben, unten, vorne, hinten, links und rechts auf das aktuelle Benutzerkoordinatensystem oder das Weltkoordinatensystem beziehen sollen. Das stellen Sie mit den Schaltern RELATIV ZUM AKTUELLEN BKS bzw. ABSOLUT ZUM WKS ein.

## Aktion: Befehl BKSYMBOL

Wollen Sie sich die Lage des aktuellen Benutzerkoordinatensystems am Bildschirm anzeigen lassen, können Sie den Befehl BKSYMBOL verwenden. Damit schalten Sie das Koordinatensymbol ein und aus. Wählen Sie den Befehl folgendermaßen aus:

- Abrollmenü ANSICHT, Untermenü ANZEIGE bzw. ANSICHT (in AutoCAD 14), Untermenü BKS-SYMBOL >, Funktionen für die Optionen des Befehls

  Befehl: **Bksymbol**
  Ein/AUs/ALles/Keinursprung/Ursprung <AUs>:

Mit den Optionen EIN und AUS läßt sich das Symbol ein- und ausschalten. KEIN URSPRUNG setzt das Symbol an den linken unteren Bildschirmrand. Die Option URSPRUNG dagegen setzt es an den Ursprung, wenn der Ursprung sich innerhalb des momentanen Bildschirmausschnitts befindet. Sonst wird es ebenfalls angezeigt. Haben Sie den Bildschirm in mehrere Ansichtsfenster aufgeteilt, bewirkt die Option ALLES, daß eine Änderung der Symbolanzeige in allen Fenstern nachgeführt wird.

## Tips:

- Wird im Symbol ein W angezeigt, ist das Weltkoordinatensystem aktiv.
- Wird ein Kreuz am Schnittpunkt der Achsen angezeigt, befindet sich das Symbol am Ursprung. Ist kein Kreuz zu sehen, ist der Ursprung nicht im momentanen Ausschnitt sichtbar.
- Wird statt der Achsen das Symbol mit einem zerbrochenen Bleistift angezeigt, liegt die XY-Ebene in Blickrichtung. Punkte können nicht mehr mit der Maus angeklickt werden.

## Training: Zeichnen auf verschiedenen Ebenen

- *Holen Sie die Zeichnung A-22-03.DWG aus Ihrem Ordner \AUFGABEN.*
- *Sie bekommen den Schrank aus Abbildung 22.10 auf den Bildschirm, aber noch ohne Türgriffe (siehe Abbildung 22.13).*

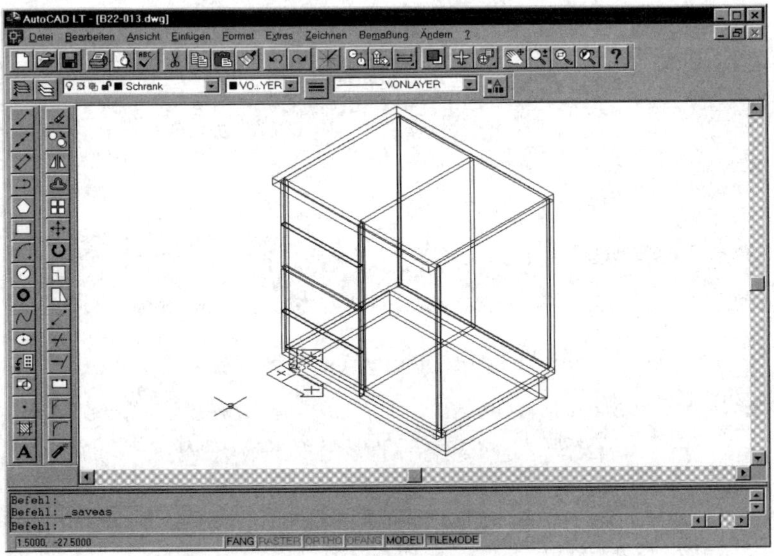


*Abbildung 22.13: Schrank ohne Türgriffe*

- *Die Griffe für die Türen und Schubladen bestehen aus zwei kleinen Zylindern und einem größeren, der quer dazu steht.*
- *Setzen Sie den Ursprung des Benutzerkoordinatensystems auf die Mitte der Unterkante der rechten Tür. Das ist die Koordinate 59.6,0,9.*
- *Drehen Sie das Benutzerkoordinatensystem um die X-Achse um 90°.*
- *Stellen Sie eine Objekthöhe von 3 ein. Zeichnen Sie zwei Kreise mit Radius 0.8 und den Mittelpunkten 10,70 und –10,70.*
- *Drehen Sie dann das Benutzerkoordinatensystem um die Y-Achse um 90°. Stellen Sie die Objekthöhe auf 30. Zeichnen Sie einen Kreis mit dem Mittelpunkt -3,70,-15 mit dem Radius 1. Der erste Griff ist fertig.*

*Abbildung 22.14: Schrank mit einem Türgriff*

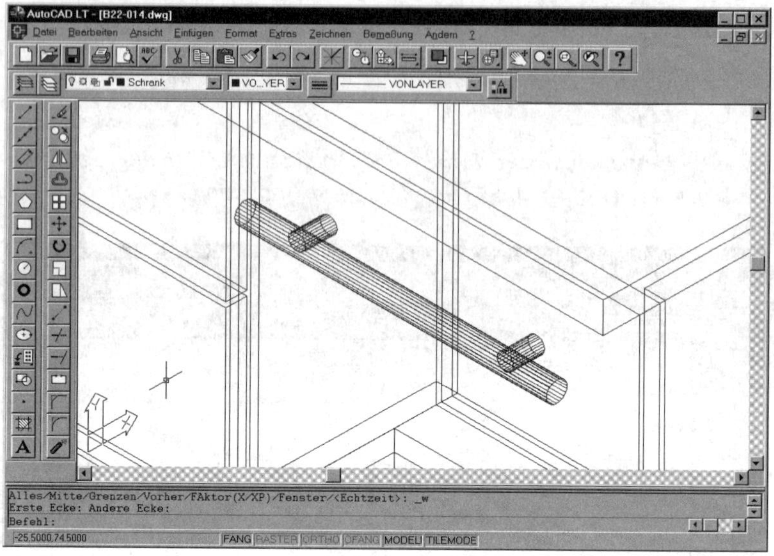


- *Schalten Sie zum Weltkoordinatensystem zurück.*
- *Kopieren Sie den kompletten Griff auf die linke obere Schubladenfront. Basispunkt ist das Zentrum eines der Kreise, zweiter Punkt @-39.2,0,0.*
- *Erzeugen Sie die restlichen Griffe durch Mehrfachkopien mit dem Befehl KOPIEREN.*

Befehl: **Kopieren**
Objekte wählen: **Die Teile des linken Griffs anwählen**
Mehrfach/<Basispunkt oder Verschiebung>: **M für die Option Mehrfach**
Basispunkt: **Beliebigen Punkt anklicken**
Zweiter Punkt der Verschiebung: **@0,0,-19.5**
Zweiter Punkt der Verschiebung: **@0,0,-39**
Zweiter Punkt der Verschiebung: **@0,0,-58.5**

- *Der Schrank hat alle Griffe. Sie sollten wie in Abbildung 22.15 aussehen, falls nicht, haben Sie auch eine Musterlösung in Ihrem Ordner mit den Aufgaben, die Zeichnung L-22-03.DWG.*

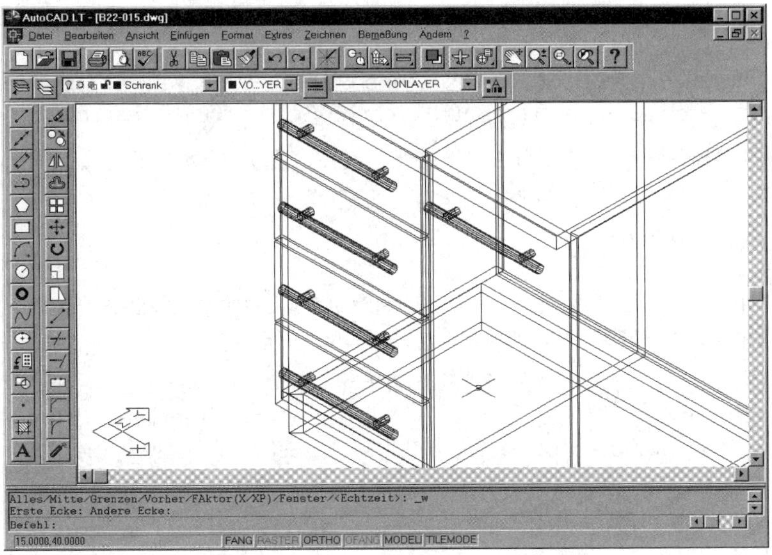


*Abbildung 22.15: Die Griffe am Schrank*

## 3D-Editiervarianten

Wie Sie gesehen haben, können Sie die meisten Editierbefehle auch für 3D-Aktionen verwenden. Bei Befehlen wie SCHIEBEN, KOPIEREN und STRECKEN geben Sie einfach 3D-Koordinaten ein.

Andere Befehle wiederum arbeiten nur in der XY-Ebene, zum Beispiel DREHEN, SPIEGELN und REIHE. Wollen Sie beispielsweise ein Objekt um eine beliebige Achse im Raum drehen, legen Sie das Benutzerkoordinatensystem so, daß die Z-Achse in Richtung der gewünschten Drehachse verläuft. Beim Spiegeln muß das Benutzerkoordinatensystem so liegen, daß die Spiegelachse auf der XY-Ebene liegt.

In AutoCAD 14 haben Sie 3D-Varianten dieser Befehle zur Verfügung. Arbeiten Sie mit AutoCAD LT 97, können Sie den Rest dieser Stunde überblättern, leider finden Sie diese Funktionen in Ihrem Programm nicht.

## Aktion: Befehl 3DDREHEN

Mit dem Befehl 3DDREHEN können Sie in AutoCAD 14 Objekte um beliebige Achsen im Raum drehen. Wählen Sie den Befehl:

- Abrollmenü ÄNDERN, Untermenü 3D OPERATIONEN >, Funktion 3D Drehen

Befehl: **3Ddrehen**
Objekte wählen:
Achse von Objekt/Letztes/Ansicht/X-Achse/Y-Achse/Z-Achse/<2Punkte>: **2 Punkte anklicken oder eine andere Option wählen**

Nachdem Sie ein Objekt gewählt haben, bestimmen Sie die Drehachse mit einer der Optionen aus der angezeigten Liste. Vorgewählte Standardoption ist 2PUNKTE. Geben Sie zwei beliebige Punkte im Raum als Drehachse ein.

Nach der Drehachse wird der Drehwinkel benötigt. Wie beim 2D-Befehl kann ein Winkel eingegeben werden. Mit der Option BEZUG können Sie den Winkel in der Zeichnung mit zwei Punkten abgreifen und ihn auf einen neuen Wert bringen.

## Training: Drehen in 3D

- *Laden Sie die Zeichnung A-22-04.DWG aus dem Ordner mit den Aufgaben.*
- *Drehen Sie die Objekte wie in Abbildung 22.16.*
- *Eine Musterlösung finden Sie ebenfalls im Ordner mit den Aufgaben, die Zeichnung L-22-04.DWG.*

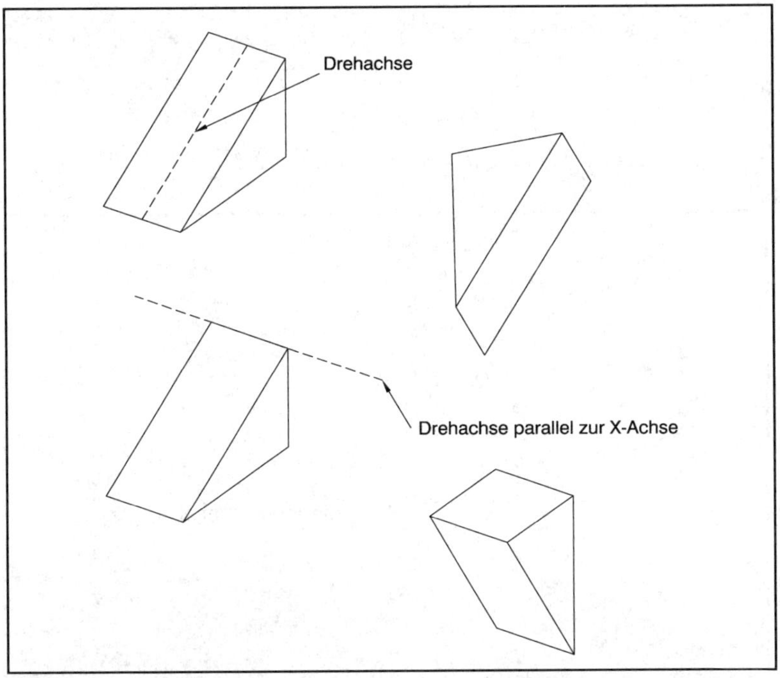


*Abbildung 22.16: Drehungen um verschiedene Drehachsen*

## Aktion: Befehl 3DSPIEGELN

Mit dem Befehl 3DSPIEGELN können Sie Objekte an beliebigen Ebenen im Raum spiegeln. Sie finden den Befehl folgendermaßen:

- Abrollmenü ÄNDERN, Untermenü 3D OPERATIONEN >, Funktion 3D SPIEGELN

Befehl: **3Dspiegeln**
Objekte wählen:
Ebene von Objekt/Letztes/Z-Achse/Ansicht/
XY/YZ/ZX/<3Punkte>:

Wie beim letzten Befehl wählen Sie zunächst eine Spiegelebene, am einfachsten geht es mit der Option 3PUNKTE. Wie beim 2D-Befehl können Sie die Originalobjekte erhalten oder nur das Spiegelbild in die Zeichnung übernehmen.

## Training: Spiegeln im Raum

- *Laden Sie die Zeichnung A-22-05.DWG aus Ihrem Aufgabenordner, und spiegeln Sie die Objekte wie in Abbildung 22.17.*
- *Eine Lösung finden Sie in der Datei L-22-05.DWG.*

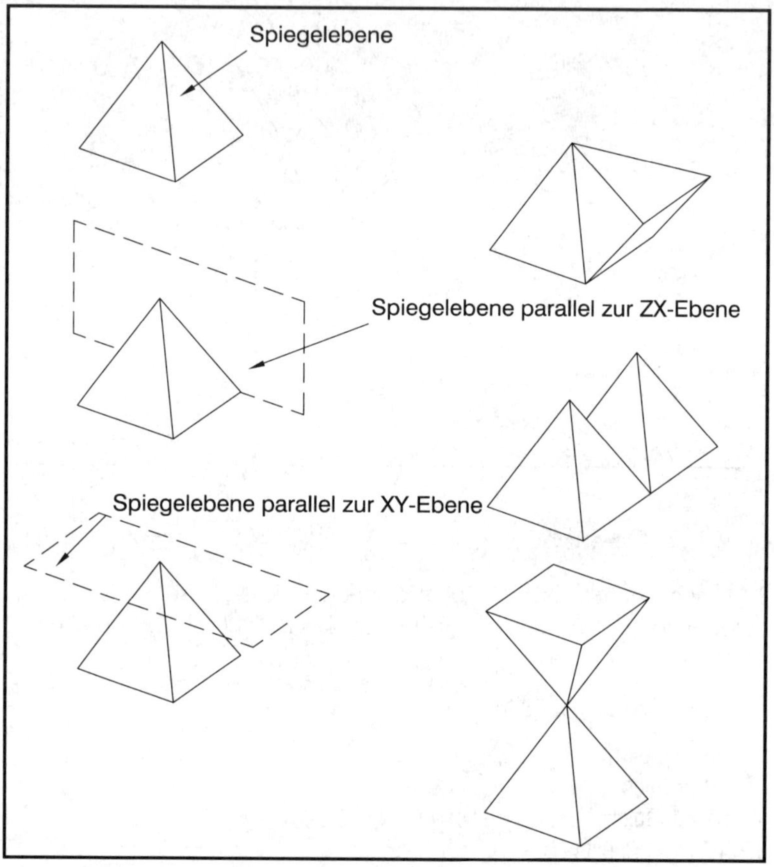


*Abbildung 22.17: Spiegelung an verschiedenen Ebenen im Raum*

## Aktion: Befehl 3DARRAY

Mit dem Befehl 3DARRAY können Sie rechteckige und polare Anordnungen wie mit dem Befehl REIHE erzeugen, nur daß diese dreidimensional aufgebaut werden können. Sie finden den Befehl folgendermaßen:

- Abrollmenü ÄNDERN, Untermenü 3D OPERATIONEN >, Funktion 3D REIHE

Befehl: **3Darray**
Objekte wählen:
Rechteckige oder polare Anordnung (R/P):

**RECHTECKIG:** Erzeugung einer dreidimensionalen Matrix aus Zeilen, Spalten und Ebenen von den gewählten Objekten (siehe Abbildung 22.18).

Rechteckige oder polare Anordnung (R/P): **R für rechteckige Anordnung**
Zeilenanzahl (---) <1>: **Zeilenanzahl eingeben**
Spaltenanzahl (|||) <1>: **Spaltenanzahl eingeben**
Ebenenanzahl (...) <1>: **Ebenenanzahl eingeben**
Zeilenabstand (---): **Zeilenabstand eingeben**
Spaltenabstand (|||): **Spaltenabstand eingeben**
Ebenenabstand (...): **Ebenenabstand eingeben**

**Polar:** Erzeugung einer kreisförmigen Anordnung, die beliebig im Raum ausgerichtet ist (siehe Abbildung 22.18). Die Achse, um die diese Anordnung gebildet wird, ergibt sich aus dem Mittelpunkt der Anordnung und aus einem zweiten Punkt der Achse.

Rechteckige oder polare Anordnung (R/P): **P für polare Anordnung**
Elementanzahl: **Zahl der Elemente eingeben**
Auszufüllender Winkel <360>: **Winkel eingeben oder ↵ für einen Vollkreis**
Objekte beim Kopieren drehen? <J>: **↵ eingeben, wenn die Objekte zum Mittelpunkt hin ausgerichtet werden sollen**
Mittelpunkt der Anordnung: **Mittelpunkt eingeben**
Zweiter Punkt auf Drehachse: **Drehachse festlegen**

## Training: Befehl 3DARRAY

- *Laden Sie die Zeichnung A-22-06.DWG aus Ihrem Aufgabenordner.*
- *Erzeugen Sie 3D-Reihen im Raum wie in Abbildung 22.18.*
- *Die Musterlösung finden Sie in der Datei L-22-06.DWG.*

*Abbildung 22.18: Rechteckige und polare dreidimensionale Anordnungen*

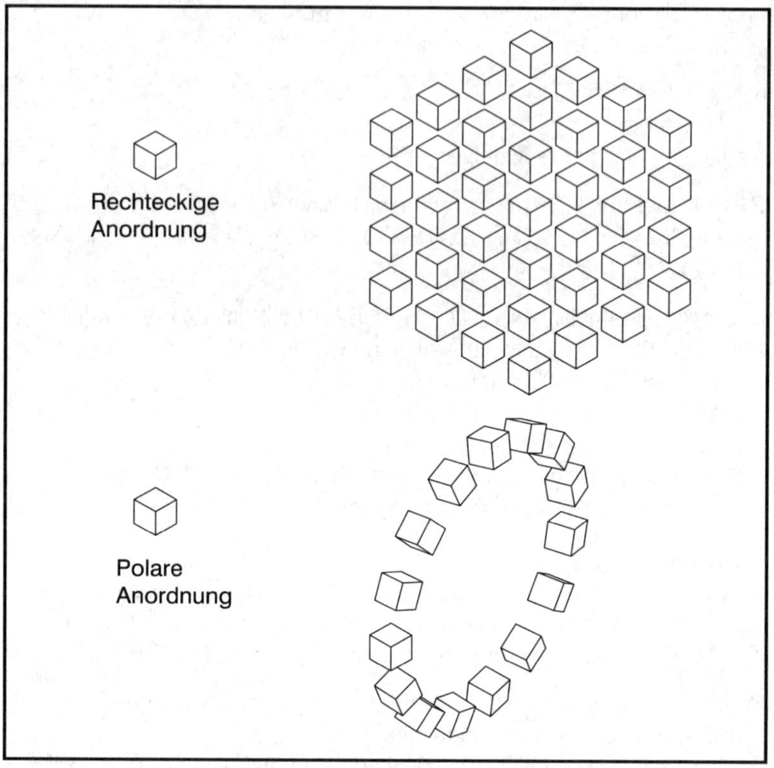


**Aktion: Befehl AUSRICHTEN**

Den Befehl AUSRICHTEN haben Sie schon in der elften Stunde kennengelernt. Dort haben Sie ihn in der 2D-Variante verwendet. Sie können ihn aber auch mit drei Punktepaaren zur Ausrichtung von Objekten im Raum verwenden.

## Modellierung mit Volumen

Kompliziertere 3D-Objekte lassen sich mit den bisher kennengelernten Methoden nicht erzeugen. In AutoCAD 14 haben Sie den Volumen-Modellierer als Konstruktionswerkzeug. Damit können Sie:

- Volumenkörper erzeugen: Quader, Kugel, Zylinder, Kegel, Keil und Torus,

- Volumenkörper erzeugen durch Extrusion einer beliebigen Kontur, die als geschlossene Polylinie vorliegt,
- Volumenkörper erzeugen durch Rotation einer beliebigen Kontur, die als geschlossene Polylinie vorliegt,
- Boolesche Verknüpfungen verschiedener Volumenkörper erzeugen: Vereinigung, Differenz und Schnittmenge,
- Zusatzfunktionen nutzen wie Abrunden, Fasen und Kappen von Volumenkörpern, Prüfung auf Überlagerung, Berechnung der Masseeigenschaften.

Zum Schluß dieser Stunde folgt ein kurzer Einblick in die Arbeitsweise mit den Volumen anhand eines Beispiels. Die komplette Beschreibung aller Funktionen geht über den Umfang dieses Buchs hinaus.

Haben Sie AutoCAD LT 97, stehen Ihnen diese Funktionen leider nicht zur Verfügung.

## Aktion: Befehl EXTRUSION

Aus 2D-Konturen können Sie durch Extrusion Volumenkörper erstellen. Dazu steht Ihnen der Befehl EXTRUSION zur Verfügung.

Extrudieren können Sie geschlossene Polylinien, Polygone, Rechtecke, Kreise, Ellipsen, Ringe oder Regionen. Sie finden den Befehl folgendermaßen:

- Abrollmenü ZEICHNEN, Untermenü VOLUMENKÖRPER >, Funktion EXTRUSION

- Symbol im Werkzeugkasten VOLUMENKÖRPER

Befehl: **Extrusion**
Objekte wählen: **Kontur wählen**
Objekte wählen: ↵
Pfad/<Extrusionshöhe>: **Höhe eingeben**
Extrusions-Verjüngungswinkel <0>:

Geben Sie die Höhe und einen Verjüngungswinkel an, und Sie erhalten ein Volumen.

## Training: Extrusion

- *Laden Sie die Zeichnung A-22-07.DWG aus dem Ordner \AUFGABEN.*
- *Sie finden dort die 2D-Zeichnung der Kontur eines Pleuels (siehe Abbildung 22.19).*

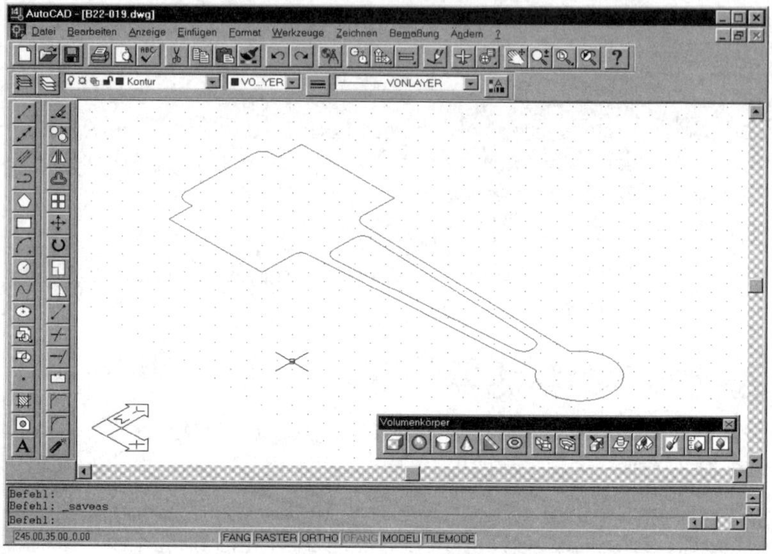


*Abbildung 22.19: Kontur für die Extrusion*

- *Extrudieren Sie beide Konturen auf die Höhe 20.*

Befehl: **Extrusion**
Objekte wählen: **Beide Konturen wählen**
Objekte wählen: ↵
Pfad/<Extrusionshöhe>: **20**
Extrusions-Verjüngungswinkel <0>: **0**

## Aktion: Befehl Differenz

Der Befehl DIFFERENZ gehört zu den booleschen Verknüpfungen. Damit lassen sich Volumenkörper miteinander verknüpfen. Bohrungen oder Aussparungen erzeugen Sie auf diese Art. Wählen Sie den Befehl folgendermaßen aus:

- Abrollmenü ÄNDERN, Untermenü BOOLSCHE OPERATIONEN >, Funktion DIFFERENZ

▶ Symbol im Werkzeugkasten ÄNDERN II

Befehl: **Differenz**
Volumenkörper oder Region, von denen subtrahiert werden soll, wählen...
Objekte wählen: **Volumenkörper wählen, von denen subtrahiert werden soll**

..
Objekte wählen: ↵
Volumenkörper oder Region für Subtraktion wählen...
Objekte wählen: **Volumenkörper wählen, die subtrahiert werden sollen**

..
Objekte wählen: ↵

## Training: Differenz

▶ *Subtrahieren Sie das innere Volumen vom äußeren. Ihre Zeichnung sollte wie in Abbildung 22.20 aussehen.*

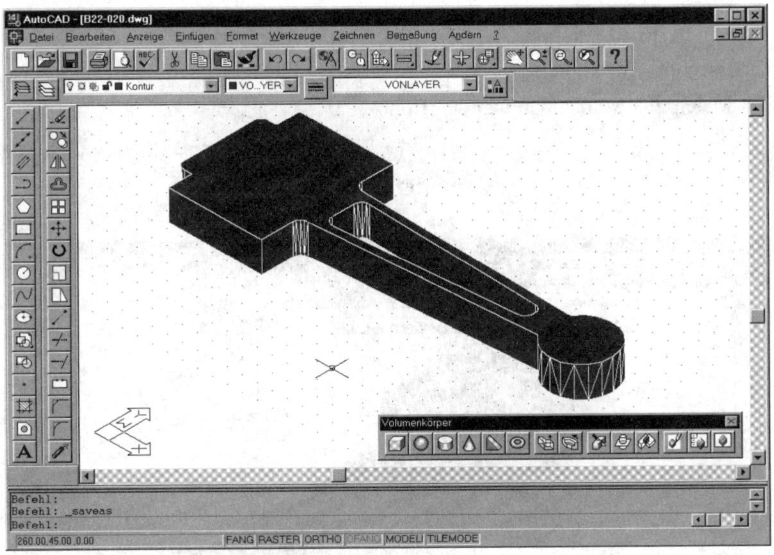


*Abbildung 22.20: Differenz aus Volumenkörpern, schattierte Darstellung*

## Aktion: Grundkörper erstellen

Wie schon erwähnt, können Sie Grundkörper als Volumen erstellen. Mit den gleichnamigen Befehlen erzeugen Sie Quader, Kugel,

Zylinder, Kegel, Keil und Torus. Die Maße werden im Dialog abgefragt. Sie finden die Befehle folgendermaßen:

- Abrollmenü ZEICHNEN, Untermenü VOLUMENKÖRPER >, Funktion für die einzelnen Körper
- Symbol im Werkzeugkasten VOLUMENKÖRPER

## Training: Zylinder erzeugen

- *Erstellen Sie zwei Zylinder.*

Befehl: **Zylinder**
Elliptisch/<Mittelpunkt> <0,0,0>: **345,120,0**
Durchmesser/<Radius>: **15**
Mittelpunkt vom anderen Ende/<Höhe>: **20**

Befehl: **Zylinder**
Elliptisch/<Mittelpunkt> <0,0,0>: **155,120,0**
Durchmesser/<Radius>: **20**
Mittelpunkt vom anderen Ende/<Höhe>: **20**

- *Subtrahieren Sie die beiden Zylinder von dem Gesamtkörper, und Ihr 3D-Modell sieht wie in Abbildung 22.21 aus.*

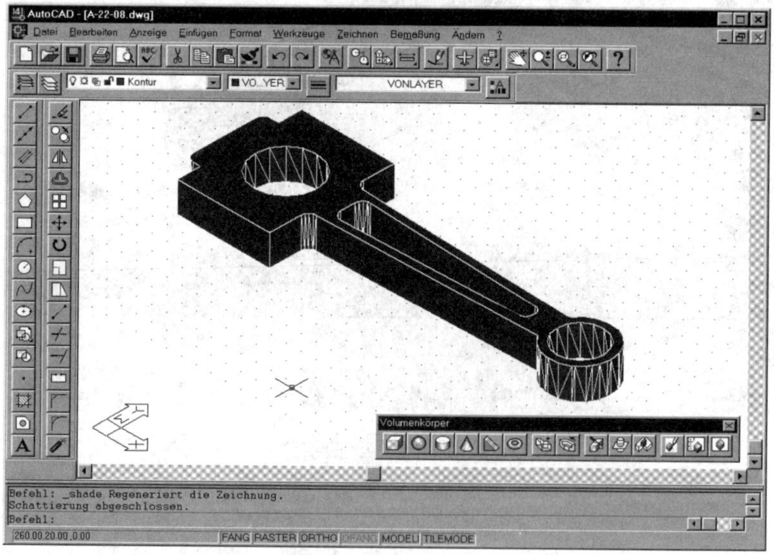


*Abbildung 22.21: Zylinder subtrahiert, schattierte Darstellung*

## Aktion: Volumenkörper bearbeiten

Die Befehle ABRUNDEN und FASE können Sie auch bei Volumenkörpern verwenden. Der Dialog läuft in diesem Fall anders. Sie können damit einzelne Kanten und umlaufende Konturen an einem Volumenkörper bearbeiten.

## Training: Volumenkörper bearbeiten

- *Wählen Sie den Befehl ABRUNDEN, und runden Sie die vier Kanten am hinteren Teil des Pleuels (siehe Abbildung 22.22).*

Befehl: **Abrunden**
(STUTZEN-Modus) Gegenwärtiger Abrundungsradius = 0.00
Polylinie/Radius/Stutzen/<erstes Objekt wählen>: **Eine Kante anklicken**
Radius eingeben: **10**
Kette/Radius/<Kante wählen>: ↵
1 Kanten für Abrunden gewählt.

- *Machen Sie es mit den anderen Kanten genauso.*
- *Fasen Sie den Durchbruch in der Mitte des Pleuels (siehe Abbildung 22.22).*

Befehl: **Fase**
(STUTZEN-Modus) Gegenwärtiger Fasenabst1 = 0.00, Abst2 = 0.00
Polylinie/Abstand/Winkel/Stutzen/Methode/<erste Linie wählen>: **Kante an der Fläche anwählen, an der die Fase angebracht werden soll**
Basisfläche wählen:
Nächste/<OK>: **Fläche wird angezeigt, falls es die falsche ist, mit N für Nächste weiterschalten. Die obere Fläche soll gewählt werden.**
Abstand Basisfläche eingeben: **3**
Abstand andere Oberfläche eingeben <3.00>: **3**
Kontur/<Kante wählen>: **ko für Kontur eingeben, um eine ganze Kontur zu fasen.**
Kante/<Kante Kontur wählen>: **Kontur anklicken, die gefast werden soll. Innere Kontur des Durchbruchs wählen.**
Kante/<Kante Kontur wählen>: ↵

- *Machen Sie es auf der anderen Seite genauso. Das Ergebnis sollte wie in Abbildung 22.22 aussehen. Die Musterlösung finden Sie in Ihrem Ordner mit den Übungsbeispielen, L-22-07.DWG.*

*Abbildung 22.22: Volumen gerundet und gefast*

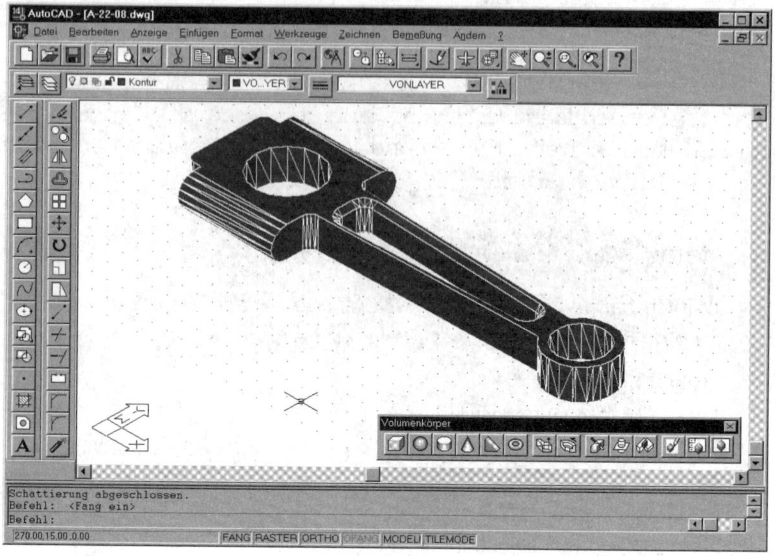


## Fragen zu Stunde 22

1. Mit welchen Befehlen können Sie die Objekthöhe ändern?
2. Welches Format haben relative Zylinderkoordinaten?
3. Was macht der Befehl VERDECKT?
4. Kann die schattierte Darstellung geplottet werden?
5. Was ist der Ansichtspunkt?
6. Mit welchem Befehl können Sie eine Zeichenebene beliebig in den Raum legen?
7. Das Koordinatensymbol zeigt einen zerbrochenen Bleistift. Was ist passiert?
8. Welche Einschränkungen des Befehls DREHEN hebt der Befehl 3DDREHEN auf?
9. Was ist eine Extrusion?
10. Welche 2D-Bearbeitungsbefehle lassen sich auch bei Volumen verwenden?

Stunde 23

# Papier- und Modellbereich

Spätestens dann, wenn 3D-Modelle in mehreren Ansichten aufs Papier kommen sollen, wird das Arbeiten mit Papier- und Modellbereich sinnvoll. Sie lernen in dieser Stunde:

- wie Sie den normalen Zeichenbereich verlassen können
- wie Sie Ansichtsfenster auf dem Papier erstellen und deren Inhalt verändern können
- wie 3D-Modelle in verschiedenen Ansichten dargestellt werden
- wie Sie zwischen Papierbereich und Modellbereich umschalten können
- wie Sie die Zeichnung mit mehreren Ansichten plotten können und
- wie Sie bei einer neuen Zeichnung schon beim Setup Ansichtsfenster erzeugen können.

## Das leere Blatt Papier vor der Zeichnung

Bei unseren bisherigen 2D-Zeichnungen haben wir nicht zwischen verschiedenen Bereichen unterschieden. Wir haben sozusagen direkt aufs Papier gezeichnet. Wenn Sie aber in einer Zeichnung unterschiedliche Maßstäbe haben oder ein 3D-Modell in verschiedenen Ansichten auf dem Papier haben wollen, dann müssen wir zwischen Zeichnen bzw. Konstruktion und Layout auf dem Papier unterscheiden.

Wenn die eigentliche Zeichenarbeit abgeschlossen ist, schalten Sie den Bereich um, Sie legen bildlich gesprochen ein leeres Blatt Papier vor die Konstruktion, in das Sie Fenster schneiden und damit den Blick auf die Zeichnung freigeben. Für jedes Ansichtsfenster können Sie den Maßstab und den Ansichtspunkt einstellen. Wie kommt das leere Blatt vor die Zeichnung?

## Aktion: TILEMODE umschalten

Mit der Systemvariablen TILEMODE können Sie zwischen diesen Bereichen umschalten. Diese Variable hatte bis jetzt immer den Wert 1, und Sie hatten nur den normalen Zeichenbereich. Setzen Sie die Variable dagegen auf 0, wird in den Papierbereich umgeschaltet. Die Zeichnung verschwindet hinter dem weißen Blatt. Sie schalten TILEMODE um mit:

- Abrollmenü ANSICHT bzw. ANZEIGE, Funktion FESTER MODELLBEREICH (TILEMODE=1) oder VERSCHIEBBARER MODELLBEREICH und PAPIERBEREICH (TILEMODE=0), aktiver Bereich ist mit einem Häkchen markiert
- Doppelklick auf den Schalter TILEMODE in der Statuszeile zum Umschalten der Variable. Ist TILEMODE grau dargestellt, hat die Variable den Wert 0.

## Training: Papierbereich

- *Laden Sie die Zeichnung A-23-01.DWG aus Ihrem Aufgabenordner. Die Zeichnung enthält den Grundriß eines Kellergeschosses in der Draufsicht (siehe Abbildung 23.1).*

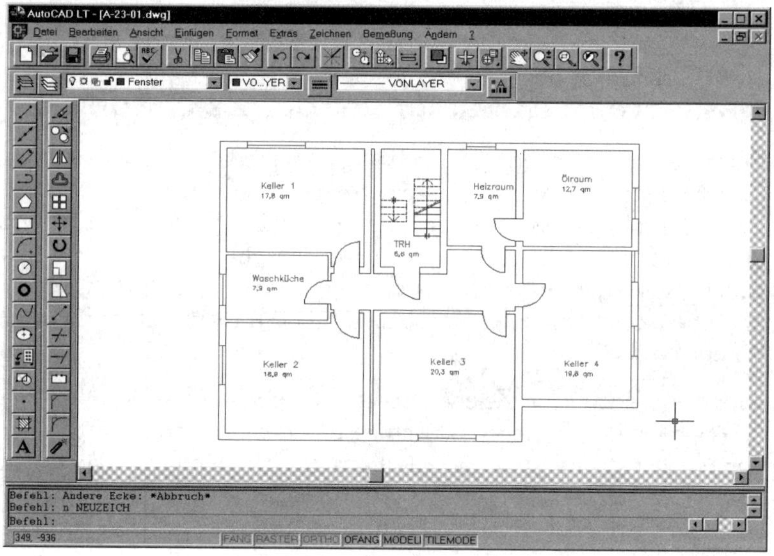


*Abbildung 23.1: Der Grundriß des Kellers*

- *Schalten Sie jetzt die Variable TILEMODE auf 0, und Sie haben das leere Blatt vor sich.*

**Tips:**

- Das veränderte Koordinatensymbol zeigt Ihnen an, daß Sie sich jetzt im Papierbereich befinden.
- Im Papierbereich haben die Limiten, das Raster und der Fang andere Einstellungen. Stellen Sie die Limiten im Papierbereich am besten auf die Papiermaße ein, dann können Sie immer 1:1 plotten. Die Umrechnung entfällt.
- Benötigen Sie einen Zeichnungsrahmen, fügen Sie diesen im Papierbereich ein.

**Training: Einstellungen für den Papierbereich**

- *Setzen Sie die Limiten auf 0,0 und 395,270, und wählen Sie den Befehl ZOOM mit der Option ALLES. Stellen Sie den Fang auf 5.*
- *Machen Sie den Layer RAHMEN zum aktuellen Layer, und zeichnen Sie ein Rechteck von 0,0 zu 395,270.*

## Fenster auf dem Papier

Die nächste Aktion ist es, Fenster auf dem Papier zu erzeugen. In AutoCAD werden diese Mehrfachansichtsfenster genannt.

**Aktion: Befehl MANSFEN**

Mit dem Befehl MANSFEN werden Fenster erzeugt. Wählen Sie den Befehl im:

- Abrollmenü ANSICHT bzw. ANZEIGE, Untermenü VERSCHIEBBARE ANSICHTSFENSTER >, Funktionen für die Optionen des Befehls (nur aktiv im Menü, wenn TILEMODE=0)

```
Befehl: Mansfen
Ein/Aus/Verdplot/Zbereich/2/3/4/Holen/<erster Punkt>:
```

Folgende Optionen stehen zur Auswahl:

**1 ANSICHTSFENSTER:** Mit dieser Option (Standardoption) läßt sich ein Ansichtsfenster durch Angabe zweier diagonaler Eckpunkte aufziehen. Im neuen Ansichtsfenster wird der letzte Ausschnitt angezeigt, der bei TILEMODE = 1 auf dem Bildschirm war.

**2, 3 ODER 4 ANSICHTSFENSTER:** Mehrere aneinandergrenzende Ansichtsfenster auf einmal erzeugen. Die Fenster grenzen allerdings unmittelbar aneinander.

**HOLEN:** Mit der Option HOLEN wird eine Aufteilung, die Sie bei TILEMODE = 1 mit dem Befehl AFENSTER erzeugt haben, in den Papierbereich übernommen.

**Ansichtsfenster Ein/Ansichtsfenster Aus:** Mit den Funktionen ANSICHTSFENSTER EIN und ANSICHTSFENSTER AUS lassen sich gerade nicht benötigte Ansichtsfenster ein- und ausschalten. Bei einer Zeichnung mit mehreren Ansichtsfenstern kann das den Bildaufbau beschleunigen. Ausgeschaltete Ansichtsfenster bleiben auf dem Bildschirm, sind aber leer.

**VERDPLOT:** Mit dieser Option bestimmen Sie, daß bei einem oder mehreren Ansichtsfenstern beim Plotten die verdeckten Kanten entfernt werden.

Ein/Aus/Verdplot/Zbereich/2/3/4/Holen/<erster Punkt>: **V für Verdplot**
EIN/AUS: **E oder EIN**
Objekte wählen: **Ansichtsfenster anklicken, in denen die verdeckten Kanten entfernt werden sollen**

Schalten Sie den Modus ein, wenn die verdeckten Kanten entfernt werden sollen. Auf die Bildschirmanzeige hat diese Einstellung keine Auswirkungen.

**Tips:**

- Ansichtsfenster sind normale Zeichnungsobjekte. Sie können sie verschieben, skalieren, kopieren und auch wieder löschen.
- Wie alle Objekte in AutoCAD werden die Fenster auch auf Layern abgelegt. Es ist sinnvoll, für die Fenster einen eigenen Layer anzulegen. Nur so können Sie den Fensterrand später ausblenden.
- Zunächst haben alle Fenster den gleichen Inhalt.

## Training: Fenster erzeugen

- *Machen Sie den Layer MANSFEN zum aktuellen Layer. Die Ansichtsfenster werden dann auf diesem Layer abgelegt.*
- *Erzeugen Sie nacheinander drei Ansichtsfenster wie in Abbildung 23.2.*

Befehl: **Mansfen**
Ein/Aus/Verdplot/Zbereich/2/3/4/Holen/<erster Punkt>: **Punkt 1 (Abbildung 23.2) bei 15,15 anklicken**
Andere Ecke: **Punkt 2 bei 235,175 anklicken**

Befehl: **Mansfen**
Ein/Aus/Verdplot/Zbereich/2/3/4/Holen/<erster Punkt>: **Punkt 3 bei 15,200 anklicken**
Andere Ecke: **Punkt 4 bei 235,250 anklicken**

Befehl: **Mansfen**
Ein/Aus/Verdplot/Zbereich/2/3/4/Holen/<erster Punkt>: **Punkt 5 bei 245,105 anklicken**
Andere Ecke: **Punkt 6 bei 380,250 anklicken**

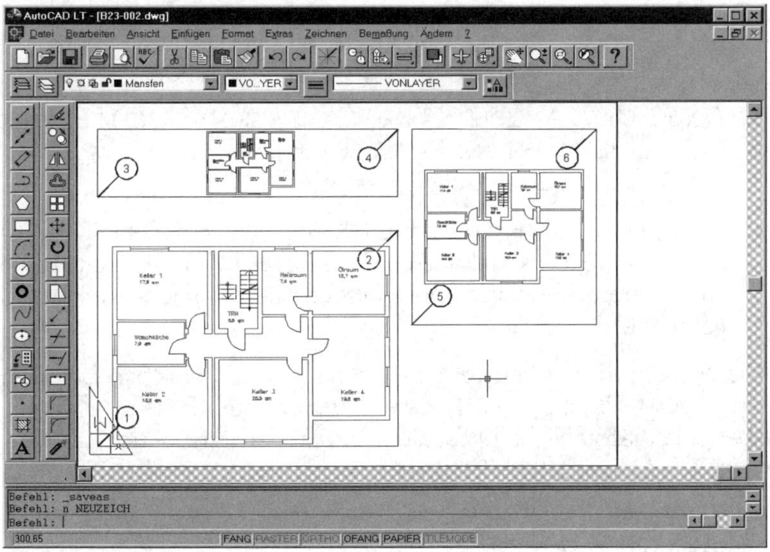


*Abbildung 23.2: Drei Fenster auf dem Papier*

## Der Inhalt der Fenster

In allen Fenstern haben Sie jetzt dasselbe Bild, den letzten Ausschnitt der Zeichnung bei TILEMODE=1. Als nächstes wählen Sie die Ansichten und die Skalierung in den einzelnen Fenstern.

### Aktion: Zwischen Papier- und Modellbereich wechseln

Momentan befinden Sie sich im Papierbereich. Hier können Sie Fenster erzeugen, mit den bekannten Editierbefehlen bearbeiten und bei Bedarf auch wieder löschen. Bei der Objektwahl klicken Sie die Fenster am Rand an. Sie haben das spezielle Koordinatensymbol für den Papierbereich links unten. Das Fadenkreuz erscheint auf der ganzen Zeichenfläche.

Zudem haben Sie noch den Modellbereich. Im Modellbereich können Sie die Ansicht in den einzelnen Fenstern einstellen. Sie erhalten in jedem Absichtsfenster ein Koordinatensymbol wie bei TILEMODE=1. Ein Fenster ist das aktive Fenster, das durch einen verstärkten Rand gekennzeichnet ist. Das Fadenkreuz erscheint nur im aktiven Fenster. Das aktive Fenster wechseln Sie, indem Sie in ein Fenster klicken.

Zwischen den Bereichen schalten Sie mit den Befehlen PBEREICH und MBEREICH hin und her. Die Befehle finden Sie wie folgt:

- Abrollmenü ANSICHT bzw. ANZEIGE VERSCHIEBBARER MODELLBEREICH bzw. PAPIERBEREICH (vor dem gerade aktiven Bereich ist ein Häkchen gesetzt)
- Doppelklick auf das Feld PAPIER (bei aktivem Papierbereich) bzw. MODELL (bei aktivem Modellbereich) in der Statuszeile am unteren Bildschirmrand; zwischen den Bereichen wird umgeschaltet

Die Ansicht in den Fenstern stellen Sie mit den üblichen Befehlen ein: ZOOM, PAN, APUNKT usw. In den meisten Fällen wollen Sie aber eine maßstäbliche Darstellung in den Fenstern. Auch das können Sie mit dem Befehl ZOOM erledigen.

```
Befehl: 'Zoom
Alles/Mitte/Grenzen/Vorher/Fenster/<Faktor(X/XP)>: 1XP
```

Ein Faktor gefolgt von XP bestimmt den Maßstab: 1XP stellt die Zeichnung im Maßstab 1:1 im Fenster dar, 2XP vergrößert die Zeichnung im Maßstab 2:1 im Fenster, und 0.5XP verkleinert auf den Maßstab 1:2 usw.

## Training: Einstellen der Ansicht

- *Klicken Sie in das Fenster links unten. Wählen Sie dann den Befehl ZOOM an, und geben Sie den Faktor 0.1 an. Da in der Zeichnung die Einheiten cm entsprechen und die Zeichnungseinheiten auf dem Papier mm, ergibt das einen Maßstab von 1:100.*

```
Befehl: 'Zoom
Alles/Mitte/Grenzen/Vorher/Fenster/<Faktor(X/XP)>: 0.1XP
```

- *Klicken Sie in das Ansichtsfenster darüber. Stellen Sie eine Ansicht von vorne ein, und skalieren Sie wie das erste Fenster.*
- *Klicken Sie in das rechte Ansichtsfenster, und stellen Sie eine isometrische Ansicht von Süd-Ost ein. Einen Maßstab benötigen Sie in der isometrischen Ansicht nicht. Ihr Zeichenblatt sollte jetzt wie in Abbildung 23.3 aussehen.*

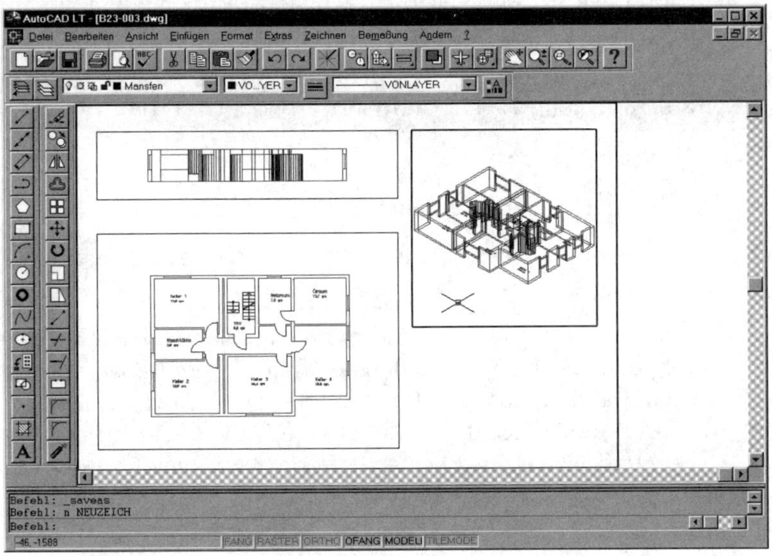


*Abbildung 23.3: Ansichten in den Fenstern eingestellt*

- *Im Fenster links oben und im rechten Fenster sollen beim Plotten die verdeckten Kanten entfernt werden. Wählen Sie dazu die Option VERDPLOT des Befehls MANSFEN. Wenn Sie den Modellbereich aktiv haben, wird für diese Aktion automatisch in den Papierbereich geschaltet. Nur so können Sie die Fenster wählen.*

  Befehl: **Mansfen**
  Wechselt in Papierbereich.
  Ein/Aus/Verdplot/Zbereich/2/3/4/Holen/<erster Punkt>: **V für die Option Verdeckt**
  EIN/AUS: **E für die Option Ein**
  Objekte wählen: **Fenster anklicken**
  Wechselt in den Modellbereich.

## Layer in den Fenstern frieren und tauen

Es ist oft sinnvoll, daß in den Fenstern unterschiedliche Layer sichtbar sind. In der Draufsicht sollen keine 3D-Objekte sichtbar sein und in den 3D-Ansichten beispielsweise keine Beschriftung. Mit der Layersteuerung können Sie Layer in den Ansichtsfenstern frieren und tauen. Man unterschiedet zwischen dem globalen Frieren und Tauen von Layern, also in allen Ansichtsfenstern, und dem Frieren und Tauen in einzelnen Fenstern.

### Aktion: Frieren und Tauen in Ansichtsfenstern

Gehen Sie wie folgt vor:

- Schalten Sie in den Modellbereich.
- Klicken Sie in das Fenster, in dem Sie einen Layer frieren oder tauen wollen.
- Wählen Sie den Befehl LAYER, markieren Sie im Dialogfeld den Layer, den Sie im Ansichtsfenster frieren oder tauen wollen. Klicken Sie auf das Symbol mit dem Eiskristall im Fenster (Spalte: IM AKTUELLEN ANSICHTSFENSTER FRIEREN), und der Layer wird in diesem Fenster gefroren bzw. getaut, wenn er schon gefroren war (siehe Abbildung 23.4).

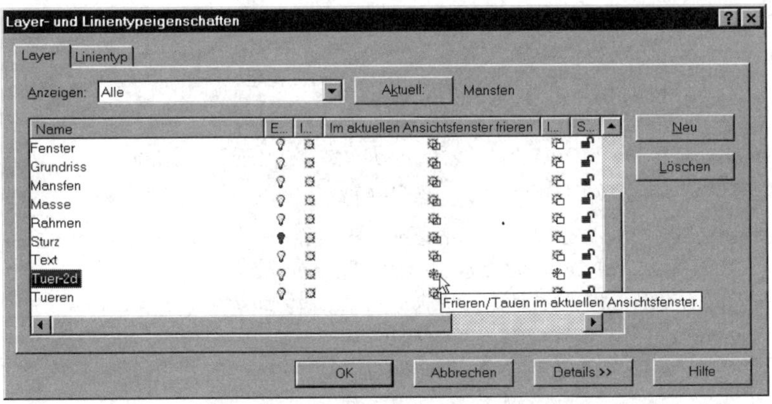


*Abbildung 23.4: Layer im Ansichtsfenster frieren*

- Ein weiteres Symbol, das ganz ähnlich aussieht, finden Sie im Dialogfeld. Es ist in der Spalte IN NEUEN ANSICHTSFENSTERN FRIEREN. Wenn Sie das anklicken, wird dieser Layer in Ansichtsfenstern, die Sie neu erzeugen, gefroren bzw. getaut (siehe Abbildung 23.5).

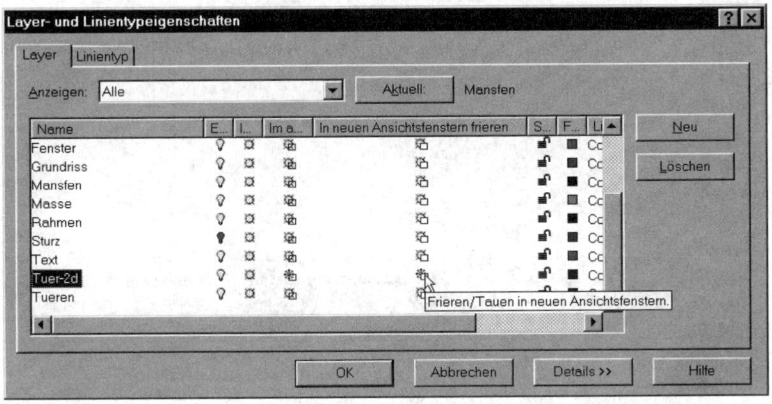


*Abbildung 23.5: Layer in neuen Ansichtsfenstern frieren*

## Training: Layer in den Ansichtsfenstern frieren

- *Schalten Sie zuerst alle Layer ein. Die Layer STURZ und BRÜSTUNG sind bis jetzt noch ausgeschaltet, da sie im Grundriß nicht erforderlich waren.*

- *Schalten Sie in den Modellbereich, wenn er nicht aktiv ist. Klicken Sie dann in das linke untere Fenster mit dem Grundriß. Wählen Sie den Befehl LAYER, und frieren Sie in diesem Ansichtsfenster die Layer STURZ und BRÜSTUNG.*
- *Klicken Sie in das Fenster mit der Vorderansicht darüber. Frieren Sie in diesem Fenster die Layer TEXT und TUER-2D.*
- *Machen Sie das gleiche im Fenster mit der Isometrie rechts daneben. Viel hat sich nicht geändert. Aber in den 3D-Ansichten fehlen die Türbögen und die Schrift, dafür sind Brüstungen an den Fenstern und die Stürze über Fenster und Türen sichtbar, nicht jedoch in der Draufsicht (siehe Abbildung 23.6).*

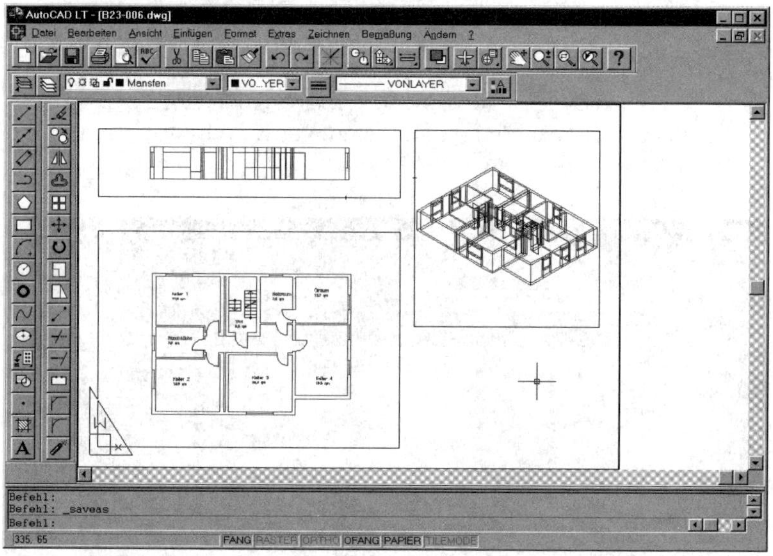


*Abbildung 23.6: Layer in den Ansichtsfenstern korrigiert*

- *Die Zeichnung ist fertig. Schalten Sie in den Papierbereich. Schalten Sie den Layer MANSFEN global aus. Machen Sie eventuell vorher einen anderen Layer zum aktuellen Layer. Ihre Zeichnung hat jetzt keine Ränder mehr um die Ansichtsfenster auf der Zeichenfläche.*
- *Wenn Sie die Zeichnung plotten, sollte sie wie in Abbildung 23.7 aussehen. Eine Musterlösung haben Sie in Ihrem Aufgabenordner, die Zeichnung L-23-01.DWG.*

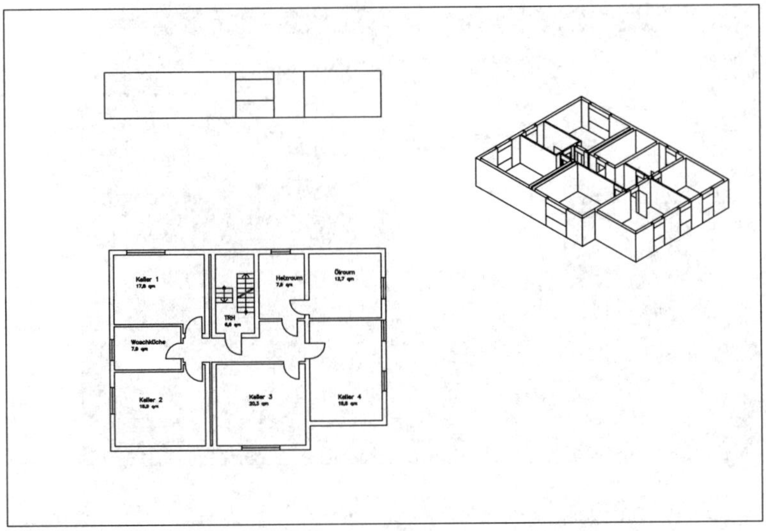

*Abbildung 23.7: Die fertige Zeichnung*

**Fehler:**

- Das komplette Layout können Sie nur im Papierbereich plotten. Im Modellbereich wird nur das aktive Ansichtsfenster geplottet.

## Setup für eine neue Zeichnung im Papierbereich

Nachdem Sie den Papierbereich kennengelernt haben, wollen wir uns noch einmal mit dem Setup für eine neue Zeichnung beschäftigen. Dabei gibt es eine Funktion, bei der die Zeichnung im Papierbereich angelegt wird und das Ansichtsfenster automatisch erzeugt wird.

**Training: Setup mit Papierbereich**

- *Wählen Sie den Befehl NEU im Abrollmenü DATEI (Funktion NEU...). Klicken Sie im folgenden Dialogfeld (siehe Abbildung 23.8) auf die Schaltfläche ASSISTENT VERWENDEN. Wählen Sie den Assistent BENUTZERDEFINIERT, und klicken Sie dann auf OK. Das Setup läuft in sieben Schritten ab, wie Sie schon in Stunde 2 gesehen haben. Gehen Sie die ersten vier Schritte mit den Vorgaben durch.*

Abbildung 23.8: Dialogfeld für eine neue Zeichnung

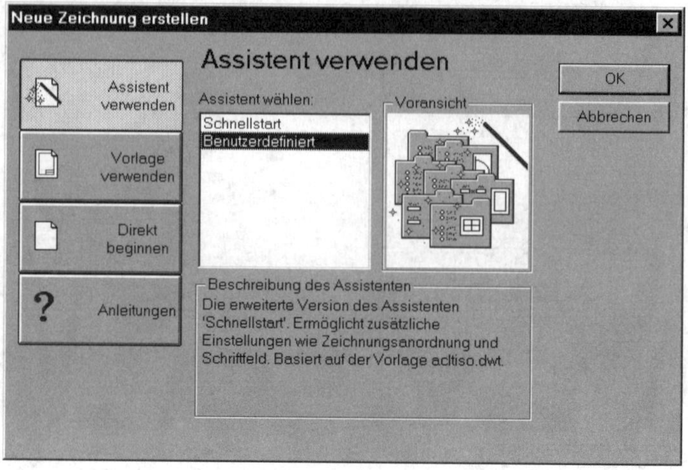


- *Geben Sie beim fünften Schritt (siehe Abbildung 23.9) die maximalen Abmessungen der zu zeichnenden Objekte ein. Verwenden Sie die Originalmaße in Zeichnungseinheiten, zum Beispiel wie in Abbildung: 42000 x 29700. Damit stellen Sie die Limiten des Modellbereichs ein. Gehen Sie danach zum nächsten Schritt.*

Abbildung 23.9: Setup-Assistent, SCHRITT 5: BEREICH

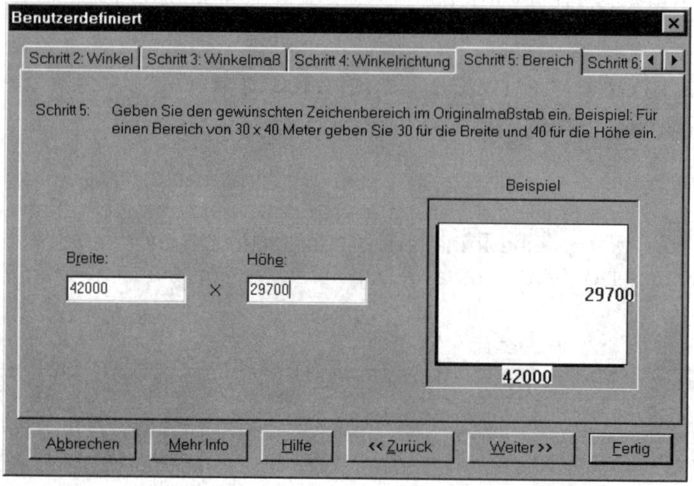


- *Im nächsten Schritt wählen Sie in einem Dialogfeld das Schriftfeld (siehe Abbildung 23.10) und damit die Limiten des Papierbereichs. Wählen Sie beispielsweise wie in Abbildung 23.10 einen DIN-Rahmen im A3-Format. Klicken Sie dazu das Abrollmenü BESCHREIBUNG an, und wählen Sie DIN A3 (mm) aus.*

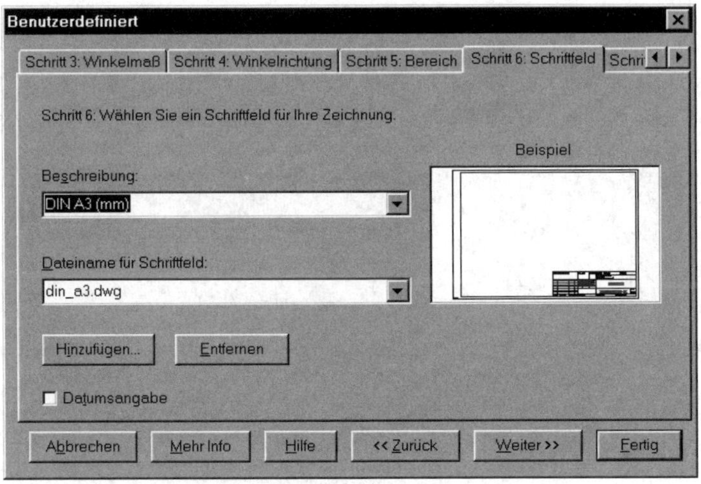


*Abbildung 23.10: Setup-Assistent, SCHRITT 6: SCHRIFTFELD*

- *Mit den Schaltflächen HINZUFÜGEN und ENTFERNEN lassen sich Schriftfelddateien in die Liste aufnehmen oder entfernen.*

- *Gehen Sie zum Schritt 7, ZEICHNUNGSANORDNUNG (siehe Abbildung 23.11), in dem Sie die erweiterten Funktionen für die Zeichnungsanordnung wählen (Schalter JA ein), wird ein Fenster im Papierbereich auf der verfügbaren Zeichenfläche erzeugt. Die Zeichnung wird innerhalb Ihrer Limiten in dem Fenster möglichst formatfüllend gezoomt. Bei der Frage: WIE WOLLEN SIE BEGINNEN? können Sie zwischen folgenden Startarten wählen:*

  TILEMODE = 0 im Modellbereich, Einstellung: MIT ANGEZEIGTER ANORDNUNG AN ZEICHNUNG ARBEITEN

  TILEMODE = 1, Einstellung: AN ZEICHNUNG OHNE SICHTBARE ANORDNUNG ARBEITEN

  TILEMODE = 0 im Papierbereich, Einstellung: AN DER ANORDNUNG DER ZEICHNUNG ARBEITEN

- *Im Voransichtsfenster sehen Sie stilisiert die Zeichnung, wie sie nach dem Start aussehen würde. Wählen Sie die Einstellungen wie in Abbildung 23.11, und klicken Sie auf FERTIG. Die Zeichnung mit Papierbereich und Modellbereich wird erstellt, und der Modellbereich ist aktiv.*

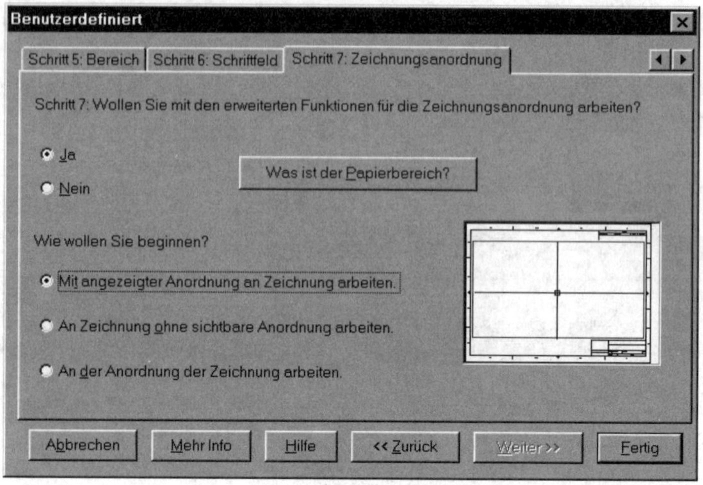


*Abbildung 23.11: Setup-Assistent, SCHRITT 7: ZEICHNUNGSANORDNUNG*

▶ *Die Zeichnung mit Papierbereich und Modellbereich wird erstellt, und der Modellbereich ist aktiv (siehe Abbildung 23.12).*

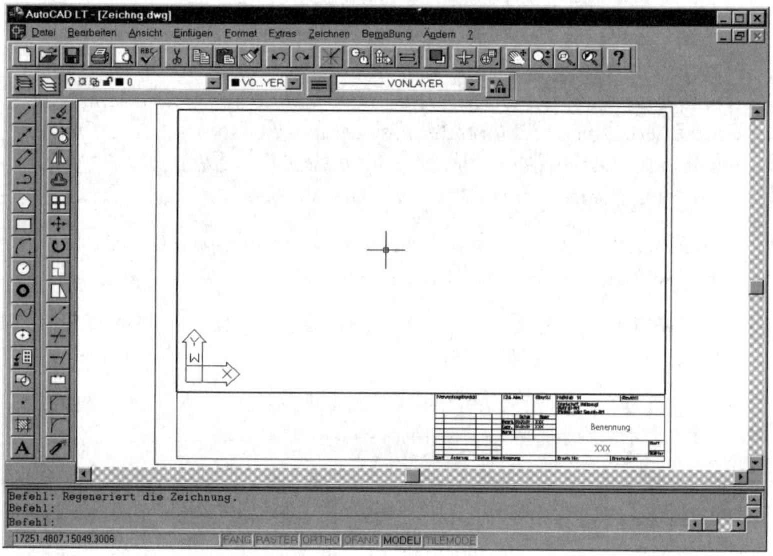


*Abbildung 23.12: Die Zeichnung nach dem Setup*

## Aktion: Neue Zeichnung mit einer Standardvorlage beginnen

Eine weitere Variante, gleich im Papierbereich zu starten, können Sie ebenfalls im Dialogfeld des Befehls NEU wählen. Klicken Sie auf das Feld VORLAGE VERWENDEN, und Sie kommen zur Liste der gespeicherten Standard-Vorlagen (siehe Abbildung 2313).

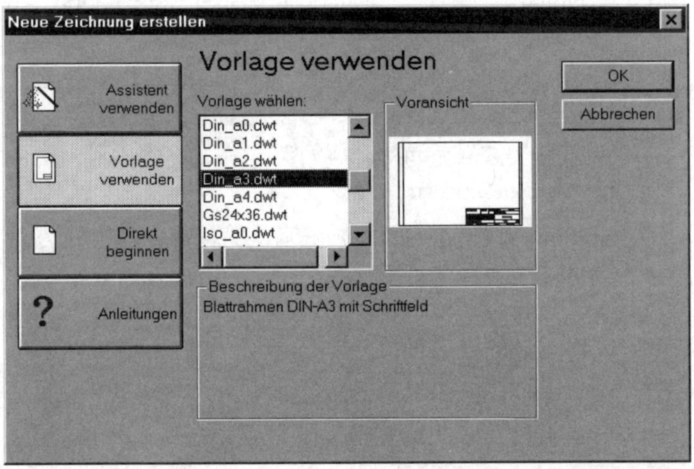


*Abbildung 23.13: DIN-A3-Vorlage für eine neue Zeichnung*

Wählen Sie aus der Liste eine DIN-, ISO- oder ANSI-Vorlage aus, und klicken Sie auf OK. Sie erhalten folgenden Zustand: Modellbereichs- und Papierbereichslimiten werden gesetzt, ein Zeichnungsrahmen mit Schriftfeld im entsprechenden Format wird eingefügt, TILEMODE wird auf 0 gesetzt, der Modellbereich wird aktiviert und skaliert. Leider wird falsch skaliert. Papier- und Modellbereich sind nicht 1:1 zueinander, sondern etwa1:1,1. Skalieren Sie also das Fenster zunächst einmal mit dem Befehl ZOOM.

## Tips:

- Bei 2D-Anwendungen haben Sie keine Vorteile beim Arbeiten mit Papier- und Modellbereich, wenn Sie nur ein Fenster benötigen. Wollen Sie aber mehrere Maßstäbe auf einem Zeichenblatt haben, kommen Sie um die Fenstertechnik nicht herum.
- Ein weiterer Vorteil macht sich beim Plotten bemerkbar. Der Papierbereich kann immer 1:1 geplottet werden. Den eigentlichen Maßstab machen Sie beim Skalieren der Fenster.

- Dafür ist aber die Handhabung der Zeichnung weitaus schwieriger. Zoomen Sie bei TILEMODE=0 im Papierbereich, ist der Maßstab wieder verstellt. Es ist deshalb fast besser, bei Änderungen an der Zeichnung TILEMODE auf 1 zu stellen. Dann sehen Sie aber den Zeichnungsrahmen nicht mehr, und es kann sein, daß Sie danach Überschneidungen haben.
- Unverzichtbar ist die Methode, wenn Sie 3D-Modelle erstellen. Nur dann haben Sie die Möglichkeit, verschiedene Ansichten des Modells auf dem Papier anzuordnen.

## Fragen zu Stunde 23

1. Welche Systemvariable schaltet zwischen den verschiedenen Arbeitsbereichen um?
2. Sie haben ein dreieckiges Koordinatensymbol. Was können Sie daran erkennen?
3. In welchem Bereich fügen Sie den Zeichnungsrahmen sinnvollerweise ein?
4. Mit welchem Befehl können Sie Ansichtsfenster auf dem Papier erzeugen?
5. Wie können Sie erreichen, daß beim Plotten die verdeckten Linien in einem Ansichtsfenster entfernt werden?
6. In welchen Bereich schalten Sie, wenn Sie die Ansicht in einem Fenster einstellen wollen?
7. Was bewirkt der Zoom-Faktor 0.1XP?
8. Sie wollen verschiedene Layer in einem Ansichtsfenster frieren. Wie machen Sie das?
9. Wann ist die Verwendung von Papier- und Modellbereich bei 2D-Zeichnungen sinnvoll?
10. Welche Zeichnungen lassen sich nur mit Papier- und Modellbereich erstellen?

# Stunde 24

# Abfragen und Austauschen

In der letzten Stunde sollen Sie noch einige nützliche Zusatzbefehle kennenlernen. Sie erfahren:

- wie Sie mit den Abfragebefehlen Punkte, Strecken, Winkel und vieles mehr aus der Zeichnung entnehmen können
- wie Sie die Masseeigenschaften aus Volumenmodellen ermitteln können und
- welche Austauschmöglichkeiten es mit anderen Programmen und CAD-Systemen gibt.

## Abfragebefehle

Die Bemaßungsbefehle haben Sie kennengelernt. Aber was tun Sie, wenn Sie eine Distanz oder einen Winkel beim Konstruieren nur wissen wollen, ihn aber nicht gleich in die Zeichnung eintragen wollen. Hier helfen Ihnen die Abfragebefehle weiter.

### Aktion: Befehl ID

Falls Sie wissen wollen, welche Koordinaten der Mittelpunkt eines Kreises hat oder an welchen Koordinaten ein Schnittpunkt liegt usw., verwenden Sie den Befehl ID und Sie bekommen darüber Auskunft. Wählen Sie den Befehl folgendermaßen aus:

- Abrollmenü EXTRAS bzw. WERKZEUGE (in AutoCAD 14), Untermenü ABFRAGE >, Funktion ID PUNKT
- Symbol in einem Flyout-Menü der Standard-Funktionsleiste und Symbol im Werkzeugkasten ABFRAGE

```
Befehl: Id
Punkt: Punkt mit dem Objektfang wählen
X=92.50  Y=120.00  Z=0.000
```

Das Ergebnis erhalten Sie im Befehlszeilenfenster angezeigt. Die Genauigkeit entspricht der, mit der auch die Anzeige in der Statuszeile mitläuft. Die Koordinaten werden im aktuellen Koordinatensystem angegeben.

## Aktion: Befehl ABSTAND

Wollen Sie den Abstand zweier Punkte in der Zeichnung messen, haben Sie dafür den Befehl ABSTAND. Sie finden ihn wie folgt:

- Abrollmenü EXTRAS bzw. WERKZEUGE (in AutoCAD 14), Untermenü ABFRAGE >, Funktion ABSTAND
- Symbol in einem Flyout-Menü der Standard-Funktionsleiste und Symbol im Werkzeugkasten ABFRAGE

Befehl: **Abstand**
Erster Punkt: **Mit Objektfang einen Punkt wählen**
Zweiter Punkt: **Mit Objektfang einen Punkt wählen**
Abstand = 100.00, Winkel in XY-Ebene = 37, Winkel von XY-Ebene = 0
Delta X = 80.00, Delta Y = 60.00, Delta Z = 0.00

Außer dem direkten Abstand der beiden eingegebenen Punkte werden auch noch die Abstände entlang der Koordinatenachsen angezeigt. Der Winkel in der XY-Ebene ist der Winkel der Verbindung vom ersten zum zweiten Punkt, zur X-Achse hin gemessen.

Der Winkel zur XY-Ebene ist in 2D-Zeichnungen natürlich immer 0. Bei 3D-Modellen gibt er den Winkel der Verbindung vom ersten zum zweiten Punkt, zur YX-Ebene gemessen an.

## Aktion: Messen einer Fläche

Wollen Sie eine Fläche vermessen, verwenden Sie den Befehl FLÄCHE.

- Abrollmenü EXTRAS bzw. WERKZEUGE (in AutoCAD 14), Untermenü ABFRAGE >, Funktion FLÄCHE
- Symbol in einem Flyout-Menü der Standard-Funktionsleiste und Symbol im Werkzeugkasten ABFRAGE

Befehl: **Fläche**
Objekt/Addieren/Subtrahieren/<Erster Punkt>:

Wenn Sie einen Punkt anklicken, natürlich mit dem Objektfang, werden so lange Punkte abgefragt, bis Sie eine Punktanfrage mit ↵ abschließen.

Nächster Punkt:
Nächster Punkt:
Nächster Punkt: ↵
Fläche = 337.15, Umfang = 74.80

Fläche und Umfang werden angezeigt. Die Fläche muß nicht komplett umfahren werden. Zwischen dem ersten und letzten Punkt wird eine gerade Verbindung angenommen.

**ADDIEREN bzw. SUBTRAHIEREN:** Mit den Optionen ADDIEREN und SUBTRAHIEREN werden Zwischenergebnisse gebildet und zwischengespeichert. Wichtig ist, daß vor jeder Fläche die entsprechende Option aktiviert wird.

Objekt/Addieren/Subtrahieren/<Erster Punkt>: **A für Addieren**
Objekt/Subtrahieren/<Erster Punkt>: **Punkt eingeben**
(Modus ADDIEREN) Nächster Punkt: **Punkt eingeben**
...
(Modus ADDIEREN) Nächster Punkt: ↵

Fläche = 650.25, Umfang 102,00
Gesamtfläche = 650.25

Objekt/Subtrahieren/<Erster Punkt>: **S für Subtrahieren**
Objekt/Addieren/<Erster Punkt>: **Punkt eingeben**
(Modus SUBTRAHIEREN) Nächster Punkt: **Punkt eingeben**
...
(Modus SUBTRAHIEREN) Nächster Punkt: ↵

Fläche = 120.00, Umfang 72,50
Gesamtfläche = 530.25

<Erster Punkt>/Objekt/Addieren: ↵

So läßt sich beliebig oft zwischen den beiden Modi umschalten. Leider können Sie keine Fehler korrigieren. Sie müssen dann wieder ganz von vorne anfangen.

**OBJEKT:** Mit der Option OBJEKT können Sie Fläche und Umfang von Kreisen und Polylinien ermitteln.

Objekt/Addieren/Subtrahieren/<Erster Punkt>: **O für Objekt**
Objekte auswählen: **Mit Pickbox anklicken**
Fläche = 706.86, Kreisumfang = 94.25

oder bei der Auswahl einer Polylinie:

Fläche = 298.54, Umfang = 75.42

Die Optionen ADDIEREN und SUBTRAHIEREN lassen sich aber auch mit der Option OBJEKT kombinieren.

## Training: Messen in der Zeichnung

- *Laden Sie die Zeichnung A-24-01.DWG aus dem Ordner \AUFGABEN. Sie bekommen die Zeichnung in Abbildung 24.1 auf den Bildschirm.*

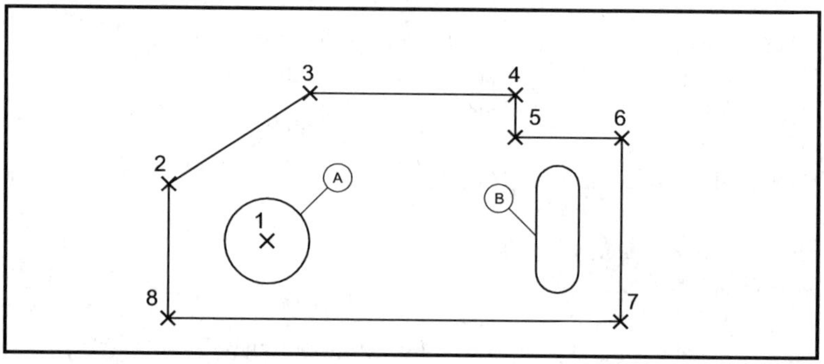


*Abbildung 24.1: Abfragebefehle in der Zeichnung*

- *Messen Sie das Zentrum des Kreises mit dem Befehl ID.*

Befehl: **Id**
Punkt: **Mit dem Objekfang Zentrum Punkt 1 wählen**
X = 37.0000 Y = 16.0000 Z = 0.0000

- *Messen Sie den Abstand zwischen den Punkten 2 und 3.*

Befehl: **Abstand**
Erster Punkt: **Mit Objektfang Endpunkt Punkt 2 wählen**
Zweiter Punkt: **Mit Objektfang Endpunkt Punkt 3 wählen**
Abstand = 23.8537, Winkel in XY-Ebene = 33, Winkel von XY-Ebene = 0
Delta X = 20.0000, Delta Y = 13.0000, Delta Z = 0.0000

- *Messen Sie die Fläche, die durch die Punkte 2 bis 8 begrenzt ist und ziehen Sie den Kreis und die Polylinie ab.*

Befehl: **Fläche**
Objekt/Addieren/Subtrahieren/<Erster Punkt>: **A für die Option Addieren**
Objekt/Subtrahieren/<Erster Punkt>: **Mit Objektfang Endpunkt Punkt 2 anklicken**
(Modus ADDIEREN) Nächster Punkt: >: **Mit Objektfang Endpunkt Punkt 3 anklicken**
...
(Modus ADDIEREN) Nächster Punkt: **Mit Objektfang Endpunkt Punkt 8 anklicken**
(Modus ADDIEREN) Nächster Punkt: ↵
Fläche = 1828.0000, Umfang = 182.8537
Gesamtfläche = 1828.0000

Objekt/Subtrahieren/<Erster Punkt>: **S für die Option Subtrahieren**
Objekt/Addieren/<Erster Punkt>: **O für die Option Objekt**
(Modus SUBTRAHIEREN) Objekte auswählen: **Kreis A anklicken**
Fläche = 113.0973, Kreisumfang = 37.6991
Gesamtfläche = 1714.9027

(Modus SUBTRAHIEREN) Objekte auswählen: **Polylinie B anklicken**
Fläche = 100.2743, Umfang = 42.8496
Gesamtfläche = 1614.6283

(Modus SUBTRAHIEREN) Objekte auswählen: ↵
Objekt/Addieren/<Erster Punkt>: ↵

## Aktion: Befehl LISTE

Noch mehr Informationen bringt Ihnen der Befehl LISTE auf den Bildschirm. Neben den gespeicherten Geometriedaten wird der Layer angezeigt, auf dem das Objekt gezeichnet wurde. Wählen Sie den Befehl folgendermaßen aus:

- Abrollmenü EXTRAS bzw. WERKZEUGE (in AutoCAD 14), Untermenü ABFRAGE >, Funktion AUFLISTEN

- Symbol in einem Flyout-Menü der Standard-Funktionsleiste und Symbol im Werkzeugkasten ABFRAGE

Befehl: **Liste**
Objekte wählen:

Wählen Sie ein oder mehrere Objekte an. Die Daten werden auf dem Textbildschirm aufgelistet. Mit der Funktionstaste F2 schalten Sie wieder zur Zeichnung zurück.

## Training: Daten auflisten

- *Lassen Sie sich die Daten des Kreises A anzeigen. Sie bekommen das Textfenster mit den Daten des Kreises (siehe Abbildung 24.2).*

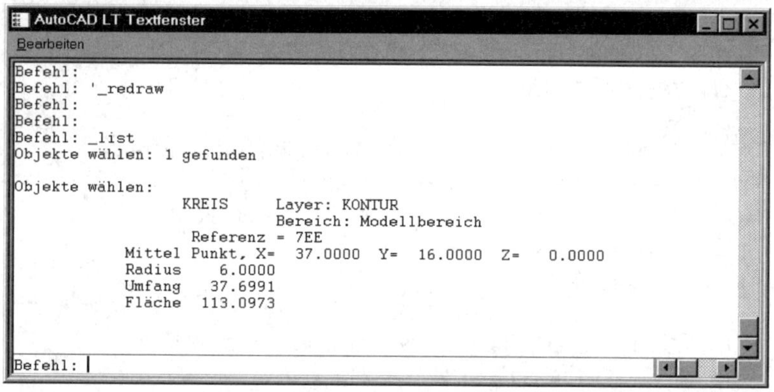


*Abbildung 24.2: Textfenster mit den gespeicherten Daten*

## Aktion: Befehl ZEIT

Für die Abrechnung oder nur zur Information wird die Startzeit, die Bearbeitungszeit und der Stand einer Stoppuhr in der Zeichnung gespeichert. Diese Informationen können Sie mit dem Befehl ZEIT abrufen. Wählen Sie den Befehl folgendermaßen aus:

- Abrollmenü EXTRAS bzw. WERKZEUGE (in AutoCAD 14), Untermenü ABFRAGE >, Funktion ZEIT

Die Informationen werden im Textfenster angezeigt (siehe Abbildung 24.3). Auch hier kommen Sie wieder mit F2 zur Zeichnung.

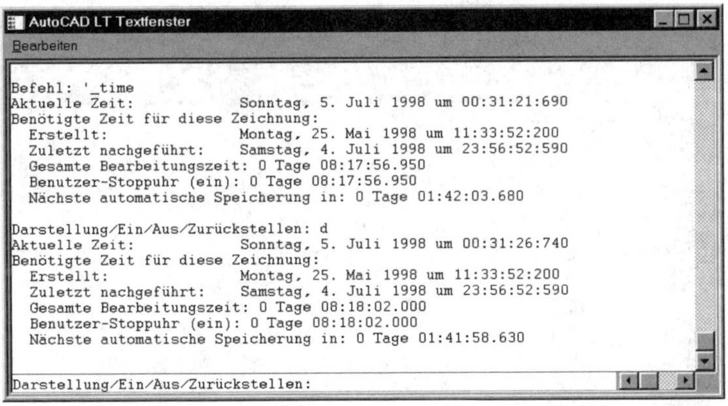


*Abbildung 24.3: Textfenster mit den Zeitinformationen*

Mit den Optionen EIN, AUS und ZURÜCKSTELLEN können Sie die Stoppuhr starten, anhalten und auf Null stellen. Die Option DARSTELLEN gibt die aktuellen Zeitinformationen erneut aus.

## Abfrage der Masseeigenschaften

Haben Sie in AutoCAD 14 Volumenkörper erstellt, können Sie weitere Informationen abrufen. Mit dem Befehl MASSEIG ist das möglich.

### Aktion: Befehl MASSEIG

Neben der Masse bekommen Sie das Volumen, den Schwerpunkt und Trägheitsmomente ins Textfenster. Wählen Sie den Befehl:

- Abrollmenü WERKZEUGE, Untermenü ABFRAGE >, Funktion MASSEEIGENSCHAFTEN
- Symbol im Werkzeugkasten ABFRAGE

Die Ausgabe sieht wie in Abbildung 24.5 aus. Volumen und Masse haben denselben Wert, da von einer Dichte 1 ausgegangen wird. Die Ausgabe kann in eine Textdatei geschrieben werden, die Sie dann in ein anderes Programm übernehmen oder auch auf der Zeichnung plazieren können.

### Training: Masseeigenschaften von Volumenkörpern

- *Holen Sie die Zeichnung A-24-02.DWG auf den Bildschirm. Sie finden Sie im Ordner \AUFGABEN, das Pleuel aus der vorletzten Stunde (siehe Abbildung 24.4).*

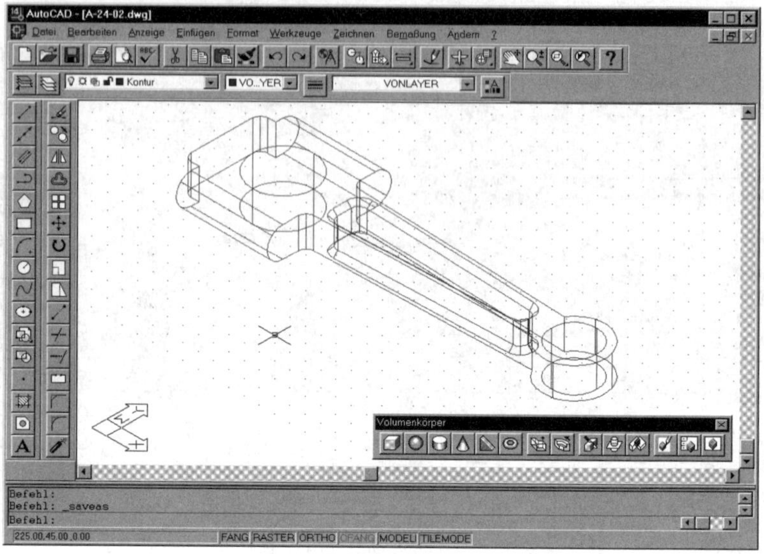


*Abbildung 24.4: Volumenmodell für die Masseeigenschaften*

- *Lassen Sie sich die Masseeigenschaften anzeigen. Sie bekommen Sie im Textfenster (siehe Abbildung 24.5) aufgelistet, wenn Sie den Befehl anwählen.*

*Abbildung 24.5: Textfenster mit den Masseeigenschaften*

AutoCAD Textfenster

Bearbeiten

```
Befehl:
Befehl: _massprop
Objekte wählen: 1 gefunden

Objekte wählen:

 -----------   FESTKÖRPER   -----------

Masse:                    120890.36
Volumen:                  120890.36
Begrenzungsrahmen: X: 115.00  --  365.00
                   Y: 80.00   --  160.00
                   Z: 0.00    --  20.00
Schwerpunkt:              X: 197.55
                          Y: 120.00
                          Z: 10.00
Trägheitsmomente:      X: 1804905342.46
                       Y: 5360546632.87
                       Z: 7133761753.07
Deviationsmomente:    XY: 2865812832.69
                      YZ: 145067437.46
                      ZX: 238815116.95
Trägheitsradien:       X: 122.19
                       Y: 210.58
                       Z: 242.92
Drücken Sie die EINGABETASTE, um fortzufahren:
Hauptträgheitsmomente und X-Y-Z-Richtung um Schwerpunkt:
                     I: 51995314.66 entlang [1.00 0.00 0.00]
                     J: 630636430.10 entlang [0.00 1.00 0.00]
                       K: 675119263.36 entlang [0.00 0.00 1.00]

In Datei schreiben ? <N>:
```

# Datenaustausch mit anderen AutoCAD-Versionen

Die CAD-Welt besteht nicht nur aus AutoCAD und bei AutoCAD nicht nur aus AutoCAD LT 97 und AutoCAD 14, die keine Verständigungsprobleme miteinander haben. Es müssen in der Praxis Daten mit älteren AutoCAD-Versionen und mit anderen CAD-Programmen ausgetauscht werden.

Zudem lassen sich CAD-Zeichnungen in Text- oder Grafikprogrammen weiterverwenden. Verschiedene Dateiformate stehen für den Datenaustausch zur Verfügung.

## Aktion: AutoCAD-Zeichnungen in AutoCAD

AutoCAD-Zeichnungen lassen sich zwischen AutoCAD 14 und AutoCAD LT 97 problemlos austauschen. Objekte, die Sie in AutoCAD LT 97 nicht erstellen können, werden in AutoCAD LT 97 korrekt angezeigt, zum Beispiel Bilder und Volumenmodelle.

AutoCAD-Zeichnungen aus früheren Versionen werden beim Laden mit der aktuellen Version automatisch in das Format der neuen Version konvertiert.

## Aktion: AutoCAD-LT-97/14-Zeichnungen in früheren AutoCAD-Versionen

Sollen Ihre Zeichnungen aus AutoCAD LT 97 oder AutoCAD 14 in älteren Versionen von AutoCAD oder AutoCAD LT weiter verarbeitet werden, müssen Sie Ihre Zeichnungen in diesem Format abspeichern. Wählen Sie dazu wie gewohnt den Befehl SICHALS:

- Abrollmenü DATEI, Funktion SPEICHERN UNTER...
- Symbol in der Standard-Funktionsleiste

Wählen Sie Laufwerk, Ordner und beim Dateityp das gewünschte AutoCAD-Format (siehe Abbildung 24.6).

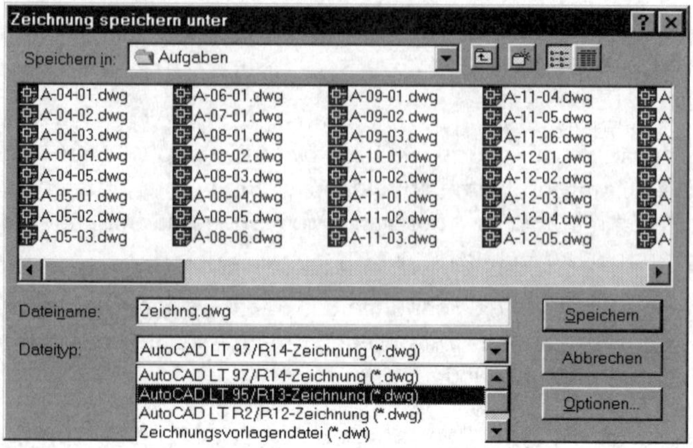


*Abbildung 24.6: Speichern in verschiedenen AutoCAD-Formaten*

Sie können wählen:

**AUTOCAD LT 97/AUTOCAD R14-ZEICHNUNG (*.DWG):** Standardeinstellung zur Speicherung im eigenen Format.

**AUTOCAD R13/LT 95-ZEICHNUNG (*.DWG):** Speicherung im Format von AutoCAD 13 oder AutoCAD LT 95. Objekte, die es in diesen Versionen nicht gibt, werden durch ähnliche Objekte ersetzt oder nicht übernommen (z.B.: Bilddateien).

**AUTOCAD R12/LT 2-ZEICHNUNG (*.DWG):** Speicherung im Format von AutoCAD 12 oder AutoCAD LT 2. Da AutoCAD 11 dasselbe Zeichnungsformat hat wie AutoCAD 12, kann dieses Format auch in AutoCAD 11 übernommen werden. Auch hier werden Objekte, die in diesen Versionen nicht bekannt sind, durch ähnliche Objekte ersetzt, oder sie werden nicht übernommen.

Ältere AutoCAD-Formate als AutoCAD 11 können nicht erstellt werden.

## DXF-Austausch

CAD-Zeichnungen lassen sich mit anderen CAD-Programmen nicht direkt austauschen, wenn diese das AutoCAD-DWG-Format nicht erzeugen oder lesen können.

Mit den meisten CAD-Programmen ist aber ein Austausch über DXF-Dateien (Data eXchange Format) möglich. Außerdem lassen sich Zeichnungen so in Grafik-, DTP- (Desktop Publishing) und Textprogramme übernehmen. Das *DXF*-Format ist ein Vektorformat. Es enthält die geometrischen Beschreibungen der Zeichnungsobjekte. Das *DXF*-Format wurde von Autodesk definiert und wird mit jeder neuen AutoCAD-Version erweitert, so daß es auch wichtig ist, welches *DXF*-Format das Fremdprogramm lesen kann. Wie bei Zeichnungsdateien können Sie auch bei der *DXF*-Ausgabe die Version wählen.

### Aktion: *DXF*-Datei einlesen

- Verwenden Sie den Befehl ÖFFNEN.
- Wählen Sie im Abrollmenü DATEITYP den Eintrag *DXF* (*.DXF).
- Suchen Sie in Laufwerk und Ordner die gewünschte Datei aus. Die *DXF*-Datei wird in eine neue leere Zeichnung eingelesen.

### Aktion: Zeichnung als *DXF*-Datei exportieren

Die aktuelle Zeichnung können Sie mit dem Befehl ERSTELLEN in einem *DXF*-Format exportieren. Sie finden den Befehl folgendermaßen:

- Abrollmenü DATEI, Funktion ERSTELLEN...

Mit dem Befehl ERSTELLEN lassen sich aus den aktuellen Zeichnungen verschiedene Dateiformate erzeugen. Wählen Sie beim Dateiwähler im Abrollmenü DATEITYP den Eintrag DXF (*.DXF).

Da es, wie bei den Zeichnungsdateien, auch beim *DXF*-Format unterschiedliche Versionen gibt, können Sie wählen:

**AUTOCAD LT 97/AUTOCAD R14 DXF (*.DXF):** Standardeinstellung zur Speicherung im AutoCAD-14-DXF-Format.

**AUTOCAD R13/LT DXF (*.DXF):** Speicherung im DXF-Format von AutoCAD 13oder AutoCAD LT 95. Objekte, die es in diesen Versionen nicht gibt, werden durch ähnliche Objekte ersetzt oder nicht übernommen (z.B.: Bilddateien).

**AUTOCAD R12/LT 2 DXF (*.DXF):** Speicherung im DXF-Format von AutoCAD 12 oder AutoCAD LT 2. Da AutoCAD 11 dasselbe Zeichnungsformat hat wie AutoCAD 12, kann dieses Format auch in AutoCAD 11 übernommen werden. Auch hier werden Objekte, die in diesen Versionen nicht bekannt sind, durch ähnliche Objekte ersetzt oder nicht übernommen.

Ältere *DXF*-Formate als AutoCAD 11 können nicht erstellt werden.

Mit der Schaltfläche OPTIONEN... können Sie einstellen, wie die *DXF*-Datei erzeugt werden soll (siehe Abbildung 24.7).

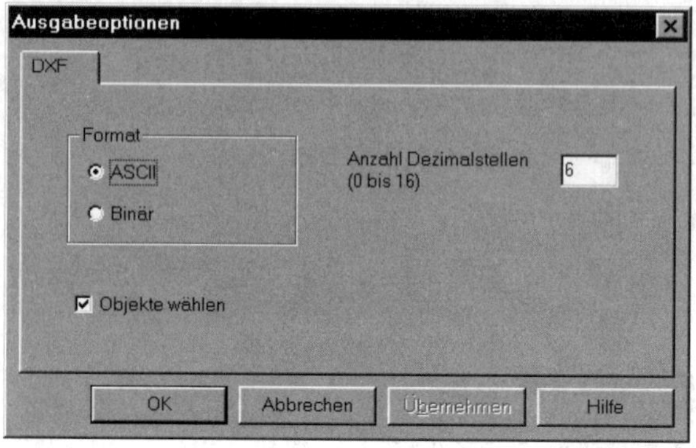


*Abbildung 24.7: Optionen für die DXF-Ausgabe*

Wählen Sie, ob die Datei im ASCII-Format (Standard) oder im Binär-Format erzeugt werden soll. Im ASCII-Format können Sie zudem wählen, mit welcher Genauigkeit die Koordinaten übertragen werden. Ist der Schalter OBJEKTE WÄHLEN aus, werden alle Objekte der aktuellen Zeichnung in die *DXF*-Datei geschrieben. Ist der Schalter an, können Sie die Objekte wählen, die Sie in die *DXF*-Datei schreiben wollen.

## Weitere Austauschformate

Neben *DWG*- und *DXF*-Dateien für die verschiedenen AutoCAD-Versionen sind weitere Austauschdateien möglich.

**Aktion: Dateien erstellen**

| Format | Befehl | Verfügbar in |
|---|---|---|
| Metadatei (*.wmf) | ERSTELLEN, WMFOUT | AutoCAD LT 97 /14 |
| ACIS (*.sat) | ERSTELLEN, ACISOUT | AutoCAD 14 |
| Sterolithographie (*.stl) | ERSTELLEN, STLOUT | AutoCAD 14 |
| Encapsulated PS (*.eps) | ERSTELLEN, PSOUT | AutoCAD LT 97 / 14 |
| DXX-Extract (*.dxx) | ERSTELLEN | AutoCAD LT 97 / 14 |
| Bitmap (*.bmp) | ERSTELLEN, BMPOUT | AutoCAD LT 97 / 14 |
| 3D-Studio (*.3ds) | ERSTELLEN, 3DSOUT | AutoCAD 14 |
| WEB-Format (*.dwf) | ERSTELLEN, DWFOUT | AutoCAD LT 97 / 14 |

## Aktion: Dateien einlesen

| Format | Befehl | Verfügbar in |
|---|---|---|
| Metadatei (*.wmf) | Einlesen, Wmfin | AutoCAD LT 97 /14 |
| ACIS (*.sat) | Einlesen, Acisin | AutoCAD 14 |
| DXB (*.dxb) | Einlesen, Dxbin | AutoCAD 14 |
| Encapsulated PS (*.eps) | Einlesen, Psin | AutoCAD 14 |
| 3D-Studio (*.3ds) | Einlesen, 3dsin | AutoCAD 14 |

## Fragen zu Stunde 24

1. Mit welchem Befehl können Sie die Koordinate eines Punkts abfragen?
2. Wie können Sie den Winkel zwischen zwei Punkten wählen?
3. Wie können Sie den Umfang und die Fläche einer geschlossenen Polylinie ermitteln?
4. Mit welchem Befehl können Sie alle Informationen zu einem gespeicherten Objekt abrufen?
5. Wie können Sie ermitteln, wie lange an einer Zeichnung gearbeitet wurde?
6. Mit welchem Befehl können Sie die Masse und das Volumen eines Volumenkörpers aus AutoCAD 14 ermitteln?
7. Bis zu welcher AutoCAD-Version können Sie in AutoCAD LT 97 bzw. AutoCAD 14 Zeichnungen abspeichern?
8. Mit welchem Format können Zeichnungen zwischen unterschiedlichen CAD-Programmen ausgetauscht werden?
9. Wie heißt der Befehl, mit dem die verschiedenen Austauschformate erzeugt werden können?
10. Welches Format können Sie in AutoCAD LT 97 nicht erzeugen: WMF, ACIS, BMP oder EPS?

# Antworten

## Antworten zu Stunde 1

1 Im Befehlszeilenfenster

2 Optionen

3 Esc

4 Transparente Befehle

5 Mit dem Befehl WERKZEUGKASTEN

6 Mit der Funktionstaste F2

7 Zoom und Pan

8 Zoomen durch Drehen an der Radtaste, Pan durch Drücken der Radtaste

9 Mit der Funktionstaste F1

10 Mit der Tastenkombination Alt+F4

## Antworten zu Stunde 2

1 Mit den Assistenten BENUTZERDEFINIERT oder SCHNELLSTART

2 Sieben Schritte

3 Im Ordner *\PROGRAMME\AUTOCAD LT 97\TEMPLATE* bzw. *\PROGRAMME\AUTOCAD 14\TEMPLATE*

4 Mit der Vorlage *ACLTISO.DWG* bzw. *ACADISO.DWG*

5 KSICH und SICHALS

6 In den Zeichnungsformaten der verschiedenen AutoCAD- und AutoCAD-LT-Versionen und als Zeichnungsvorlage

7 Zeichnungen *DWG* und Zeichnungsvorlagen *DWT*

8 Sicherungen von Zeichnungsdateien (Backup)

9 Die automatische Sicherung der Zeichnung

10 Zeichnungsdateien, DXF-Dateien und Zeichnungsvorlagen

## Antworten zu Stunde 3

1 Im Format X,Y

2 Raster ein- und ausschalten

3 Ortho-Modus ein- und ausschalten

4 Fang ein- und ausschalten

5 Der Befehl Z

6 Im Format A<W, Abstand < Winkel

7 Mit der Funktionstaste F6

8 Zeichnen eines Kreises mit 3Punkten auf der Kreislinie

9 Indem das Fenster von rechts nach links aufgezogen wird

10 Mit dem Befehl NEUZEICH

## Antworten zu Stunde 4

1 @dy,dy

2 @A<W

3 @125,-140

4 @28.2842<225

5 Der Ortho-Modus

6 In AutoCAD sollte immer 1:1 in Zeichnungseinheiten gezeichnet werden

7 Die Limiten

8 Beim Plotten der Zeichnung

9 Zum Beispiel die Texthöhe

10 Wenn beim Befehl LIMITEN die Limitenkontrolle eingeschaltet wird

## Antworten zu Stunde 5

1. Bei jeder Punktanfrage eines Befehls
2. Die Objektfang-Funktion ZENTRUM
3. Mit der Objektfang-Funktion QUADRANT
4. Es wird auf die Funktion ERWEITERTER SCHNITTPUNKT umgeschaltet
5. Mit der Objektfang-Funktion NÄCHSTER
6. Mit der Taste ⇆
7. Sie wählen die Objektfang-Funktion KEINER
8. Mit der Funktion VON bzw. VONP
9. Sie können die X- und Y-Koordinate aus verschiedenen bestehenden Punkten fangen
10. Die Richtung ergibt sich daraus, wie vom ersten Punkt weggefahren wird

## Antworten zu Stunde 6

1. Mit der Option FENSTER
2. Mit der Option VORHER des Befehls ZOOM
3. Eine Verkleinerung der Zeichnung um den Faktor zwei in bezug auf die Zeichnungslimiten
4. Eine Vergrößerung der Zeichnung um den Faktor zwei in bezug auf den momentanen Ausschnitt
5. Die Funktion ALLES stellt die Zeichnung innerhalb der Limiten formatfüllend dar und die Funktion GRENZEN, die Objekte, die sich momentan in der Zeichnung befinden
6. AutoCAD 14
7. Mit dem Befehl PAN
8. Eine Verschiebung des Bildausschnitts, wie mit dem Befehl PAN
9. Mit dem Befehl AFENSTER

10 Indem man sie mit der Option SICHERN des Befehls AFENSTER sichert

## Antworten zu Stunde 7

1 Beliebig viele

2 Der Layername *ABC.001* enthält einen Punkt, der in Layernamen nicht erlaubt ist

3 Der Layer *0*

4 Die Layer frieren

5 Auf dem aktuellen Layer

6 Mit dem Linientyp, der dem aktuellen Layer zugeordnet ist

7 Die Länge der Strichelung

8 Der GLOBALE SKALIERFAKTOR

9 Die Farbe *VONLAYER*

10 Die Layer in einer Vorlage speichern und eine neue Zeichnung mit dieser Vorlage beginnen

## Antworten zu Stunde 8

1 Unendlich lang

2 Mit der Option HALB des Befehls KLINIE

3 Mit dem Startpunkt und einem zweiten Punkt auf dem Strahl

4 Den Punktstil umstellen

5 Der 3-Punkte-Bogen

6 Einen Bogen, der tangential aus der Linie oder dem Bogen, den Sie zuletzt gezeichnet haben, herausläuft

7 3 bis 1024

8 Die Option INKREIS

9 Die Endpunkte der beiden Achsen

10 PELLIPSE muß den Wert 0 haben

## Antworten zu Stunde 9

1. Die Polylinie
2. Wenn bei den Zeichnungshilfen der Füllmodus eingeschaltet ist
3. Den Modus zum Zeichnen von Liniensegmenten und den zum Zeichnen von Kreisbögen
4. Mit dem Befehl PEDIT
5. Die Option KURVE ANGLEICHEN des Befehls PEDIT
6. Mit der Option BEARBEITEN des Befehls PEDIT
7. Mit dem Befehl URSPRUNG
8. Die Breite der Polyliniensegmente
9. Nein, Doppellinien bestehen aus einzelnen Linien und Bögen
10. Die Multilinie

## Antworten zu Stunde 10

1. Mit der Einstellung VORDEFINIERT
2. SKALIERFAKTOR und WINKEL
3. ABSTAND und WINKEL
4. Der Stil IGNORIEREN?
5. Der Schalter URSPRUNG im Dialogfeld war eingeschaltet
6. Mit der Schaltfläche EIGENSCHAFTEN ÜBERNEHMEN <
7. Die Umgrenzung der Schraffur
8. Mit dem Befehl URSPRUNG
9. Das Muster *SOLID*
10. Mit dem Befehl ZEICHREIHENF

## Antworten zu Stunde 11

1. Im Uhrzeigersinn
2. Mit der Option BEZUG

3. Durch Eingabe von zwei Punkten
4. Ob Texte beim Befehl SPIEGELN mitgespiegelt werden sollen oder nicht
5. Den Skalierfaktor 0.2
6. Den Befehl VARIA mit der Option BEZUG
7. Die Option RECHTWINKLIGE ANORDNUNG
8. Den Zeilenabstand negativ eingeben
9. Am Schwerpunkt bzw. an dem Punkt, der mit der Option BASIS bestimmt wurde
10. Mit dem Befehl AUSRICHTEN

## Antworten zu Stunde 12

1. Damit lassen sich Kanten erstellen
2. Der Radius kann in diesem Fall beliebig sein
3. An der Linie, die Sie zuerst wählen
4. Die nächste Grenzkante in der Verlängerung des Objekts
5. Mit der Option KANTE den Modus DEHNEN einstellen
6. Das Objektwahl-Fenster mindestens einmal mit der Option KREUZEN oder KPOLYGON aufziehen
7. Objekte, die sich ganz im Fenster befinden, werden verschoben, Objekte, die vom Fenster geschnitten werden, werden gedehnt bzw. gestreckt
8. Mit dem Befehl LÄNGE Option DELTA
9. Der Punktstil sollte so eingestellt werden, daß die Punkte sichtbar werden
10. Sie erstellen daraus einen Block und verwenden die Option BLOCK

## Antworten zu Stunde 13

1. Die Option ZENTRIEREN zentriert die Textgrundlinie und die Option MITTE die absolute Textmitte
2. Mit der Option EINPASSEN

3 Mit dem Code %%c

4 Mit den Windows-TrueType-Schriften

5 Beim Befehl DTEXT können Sie bei diesem Stil die Höhe individuell festlegen

6 Die Schriftart

7 Nein, beim Befehl MTEXT kann jede Schriftart verwendet werden

8 Mit dem Befehl DDEDIT

9 Falsch geschriebene oder nicht im Wörterbuch vorhandene Wörter

10 Das Haupt- und Benutzerwörterbuch

## Antworten zu Stunde 14

1 Die Systemvariable DIMASO

2 Bemaßen der horizontalen oder vertikalen Länge eines Objekts oder des horizontalen oder vertikalen Abstands zweier Punkte

3 Breite = <> mm

4 Der Platzhalter für das gemessene Maß

5 Mit dem Befehl BEMWEITER

6 Bei der Anfrage nach der zweiten Hilfslinie ↵ oder die Option AUSWÄHLEN eingeben

7 Maximal 180°

8 Ja, BASISLINIE und WEITER können auch für Winkelbemaßung verwendet werden.

9 ↵ bei der ersten Anfrage eingeben und 3Punkte anklicken (Scheitelpunkt, erster und zweiter Winkelendpunkt)

10 Gerade oder Spline (Kurve)

## Antworten zu Stunde 15

1 Mit dem Befehl DBEM

2 Ja, im Dialogfeld GEOMETRIE des Befehls DBEM

3 Im Dialogfeld GEOMETRIE des Befehls DBEM

4 Im Dialogfeld FORMAT des Befehls DBEM

5 Stellen Sie im Dialogfeld EINHEITEN die Einheiten auf die Einstellung WINDOWS-DESKTOP

6 Den Rundungswert 0.1

7 Beliebig viele

8 Alle Maße, die mit diesem Stil erstellt wurden, ändern sich mit

9 Wählen Sie im Dialogfeld des Befehls DBEM bei der Hierarchie RADIAL. Dann können Sie für die Radiusmaße abweichende Einstellungen machen

10 Die Maße müssen sich bei der Objektwahl im Fenster befinden

## Antworten zu Stunde 16

1 Die Einstellung *VONLAYER* bei der Farbe und beim Linientyp

2 Es wird »*VARIIERT*« angezeigt

3 Nein, nur mit dem Befehl DDMODIFY

4 Beliebig viele

5 Mit den Befehlen DDMODIFY und SCHRAFFEDIT

6 Nur ein Objekt

7 Nein, nur Radius und Mittelpunkt

8 Der Befehl EIGÜBERTRAG

9 Mit der Option EINSTELLUNGEN des Befehls EIGÜBERTRAG

10 Nur wenn diese im Bemaßungsstil als Präfix oder Suffix definiert sind, nicht, wenn sie beim Bemaßungsbefehl eingegeben wurden

## Antworten zu Stunde 17

1 Die Funktion STRECKEN

2 Die Funktionen STRECKEN, SCHIEBEN, DREHEN, SKALIEREN und SPIEGELN

3 Mit der Esc-Taste

4 Nachdem es Griffe hat, nochmals mit gedrückter ⇧-Taste anklicken

5 Mit einem der Griffe an den Enden der Maßlinie

6 Blau, falls nicht anders eingestellt

7 Rot, falls nicht anders eingestellt

8 Als Bezugspunkte für andere Griffe

9 Mit der rechten Maustaste

10 Mit dem Befehl DDGRIPS

## Antworten zu Stunde 18

1 Mit den Befehlen BLOCK und BMAKE

2 BL 08, der Blockname enthält ein Leerzeichen

3 Mit dem Befehl HOPPLA

4 Der Befehl BMAKE

5 Ein Block, der nur in einer Zeichnung definiert ist

6 Der Punkt, an dem ein Block beim Einfügen plaziert wird

7 Die komplette Zeichnung wird bereinigt abgespeichert

8 Den Befehl STUTZEN

9 Mit dem Befehl URSPRUNG

10 Mit dem Befehl BEREINIG

## Antworten zu Stunde 19

1 Beim Einfügen von externen Referenzen

2 Sie können die Zeichnungen in einen anderen Ordner verschieben. Zeichnung und eingefügte Zeichnungen müssen dann aber im gleichen Ordner sein (bzw. in einem Ordner, der im Suchpfad von AutoCAD enthalten ist)

3 Die Verbindung zur externen Zeichnung wird gelöscht

4 Sie wird ausgeblendet

5 Mit der Schaltfläche NEULADEN

6 Der Layer *KONTUR* kommt von der externen Referenz *XY*

7 Nein, die externe Referenz ist nicht gebunden

8 Sie werden in Blöcke umgewandelt

9 Er wird in *XY$0$KONTUR* umbenannt

10 Ja, die externe Referenz ist gebunden

## Antworten zu Stunde 20

1 Den Einfügepunkt des Blocks

2 Das Symbol kann in die Zeichnung eingefügt werden, Einfügepunkt, Skalierfaktoren und Drehwinkel werden abgefragt

3 Wenn die Baumansicht eingeschaltet ist

4 Ein Beschreibungsfenster oder ein Fenster mit der vergrößerten Voransicht

5 Das Register BAUMANSICHT und AKTUELLE ZEICHNUNG

6 Mit dem Befehl BILD

7 Mit der Schaltfläche ENTFERNEN

8 Bilder lassen sich ein- und ausschalten sowie durch andere ersetzen

9 Mit dem Regler FADE

10 Durch Ziehen an den Griffen

## Antworten zu Stunde 21

1 Sie konfigurieren ihn in Windows und wählen in AutoCAD den Systemdrucker

2 Klicken Sie auf die Schaltfläche GERÄTE- UND VORGABENWAHL... und dann auf die Schaltfläche ÄNDERN...

3 Die Stiftnummern entsprechen denen der AutoCAD-Farben

4 Weil in AutoCAD bei Bedarf mit unterbrochenen Linientypen gezeichnet wird. Mit anderen Linientypen bei der Stiftzuordnung würden die Linienstücke wieder unterbrochen gezeichnet

5 Der Schalter BEREICH AUSFÜLLEN muß eingeschaltet sein

6 Weil im Dialogfeld nur der bedruckbare Bereich beim entsprechenden Papierformat angezeigt wird

7 Den Ausdruck um 90° drehen

8 Schalten Sie den Schalter GRÖSSE ANGEPASST ein

9 Das Papiermaß, den bedruckten Bereich und eventuell Warnmeldungen

10 Drücken Sie die rechte Maustaste, und wählen Sie im Pop-Up-Menü die Funktion BEENDEN, oder drücken Sie die Taste Esc

## Antworten zu Stunde 22

1 Mit den Befehlen DDCHPROP und DDMODIFY

2 Das Format @A<W,Z

3 Er entfernt die unsichtbaren Kanten aus der Bildschirmanzeige

4 Nein, sie ist nur auf dem Bildschirm sichtbar

5 Der Punkt im Raum, von dem aus ein Betrachter das 3D-Modell so sehen würde

6 Mit dem Befehl BKS

7 Die XY-Ebene liegt in der aktuellen Ansicht flach, Punkte können nicht angeklickt werden

8 Mit dem Befehl DREHEN kann nur in der XY-Ebene gedreht werden, mit dem Befehl 3DDREHEN dagegen um jede Achse im Raum

9 Eine geschlossene Kontur in die Höhe ziehen und dabei ein Volumen erstellen

10 Die Befehle FASE und ABRUNDEN

## Antworten zu Stunde 23

1. Die Systemvariable TILEMODE
2. Der Papierbereich ist aktiv
3. Im Papierbereich
4. Mit dem Befehl MANSFEN
5. Mit der Option VERDPLOT des Befehls MANSFEN
6. In den Modellbereich
7. Das Modell wird in dem Ansichtsfenster 1:10 dargestellt
8. Das Ansichtsfenster aktivieren und den Befehl LAYER starten. Im Dialogfeld die Layer in der Liste markieren und das Symbol in der Spalte IM AKTUELLEN ANSICHTSFENSTER FRIEREN anklicken. Die Sonne mit dem Fenster verschwindet, und es wird ein Eiskristall angezeigt
9. Wenn mehrere Maßstäbe auf einem Zeichenblatt benötigt werden
10. Zeichnungen von 3D-Modellen

## Antworten zu Stunde 24

1. Mit dem Befehl ID
2. Mit dem Befehl ABSTAND
3. Mit der Option OBJEKT des Befehls FLÄCHE
4. Mit dem Befehl LISTE
5. Mit dem Befehl ZEIT
6. Mit dem Befehl MASSEIG
7. Bis zu AutoCAD 11
8. Im DXF-Format
9. Der Befehl ERSTELLEN
10. Das ACIS-Format

# Befehlsliste AutoCAD 14/LT 97

In der folgenden Befehlsliste finden Sie alle Befehle von AutoCAD LT 97 und AutoCAD 14. Befehle, die es nur in AutoCAD 14 gibt, sind gekennzeichnet (14). Nicht alle Befehle, die in den Programmen zur Verfügung stehen, sind Ihnen während der Arbeit mit diesem Buch begegnet. Das liegt zum einen daran, daß eine ganze Reihe von Befehlen über den Umfang dieses Einführungsbuchs hinausgehen. Zum anderen liegt es aber auch daran, daß in AutoCAD sehr viele Befehle in der Zwischenzeit auch mit Funktionen in den Dialogfeldern ausgeführt werden können. Diese Bedienweise ist wesentlich übersichtlicher und erleichtert den Einstieg in das Programm. Trotzdem werden die Befehle ohne Dialogfelder noch in Skript-Dateien und Menümakros benötigt.

Eine Reihe von Befehlen arbeitet auf unterschiedliche Arten. Werden die Befehle mit ihrem Namen aufgerufen (zum Beispiel aus den Menüs oder Werkzeugkästen), arbeiten sie mit Dialogfeldern. Setzt man dagegen vor den Befehlsnamen das Zeichen »-«, werden sie im Befehlszeilenfenster abgearbeitet.

Transparente Befehle sind durch ' (Apostroph) gekennzeichnet. Transparente Befehle können während der Arbeit mit einem anderen Befehl aufgerufen werden, ohne den laufenden Befehl abbrechen zu müssen. Nach dem Beenden des transparenten Befehls wird der unterbrochene Befehl fortgesetzt.

Die Systemvariable FILDEDIA legt fest, ob bei Befehlen, die einen Dateinamen erfordern, das Dialogfeld mit dem Dateiwähler verwendet wird:

0: Dateiwähler wird nicht verwendet. Sie können aber den Dateiwähler anfordern, wenn Sie bei der Dateianfrage eine Tilde »~« eingeben.

1: Dateiwähler wird verwendet.

Die Systemvariable CMDDIA legt fest, ob beim Befehl PLOT Dialogfelder verwendet werden sollen: 0 = Dialogfelder aus, 1 = Dialogfelder ein.

## A

**ABRUNDEN** – Rundet die Objektkanten ab.

**'ABSTAND** – Mißt den Abstand und den Winkel zwischen zwei Punkten

**ACISIN (14)** – Liest eine ACIS-Datei ein

**ACISOUT (14)** – Erstellt AutoCAD-Festkörperobjekte in einer ACIS-Datei

**AFENSTER** – Teilt den Grafikbereich in mehrere feste Ansichtsfenster

**AFLAYER** – Bestimmt die Sichtbarkeit von Layern in Ansichtsfenstern

**AMEKONVERT (14)** – Konvertiert AutoCAD Advanced Modeling Extension (AME)-Volumenmodelle aus AutoCAD 12 in AutoCAD-Volumenobjekte

**ÄNDERN** – Ändert die Eigenschaften existierender Objekte

**'APPLOAD (14)** – Lädt AutoLISP-, ADS- und ARX-Anwendungen

**APUNKT** – Legt die Blickrichtung für eine dreidimensionale Visualisierung der Zeichnung fest

**ARX (14)** – Lädt und entfernt ARX-Anwendungen und bietet Informationen dazu

**ASEADMIN (14)** – Führt Verwaltungsfunktionen für externe Datenbank-Befehle aus

**ASEEXPORT (14)** – Exportiert Verknüpfungsinformationen für ausgewählte Objekte

**ASELINKS (14)** – Handhabt Verknüpfungen zwischen Objekten und einer externen Datenbank

**ASEROWS (14)** – Zeigt Daten in tabellarischer Form an, bearbeitet sie und stellt Verknüpfungen sowie Auswahlsätze her

**ASESELECT (14)** – Erzeugt einen Auswahlsatz aus Reihen, die mit Textauswahlsätzen und/oder Grafikauswahlsätzen verknüpft sind

**ASESQLED (14)** – Führt Structured Query Language (SQL)-Anweisungen aus

**ATTDEF** – Erzeugt eine Attributdefinition

**ATTEDIT** – Ändert die Attributinformation unabhängig von der entsprechenden Blockdefinition

**ATTEXT** – Extrahiert Attributdaten

**ATTREDEF (14)** – Definiert einen Block um und aktualisiert zugehörige Attribute

**ATTZEIG** – Steuert die Sichtbarkeit von Attributen global

**AUFLÖS** – Bestimmt die Auflösung für das Generieren von Objekten im aktuellen Ansichtsfenster

**AUSRICHTEN** – Richtet Objekte gegenüber anderen Objekten in 2D und 3D aus.

**AUSSCHNEIDEN** – Kopiert Objekte in die Zwischenablage und löscht sie aus der Zeichnung

**'AUSSCHNT** – Sichert benannte Ansichten und stellt sie wieder her

## B

**BAND (14)** – Erstellt breite Linien

**'BASIS** – Setzt den Einfügebasispunkt für die aktuelle Zeichnung

**BEM** – Schaltet in den Bemaßungsmodus um (veraltet, wird durch die folgenden Befehle BEM... ersetzt)

**BEMAUSG** – Erstellt eine ausgerichtete Linearbemaßung

**BEMBASISL** – Führt eine lineare, Winkel- oder Ordinatenbemaßung von der Basislinie der zuletzt erstellten oder gewählten Bemaßung weiter

**BEMDURCHM** – Erstellt Durchmesserbemaßungen für Kreise und Bogen

**BEMEDIT** – Bearbeitet Bemaßungen

**BEMLINEAR** – Erstellt lineare Bemaßungen

**BEMMITTELP** – Erstellt den Mittelpunkt oder die Mittellinien von Kreisen und Bögen

**BEMORDINATE** – Erstellt Ordinatenpunktbemaßungen

**BEMRADIUS** – Erstellt Radialbemaßungen für Kreise und Bogen

**BEMSTIL** – Erstellt und ändert Bemaßungsstile von der Befehlszeile aus

**BEMTEDIT** – Bearbeitet Bemaßungen

**BEMÜBERSCHR** – Überschreibt Bemaßungssystemvariablen

**BEMWEITER** – Führt eine Kette linearer, Winkel- oder Ordinatenbemaßungen von der zweiten Hilfslinie der zuletzt erstellten oder einer gewählten Bemaßung weiter

**BEMWINKEL** – Erstellt eine Winkelbemaßung

**BEREINIG** – Entfernt nicht verwendete benannte Objekte, wie beispielsweise Blöcke oder Layer, aus der Datenbank

**BFLÖSCH (14)** – Ermöglicht es, daß ein anwendungsdefinierter Befehl Vorrang vor einem internen Befehl von AutoCAD hat

**BFRÜCK (14)** – Stellt systemeigene Befehle von AutoCAD wieder her, die mit dem Befehl BFLÖSCH unterdrückt wurden

**BILD** – Fügt Bilder mit vielen Formaten in eine AutoCAD-Zeichnungsdatei ein

**BILDANPASSEN (14)** – Steuert die Werte für Helligkeit, Kontrast und Fade der ausgewählten Bilder

**BILDQUALITÄT (14)** – Steuert die Anzeigequalität von Bildern

**BILDRAHMEN** – Steuert, ob der Rahmen des Bilds auf dem Bildschirm angezeigt oder ausgeblendet ist

**BILDSICH (14)** – Speichert ein gerendertes Bild in einer Datei

**BILDZUORDNEN (14)** – Ordnet der aktuellen Zeichnung ein neues Bildobjekt und eine neue Definition zu

**BILDZUSCHNEIDEN (14)** – Erstellt neue Zuschneide-Umgrenzungen für einzelne Bildobjekte.

**BKS** – Verwaltet Benutzerkoordinatensysteme

**BKSYMBOL** – Steuert die Sichtbarkeit und die Plazierung des BKS-Symbols

**BLOCK** – Erzeugt eine Blockdefinition aus ausgewählten Objekten

**BMAKE** – Definiert einen Block mit Hilfe eines Dialogfelds.

**BMPSICH** – Speichert ausgewählte Objekte in einer Datei mit geräteunabhängigem Bitmap-Format.

**BOGEN** – Erzeugt einen Bogen

**BROWSER** – Startet den in Ihrem Systemregister vorgegebenen Web-Browser

**BRUCH** – Löscht Teile von Objekten oder spaltet ein Objekt in zwei Teile auf

## C

**CLIPEINFÜG** – Fügt Daten aus der Zwischenablage ein

**COPYCLIP** – Kopiert Objekte in die Windows-Zwischenablage

## D

**DANSICHT** – Definiert Parallelprojektionen oder perspektivische Ansichten

**DBEM** – Erstellt und bearbeitet Bemaßungsstile

**DBLISTE (14)** – Listet die Datenbankinformationen für jedes Objekt in der Zeichnung auf

**DDATTDEF** – Erstellt eine Attributdefinition

**DDATTE** – Bearbeitet die Variablenattribute eines Blocks

**DDATTEXT** – Extrahiert Attributdaten

**DDBKS** – Verwaltet definierte Benutzerkoordinatensysteme

**DDCHPROP** – Ändert Farbe, Layer, Linientyp und Höhe eines Objekts

**DDCOLOR** – Legt die Farbe für neue Objekte fest

**DDEDIT** – Bearbeitet Text- und Attributdefinitionen

**'DDGRIPS** – Aktiviert Griffe und legt ihre Farbe fest

**DDINSERT** – Fügt einen Block oder eine andere Zeichnung ein

**DDMODIFY** – Steuert die Eigenschaften bereits vorhandener Objekte.

**'DDPTYPE** – Bestimmt den Anzeigemodus und die Größe von Punktobjekten

**DDRENAME** – Benennt Objekte um

**'DDRMODI** – Legt Zeichnungshilfen fest

**'DDSELECT** – Bestimmt die Auswahlmodi für Objekte

**DDUCSP** – Wählt ein vordefiniertes Benutzerkoordinatensystem aus

**'DDUNITS** – Steuert die Anzeigeformate von Koordinaten und Winkeln und legt die Genauigkeit fest

**DDVIEW** – Erstellt Ausschnitte und stellt sie wieder her

**DDVPOINT** – Legt die dreidimensionale Ansichtsrichtung fest

**DEHNEN** – Dehnt ein Objekt bis zum Berührungspunkt mit einem anderen Objekt

**DIFFERENZ (14)** – Erstellt eine zusammengesetzte Region bzw. einen zusammengesetzten Volumenkörper durch Subtraktion

**DREHEN** – Verschiebt Objekte um einen Basispunkt

**DRSICHT** – Zeigt die Draufsicht eines Benutzerkoordinatensystems an

**DTEXT** – Zeigt auf dem Bildschirm den Text an, der von Ihnen eingegeben wird

**DWFOUT** – Exportiert eine Drawing Web Format-Datei

**DXBIN** – Importiert speziell kodierte Binärdateien

**DXFIN** – Importiert eine DFX-Datei

**DXFOUT** – Erstellt eine Datei der aktuellen Zeichnung im DXF-Format

## E

**EDGE (14)** – Ändert die Sichtbarkeit von Kanten eines dreidimensionalen Objekts

**EIGÄNDR** – Ändert Farbe, Layer, Linientyp, Linientyp-Skalierfaktor und Höhe eines Objekts

**EIGANPASS** – Kopiert die Eigenschaften eines Objekts auf ein oder mehrere Objekte

**EINFÜGE** – Fügt einen benannten Block oder eine benannte Zeichnung in die aktuelle Zeichnung ein

**'EINHEIT** – Legt das Anzeigeformat und die Genauigkeit für Koordinaten und Winkel fest

**EINLESEN** – Importiert verschiedene Dateiformate in AutoCAD.

**ELLIPSE** – Erzeugt eine Ellipse oder einen elliptischen Bogen

**'ERHEBUNG** – Legt die Erhebung und Objekthöhe für neue Objekte fest

**ERSTELLEN** – Speichert Objekte in einem anderen Dateiformat

**EXTRUSION (14)** – Erstellt durch Extrusion bereits vorhandener zweidimensionaler Objekte einen eindeutigen primitiven Festkörper

## F

**'FANG** – Beschränkt die Cursorbewegung auf angegebene Intervalle

**'FARBE** – Legt die Farbe für neue Objekte fest

**FASE** – Schrägt die Kanten von Objekten ab

**'FILTER (14)** – Erzeugt Listen, um Objekte anhand von Eigenschaften auszuwählen

**FLÄCHE** – Berechnet die Fläche und den Umfang von Objekten oder von definierten Flächen

**FÜHRUNG** – Erzeugt eine Linie, die Maßtext mit einer Funktion verbindet

**FÜLLEN** – Steuert das Füllen von Multilinien, Bändern, Festkörpern, Schraffuren mit kompakter Füllung und breiten Polylinien

## G

**'GRAPHBLD** – Wechselt vom Textbildschirm zum Grafikbildschirm

**GRUPPE (14)** – Erstellt einen benannten Auswahlsatz von Objekten

**GSCHRAFF** – Füllt eine umgrenzte Fläche mit einem Schraffurmuster

## H

**'HILFE** – Zeigt die Online-Hilfe an

**HINTERGRUND (14)** – Legt den Hintergrund Ihres Bildschirms fest

**HOPPLA** – Stellt gelöschte Objekte wieder her

## I

**'ID** – Zeigt die Koordinaten einer Position an

**'INFO** – Zeigt Informationen über AutoCAD an

**INHALTEINFÜG** – Fügt Daten aus der Zwischenablage ein und steuert das Datenformat

**'ISOEBENE** – Bestimmt die aktuelle isometrische Ebene

## K

**'KAL (14)** – Wertet arithmetische und geometrische Ausdrücke aus

**KANTOB (14)** – Erzeugt ein dreidimensionales Polygonnetz

**KAPPEN (14)** – Schneidet eine Reihe von Volumenkörpern mit einer Ebene

**KEGEL (14)** – Erstellt einen dreidimensionalen Festkörperkegel

**KEIL (14)** – Erstellt einen 3D-Volumenkörper mit einer schrägen Fläche, die sich entlang der X-Achse verjüngt

**KLINIE** – Erstellt eine unendliche Linie

**KMPILIER (14)** – Kompiliert AutoCAD-Symboldateien (.SHP) und PostScript-Schriftdateien (.PFB)

**KONVERT** – Wandelt 2D-Polylinien und Assoziativschraffuren zum optimierten Format der Version 14 um

**KOPIEBISHER** – Kopiert den Text der Befehlszeilenaufzeichnung in die Zwischenablage

**KOPIEREN** – Dupliziert Objekte

**KOPIEVERKNÜPFEN** – Kopiert die aktuelle Ansicht in die Zwischenablage, um sie mit anderen OLE-Anwendungen zu verknüpfen

**'KPMODUS** – Steuert die Anzeige von Markierungspunkten

**KREIS** – Erzeugt einen Kreis

**KSICH** – Speichert die aktuelle Zeichnung

**KUGEL** – Erstellt eine dreidimensionale Volumenkörperkugel

## L

**LADEN (14)** – Macht Symbole für die Verwendung mit dem Befehl SYMBOL verfügbar

**LÄNGE** – Verlängert ein Objekt

**'LAYER** – Verwaltet Layer

**LICHT (14)** – Verwaltet Licht und Lichteffekte

**LIMITEN** – Setzt und steuert die Zeichnungsumgrenzungen und die Rasteranzeige

**'LINIENTP** – Erzeugt, lädt und setzt Linientypen

**LINIE** – Erzeugt gerade Liniensegmente

**LISTE** – Zeigt Datenbankinformationen für gewählte Objekte an

**LOGFILEOFF** – Schließt die Protokolldatei, die mit LOGFILEON geöffnet wurde

**LOGFILEON** – Schreibt den Inhalt des Textfensters in eine Datei

**LÖSCHEN** – Entfernt Objekte aus einer Zeichnung

**LSBEARB (14)** – Ermöglicht das Bearbeiten von Landschaftsobjekten

**LSBIBL (14)** – Ermöglicht die Verwaltung von Landschaftsobjekten

**LSNEU (14)** – Ermöglicht das Hinzufügen realistischer Landschaftselemente, wie beispielsweise Bäume und Büsche, in Ihre Zeichnungen

**' LTFAKTOR** – Setzt den Skalierfaktor für Linientypen

## M

**MACHDIA** – Erstellt aus dem aktuellen Ansichtsfenster eine Diadatei

**MANSFEN** – Erstellt verschiebbare Ansichtsfenster und aktiviert bereits vorhandene verschiebbare Ansichtsfenster

**MAPPING (14)** – Ermöglicht das Zuordnen von Materialien zur Geometrie

**MASSEIG (14)** – Berechnet die Masseneigenschaften von Regionen und Volumenkörpern und zeigt sie an

**MAT (14)** – Verwaltet Rendermaterialien

**MATBIBL (14)** – Liest Materialien in eine Materialbibliothek ein oder erstellt Materialien aus dieser

**MBEREICH** – Wechselt vom Papierbereich zu einem Ansichtsfenster des Modellbereichs

**MEINFÜG (14)** – Fügt mehrere Instanzen eines Blocks in eine rechteckige Anordnung ein

**MENÜ (14)** – Lädt eine Menüdatei

**MENÜENTF (14)** – Entfernt ergänzende Menüdefinitionsdateien

**MENÜLAD (14)** – Lädt ergänzende Menüdefinitionsdateien

**MESSEN** – Plaziert Punktobjekte oder Blöcke in bestimmten Intervallen auf einem Objekt

**MLEDIT (14)** – Bearbeitet mehrere parallele Linien

**MLINIE (14)** – Erstellt mehrere parallele Linien

**MLSTIL (14)** – Definiert einen Stil für mehrere parallele Linien

**MTEXT** – Erstellt Absatztext

**MVSETUP (14)** – Ermöglicht das Einrichten einer Zeichnung

## N

**NEBEL (14)** – Stellt sichtbare Anhaltspunkte für den sichtbaren Abstand von Objekten zur Verfügung

**NEU** – Erstellt eine neue Zeichnungsdatei

**NEUINIT** – Initialisiert die Ein-/Ausgabe-Anschlüsse, das Digitalisiergerät, die Anzeige und die Programmparameter-Datei neu

**'NEUZALL (14)** – Aktualisiert die Anzeige aller Ansichtsfenster

**'NEUZEICH** – Aktualisiert die Anzeige des aktuellen Ansichtsfensters

**NOCHMAL** – Wiederholt den darauffolgenden Befehl bis zum Abbruch

## O

**OBJEINF** – Fügt ein verknüpftes oder eingebettetes Objekt ein

**OFANG** – Legt die Modi für den fortlaufenden Objektfang fest und ändert die Größe der Pickbox

**ÖFFNEN** – Öffnet eine vorhandene Zeichnungsdatei

**'ÖFFNUNG** – Steuert die Größe des Objektfang-Zielfensters

**OLEVERKN** – Aktualisiert, ändert und löscht bestehende OLE-Verknüpfungen

**'ORTHO** – Schränkt die Cursorbewegungen ein

## P

**'PAN** – Verschiebt die Zeichnungsanzeige im aktuellen Ansichtsfenster

**'PAUSE** – Bestimmt eine zeitlich festgelegte Pause in einem Skript

**PBEREICH** – Wechselt vom Ansichtsfenster des Modellbereichs in den Papierbereich

**PEDIT** – Bearbeitet Polylinien und dreidimensionale Polygonnetze

**PLINIE** – Erstellt zweidimensionale Polylinien

**PLOT** – Plottet eine Zeichnung auf dem Plotter oder dem Drucker oder in eine Datei

**PNETZ (14)** – Erstellt kontrollpunktweise ein dreidimensionales Vielflächennetz

**POLYGON** – Erstellt eine gleichseitige, geschlossene Polylinie

**PRÜFUNG** – Überprüft die Korrektheit einer Zeichnung

**PSFÜLL (14)** – Füllt einen zweidimensionalen Polylinienumriß mit einem PostScript-Muster

**PSIN (14)** – Liest eine PostScript-Datei ein

**PSOUT** – Erstellt eine Encapsulated PostScript-Datei

**PSZIEH (14)** – Steuert die Darstellung eines PostScript-Bilds, während es mit PSIN an eine neue Position gezogen wird

**PUNKT** – Erstellt ein Punktobjekt

## Q

**QUADER (14)** – Erzeugt einen dreidimensionalen, gefüllten Quader

**QUERSCHNITT (14)** – Verwendet den Querschnitt einer Ebene sowie Volumenkörper zum Erstellen einer Region

**'QTEXT** – Steuert die Anzeige und das Plotten von Text- und Attributobjekten

**QUIT** – Beendet AutoCAD

## R

**'RASTER** – Zeigt im aktuellen Ansichtsfenster ein Punktraster an

**RECHTECK** – Zeichnet eine rechteckige Polylinie

**'RECHTSCHREIBUNG** – Prüft die Rechtschreibung in einer Zeichnung

**REGELOB (14)** – Erstellt eine Regeloberfläche zwischen zwei Kurven

**REGEN** – Regeneriert die Zeichnung und zeichnet das aktuelle Ansichtsfenster neu

**REGENALL (14)** – Regeneriert die Zeichnung und zeichnet alle Ansichtsfenster neu

**'REGENAUTO (14)** – Steuert die automatische Regenerierung einer Zeichnung

**REGION (14)** – Erstellt aus einem Auswahlsatz vorhandener Objekte ein Region-Objekt

**REIHE** – Erzeugt mehrere Kopien von Objekten in einem Muster

**REINST (14)** – Legt die Render-Voreinstellungen fest

**RENDER (14)** – Erstellt aus einem dreidimensionalen Draht- oder Volumenmodell ein photorealistisches oder ein realistisch schattiertes Bild

**'RESUME** – Setzt die Ausführung eines unterbrochenen Skripts fort

**RING** – Zeichnet gefüllte Kreise und Ringe

**ROTATION (14)** – Erstellt einen Volumenkörper durch Rotation eines zweidimensionalen Objekts um eine Achse

**ROTOB (14)** – Erstellt eine Rotationsfläche um eine gewählte Achse

**RSCRIPT** – Erstellt ein Skript, das fortlaufend wiederholt wird

## S

**SCHIEBEN** – Verschiebt Objekte um einen bestimmten Abstand in eine bestimmte Richtung

**SCHNITTMENGE (14)** – Erstellt zusammengesetzte Volumenkörper oder Regionen aus der Schnittmenge zweier oder mehrerer Volumenkörper oder Regionen

**SCHRAFF** – Füllt eine festgelegte Umgrenzung mit einem Muster

**SCHRAFFEDIT** – Verändert ein vorhandenes Schraffurobjekt

**'SCRIPT** – Führt eine Reihe von Befehlen aus einem Skript aus

**'SETVAR** – Zeigt die Werte von Systemvariablen an oder verändert sie

**SHADE** – Zeigt ein flachschattiertes Bild der Zeichnung im aktuellen Ansichtsfenster an

**SHELL (14)** – Greift auf Betriebssystembefehle zu

**SICHALS** – Speichert eine unbenannte Zeichnung unter einem Dateinamen oder benennt die aktuelle Zeichnung um

**SICHERN** – Speichert die Zeichnung unter dem aktuellen oder einem angegebenen Dateinamen

**SKIZZE (14)** – Erstellt eine Reihe von Freihand-Liniensegmenten

**SOLANS (14)** – Erstellt verschiebbare Ansichtsfenster unter Verwendung orthogonaler Projektion, um Zeichnungen dreidimensionaler Volumenkörperobjekte in Mehrfach- und Abschnitt-Ansichten darzustellen

**SOLID** – Erstellt Polygone mit Flächenfüllung

**SOLPROFIL (14)** – Erstellt Profilbilder von dreidimensionalen Volumenkörpern

**SOLZEICH (14)** – Erstellt Profile und Abschnitte in Ansichtsfenstern, die mit dem Befehl SOLANS erstellt wurden

**SPIEGELN** – Erstellt eine spiegelbildliche Kopie von Objekten

**SPLINE** – Erstellt einen quadratischen oder kubischen Spline (NURBS)

**SPLINEEDIT** – Bearbeitet ein Spline-Objekt

**STAT (14)** – Zeigt die Renderstatistik an

**'STATUS** – Zeigt Zeichnungsstatistiken, -modi und -grenzen an

**'STIL** – Erstellt mit Namen versehene Stile für Text, den Sie in Ihre Zeichnungen einfügen

**STLOUT (14)** – Speichert einen Volumenkörper in einer ASCII- oder einer binären Datei

**STRAHL** – Erstellt eine einseitig unendliche Linie

**STRECKEN** – Verschiebt oder streckt Objekte

**STUTZEN** – Stutzt Objekte an einer Schnittkante, die durch andere Objekte definiert wird

**SYMBOL (14)** – Fügt ein Symbol ein

**SYSFENSTER** – Ordnet Fenster an

**SZENE (14)** – Verwaltet Szenen im Modellbereich

## T

**TABLETT** – Kalibriert und konfiguriert ein verbundenes Digitalisiertablett und schaltet es ein und aus

**TABOB (14)** – Erstellt anhand einer Grundlinie und eines Richtungsvektors eine tabellarische Oberfläche

**TEILEN** – Positioniert Punktobjekte oder Blöcke in gleichmäßigem Abstand über die Länge/den Umfang eines ausgewählten Objekts

**TEXT** – Erstellt eine einzelne Textzeile

**'TEXTBLD** – Öffnet das AutoCAD-Textfenster

**TOLERANZ** – Erstellt geometrische Toleranzen

**TORUS (14)** – Erstellt einen ringförmigen Volumenkörper

**TRANSPARENZ (14)** – Steuert, ob die Hintergrundpixel in einem Bild transparent oder deckend sind

**'TREESTAT (14)** – Zeigt Informationen über den aktuellen Raumindex der Zeichnung an

## U

**ÜBERLAG (14)** – Erkennt die Überlagerung zweier oder mehrerer dreidimensionaler Festkörper und erzeugt aus ihrem gemeinsamen Volumen einen zusammengesetzten 3D-Festkörper

**ÜFENSTER** – Öffnet das Übersichtsfenster

**UMBENENN** – Benennt Objekte um

**UMGRENZUNG** – Erzeugt aus einer umgrenzten Fläche eine Region oder Polylinie

**URSPRUNG** – Löst ein zusammengesetztes Objekt in seine Teilobjekte auf

## V

**VARIA** – Vergrößert oder verkleinert ausgewählte Objekte gleichmäßig in X-, Y- und Z-Richtung

**VERDECKT** – Regeneriert ein dreidimensionales Modell mit unterdrückten verdeckten Linien

**VEREINIG (14)** – Erstellt eine zusammengesetzte Region bzw. einen zusammengesetzten Volumenkörper durch Addition

**VERSETZ** – Erstellt konzentrische Kreise, parallele Linien und parallele Kurven

**VORANSICHT** – Zeigt an, wie die Zeichnung nach dem Drucken oder Plotten aussehen wird

**VOREINSTELLUNGEN** – Paßt die AutoCAD-Einstellungen an

## W

**WAHL** – Nimmt ausgewählte Objekte in den vorhergehenden Auswahlsatz auf

**WBLOCK** – Schreibt Objekte in eine neue Zeichnungsdatei

**WERKZEUGKASTEN** – Ermöglicht das Anzeigen, Verdecken und Anpassen von Werkzeugkästen

**WHERST** – Stellt eine beschädigte Zeichnung wieder her

**WIEDERGABE (14)** – Zeigt ein BMP-, TGA- oder TIFF-Bild an

**WMFIN** – Liest eine Windows-Metadatei ein

**WMFOPT** – Legt Optionen für WMFIN fest

**WMFOUT** – Speichert Objekte in einer Windows-Metadatei

## X

**XBINDEN** – Bindet abhängige Symbole einer XRef (externen Referenz) an eine Zeichnung

**XREF** – Steuert externe Referenzen auf Zeichnungsdateien

**XZUORDNEN** – Weist der aktuellen Zeichnung eine externe Referenz zu

**XZUSCHNEIDEN (14)** – Definiert eine XRef- oder Blockzuschneide-Umgrenzung und legt die vorderen oder hinteren Schnittflächen fest

## Z

**Z** – Macht den letzten Vorgang rückgängig

**ZEICHREIHENF** – Ändert die Anzeigereihenfolge von Bildern und weiteren Objekten

**ZEIGDIA** – Zeigt im aktuellen Ansichtsfenster eine Rasterbild-Diadatei an

**ZEIGMAT** – Listet den Materialtyp und die Zuweisungsmethode für das ausgewählte Objekt auf

**'ZEIT** – Zeigt eine Statistik der Zeichnung mit Datum und Zeit an

**ZLÖSCH** – Macht die Auswirkungen des vorangegangenen Befehls ZURÜCK oder Z rückgängig

**'ZOOM** – Vergrößert oder verkleinert die sichtbare Größe von Objekten im aktuellen Ansichtsfenster

**'ZUGMODUS (14)** – Steuert die Art und Weise, wie gezogene Objekte angezeigt werden

**ZURÜCK** – Macht die Auswirkung von Befehlen rückgängig

**ZYLINDER (14)** – Erzeugt einen dreidimensionalen massiven Zylinder

## 3D

**3D (14)** – Erstellt dreidimensionale Polygon-Netzobjekte

**3DARRAY (14)** – Erstellt eine dreidimensionale Anordnung

**3DDREHEN (14)** – Bewegt Objekte um eine dreidimensionale Achse

**3DFLÄCHE (14)** – Erstellt eine dreidimensionale Fläche

**3DNETZ (14)** – Erstellt ein Freiform-Polygonnetz

**3DPOLY (14)** – Erstellt eine Polylinie aus geraden Liniensegmenten im dreidimensionalen Raum

**3DSIN (14)** – Liest eine 3D Studio-Datei ein

**3DSOUT (14)** – Exportiert in eine 3D Studio-Datei

**3DSPIEGELN (14)** – Erstellt eine spiegelbildliche Kopie von Objekten an einer Ebene

# Stichwortverzeichnis

## Z